Modelos de democracia

Arend Lijphart

Modelos de democracia

Desempenho e padrões de governo em 36 países

5ª edição
Revista e ampliada

Tradução de
Vera Caputo

Revisão técnica de
Leonardo França e
Octavio Amorim Neto

Rio de Janeiro
2021

Copyright © 1999, 2012 by Arend Ljphart
Originalmente publicado por Yale University Press

Título original: *Patterns of Democracy: Government Forms and Performance in Thirty-Six Countries, Second Edition*

CIP-BRASIL. CATALOGAÇÃO NA FONTE
SINDICATO NACIONAL DOS EDITORES DE LIVROS, RJ

L692m
5ª ed.

Lijphart, Arend, 1936-
   Modelos de democracia: desempenho e padrões de governo em 36 países / Arend Lijphart; tradução Vera Caputo. – 5ª ed., rev. e ampl. – Rio de Janeiro: Civilização Brasileira, 2021.
   392 p.; 23 cm.

   Tradução de: Patterns of Democracy: Government Forms and Performance in Thirty-Six Countries
   Apêndice
   Inclui bibliografia e índice
   ISBN 978-85-200-1384-7

   1. Democracia. 2. Governo comparado. I. Caputo, Vera. II. Título.

18-54267

CDD: 320.3
CDU: 321.7

EDITORA AFILIADA

Direitos de edição da obra em língua portuguesa no Brasil adquiridos pela EDITORA CIVILIZAÇÃO BRASILEIRA. Todos os direitos reservados. Nenhuma parte desta obra pode ser apropriada e estocada em sistema de bancos de dados ou processo similar, em qualquer forma ou meio, seja eletrônico, de fotocópia, gravação etc., sem a permissão do detentor do copyright.

Texto revisado segundo o novo Acordo Ortográfico da Língua Portuguesa.

EDITORA CIVILIZAÇÃO BRASILEIRA
Um selo da
EDITORA JOSÉ OLYMPIO LTDA.
Rua Argentina, 171 – Rio de Janeiro, RJ – 20921-380 –
Tel.: (21) 2585-2000.

Seja um leitor preferencial Record.
Cadastre-se no site www.record.com.br e receba informações sobre nossos lançamentos e nossas promoções.

Atendimento e venda direta ao leitor:
sac@record.com.br

Impresso no Brasil
2021

Para Gisela e para nossos netos,
Connor, Aidan, Arel, Caio, Senta e Dorian.

Na esperança de que o século XXI – o século deles – se torne
mais democrático, pacífico, gentil e brando do que o século
que lhes foi legado pela nossa geração.

Sumário

Prefácio à segunda edição 9

Prefácio à primeira edição 15

1. Introdução 23
2. O modelo de democracia Westminster 31
3. O modelo consensual de democracia 55
4. Trinta e seis democracias 73
5. Sistemas partidários: modelos bipartidários e pluripartidários 87
6. Gabinetes: concentração *versus* compartilhamento do Poder Executivo 107
7. Relações Executivo-Legislativo: padrões de dominância e equilíbrio de poder 135
8. Sistemas eleitorais: métodos de maioria absoluta e de maioria simples *versus* representação proporcional 161
9. Grupos de interesse: pluralismo *versus* corporativismo 191
10. Divisão de poder: os contrastes federal-unitário e centralizado--descentralizado 207
11. Parlamentos e Congressos: concentração *versus* divisão do Poder Legislativo 221
12. Constituições: procedimentos de emenda e revisão judicial 239
13. Bancos centrais: independência *versus* dependência 261
14. Mapa conceitual bidimensional da democracia 275
15. Governo e processos decisórios efetivos: a democracia consensual faz diferença? 291

16. A qualidade da democracia e uma democracia "mais gentil e branda": a democracia consensual faz diferença *313*
17. Conclusões e recomendações *335*

Apêndice 345
Referências bibliográficas 355
Índice remissivo 379

Prefácio à segunda edição

É muito bem-vinda a oportunidade de lançar uma edição atualizada de *Modelos de democracia*, publicado originalmente em 1999, porque me permite testar se as principais descobertas e conclusões a que cheguei continuam válidas – especialmente se a grande variedade de regras e instituições formais e informais que encontrei nas democracias poderia reduzir-se a um claro padrão bidimensional na base do contraste entre formas de governo majoritário e consensual; e se a conclusão a que cheguei, de que as democracias consensuais (medidas na primeira dessas dimensões), possuem um histórico superior em termos de efetividade do processo e de qualidade da democracia, se comparadas às democracias majoritárias. A organização básica do livro não mudou, mas os dados nos quais se baseiam as análises empíricas foram alterados de maneira importante.

Primeiramente, minha análise continua comparando o mesmo número de democracias – trinta e seis –, mas três países tiveram que ser descartados porque já não eram mais livres e democráticos segundo o critério da *Freedom House*: Colômbia, Venezuela e Papua-Nova Guiné. Eu os substituí por Argentina, Uruguai e Coreia, que retornaram à democracia na década de 1980.

Em segundo lugar, estendi a análise de 1996 a 2010, o que implica um espaço de tempo consideravelmente maior do que aquele em que foram analisadas as outras 33 democracias: um aumento de 74% para as democracias mais novas que constam da primeira edição – Índia e

Espanha; aumentos menores, porém substanciais, para os países que se tornaram democráticos entre os anos 1950 e início dos anos 1970, e um significativo aumento de 28% para as democracias mais antigas analisadas a partir do final da década de 1940.

Em terceiro lugar, não fiz mudanças significativas na definição e na mensuração das dez variáveis básicas que respaldam o contraste consenso-majoritário, com duas exceções importantes. Em retrospecto, concluí que a maneira como estava esquematizada a dominância do Executivo no Capítulo 7 da edição original era muito complicada e trabalhosa; então optei por uma operacionalização mais direta e mais simples na edição atual. No Capítulo 13, tive que mudar o tratamento dado à independência do Banco Central porque, com a sua internacionalização a partir de meados da década de 1990 – particularmente com a criação do Banco Central Europeu e as alterações feitas nos estatutos dos vários bancos centrais nacionais exigidas pelo Fundo Monetário Internacional –, os bancos centrais deixaram de ser instituições domésticas e passaram a ser organizações do sistema internacional. Uma alteração menos importante foi condensar a discussão sobre as dimensões do conflito partidário – que não é uma variável institucional nem uma das dez variáveis básicas que distinguem a democracia majoritária da democracia consensual –, que antes ocupava um terço do Capítulo 5, em um adendo apropriadamente menor desse mesmo capítulo.

Em quarto lugar, as maiores mudanças estão nos Capítulos 15 e 16, relativas às variáveis com as quais meço o desempenho das democracias consensuais *versus* democracias majoritárias. Algumas dessas variáveis – tais como crescimento econômico, controle de inflação e desemprego, representação e igualdade política das mulheres – são as mesmas da edição original, mas os dados são de períodos posteriores, portanto, praticamente novos. Outras, como gastos sociais e atividade ambiental, também são as mesmas, embora sejam medidas com novos e diferentes índices. Além dessas, há outras variáveis totalmente novas que foram descartadas na edição original. Também simplifiquei a apresentação dos resultados na análise de regressão. Em vez de mostrar as relações

PREFÁCIO À SEGUNDA EDIÇÃO

bivariadas entre democracia consensual e as variáveis de desempenho, nos quadros, e discutir a influência das variáveis de controle, especialmente o impacto causado pelo grau de desenvolvimento econômico e tamanho da população, no texto de apoio agora uso quadros que exibem a análise da regressão multivariada dos efeitos da democracia consensual e incluo esses dois padrões de controle em todos os casos.

De modo geral, a qualidade desses novos dados é muito superior à dos que eu tinha acesso em meados dos anos 1990, hoje disponíveis para muito mais países. Particularmente, foram muito usados dois conjuntos de informações atualizadas e altamente relevantes para medir a qualidade de governo e a da democracia, respectivamente: os Indicadores de Governança Mundial (Worldwide Governance Indicators – WGI) e os dados do projeto *Democracy Index* da Economist Intelligence Unit. Nas últimas décadas, dados excelentes não só foram disponibilizados como se tornaram muito mais acessíveis. No prefácio da primeira edição, escrevi que eu não poderia tê-la escrito se o e-mail não existisse. Acrescento que esta nova edição não teria sido possível, ou teria sido muito mais difícil redigi-la, se não houvesse tanta informação disponível na internet.

Ao rever brevemente as conclusões na edição atualizada, vejo que as minhas conclusões originais se confirmaram amplamente. De fato, é evidente o inter-relacionamento entre as dez características consensuais *versus* majoritárias e a prática superior da democracia consensual.

* * *

A preparação de um estudo de nada menos que 36 países seria impossível se não houvesse contribuição de muitos especialistas em política comparada. Agradeço aos meus amigos e colegas pelas valiosas consultorias e pela assistência que recebi. Primeiro quero expressar minha gratidão aos que me auxiliaram na primeira edição deste livro. A contribuição de todos eles continua refletida no conteúdo desta segunda edição.

Precisei de assistência especial para os três novos países da edição atualizada e sou grato aos excelentes conselhos sobre política coreana recebidos de Taekyoon Kim, Kyoung-Ryung Seong, Jong-Sun You e de meu assistente em pesquisa coreana, Don S. Lee. Para a Argentina e o Uruguai contei com um grande time de assistentes e conselheiros aos quais agradeço profundamente: David Altman, Octavio Amorim Neto, Marcelo Camerlo, Rossana Cestiglioni, Sebastián Etchemendy, Mark P. Jones, Jorge Lanzaro, Andrés Malamud, M. Victoria Murillo, Sebastián M. Saiegh e Andrew Schrank. Para eventos e fatos recentes de vários outros países contei com o conselho de Edward M. Dew, Fragano S. J. Ledgister, Ralph R. Premdas e Rajendra Ramlogan (Barbados e outros países caribenhos); Carl Devos e Luc Huyse (Bélgica); Pradeep K. Chhibber e Ashutosh Varshney (Índia); Yuko Kauya e Mikitaka Masuyama (Japão); Deborah Bräutigam, Jorgen Elklit, Shaheen Mozaffar, Linganaden Murday e Nadarajen Sivaramen (Ilhas Maurício); Peter Aimer e Jack Vowles (Nova Zelândia); Richard Gunther e Óscar Martínez-Tapia (Espanha); Matthew Flinders, Michael Gallagher e Thomas C. Lundberg (Reino Unido); e Gary C. Jacobson (Estados Unidos).

Sou igualmente grato a todos os estudiosos que me auxiliaram em áreas de assuntos importantes: Krista Hoekstra, Hans Keman, Jelle Koedam e Jaap Wondendorp (gabinetes de coalizão); Daniel M. Binks, Isaac Herzog, Donald W. Jackson e Mary L. Volcansek (revisão judicial); Christopher Crowe e Mauro F. Guillén (bancos centrais) e Scott Desposato, Stephen J. K. Lee, Philip G. Roeder e Sebastián M. Saiegh (questões de estatística e informática). Outros especialistas aos quais agradeço sem localizá-los em países ou categorias de assuntos são Ernesto Alvarez Jr., Julian Bernauer, Joseph H. Brooks, Royce Carroll, Josep M. Colomer, Zachary Elkins, John Gerring, Ronald F. Inglehart, Mona Lena Krook, Samford A. Lakoff, Dieter Nohlen, Matt H. Qvortrup, Manfred G. Schmidt, Alan Siaroff, Fabia Soehngen, Rein Taagepera, Steven L. Taylor e Adrian Vatter.

PREFÁCIO À SEGUNDA EDIÇÃO

Em abril de 2011 apresentei em seminários as conclusões desta edição atualizada no Juan March Institute de Madri, no campus da Universidade de Suffolk em Madri e no Departamento de Política da Universidade da Antuérpia. Os comentários e as questões levantadas pelos participantes foram muito úteis. Também quero agradecer a William Frucht, editor executivo da Yale University Press, pelo estímulo que recebi para escrever uma edição atualizada, e a Laura Jones Dooley, que copidescou tanto a primeira quanto a segunda edição. Devo, sobretudo, um agradecimento especial aos meus dois assistentes de pesquisa, Christopher J. Fariss e Don S. Lee. Chris foi meu consultor de estatística e elaborou os quadros dos Capítulos 6 e 14, bem como a análise fatorial que está no Capítulo 14. Don reuniu e organizou a maior parte dos dados macroeconômicos e de violência do Capítulo 15. Sou profundamente grato a eles pela assistência, dedicação ao trabalho e amizade.

Prefácio à primeira edição

Meu livro *Democracies* [inédito no Brasil], publicado em 1984, era um estudo comparado de 21 democracias no período de 1945-1980. As conclusões mais importantes foram: 1) que as principais regras e práticas institucionais das democracias modernas – como organização e atuação dos Executivos, dos Legislativos, dos sistemas partidários, dos sistemas eleitorais e do relacionamento entre os governos centrais e de níveis inferiores – podiam ser medidas em escalas tendo o majoritarismo numa ponta e o consenso na outra; 2) que essas características institucionais formavam dois conjuntos distintos; e que 3) com base nesse agrupamento dicotômico, foi possível desenhar um "mapa conceitual" bidimensional da democracia e sobre ele localizar cada democracia. Meu plano original, para uma segunda edição, era reforçar o arcabouço teórico e as descobertas empíricas principalmente por meio de uma atualização em meados da década de 1990 – um período de tempo quase 50% maior – e adicionando apenas algumas correções e alguns ajustes.

Quando comecei a fazer a revisão, porém, me dei conta de que estava diante de uma grande oportunidade de melhorar muito mais. Decidi usar não só material atualizado, mas acrescentar 15 novos países, novas operacionalizações de variáveis institucionais, duas variáveis institucionais totalmente novas, tentar avaliar a estabilidade das posições dos países no mapa conceitual e fazer uma análise do funcionamento dos diferentes tipos de democracia em relação a um grande número de políticas públicas. O resultado disso foi que, ao mesmo tempo em que *Modelos de democracia* brotava de *Democracies*, surgia um novo livro e não só uma segunda edição.

Para os leitores que conhecem *Democracies*, descrevo a seguir as principais mudanças realizadas em *Modelos de democracia* um pouco mais detalhadamente.

1. *Modelos de democracia* abrange 36 países – 15 a mais que os 21 países de *Democracies*. Este novo grupo de 36 países não é só numericamente maior, mas muito mais diversificado. As 21 democracias originais eram todos países ocidentais e industrializados, com uma única exceção (o Japão). Os 15 novos países incluem quatro europeus (Espanha, Portugal, Grécia e Malta), mas os outros 11 – quase um terço dos 36 – são países em desenvolvimento da América Latina, Caribe, África, Ásia e do Pacífico. A maior diversidade nos permitiu testar criticamente o padrão bidimensional que se encontra em *Democracies*. Uma alteração menos importante de *Democracies* foi que abandonei a Quarta República Francesa (1946-1958), que durou apenas 12 anos – em contraste com vinte anos de democracia, no mínimo, em todos os outros casos; neste livro, "França" refere-se à Quinta República, de 1958 em diante.

2. Em *Democracies* analisei os 21 países desde as primeiras eleições nacionais em, ou logo após, 1945, até o fim dos anos 1980. *Modelos de democracia* prolonga esse período até meados de 1996. Nos países originais (exceto França), o ponto de partida continua sendo a segunda metade da década de 1940; nos demais países, a análise começa nas primeiras eleições após a conquista da independência ou a retomada da democracia – de 1953 (Costa Rica) a 1977 (Índia, Papua-Nova Guiné e Espanha).

3. Duas novas instituições analisadas em *Modelos de democracia* são os grupos de interesse e os bancos centrais (Capítulos 9 e 13).

PREFÁCIO À PRIMEIRA EDIÇÃO

Duas outras variáveis que foram amplamente discutidas em *Democracies* e mereceram capítulos exclusivos – a questão da dimensão dos conflitos partidários e dos referendos – foram "rebaixadas" em *Modelos de democracia*. Agora são discutidas brevemente nos Capítulos 5 e 12, em que abandonei a questão das dimensões como um dos cinco elementos do primeiro conjunto de características porque, diferentemente das outras variáveis, não é uma característica institucional. O primeiro grupo, porém, ainda consiste em cinco variáveis, porque ganhou o acréscimo do sistema de grupos de interesse. O segundo grupo expandiu-se de três para cinco elementos: a variável rigidez *versus* flexibilidade constitucional foi dividida em duas variáveis independentes, ou seja, a dificuldade da revisão constitucional e a força da revisão judicial, e foi acrescida da variável independência do Banco Central.

4. Ao fazer uma revisão crítica da operacionalização das características institucionais, descobri que quase todas poderiam, e deveriam, ser melhoradas. Meu principal objetivo era maximizar a validade dos meus indicadores quantitativos – ou seja, apreender a "realidade" do fenômeno político, quase sempre difícil de quantificar, o mais fielmente possível. Com frequência me deparei com duas operacionalizações alternativas que pareciam igualmente justificadas. Nesses casos, preferi "dividir a diferença", combinando ou encontrando uma média entre as alternativas, em vez de escolher mais ou menos arbitrariamente uma ou outra. Por fim, apenas a operacionalização das variáveis do sistema partidário – em termos do número efetivo dos partidos parlamentares – sobreviveu quase intacta (mas não completamente) de *Democracies*. Todas as outras foram alteradas de modo significativo.

5. Em *Democracies,* distribuí as minhas democracias sobre um mapa conceitual da democracia e busquei a média de suas práticas institucionais entre o trigésimo e o trigésimo quinto ano que

estavam sendo considerados; não levantei a questão sobre quantas alterações poderiam ter ocorrido durante esse tempo. O Capítulo 14 de *Modelos de democracia* trata desse tema dividindo quase cinquenta anos, de 1945 a 1996, em períodos separados: de 1945 a 1970 e de 1971 a 1996, a fim de mostrar quanto, ou quão pouco, 26 democracias (aquelas com número suficiente de anos no primeiro período) mudaram de posição no mapa conceitual entre o primeiro e o segundo período.

6. Talvez o assunto novo e mais importante abordado em *Modelos de democracia* seja a pergunta "E daí?": o tipo de democracia faz diferença nas políticas públicas e na efetividade do governo? O Capítulo 15 investiga a relação entre o grau da democracia consensual e o sucesso ou insucesso dos governos relativamente à gestão macroeconômica (o crescimento econômico, o controle da inflação e do desemprego, por exemplo) e o controle da violência. O Capítulo 16 revê os vários indicadores da qualidade de democracia (como representação das mulheres, igualdade e participação do eleitor) e os registros dos governos em relação às políticas de bem-estar social, à proteção ambiental, à justiça criminal e ao auxílio financeiro a países em desenvolvimento.

7. Comecei *Democracies* relatando breves casos da política britânica e neozelandesa como exemplos ilustrativos do modelo Westminster de democracia e casos igualmente breves da democracia suíça e belga como exemplos do modelo consensual. *Modelos de democracia* atualiza esses quatro casos e acrescenta Barbados e União Europeia como dois outros exemplos dos respectivos modelos.

8. *Democracies* apresentava as relações das variáveis em quadros de tabulação cruzada. Em *Modelos de democracia* preferi usar diagramas de dispersão que exibem essa relação e as posições de cada uma das 36 democracias de maneira muito mais clara, mais acurada e visualmente muito mais atraente.

PREFÁCIO À PRIMEIRA EDIÇÃO

9. *Modelos de democracia* ganhou um apêndice com os valores das dez variáveis institucionais e das duas dimensões gerais consensuais-majoritárias durante o longo período de 1945-1996 e um período mais curto, de 1971-1996. Esses dados básicos incluídos no livro facilitarão a vida dos estudiosos que deles necessitem, bem como estarão disponíveis para pesquisas futuras.

Teria sido impossível analisar os 36 países cobertos em *Modelos de democracia* sem a ajuda de conselheiros acadêmicos – e quase impossível sem a invenção do e-mail! Sou extremamente grato por todos os dados e interpretações fornecidos por meus conselheiros e por suas respostas invariavelmente imediatas aos meus inúmeros questionamentos.

A respeito das democracias da América Latina, recebi valiosa assistência de Octavio Amorim Neto, John M. Carey, Brian F. Crisp, Michael J. Coppedge, Jonathan Hartlyn, Gary Hoskin, Mark P. Jones, J. Ray Kennedy, Scott Mainwaring, e Matthew S. Shugart. Thomas C. Bruneau, P. Nikiforos Diamandouros e Richard Gunter ajudaram-me a entender melhor as democracias mediterrâneas. Ralph R. Premdas foi um consultor-chave sobre as democracias caribenhas, juntamente com Edward M. Dew, Neville R. Francis, Percy C. Hintzen e Fragano S. J. Ledgister. Pradeep K. Chhibber e Ashutosh Varshney ajudaram-me a solucionar inúmeros enigmas políticos da Índia. Para alguns dos pequenos países subanalisados, dependi particularmente dos especialistas nas áreas e nesses países para entender certos fatos e ouvir explicações: John D. Holm, Bryce Kunimoto, Shaheen Mozaffar e Andrew S. Reynolds sobre Botsuana; John C. Lane sobre Malta; Hansraj Mathur e Larry W. Bowman sobre as Ilhas Maurício; e Ralph Premdas (novamente) além de Ben Reilly e Ron May sobre Papua-Nova Guiné.

Nathaniel L. Beck, Susanne Lohmann, Sylvia Maxfield, Pierre L. Siklos e Steven B. Webb me aconselharam sobre os bancos centrais; Miriam A. Golden, Stephan Haggard, Neil J. Mitchell,

Daniel L. Nielson, Adam Przeworski e Alan Siaroff, sobre grupos de interesse; e Martin Shapiro e Alec Stone, sobre recursos judiciais. Para os demais países e outros assuntos, pude contar com a ajuda e as sugestões de John S. Ambler, Matthew A. Baum, Peter J. Bowman, Thomas C. Bruneau, Gary W. Cox, Markus M. L. Crepaz, Robert G. Cushing, Robert A. Dahl, Larry Diamond, Panayote E. Dimitras, Giuseppe Di Palma, James N. Druckman, Svante O. Ersson, Bernard Grofman, Arnold J. Heidenheimer, Charles O. Jones, Samuel H. Kernell, Ellis S. Krauss, Michael Laver, Thomas C. Lundberg, Malcom Mackerras, Peter Mair, Jane Mansbridge, Marc F. Plattner, G. Bingham Powell Jr., Steven R. Reed, Manfred G. Schmidt, Kaare Strøm, Wilfried Swenden, Rein Taagepera, Paul V. Warwick e Demet Yalcin.

Em outubro de 1997, dei um seminário intensivo de duas semanas, baseado em grande parte em materiais de projeto para *Modelos de democracia,* no Instituto de Estudos Avançados em Viena; sou grato aos úteis comentários que ouvi de Joseph Melchior, Bernhard Kittel e dos estudantes de pós-graduação que participaram do seminário. Em abril e maio de 1998, dei palestras e seminários similares em várias universidades da Nova Zelândia: a Universidade de Canterbury em Christchurch, a Universidade de Auckland, a Universidade de Victoria em Wellington e a Universidade de Waikato em Hamilton. Também nestas ocasiões fui beneficiado por respostas muito úteis e pelas quais agradeço particularmente a Peter Aimer, Jonathan Boston, John Henderson, Martin Holland, Keith Jackson, Raymond Miller, Nigel S. Roberts e Jack Vowles.

James N. Druckman é o autor da análise fatorial do Capítulo 14. Ian Budge, Hans Keman e Jaap Woldendorp cederam-me seus novos dados sobre formação de gabinetes antes de serem publicados. Vários outros estudiosos também partilharam comigo seus trabalhos ainda inéditos ou dados parcialmente publicados: dados sobre a composição das câmaras federais, de Alfred Stepan, e o Federal Databank de

PREFÁCIO À PRIMEIRA EDIÇÃO

Wilfried Swenden; dados sobre a distância entre governos e eleitores coletados por John D. Huber e G. Bingham Powell Jr; e dados sobre satisfação com a democracia de Christopher J. Anderson e Christine A. Guillory. E, por último, mas certamente não menos importante, sou muito grato ao trabalho de meus assistentes de pesquisa Nastaran Afari, Risa A. Brooks, Linda L. Christian e Stephen M. Swindle.

1. Introdução

Há muitas formas pelas quais, em princípio, uma democracia pode ser organizada e funcionar; também na prática, as democracias modernas exibem uma variedade de instituições governamentais formais, como legislativos e cortes, bem como sistemas de partidos políticos e grupos de interesse. Entretanto, claros modelos e regularidades aparecem quando essas instituições são examinadas sob a perspectiva de quão majoritárias ou consensuais são suas regras e práticas. O contraste majoritarismo/consensual emerge da mais básica e literal das definições de democracia: governo pelo povo ou, na democracia representativa, governo pelos representantes do povo. E da declaração do presidente Abraham Lincoln: a democracia é o governo *pelo* povo mas também *para o* povo – ou seja, governar de acordo com as preferências do povo.[1]

Definir democracia como "governo pelo povo para o povo" levanta uma questão fundamental: quem governa e a que interesses o governo deve atender quando o povo estiver em desacordo e suas preferências forem divergentes? Uma resposta a esse dilema é: para a maioria do povo. Essa é a essência do modelo majoritário de democracia. A resposta majoritária é simples, direta e tem grande apelo, porque governar para a maioria e de acordo com os desejos da maioria aproxima-se

---

1 Como aponta Clifford D. May (1987), o crédito dessa definição deve ser dado a Daniel Webster em vez de Lincoln. Webster fez um discurso em 1830, 33 anos antes do discurso de Lincoln em Gettysburg, no qual se refere a um "governo do povo, feito para o povo e pelo povo, e responsável perante o povo".

muito mais, obviamente, do ideal democrático de "governo pelo povo e para o povo" do que o governo de uma minoria sensível às necessidades da minoria.

A resposta alternativa ao dilema é: para o máximo de pessoas possível. Esse é o ponto central do modelo consensual. Não difere do modelo majoritário quando aceita que a regra majoritária é melhor que a regra minoritária, mas aceita a regra majoritária apenas como um requisito *mínimo*: em vez de se satisfazer com estreitas maiorias tomadoras de decisão, tenta maximizar o tamanho dessas maiorias. Suas regras e instituições visam à ampla participação no governo e ao amplo consenso nas decisões políticas que o governo irá tomar. O modelo majoritário concentra o poder político nas mãos de uma maioria absoluta – e com frequência por uma maioria simples em vez de uma maioria absoluta, como mostraremos no Capítulo 2 –, ao passo que o modelo consensual tenta partilhar, dispersar e limitar o poder de várias maneiras. Uma diferença diretamente relacionada é que o modelo majoritário de democracia é exclusivo, competitivo e combativo, enquanto o modelo consensual é caracterizado pela inclusão, a negociação e o compromisso; por essa razão, a democracia consensual pode ser chamada de "democracia de negociação" (Kaiser, 1997, p. 434).

Dez diferenças relativas às instituições e aos governos democráticos mais importantes são deduzidas dos princípios majoritário e consensual. Se as características majoritárias derivam de um mesmo princípio e, consequentemente, estão logicamente interligadas, é possível que ocorram ao mesmo tempo no mundo real; o mesmo se aplica às características consensuais. Todas as dez variáveis podem, então, estar intimamente relacionadas. Pesquisas anteriores confirmaram essa expectativa – mas com uma importante exceção: as variáveis agrupam-se em duas dimensões claramente distintas (Lijphart, 1984, pp. 211-22). A primeira dimensão reúne cinco características organizacionais do Poder Executivo, dos sistemas partidário e eleitoral e dos grupos de interesse. Em nome da concisão, vou me referir a essa

INTRODUÇÃO

primeira dimensão como *dimensão executivos-partidos*. Como a maior parte das cinco diferenças da segunda dimensão costuma estar associada às diferenças entre governo federalizado e unitário – questão que será retomada mais adiante – chamarei a segunda dimensão de *dimensão federal-unitária*.

As dez diferenças estão formuladas em termos de contrastes dicotômicos entre os modelos majoritário e consensual, mas são todas variáveis de acordo com as quais cada país em particular pode estar localizado ou em um extremo do *continuum* ou em qualquer ponto entre os dois extremos. A característica majoritária é a primeira listada em cada caso. As cinco diferenças da dimensão executivos-partidos são as que seguem:

1. Concentração do Poder Executivo em gabinetes monopartidários de maioria *versus* distribuição do Poder Executivo em amplas coalizões multipartidárias.
2. Relacionamento Executivo-Legislativo em que o Executivo é dominante *versus* equilíbrio de poder Executivo-Legislativo.
3. Sistema bipartidário *versus* pluripartidário.
4. Sistemas eleitorais majoritário e desproporcional *versus* representação proporcional.
5. Sistema de grupos de interesse pluralistas com a livre competição entre os grupos *versus* sistemas de grupos de interesse coordenados e "corporativistas" que visam ao compromisso e à concertação.

As cinco diferenças da dimensão federal-unitária são as que seguem:

1. Governo unitário e centralizado *versus* governo Federal e descentralizado.
2. Concentração do Poder Legislativo em uma legislatura unicameral *versus* divisão do Poder Legislativo entre duas casas igualmente fortes, mas diferentemente constituídas.

3. Constituições flexíveis que podem acolher emendas por maioria simples *versus* constituições rígidas que só podem ser alteradas por maiorias extraordinárias.
4. Sistemas em que os Legislativos têm a palavra final sobre a constitucionalidade de sua própria legislação *versus* sistemas em que as leis estão sujeitas à revisão judicial de constitucionalidade por cortes supremas ou constitucionais.
5. Bancos centrais que são dependentes do Executivo *versus* bancos centrais independentes.

Uma explicação plausível deste modelo bidimensional é sugerida pelos teóricos clássicos do federalismo – Ivo D. Duchacek (1970); Daniel J. Elazar (1968); Carl J. Friedrich (1950, pp. 189-221) e K. C. Wheare (1946) – e também por muitos teóricos contemporâneos – Colomer (2011, pp. 85-100); Hueglin e Fenna (2006); Stepan (2001, pp. 315--61) e Watts (2008). Esses estudiosos sustentam que o federalismo tem significados primários e secundários. Sua principal definição é: uma divisão de poder garantida entre o governo central e os governos regionais. As características secundárias são bicameralismo forte, uma Constituição rígida e revisão judicial forte. O argumento deles é que a garantia de que a divisão do poder federal só funcionará bem se 1) tanto a garantia quanto a divisão de poder em linhas claras estiverem bem definidas na Constituição, e se essa garantia não puder ser alterada unilateralmente nem em nível central nem regional – daí a necessidade de uma Constituição rígida; 2) se houver um árbitro neutro que possa resolver conflitos relativos à divisão de poder entre os dois níveis de governo – daí a necessidade de uma revisão judicial; e 3) se houver uma câmara federal no Legislativo nacional em que as regiões tenham forte representação – daí a necessidade do bicameralismo forte; e sobretudo 4) se o principal propósito do federalismo for promover e proteger um sistema descentralizado de governo. Essas características federalistas podem ser encontradas nas quatro primeiras variáveis da segunda dimensão. Como dissemos anteriormente, por isso esta dimensão é chamada de dimensão federal-unitária.

INTRODUÇÃO

A explicação federalista, porém, não é inteiramente satisfatória por duas razões. Um dos problemas é que, embora consiga explicar o agrupamento das quatro variáveis em uma única dimensão, não explica por que essa dimensão deve ser claramente distinta de outra dimensão. Em segundo lugar, também não explica por que a variável independência do Banco Central faz parte da dimensão federal-unitária. Uma explicação mais convincente dos dois modelos bidimensionais sugerida por Robert E. Goodin (1966, p. 331) é a distinção entre "ação coletiva" e "responsabilidade compartilhada" de um lado e ações e responsabilidades divididas de outro.[2] Ambas são formas de difusão do poder, mas a primeira dimensão da democracia consensual com suas interações multipartidárias face a face *no interior* dos gabinetes, dos legislativos, das comissões legislativas e das reuniões de concertação entre governo e grupos de interesse, tem uma estreita correspondência à forma de responsabilidade coletiva. Em contrapartida, tanto as quatro características federalistas quanto o papel dos bancos centrais se adaptam ao formato de difusão por meio de separação institucional: divisão de poder entre instituições federais e estaduais separadas, duas câmaras separadas no Legislativo e supremas cortes e bancos centrais separados e independentes. Vista sob essa perspectiva, a primeira dimensão também poderia ser chamada de "responsabilidade conjunta" ou dimensão de "poder conjunto", e a segunda, de dimensão de "responsabilidade dividida" ou de "poder dividido". Embora esses rótulos sejam mais acurados e teoricamente mais significativos, as minhas denominações "executivos-partidos" e "federal-unitária" têm a grande vantagem de ser lembradas com mais facilidade e por essa razão serão mantidas ao longo deste livro.

A distinção entre os dois tipos básicos de democracia, majoritária e consensual, não é absolutamente nova em ciência política. Na realidade, me apropriei desses dois termos de Robert G. Dixon Jr. (1968, p. 10).

---

2 Uma distinção similar foi feita por George Tsebelis (2002) entre "agentes institucionais de veto" locados em diferentes instituições, e os "agentes partidários de veto", como os partidos que integram uma coalizão do governo.

MODELOS DE DEMOCRACIA

Hans Hattenhauer e Werner Kaltefleiter (1986) também fazem o contraste entre o "princípio majoritário" e o consensual e Jürg Steiner (1971) justapõe os "princípios da maioria e da proporcionalidade". G. Bingham Powell Jr. (1982) faz distinção entre formas de democracia majoritária e amplamente "representativa", e em trabalho posterior, entre duas "visões democráticas": majoritária e proporcional (Powell, 2000). Contraste similar foi estabelecido por Robert A. Dahl (1956) – democracia "populista" *versus* "madisoniana"; William H. Riker (1982) – populismo *versus* liberalismo; Jane Mansbridge (1980) – democracia "combativa" *versus* "unitária"; e S. E. Finer (1975) – "política combativa" *versus* política centrista e de coalizão.

Entretanto, existe uma tendência surpreendentemente forte e persistente na ciência política, de equiparar democracia unicamente com democracia majoritária, e não reconhecer a democracia consensual como um tipo alternativo e igualmente legítimo. Um exemplo muito claro encontra-se no argumento de Stephanie Lawson (1993, pp. 192--93), segundo o qual uma oposição política forte é *"sine qua non* à democracia contemporânea" e que o seu principal propósito é "tornar--se governo". Essa visão se baseia no pressuposto majoritário de que a democracia implica um sistema bipartidário (possivelmente dois blocos de partidos opostos) que se alterna no governo; mas não leva em conta que os governos dos sistemas multipartidários mais consensuais tendem a ser coalizões e que uma mudança de governo nesses sistemas costuma ser apenas uma alteração parcial da composição partidária do governo – e não que a oposição "passa a ser" governo (Lundell, 2011).

O uso frequente de testes de "transição" para determinar se uma democracia se tornou estável e consolidada trai o mesmo pressuposto majoritário. Samuel P. Huntington chega a propor um "teste de dupla transição", segundo o qual

> uma democracia pode ser considerada consolidada se o partido ou
> o grupo que assume o poder nas primeiras eleições após a transição
> [para a democracia] perde as eleições subsequentes e transfere o poder

INTRODUÇÃO

para os vencedores dessas eleições, e se os vencedores dessas eleições transferem o poder pacificamente aos vencedores das eleições seguintes (1991, pp. 266-67).

Dos vinte países analisados neste livro com história democrática mais longa, todos eles sistemas democráticos seguramente consolidados e estáveis, pelo menos três, Luxemburgo, Países Baixos e Suíça, falharam no teste de transição por mais de sessenta anos, do fim da década de 1940 a 2010, ou seja, houve muitas mudanças de governo, mas nunca uma transição completa; e seis deles – os mesmos países, além de Bélgica, Finlândia e Alemanha – falharam no teste de dupla transição.

Mostraremos neste livro que as democracias majoritárias puras ou quase puras são, na realidade, muito raras – limitam-se ao Reino Unido, Nova Zelândia (até 1996) e às antigas colônias britânicas no Caribe (mas apenas em relação à dimensão executivos-partidos). A maioria das democracias tem características consensuais significativas e até predominantes. Além disso, mostraremos que, em muitos aspectos, a democracia consensual pode ser considerada mais democrática do que a democracia majoritária.

As dez características contrastantes dos dois modelos de democracia, citadas anteriormente, são descritas apenas de modo preliminar e exemplificadas com casos quase puros de democracia majoritária – Reino Unido, Nova Zelândia e Barbados –, e casos quase puros de democracia consensual – Suíça, Bélgica e União Europeia – nos Capítulos 2 e 3. Os 36 casos empíricos de democracia, inclusive os cinco que acabei de mencionar (menos a União Europeia) e que foram escolhidos para uma análise comparada serão sistematicamente introduzidos no Capítulo 4. As dez variáveis institucionais serão analisadas mais profundamente nos nove capítulos que compõem a maior parte deste livro (Capítulos 5 a 13). O Capítulo 14 traz um resumo dos resultados e situa as 36 democracias em um "mapa conceitual" bidimensional da democracia; também analisará as alterações no mapa ao longo do tempo e mostrará que a maioria dos países mantém posições estáveis. Os Capítulos 15 e

16 farão a pergunta "e daí?": O tipo de democracia faz alguma diferença, especialmente no tocante à efetividade do processo decisório e à qualidade da democracia? Este capítulo mostrará que as democracias consensuais apresentam resultados significantemente superiores em um grande número de indicadores de qualidade democrática e que também têm excelente desempenho quanto à efetividade governamental, embora nesse caso as diferenças não sejam tão grandes. O Capítulo 17 apresentará sobre as implicações políticas verificadas neste livro para os países em fase de democratização e os recentemente democráticos.

2. O modelo de democracia Westminster

Neste livro uso o termo "modelo Westminster" de forma indistinta com "modelo majoritário" para referir a um modelo geral de democracia. Uso também mais especificamente para denotar as principais características do parlamentarismo britânico e suas instituições governamentais (G. Wilson, 1994; Mahler, 1997) – o Parlamento do Reino Unido se reúne no Palácio de Westminster em Londres. A versão britânica do modelo Westminster é o exemplo original e o mais conhecido desse sistema. Richard Rose (1974, p. 131) sugere que "com a confiança nascida do isolamento continental, os norte-americanos passaram a admitir que suas instituições – a Presidência, o Congresso e a Suprema Corte – são protótipos do que deveria ser adotado em toda parte". Mas os cientistas políticos norte-americanos, especialmente os da área de política comparada, tendem a considerar o sistema britânico de governo tão elevado quanto o deles. (Kavanagh, 1974).

Um cientista político famoso que admirava fervorosamente o modelo Westminster foi o presidente Woodrow Wilson. Em seus primeiros escritos chegou ao ponto de encorajar a abolição do governo presidencialista nos Estados Unidos e a adoção do governo parlamentar de estilo britânico. Essa opinião foi compartilhada por vários observadores não britânicos da política britânica, e muitos elementos do modelo Westminster foram exportados para outros países: Canadá,

Austrália, Nova Zelândia e grande parte das antigas colônias britânicas na Ásia, África e Caribe que se tornaram independentes. Wilson (1884, p. 33) referiu-se ao governo parlamentarista de acordo com o modelo Westminster como "a última moda mundial".

Os dez elementos inter-relacionados do modelo Westminster, ou modelo majoritário, são ilustrados por elementos das três democracias que mais se aproximam desse modelo e podem ser vistas como protótipos majoritários: o Reino Unido, a Nova Zelândia e Barbados. A Grã-Bretanha, onde se originou o modelo Westminster, é claramente o principal e mais óbvio exemplo a ser usado. Em muitos aspectos, porém, a Nova Zelândia é um exemplo ainda melhor – ao menos até o seu acentuado afastamento do majoritarismo em outubro de 1996. O terceiro exemplo, Barbados, também é um protótipo quase perfeito do modelo Westminster, embora só até a primeira dimensão (executivos--partidos) do contraste majoritário-consensual. Na discussão que segue sobre as dez características majoritárias nos três países, enfatizo não só as conformidades com o modelo geral, mas também os ocasionais desvios do modelo, além de várias outras qualificações que precisam ser feitas.

O modelo Westminster no Reino Unido

1. *Concentração do Poder Executivo em gabinetes unipartidários e de maioria mínima.* O órgão mais poderoso do governo britânico é o gabinete. É composto normalmente de membros do partido que tem a maioria dos assentos na Câmara dos Comuns, e não inclui a minoria. Os gabinetes de coalizão são raros. Como no sistema bipartidário britânico os dois principais partidos possuem quase a mesma força, o partido que vence as eleições em geral representa não mais que uma estreita maioria, e a minoria é relativamente grande. Logo, o gabinete britânico de maioria mínima e unipartidário é o melhor exemplo do princípio da regra majoritária: possui enorme poder político, mas

O MODELO DE DEMOCRACIA WESTMINSTER

governa como representante e no interesse de uma maioria que não é proporcionalmente esmagadora. A grande minoria é excluída do poder e condenada ao papel de oposição.

Principalmente a partir de 1945 surgem algumas exceções à norma britânica dos gabinetes majoritários unipartidários. David Butler (1978, p. 112) escreve que "os gabinetes exclusivamente unipartidários têm sido muito menos predominantes do que se possa supor", mas a maioria dos desvios da norma, as coalizões de dois ou mais partidos ou gabinetes de minoria, ocorreram a partir de 1918 a 1945. Os únicos casos de gabinetes de minoria trabalhista no período pós-guerra foram dois governos trabalhistas minoritários na década de 1970. Nas eleições parlamentares de fevereiro de 1974, o Partido Trabalhista (Labour party) conquistou a maioria simples, mas não a maioria absoluta dos assentos, e formou um gabinete minoritário dependente de todos os outros partidos desunidos para derrotá-lo. Em outubro do mesmo ano tiveram lugar novas eleições em que o Partido Trabalhista conquistou a maioria, embora pequena, dos assentos, mas essa maioria logo se desgastou por deserções e derrotas em eleições suplementares, e em 1976 o governo Trabalhista voltou a ser um gabinete minoritário. Recuperou temporariamente a maioria legislativa em 1977 graças a um pacto negociado com 13 liberais na Câmara dos Comuns: os liberais concordaram em apoiar o gabinete em troca de consultas sobre as propostas legislativas antes de serem submetidas ao Parlamento. Contudo, nenhum liberal participou do gabinete, e por essa razão o gabinete continuou sendo de minoria e não um autêntico gabinete de coalizão. O chamado pacto *Lab-Lib* (Labour-Liberal) durou até 1978; em 1979 o gabinete minoritário do primeiro-ministro Trabalhista James Callaghan foi derrotado na Câmara dos Comuns por um voto de desconfiança.

O único caso de gabinete de coalizão no período pós-guerra foi o governo formado após as eleições de maio de 2010, nas quais, como em fevereiro de 1974, não houve vencedor. O governo Trabalhista em exercício foi derrotado, e os conservadores conquistaram apenas a maioria simples, mas não a maioria absoluta dos assentos. Para obter o apoio da maioria na Câmara dos Comuns, formou-se um gabinete de coalizão com um partido pequeno, o Liberal Democrata. O líder conservador David Cameron tornou-se primeiro-ministro e o líder liberal-democrata Nick Clegg, vice-primeiro-ministro. Os gabinetes minoritários de coalizão provavelmente continuarão sendo, portanto, uma exceção. Tendem a ser formados apenas quando uma eleição resulta no que a Grã-Bretanha chama de *hung parliament*, um Parlamento sem maioria vencedora – um resultado eleitoral bastante incomum.

2. *Gabinete dominante.* O sistema de governo do Reino Unido é parlamentarista, o que significa que o gabinete depende da confiança do Parlamento. Em tese, se a Câmara dos Comuns pode votar a destituição do gabinete, ela pode "controlar" o gabinete. Na realidade, essa relação se inverte. Quando o gabinete é composto de líderes de um partido com maioria coesa na Câmara dos Comuns, geralmente tem o apoio da maioria, tem segurança de que permanecerá no cargo e que suas propostas legislativas serão aprovadas. O gabinete é claramente dominante *vis-à-vis* o Parlamento.

Porque a forte liderança do gabinete depende do apoio da maioria da Câmara dos Comuns e de um partido majoritário coeso, os gabinetes perdem parte da sua posição predominante quando uma ou ambas as condições estiverem ausentes. Especialmente na década de 1970, período em que governaram as minorias, houve um aumento significativo de derrotas parlamentares de importantes propostas do gabinete. Isso chegou a provocar uma mudança na concepção tradicional de que, se o gabinete sofre uma derrota, seja por um voto parlamentar de desconfiança seja na aprovação de uma lei de importância crucial para o gabinete, este pode renunciar ou dissolver a Câmara dos Comuns e convocar novas eleições. A nova regra não escrita é que basta um único voto explícito de desconfiança para provocar a renúncia e convocar novas eleições. A normalidade de um gabinete dominante foi amplamente restaurada na década de 1980, sob a forte liderança da primeira-ministra conservadora Margaret Thatcher.

Mas as situações normais e desviantes deixam claro que é o sistema bipartidário disciplinado, e não o sistema parlamentarista, que está na origem do domínio do Executivo. Em sistemas parlamentares pluripartidários, os gabinetes – que em geral são gabinetes de coalizão – tendem a ser muito menos dominantes (Peters, 1997). Devido à concentração de poder em um gabinete dominante, o ex-ministro de governo Lorde Hailsham (1978, p. 127) chamou o sistema de governo britânico de "ditadura eletiva".[1]

3. *Sistema bipartidário*. A política britânica é dominada por dois grandes partidos: o Partido Conservador (Conservative party) e o Partido Trabalhista. Outros partidos também disputam as eleições e conquistam assentos na Câmara dos Comuns – particularmente o Liberal (Liberal party) que, depois de se unir ao Partido Social Democrata (Social Democratic party) no final dos 1980, passou a se chamar Liberal Democrata (Liberal Democratic party) – situados politicamente no centro, entre o Partido Trabalhista à esquerda e o Conservador à direita –, mas não são grandes o suficiente para assegurar vitórias amplas. Os partidos pequenos, como o escocês Nacional (Scottish National party), os nacionalistas galeses (Welsh Nationalist party) e vários outros partidos da Irlanda do Norte não conseguem conquistar além de um punhado de votos e assentos. O grosso deles é ocupado pelos dois partidos maiores que compõem os gabinetes: o Partido Trabalhista de 1945 a 1951, de 1964 a 1970, de 1974 a 1979 e de 1997 a 2010, e o Conservador de 1951 a 1964, de 1970 a 1974 e por um período mais longo, de 1979 a 1997. A hegemonia desses

---

1 Nos sistemas de governo presidenciais, nos quais o Executivo presidencial normalmente não pode ser destituído pelo Legislativo (exceto por *impeachment*), a mesma variação de grau na dominância do Executivo pode ocorrer, dependendo de quanto exatamente os poderes governamentais são independentes. Nos Estados Unidos, pode-se dizer que o presidente e o Congresso têm um equilíbrio de poder aproximado, mas os presidentes da França e de alguns países sul-americanos têm poder consideravelmente maior. Guillermo O'Donnell (1994, pp. 59-60) propôs o termo "democracia delegativa" – comparável "ditadura eletiva" de Hailsham – para sistemas em que os presidentes são dominantes e diretamente eleitos; nesses sistemas "fortemente majoritários", "seja quem for que vence as eleições para presidente tem autoridade para governar como achar melhor, restrito apenas ao fato de existirem relações de poder e pela duração de um mandato constitucionalmente limitado".

MODELOS DE DEMOCRACIA

partidos era ainda mais pronunciada entre 1950 e 1970: juntos, eles nunca obtiveram menos que 87,5% dos votos e 98% dos assentos vagos na Câmara dos Comuns nas sete eleições disputadas naquele período.

Os anos entre guerras foram um período de transição durante o qual o Partido Trabalhista reconduziu o Liberal como um dos dois grandes partidos, e nas eleições de 1945, trabalhistas e conservadores conquistaram, juntos, por volta de 85% dos votos e 92,5% dos assentos. O apoio aos dois partidos declinou consideravelmente após 1970: a quota conjunta de voto popular oscilou de menos de 81% (em 1979) para apenas 65% (em 2010), mas eles continuaram ocupando pelo menos 93% dos assentos nas eleições entre 1974 e 1992, e por volta de 86% dos assentos de 1997 em diante. Os liberal-democratas foram os maiores beneficiados, mas principalmente em termos de votos e não de assentos. Em quatro eleições, entre 1997 e 2010, eles tiveram em média 20% dos votos populares – mas nunca mais que 10% dos assentos na Câmara dos Comuns.

4. *Sistema de eleições majoritárias e desproporcionais*. A Câmara dos Comuns é um grande corpo legislativo cujo número de membros varia de 625 a 659 desde 1945. Cada distrito elege um único membro pelo método da maioria simples, que na Grã-Bretanha chama-se sistema *"First past the post"*: vence o candidato mais votado, senão por maioria, pelo maior número de votos minoritários. Esse sistema tende a produzir resultados muito desproporcionais. As eleições de 2005 são o exemplo mais óbvio: o Partido Trabalhista conquistou a maioria parlamentar absoluta, ou seja, 355 assentos de um total de 646 cadeiras, com apenas 35,2% dos votos populares. Em todos os pleitos entre outubro de 1974 e 2005, o partido vencedor conquistou a maioria simples das vagas, nunca com mais de 44% dos votos. São todas maiorias que Douglas W. Rae (1967, p. 74) denomina corretamente "maiorias manufaturadas" – criadas artificialmente pelo sistema eleitoral por mera maioria simples de votos. Na realidade, todos os partidos vencedores desde 1945 só venceram graças a essas maiorias manufaturadas. Seria então muito mais correto dizer que o Reino

O MODELO DE DEMOCRACIA WESTMINSTER

Unido é uma democracia pluralista em vez de democracia majoritária. O método da maioria simples é tão desproporcional que é capaz de produzir um vencedor que não vence pela maioria simples dos votos: os conservadores conquistaram a maioria simples dos assentos em 1951 não só com menos que a maioria dos votos, mas com menos votos do que recebeu o Partido Trabalhista.

O sistema eleitoral desproporcional tem sido particularmente desvantajoso para os liberais e liberal-democratas, que há muito tempo são a favor de se introduzir alguma forma de representação proporcional (RP). Mas como a maioria simples tem beneficiado demais conservadores e trabalhistas, esses dois grandes partidos continuam comprometidos com o antigo método desproporcional. Mesmo assim, percebem-se alguns sinais de movimento na direção da RP. Um deles é que a RP foi adotada em todos os pleitos da Irlanda do Norte (com exceção das eleições para a Câmara dos Comuns) após o conflito civil entre Protestantes e Católicos no início dos anos 1970. Outro sinal é que logo após a vitória eleitoral do Partido Trabalhista em 1997, o novo gabinete do primeiro-ministro Tony Blair decidiu que as eleições de 1999 para os representantes britânicos ao Parlamento Europeu seriam por representação proporcional – adequando o Reino Unido aos outros membros da União Europeia. A RP também é aplicada nas eleições das novas assembleias regionais da Escócia e do País de Gales. Evidentemente, o princípio da proporcionalidade não é mais anátema. Ainda assim, é bom dar atenção às palavras admonitórias de Graham Wilson (1997, p. 72), quando nos diz que os dois maiores partidos possuem uma longa história de favorecimento às reformas básicas, mas só até conquistarem o poder; depois "dão as costas a mudanças como a reforma eleitoral, que os colocaria em desvantagem". Como parte da negociação para integrar o gabinete de Cameron em 2010, foi prometida aos liberal-democratas a realização de um referendo sobre a reforma eleitoral. É importante lembrar que a opção que seria submetida aos eleitores não era a representação proporcional, mas sim o que foi chamado de voto alternativo, que, tal como o método de maioria simples, era um método eleitoral majoritário (veja Capítulo 8). Além disso, a concessão dos conservadores não incluía a promessa de apoio nem mesmo a uma reforma relativamente pequena na campanha do referendo, e por fim acabou-se fazendo uma ativa campanha contrária: o referendo foi derrotado por uma margem superior a dois a um em maio de 2011 (Qvortrup, 2012).

5. *Pluralismo de grupos de interesse.* Ao concentrar o poder nas mãos na maioria, o modelo de democracia Westminster estabelece um padrão governo-*versus*-oposição que é competitivo e combativo. A competição e o conflito também caracterizam o sistema de grupos de interesse típico do modelo majoritário: um sistema radicalmente pluralista. É o oposto do corporativismo de grupos de interesse, o qual costuma reunir representantes do governo, sindicatos de trabalhadores e entidades patronais na busca de acordos sobre políticas socioeconômicas; esse processo de coordenação costuma ser chamado de *concertation* ou concertação,[2] e os acordos, de pactos *tripartites.* A concertação torna-se mais fácil quando há relativamente poucos grupos de interesse, grandes e fortes, representativos de cada um dos principais setores funcionais – trabalhadores, patrões, agricultores – e/ou uma forte organização em cada um dos setores que coordene as preferências e as estratégias de cada setor. O pluralismo, por outro lado, significa múltiplos grupos de interesse exercendo pressão sobre o governo de maneira descoordenada e competitiva.

O sistema de grupos de interesse britânico é claramente pluralista. A única exceção foi o Contrato Social de 1975 de preços e salários assinado entre governo Trabalhista, a principal federação dos sindicatos trabalhistas (Trades Union Congress) e a principal federação patronal (The Confederation of British Industry). O contrato foi descumprido dois anos depois quando o governo não conseguiu convencer os sin-

---

2 O termo original *concertation* significa uma forma de diálogo e decisão conjunta, implica a troca mútua de informações, a discussão aberta e o compartilhamento de conhecimento, e a assinatura de acordos operacionais entre administração pública e/ou representantes do setor privado (N. da T.).

dicatos a aceitar novas restrições salariais e tetos salariais impostos unilateralmente. A década de 1980 caracterizou-se mais pelos graves confrontos entre o governo Conservador de Margaret Thatcher e os sindicatos trabalhistas – o oposto da concertação e do corporativismo. Não mudou muita coisa sob os trabalhistas que governaram de 1997 a 2010. Michael Gallaguer, Michal Laver e Peter Mair (2011, pp. 467, 471) escreveram que "a Grã-Bretanha é frequentemente citada como exemplo clássico de um sistema pluralista mais do que corporativista", e preveem que é bem provável que o país "se afaste de uma forma essencialmente pluralista de representação de grupo de interesse".

6. *Governo centralizado e unitário*. O Reino Unido é um Estado centralizado e unitário. Os governos locais desempenham uma série de funções importantes, mas seus poderes não estão garantidos constitucionalmente (como no sistema federalista). Não apenas isso, são financeiramente dependentes de um governo central. Não há nenhuma área geográfica e funcional claramente delimitada das quais a maioria parlamentar e o governo estejam excluídos. A Comissão Real de Constituição sob o comando de Lorde Kilbradon concluiu em 1973: "O Reino Unido é o maior Estado unitário da Europa e um dos mais centralizados dentre os principais países industrializados do mundo" (citado em Busch, 1994, p. 60).

Duas exceções merecem ser notadas. Uma delas é a Irlanda do Norte, que foi governada por um Parlamento e um gabinete próprios com alto grau de autonomia – mais do que a maioria dos estados com sistemas federalistas – a partir de 1921, quando a República da Irlanda tornou-se independente, até 1972, quando Londres impôs um governo direto. É também significativo que a autonomia da Irlanda do Norte pudesse ser, e foi, eliminada pelo Parlamento por meio de uma simples decisão majoritária, em 1972. A outra exceção foi o movimento gradual para a maior autonomia da Escócia e do País de Gales – "devolução", no falar britânico. Mas foi só em setembro de 1997 que, por meio de referendos, a Escócia e o País de Gales finalmente puderam ter assembleias escocesas e galesas diretamente eleitas (Trench, 2007). A devolução, contudo, não caminhou de mãos dadas com a descentralização da Inglaterra, de longe a maior e mais importante das quatro partes que compõem o Reino Unido. O londrino *Economist* argumenta que continua sendo o sistema "ocidental mais centralizado" (Ganesh, 2010).

7. *Concentração do Poder Legislativo em uma legislatura unicameral.* Para a organização do Legislativo, o princípio majoritário de concentração de poder significa que o Poder Legislativo deve se concentrar em uma única casa ou câmara. A esse respeito, o Reino Unido se afasta do modelo majoritário puro. O Parlamento consiste em duas câmaras: a Câmara dos Comuns, que é eleita por voto popular, e a Câmara dos Lordes, que antes consistia principalmente em membros da nobreza hereditária, mas também abrigava um grande número dos chamados pares vitalícios *(life peers)*, estes designados pelo gabinete. A Lei de 1999 da Câmara dos Lordes removeu praticamente os 92 membros hereditários, e hoje a Câmara é formada em sua maior parte pelos membros indicados. O relacionamento entre as duas casas é assimétrico: o Poder Legislativo está praticamente nas mãos da Câmara dos Comuns. O único poder da Câmara dos Lordes é o de retardar a legislação: os projetos de lei referente às contas públicas podem ser adiados por um mês e todos os outros por um ano. O limite de um ano foi estabelecido em 1949; entre a primeira grande reforma de 1911 e 1949, o poder de adiamento dos Lordes era por volta de dois anos, mas durante todo esse período, de 1911 a 1949, os longos adiamentos foram evitados.

Portanto, o Legislativo bicameral britânico se afasta do modelo majoritário, mas não muito: em linguagem informal, "Parlamento" refere-se exclusivamente à Câmara dos Comuns, e o sistema bicameral totalmente assimétrico pode ser chamado de quase unicameralismo. Passar do quase unicameralismo para o unicameralismo puro não é um passo muito complicado: talvez possa ser decidido por maioria simples na Câmara dos Comuns e, se os Lordes tiverem alguma objeção, adiado por não mais que um ano.

O MODELO DE DEMOCRACIA WESTMINSTER

8. *Flexibilidade constitucional*. A Grã-Bretanha tem uma Constituição "não escrita", no sentido de que não existe um documento escrito que especifique a composição de poder das instituições governamentais e dos direitos dos cidadãos. Em vez disso, ambos são definidos em uma série de leis básicas – a Magna Carta de 1215, a Carta de Direitos de 1689 e as Leis do Parlamento de 1911 e 1949 – princípios legais, costumes e convenções comuns. O fato de a convenção não ser escrita tem duas implicações importantes. Uma é deixar a Constituição completamente flexível para ser mudada pelo Parlamento, como qualquer outra lei – por maioria regular e não por supermaiorias, como a maioria de dois terços exigidos por muitas outras democracias para introduzir emendas em suas constituições escritas. Uma ligeira exceção a essa flexibilidade é que se houver oposição por parte da Câmara dos Lordes as alterações constitucionais podem ser adiadas por um ano.

9. *Ausência de revisão judicial*. Outra importante implicação de uma Constituição não escrita é a ausência de revisão judicial: não existe um documento constitucional escrito com *status* de "lei suprema" contra o qual os tribunais possam verificar a constitucionalidade da legislação regular. Embora o Parlamento normalmente aceite e tenha por dever cumprir as leis da Constituição não escrita, nem sempre é obrigado a cumpri-las formalmente. Quanto a mudar e interpretar a Constituição, contudo, o Parlamento, isto é, a maioria parlamentar, é autoridade suprema e soberana. De acordo com a famosa formulação de A. V. Dicey (1915, pp. 37-38), soberania parlamentar "significa nada mais nada menos que isto, ou seja, que o Parlamento [...] tem, de acordo com Constituição inglesa, o direito de fazer ou desfazer quaisquer leis; mais que isso, não existe nenhuma lei na Inglaterra que reconheça o direito de uma pessoa ou entidade de ignorar ou rejeitar a legislação do Parlamento".

Uma exceção à soberania parlamentar é que a Grã-Bretanha, ao ingressar na Comunidade Europeia – uma organização supranacional e não meramente internacional – em 1973, aceitou as leis e instituições da Comunidade como autoridades superiores ao Parlamento em várias áreas da política. Como soberania é sinônimo de autoridade suprema e definitiva, o Parlamento deixou de ser soberano absoluto. A adesão britânica à Comunidade Europeia, atual União Europeia, introduziu ainda uma medida de revisão judicial tanto para o Tribunal de Justiça Europeu quanto para os tribunais britânicos: "A supremacia do Parlamento está ameaçada pelo direito das instituições da Comunidade de legislar para o Reino Unido (sem o consentimento prévio do Parlamento) e pelo direito das cortes de julgar a admissibilidade (nos termos legais da Comunidade) das futuras leis do Parlamento" (Coombs, 1977, p. 88). Similarmente, a Grã-Bretanha é membro da Convenção dos Direitos Humanos Europeia desde 1951; sua aceitação de uma cláusula opcional dessa convenção em 1966 deu ao Tribunal dos Direitos Humanos Europeu, em Estrasburgo, o direito de analisar e invalidar qualquer ação de Estado, incluindo a legislação que julgue violar os direitos humanos previstos naquela convenção (Cappelletti, 1989, p. 202; Johnson, 1998, pp. 155-58).

10. *Um banco central controlado pelo Poder Executivo.* Os bancos centrais são responsáveis pela política monetária, e os bancos independentes são amplamente considerados melhores no controle da inflação e na manutenção da estabilidade dos preços do que os bancos dependentes do Executivo. A independência do Banco Central, porém, contrapõe-se claramente ao princípio de concentração de poder nas mãos de um gabinete majoritário unipartidário, do modelo Westminster. Como era de esperar, o Bank of England não tem conseguido agir com independência e está sob o controle do gabinete. Durante a década de 1980, aumentou-se a pressão para torná-lo mais autônomo. Dois ministros da Fazenda conservadores tentaram convencer seus colegas a dar esse grande passo para fora do modelo Westminster, mas seus conselhos foram rejeitados (Busch, 1994, p. 59). Foi somente em 1997, em uma das primeiras decisões tomadas pelo recém-eleito governo Trabalhista, que o Bank of England ganhou independência para definir as taxas de juros. O grau de independência do Banco Central costuma ser medido numa escala desenvolvida por Alex Cukierman, que varia

O MODELO DE DEMOCRACIA WESTMINSTER

de no mínimo 0 a no máximo 1 (veja Capítulo 13). De 1997 a 1998, a pontuação do Banco Central britânico subiu de 0,27 para 0,47 – o que indica um aumento significativo de independência, mas ainda bem abaixo, por exemplo, da Suíça e Alemanha, cujas pontuações foram 0,64 e 0,69, respectivamente, durante grande parte da década de 1990 (Polillo e Guillén, 2005).

As recentes mudanças na política britânica não alteram o caráter geral da Grã-Bretanha como um importante exemplo de democracia majoritária. Como afirma Matthew Flinders (2010, a ênfase acrescida) – para citar o título e o subtítulo de seu livro – a primeira década do século XXI foi um período de "deriva democrática" e "modificação majoritária", mais do que um afastamento básico do modelo Westminster.

O modelo Westminster na Nova Zelândia

Muitos elementos do modelo Westminster têm sido exportados para outros membros da Commonwealth britânica, mas apenas um país adotou o modelo praticamente completo: a Nova Zelândia. Em 1996, ocorreu uma grande mudança no modelo majoritário quando a Nova Zelândia realizou suas primeiras eleições por representação proporcional, porém, o sistema político neozelandês anterior a 1996 pode servir de exemplo instrutivo de como o modelo Westminster funciona.

1. *Concentração do Poder Executivo em apenas um partido e gabinetes de maioria mínima.* Durante sessenta anos, de 1935 até meados de 1990, a Nova Zelândia teve governos de maioria unipartidária sem exceções ou interrupções. Dois grandes partidos – o Partido Trabalhista e o Partido Nacional – dominaram a política local e se alternaram no gabinete. O gabinete de maioria unipartidária formado após as últimas eleições pluripartidárias em 1993 sofreu uma série de deserções, tornando-se, por um breve período um gabinete de quase coalizão (uma aliança com os recentes desertores); seguiu-se um gabinete de minoria unipartidária e, por fim, uma coalizão minoritária – mas todos esses

MODELOS DE DEMOCRACIA

gabinetes atípicos ocorreram na fase final da transição para o novo sistema "não Westminster" (Boston, Levine, McLeay e Roberts, 1996, pp. 93-96). As únicas outras vezes que a Nova Zelândia se desviou de um governo majoritário de partido único são bem anteriores: houve um gabinete de coalizão durante a guerra, de 1915 a 1919, e outra coalizão assumiu o poder de 1931 a 1935.

2. *Gabinete dominante.* Também neste quesito a Nova Zelândia foi o exemplo perfeito do modelo Westminster. Assim como durante a maior parte do período pós-guerra no Reino Unido, a combinação de um sistema parlamentarista de governo com um sistema bipartidário coeso contribuiu para que o gabinete predominasse sobre o Legislativo. Nas palavras do cientista político neozelandês Stephen Levine (1979, pp. 25-26), "o sistema bipartidário rigidamente disciplinado contribuiu para que o poder ficasse concentrado dentro do gabinete, formado por membros do Parlamento [...] pertencentes ao partido da maioria".

3. *Sistema bipartidário.* Dois grandes partidos detiveram o controle praticamente total do sistema partidário, e somente eles compuseram gabinetes por sessenta anos, de 1935 a meados da década de 1990: o Partido Trabalhista (1935-49, 1957-60, 1972-75 e 1984-90) e o Partido Nacional de centro-direita (Right-of-center National party) (1949-57, 1960-72, 1975-84 e após 1990). Além disso, diferentemente da Grã--Bretanha, os demais partidos estiveram quase ausentes da Câmara dos Representantes da Nova Zelândia. Em 11 das 17 eleições, de 1946 a 1993, os dois maiores partidos dividiram entre si todos os assentos; em cinco eleições, apenas um outro partido conquistou um ou dois assentos; e em 1993, dois partidos pequenos conquistaram, cada um, dois assentos (de um total de 99). O sistema bipartidário da Nova Zelândia foi, portanto, um sistema quase puro.

4. *Sistema eleitoral majoritário e desproporcional.* A Câmara dos Representantes era eleita de acordo com o método da maioria relativa em distritos uninominais. O aspecto divergente é que havia quatro grandes distritos especiais, geograficamente justapostos aos pequenos distritos ordinários, reservados à minoria maori (por volta

O MODELO DE DEMOCRACIA WESTMINSTER

de 12% da população). Esses quatro distritos implicaram um desvio do majoritarismo do modelo Westminster porque visavam a garantir a representação minoritária. De 1975 em diante, os eleitores maori passaram a ter o direito de registrar e votar no distrito regular ou no distrito especial maori em que residiam.

Tal como no Reino Unido, o método de maioria simples produziu resultados severamente desproporcionais, especialmente em 1978 e 1981. Nas eleições de 1978, o Partido Nacional conquistou a clara maioria de 51 das 92 cadeiras, embora não tenha conquistado nem maioria dos votos populares – o apoio recebido foi de apenas 39,8% – nem a maioria simples, conquistada pelos trabalhistas com 40,4% dos votos populares; os 17,1% dos votos do Partido do Crédito Social (Social Credit party) representaram um único assento. Em 1981, o Partido Nacional venceu outra maioria parlamentar, ou seja, conquistou 47 das 92 cadeiras, novamente com menos votos que o Partido Trabalhista, embora as respectivas porcentagens fossem mais próximas: 38,8% e 39%; agora o Partido do Crédito Social obteve 20,7% dos votos populares – não mais que duas cadeiras. Além disso, todas as maiorias parlamentares de 1954 em diante foram maiorias manufaturadas. Tal qual o Reino Unido, a Nova Zelândia era mais uma democracia de maioria simples do que majoritária.

5. *Pluralismo de grupos de interesse.* O sistema de grupos de interesse da Nova Zelândia, como na Grã-Bretanha, é claramente pluralista. E também, como a Grã-Bretanha, na Nova Zelândia as greves são frequentes – indicativo de confrontos, e não conciliações, entre trabalhadores e patrões. Em estudos comparados entre corporativismo e pluralismo, muitos estudiosos tentaram medir até que ponto, exatamente, o sistema de grupos de interesse das democracias industrializadas é corporativista ou pluralista. Os julgamentos diferem consideravelmente em alguns desses países, mas na Grã-Bretanha e na Nova Zelândia há pouca discordância: ambos se situam no extremo pluralista do espectro pluralismo-corporativismo (Lijphart e Crepaz, 1991; Siaroff, 1999).

6. *Governo unitário e centralizado*. A "Lei Garantidora da Constituição Representativa para a Colônia da Nova Zelândia", aprovada pelo Parlamento britânico em 1852, criou seis províncias com poderes e funções consideravelmente autônomos *vis-à-vis* o governo central, mas essas províncias foram abolidas em 1875. O sistema governamental atual é unitário e centralizado – não tão surpreendente para um país com cerca de 4 milhões de habitantes. No Reino Unido, a população é muito maior, por volta de 60 milhões de habitantes.

7. *Concentração do Poder Legislativo em uma legislatura unicameral*. Durante mais ou menos um século, a Nova Zelândia teve uma legislatura unicameral, consistindo em uma câmara baixa eleita e uma câmara alta nomeada, esta perdendo gradualmente o poder. A abolição desse sistema em 1950 mudou radicalmente o sistema bicameral para o unicameralismo puro.

8. *Flexibilidade constitucional*. Assim como o Reino Unido, a Nova Zelândia não possui nenhum documento constitucional escrito. Sua Constituição "não escrita" consiste em um determinado número de leis básicas – como os Atos Constitucionais de 1852 e 1986, as Leis Eleitorais de 1956 e 1993, e a Carta de Direitos de 1990 – de convenções e costumes.[3] Algumas das provisões-chave das leis básicas estão tão "entranhadas" que só podem ser mudadas por maioria de três quartos dos membros da Câmara dos Representantes ou por voto majoritário através de um referendo; entretanto, essas entranhas sempre podem ser alteradas por maiorias regulares, de modo que, ao final, prevaleça a decisão da maioria. Consequentemente, assim como o Parlamento britânico, o Parlamento da Nova Zelândia é soberano. Qualquer lei, aqui incluídas as leis que "emendam" a Constituição não escrita, pode ser adotada por decisão majoritária regular. De acordo com um especialista em Direito Constitucional da Nova Zelândia, "o princípio central da Constituição é que não há limitações legais

---

3 O Ato Constitucional de 1852 e a Lei Eleitoral de 1956 foram revogados e substituídos por duas leis posteriores.

efetivas para o que o Parlamento decrete por processo legislativo ordinário" (Scott, 1962, p. 39).

9. *Ausência de revisão judicial*. A soberania parlamentar também significa que, assim como na Grã-Bretanha, os tribunais não têm direito a revisões judiciais. A Câmara dos Representantes é o único juiz da constitucionalidade da sua própria legislação.

10. *Um banco central controlado pelo Executivo*. Andreas Busch (1994, p. 65) escreve que, historicamente, a Nova Zelândia "tem sido o país com [...] grau muito baixo de independência do Banco Central", e durante um período até 1989 ele atribuiu ao Reserve Bank da Nova Zelândia a nota mais baixa – indicando autonomia ainda menor do que aquela de sua contraparte britânica. A Lei do Reserve Bank de 1989 aumentou a independência do banco, mas muito pouco; o índice Cukierman de independência do Banco Central subiu de 0,24 para 0,31 – bem abaixo do Bank of England após 1997 (Cukierman, Webb e Neyapti, 1994; Polillo e Guillén, 2005).

Com uma única exceção – os assentos parlamentares reservados à minoria maori –, a democracia da Nova Zelândia foi, até 1996, nitidamente mais majoritária e, portanto, um exemplo muito melhor do modelo Westminster do que a democracia britânica. De fato, especialmente do ponto de vista dos gabinetes minoritários e das frequentes derrotas das propostas de gabinete na Grã-Bretanha durante a década de 1970, Richard Rose afirma com toda a legitimidade que a Nova Zelândia é "o único exemplo que restou do autêntico sistema britânico" (comunicação pessoal em 8/4/1982). Entretanto, a adoção da representação proporcional e as primeiras eleições parlamentares com representação proporcional em outubro de 1996 implicaram um afastamento radical do modelo Westminster.

Os dois maiores partidos se opunham à RP, ou representação proporcional, mas ambos contribuíram, embora não intencionalmente, para que fosse adotada. O impulso inicial foi o desagrado do Partido Trabalhista com os resultados das eleições de 1978 e 1981, já mencionadas, quando o Partido Nacional conquistou a maioria parlamentar não só com menos de 40% dos votos populares, mas com menos votos do que os recebidos pelo Partido Trabalhista. Quando os trabalhistas retornaram ao poder em 1984, nomearam uma Comissão Real para o Sistema Eleitoral a fim de recomendar aperfeiçoamentos. Os termos de referência da comissão eram muito amplos, recomendando não só pequenos ajustes, mas uma mudança radical na RP, além da realização de um referendo para decidir sobre a sua adoção. O governo tentou desviar a proposta entregando-a a uma comissão parlamentar, o qual, como era esperado, rejeitou a RP e recomendou apenas pequenas mudanças. A campanha eleitoral de 1987 reintroduziu a RP na agenda política: o primeiro-ministro trabalhista tinha prometido que os eleitores decidiriam a questão por meio de um referendo, mas seu partido não cumpriu a promessa após ser reeleito. Ainda mais constrangedor para os trabalhistas, o Partido Nacional oportunisticamente fez a mesma promessa na campanha de 1990, e ao vencer as eleições não pôde deixar de honrá-la. Os eleitores endossaram a RP pela segunda vez nos referendos de 1992 e 1993 (Jackson e McRobie, 1998).

A representação proporcional, ou RP, usou como modelo o sistema alemão. Nas primeiras eleições por RP, em 1996, foram eleitos por maioria simples 65 membros nos distritos uninominais – aí incluídos cinco distritos maori especiais – e 55 membros por RP para as listas partidárias. O segundo conjunto de 55 assentos teve que ser alocado entre os partidos de modo que o resultado final fosse o mais proporcional possível.[4] Essa provisão crucial fez com que o novo sistema fosse, de forma clara e completa, um sistema de representação proporcional, embora o termo neozelandês, sistema de representação proporcional mista, sugira uma mistura de RP com qualquer outra coisa. As mesmas regras governaram as eleições subsequentes, embora a quantidade de distritos uninominais e de distritos maori, bem como a quantidade de assentos da lista partidária tenham sofrido pequenos reajustes.

---

4 Cada eleitor vota duas vezes, uma vez para um candidato distrital e a outra para a lista partidária. Para evitar uma fragmentação excessiva, os partidos precisam conquistar um mínimo de 5% dos votos para a lista ou um assento distrital para se qualificar para os assentos da lista.

O MODELO DE DEMOCRACIA WESTMINSTER

As primeiras eleições por representação proporcional transformaram instantaneamente a política neozelandesa em vários aspectos (Vowles, Aimer, Banducci e Karp, 1998). Primeiro, o resultado das eleições foi muito mais proporcional do que o das eleições anteriores por maioria simples. O partido maior, o Nacional, continuou sendo bem representado, mas por menos que 3 pontos percentuais; conquistou 33,8% dos votos e 36,7% dos assentos. Segundo, as eleições produziram um sistema pluripartidário em que seis partidos conquistaram representação no Parlamento pela primeira vez. Terceiro, diferentemente de qualquer outra eleição pós-guerra, nenhum partido conquistou a maioria dos assentos. Quarto, em contraposição à longa sequência anterior de gabinetes majoritários unipartidários, o Partido Nacional formou um gabinete de coalizão bipartidária com o Partido Primeiro Nova Zelândia (New Zealand First party), o principal representante da minoria maori, e conquistou 17 assentos, aí incluídos os cinco assentos maori especiais. Este gabinete continuou tendo o apoio da maioria no Legislativo, mas todos os gabinetes subsequentes foram coalizões minoritárias ou gabinetes minoritários unipartidários.

Em razão desses significativos desvios do modelo majoritário, a Nova Zelândia após 1996 não é mais um bom, para não dizer o melhor, exemplo do "autêntico sistema britânico". Consequentemente, segundo Kurt von Mettenheim (1997, p. 11), "O Reino Unido parece ser [agora] o único que preserva os aspectos básicos do modelo Westminster". É preciso notar, no entanto, que todas as mudanças que aconteceram após 1996 na Nova Zelândia dizem respeito à dimensão executivos-partidos do modelo majoritário referentes às cinco primeiras das dez características do modelo; e que, ainda em relação a essa primeira dimensão, especialmente, várias outras colônias britânicas continuam a ter instituições predominantemente no estilo Westminster. Um exemplo bastante claro e instrutivo disso é Barbados.

MODELOS DE DEMOCRACIA

O modelo Westminster em Barbados

Barbados é um pequeno Estado insular caribenho com uma população de 250 mil habitantes. Tem uma "sociedade fortemente homogênea" descendente principalmente de africanos (Duncan, 1994, p. 77). Tornou-se independente da Grã-Bretanha em 1966, mas conserva "um forte e onipresente senso da tradição e cultura britânicas" (Muller, Overstreet, Isacoff e Lansford, 2011, p. 116) – entre outras tradições políticas. Barbados costuma ser chamada de "Pequena Inglaterra" do Caribe.

1. *Concentração do Poder Executivo em gabinetes unipartidários e de maioria mínima.* Desde que se tornou independente em 1966, Barbados tem gabinetes majoritários unipartidários. Seus dois grandes partidos – o Partido Trabalhista de Barbados (Barbados Labour party – BLP) e o Partido Trabalhista Democrata (Democratic Labour party – DLP) – têm sido as forças predominantemente dominantes na política de Barbados, alternando-se no poder. Diferentemente dos casos da Grã-Bretanha e da Nova Zelândia, não existem exceções nem qualificações desse padrão que mereçam atenção, na verdade, o padrão remonta aos tempos coloniais. Desde o estabelecimento no início da década de 1950 do sufrágio universal e do gabinete de governo que a longa sequência de gabinetes majoritários unipartidários não é interrompida.

2. *Gabinete dominante.* Os gabinetes de Barbados têm sido, pelo menos, tão dominantes quanto os dos exemplos anteriores de modelo Westminster. O termo "ditadura eletiva", cunhado por Lorde Hailsham para a Grã-Bretanha é perfeitamente adequado ao sistema de Barbados (Payne, 1993, p. 69). A principal razão para o predomínio do gabinete em Barbados é um Legislativo muito pequeno. A Câmara da Assembleia barbadiana tinha apenas 24 membros entre 1966 e 1981; o número aumentou para 27 em 1981; 28 em 1991; e 30 em 2003. Por isso, muitos parlamentares também assumem ministérios, e isso significa, como observa Trevor Munroe (1996, p. 108), que quase um

terço dos membros do Legislativo "são constitucionalmente impedidos de adotar uma posição independente e crítica em relação ao Executivo".

3. *Sistema bipartidário*. Desde a independência, os mesmos dois grandes partidos controlam as políticas partidárias de Barbados e formam todos os gabinetes: o DLP de centro-esquerda de 1966 a 1976, de 1986 a 1994 e de 2008 em diante, e o BLP mais conservador entre 1976 e 1986, e entre 1994 e 2008. Em oito de dez eleições desde 1966 nenhum terceiro partido conquistou assentos, apenas um partido pequeno conquistou dois assentos em 1966 e outro, também pequeno, um único assento em 1994. A força do sistema bipartidário pode ser ilustrada também no destino de quatro parlamentares que saíram do partido governante, o DLP, em 1989, para formar um partido separado. Como escreve Tony Thorndike (1993, p. 158), o novo partido "não sobreviveu por muito tempo à lógica *first past the post* do sistema Westminster e à cultura bipartidária de Barbados. Nas eleições de janeiro de 1991 perdeu todos os assentos".

4. *Sistema eleitoral majoritário e desproporcional*. Nas eleições anteriores à independência, aí incluídas as de 1966, alguns meses antes de a independência ser formalizada, Barbados adotava o método da maioria simples, não nos usuais distritos uninominais, mas em distritos plurinominais (Emmanuel, 1992, p. 3; Duncan, 1994, p. 78); isso tendeu a aumentar a desproporcionalidade dos resultados das eleições porque, nos sistemas de maioria simples, a desproporcionalidade aumenta à medida que aumenta o número de representantes eleitos por distrito. Desde 1971, todas as eleições têm sido por maioria simples nos distritos uninominais, mas a desproporcionalidade eleitoral continua alta. Por exemplo, em 1986, o DLP conquistou 24 dos 27 assentos (88,9%) com 59.4% dos votos, e em 1999 o BLP conquistou 26 dos 28 assentos (92,9%) com 64,9% dos votos. Em três eleições desde 1966, as maiorias parlamentares eram "manufaturadas" a partir de maiorias simples, mas em outras sete eleições a maioria dos assentos foi genuinamente "vencida" por maioria do voto popular. Em suma, Barbados é uma democracia menos pluralista do que a Grã-Bretanha

e a Nova Zelândia. Além disso, diferentemente dos outros dois países, Barbados não teve nenhum tipo de maioria parlamentar que tenha vencido em segundo lugar no voto popular.

5. *Pluralismo dos grupos de interesse.* Novamente, tal como no Reino Unido e na Nova Zelândia, Barbados tinha um sistema de grupos de interesse que era pluralista, e não corporativista, nas primeiras décadas após a independência. Em 1993, porém, governo, líderes empresariais e sindicatos trabalhistas negociaram um acordo de preços e salários que incluía o congelamento dos salários. Esse pacto tripartite foi renovado várias vezes e durou cerca de 15 anos.

6-10. *As características da segunda dimensão (federal-unitária) do modelo majoritário.* Barbados tem uma forma de governo que é unitária e centralizada – o que não surpreende em um país tão pequeno com apenas 250 mil habitantes –, mas no que diz respeito às outras quatro características da dimensão federal-unitária, não se encaixa no modelo majoritário puro. Tem um Legislativo bicameral que consiste em uma Câmara da Assembleia eleita por voto popular e um Senado nomeado que pode postergar, mas não vetar – um caso de bicameralismo assimétrico. Tem uma Constituição escrita que só pode ser emendada por maioria de dois terços de ambas as câmaras. A Constituição concede explicitamente aos tribunais o direito a revisões judiciais. Por fim, o Banco Central de Barbados tem um estatuto que lhe confere meio grau de autonomia em relação às políticas monetárias; seu índice Cukierman tem permanecido estável em 0,38 – superior aos bancos centrais da Nova Zelândia e da Grã-Bretanha no período anterior a 1997 (Cukierman, Webb e Neyapti, 1994; Polillo e Guillén, 2005).

Anthony Payne (1993) argumenta que as antigas colônias britânicas do Caribe se caracterizam não pelo sistema Westminster, mas o "Westminster adaptado". Como nos ilustra Barbados – mas também, e em grande medida, outras democracias regionais da Commonwealth – essa adaptação afeta principalmente a segunda dimensão do modelo Westminster. Em relação à primeira dimensão (executivos-partidos), o modelo permaneceu quase perfeitamente intacto. O fato de Barbados se desviar do majoritarismo relativamente à maioria das características da dimensão federal-unitária não significa, certamente, que se desvia a tal ponto que passe a ser um bom exemplo do modelo contrastante de democracia consensual. Para ilustrar o modelo consensual, no próximo capítulo tomarei os exemplos da Suécia, Bélgica e União Europeia.

3. O modelo consensual de democracia

A interpretação mais comum da definição básica de democracia é "governo pela *maioria* do povo". O argumento é que as maiorias devem governar e as minorias devem se opor. Mas essa visão é desafiada pelo modelo consensual de democracia. Como salientou veementemente o vencedor do Prêmio Nobel de Economia Sir Arthur Lewis (1965, pp. 64-65), a regra da maioria e o arranjo institucional governo-*versus*-oposição que essa regra implica pode ser interpretado como antidemocrático porque ambos são princípios de exclusão. Lewis afirma que o significado de democracia é, principalmente, que "todos aqueles que forem afetados por uma decisão devem ter a chance de participar dessa decisão diretamente ou por intermédio dos representantes que escolher". O significado secundário é que "prevalece o desejo da maioria". Se isso quer dizer que os vencedores podem tomar todas as decisões governamentais e os perdedores podem criticar, mas não governar, argumenta Lewis, ambos os significados são incompatíveis: "Excluir o grupo perdedor de participar das decisões viola claramente o primeiro significado de democracia."

A maioria pode responder legitimamente que, sob duas condições, a incompatibilidade apontada por Lewis seria solucionada. Primeiro, a exclusão das minorias seria mitigada se maiorias e minorias se alternassem no governo – ou seja, se as minorias de hoje pudessem se tornar maiorias nas próximas eleições, em vez de serem condenadas à permanente oposição. É assim que os sistemas bipartidários da Grã-Bretanha, Nova Zelândia e Barbados têm funcionado, embora tenha havido longos períodos em que um dos principais partidos foi mantido fora do poder: o Partido Trabalhista britânico (British Labour party) por 13 anos, de 1951 a 1964, e mais 18 anos de 1979 a 1997; o Conservador britânico (British Conservative) por 13 anos, de 1997 a 2010; o Nacional neozelandês (New Zealand National) por 14 anos, de 1935 a 1949; o Trabalhista neozelandês (New Zealand Labour) por 12 anos, de 1960 a 1972; e o Partido Trabalhista Democrata em Barbados (Democratic Labour party in Barbados) por 14 anos, de 1994 a 2008.

Mesmo durante esses períodos prolongados de exclusão do poder, pode-se argumentar que a democracia e o governo da maioria não entraram em conflito porque estava presente uma segunda condição: o fato de os três países serem sociedades relativamente homogêneas e seus maiores partidos em geral não divergirem muito em seus objetivos políticos porque tendem a ficar próximos do centro político. Excluir um partido do poder pode ser antidemocrático nos termos do critério "governo *pelo* povo", mas se os interesses e as preferências dos eleitores forem razoavelmente atendidos pelas políticas do partido da situação, o sistema se aproximará da definição de democracia como sendo o "governo *para* o povo".

Em sociedades menos homogêneas não se aplica nenhuma das duas condições. As políticas defendidas pelos principais partidos tendem a divergir muito mais, e com frequência a lealdade dos eleitores é mais rígida, reduzindo muito as chances de os principais partidos se alternarem no exercício do poder. Em especial nas *sociedades pluralistas*, sociedades que são mais acentuadamente divididas, seja por questões religiosas, ideológicas, linguísticas, culturais, étnicas ou raciais, em subsociedades virtualmente separadas com seus próprios partidos políticos, grupos de interesse e meios de comunicação – é provável que não haja a flexibilidade necessária para uma

O MODELO CONSENSUAL DE DEMOCRACIA

democracia majoritária. Nessas condições, o governo da maioria não é só antidemocrático, mas também perigoso, porque as minorias cujo acesso ao poder é continuamente negado se sentirão excluídas e discriminadas, e deixarão de ser leais ao regime. Por exemplo, na sociedade pluralista da Irlanda do Norte, dividida entre a maioria protestante e a minoria católica, o governo da maioria é o Partido Unionista (Unionist party), representante da maioria protestante que venceu todas as eleições e compôs todos os governos entre 1921 e 1972. Os massivos protestos dos católicos no final da década de 1960 desencadearam uma guerra civil entre protestantes e católicos que só foi controlada com a intervenção do exército britânico e a imposição de um governo direto de Londres.

Em sociedades em que as divisões são ainda mais profundas, como a da Irlanda do Norte, a regra da maioria expressa ditadura majoritária e conflitos civis, mas não democracia. O que essas sociedades precisam é de um regime democrático que promova o consenso, e não a oposição, que inclua mais do que exclua e que procure ampliar ao máximo o alcance do governo majoritário em vez de se satisfazer com a maioria simples. Apesar das inclinações majoritárias, sucessivos gabinetes britânicos têm reconhecido essa necessidade: insistiram na RP, em todas as eleições na Irlanda do Norte (exceto para as da Casa dos Comuns), e como precondição para devolver a autonomia política do país, amplas coalizões de poder compartilhado entre protestantes e católicos. RP e compartilhamento de poder também foram os elementos-chave do Acordo da Sexta-Feira Santa sobre o futuro político da Irlanda do Norte, finalmente fechado em 1998. De modo similar, Lewis (1965, pp. 51-55, 65-84) recomenda fortemente representação proporcional, coalizões inclusivas e federalismo nas sociedades plurais da África Ocidental. O modelo consensual é também bastante apropriado aos países menos divididos, porém ainda heterogêneos, e uma alternativa razoável e factível do modelo Westminster até para os países mais homogêneos.

Os exemplos que escolhi para ilustrar o modelo consensual são Suíça, Bélgica e União Europeia – todos eles entidades multiétnicas. A Suíça é o melhor exemplo: aproxima-se muito do modelo puro com uma única exceção; a Bélgica também é um bom exemplo, principalmente depois que passou a ser um estado federativo em 1993; por isso dou especial atenção ao padrão das políticas belgas em períodos recentes. A União Europeia (UE) é uma organização supranacional – mais do que mera organização internacional –, mas não é, ou ainda não é, um Estado soberano. Em razão desse *status* intermediário, os analistas da União Europeia não chegam a um acordo se a estudam como organização internacional ou como um Estado federativo incipiente, embora esta última abordagem seja cada vez mais aceita (Hix, 1994, 2005). Esta é, também, a minha abordagem: se a UE for considerada um Estado federativo, suas instituições ainda são extremamente fechadas ao modelo de democracia consensual. Discutirei primeiro os protótipos da Suíça e Bélgica, um após o outro, em seguida tomarei o exemplo da União Europeia.

O modelo consensual na Suíça e na Bélgica

O modelo consensual de democracia pode ser descrito em termos dos dez elementos que se opõem frontalmente a cada uma das dez características do modelo Westminster. Em vez de concentrar o poder nas mãos da maioria, o modelo consensual tenta dividir, dispersar e controlar o poder de várias maneiras.

1. *Poder Executivo compartilhado em gabinetes de coalizão ampla.* Em contraposição à tendência do modelo Westminster de concentrar o Poder Executivo em um único partido e em gabinetes de maioria mínima, o princípio do consenso permite que todos os partidos, ou os mais importantes, compartilhem o Poder Executivo em uma ampla coalizão. O Executivo suíço composto de sete membros, o Conselho Federal, é um excelente exemplo de coalizão ampla: até 2003, os três principais

O MODELO CONSENSUAL DE DEMOCRACIA

partidos – Social Democrata, Radical Democrata e Democrata Cristão – ocupavam cada um deles um quarto dos assentos da câmara baixa do Legislativo no período pós-Segunda Guerra Mundial, e o Partido do Povo Suíço (Swiss People's party – SPP) que ocupava um oitavo dos assentos dividia as sete posições executivas proporcionalmente, de acordo com a fórmula mágica 2:2:2:1 criada em 1959. Nas eleições de 2003 em que o SPP tornou-se o maior partido, foi-lhe dado mais uma cadeira à custa dos Democratas Cristãos (Christian Democrats). A ampla coalizão foi interrompida em 2007 quando o líder do SPP, Christoph Blocher, que era membro do Conselho Federal desde 2003, não foi reeleito pelo Parlamento, e outro membro do SPP, que não era o indicado pelo partido, foi eleito em seu lugar. O SPP declarou que não seria representado no Conselho por nenhum dos dois membros e que passaria a ser um partido de oposição. Entretanto, a coalizão ampla e a fórmula mágica foram restauradas em janeiro de 2009 (Church e Vatter, 2009). Uma regra adicional ao compartilhamento informal de poder é que os grupos linguísticos tivessem representação proporcional aos seus respectivos tamanhos: quatro ou cinco membros de língua alemã, um ou dois de língua francesa e frequentemente um de língua italiana.

A Constituição belga é exemplo de uma exigência formal segundo a qual o Executivo deve incluir representantes dos grandes grupos linguísticos. Por muitos anos, formaram-se ministérios com aproximadamente o mesmo número de ministros representativos da maioria de língua holandesa e da minoria francófona. Isso se tornou uma regra formal em 1970; a nova Constituição federal novamente estipula que "com a possível exceção do primeiro-ministro, o Conselho de Ministros [gabinete] deve ter o mesmo número de membros de língua francesa e de língua holandesa" (Alen e Ergec, 1994). Essa regra não se aplica à composição partidária do gabinete, mas, com exceção dos quatro anos de governo unipartidário no período pós-guerra, desde 1980 todos os gabinetes que se seguiram foram coalizões de quatro a seis partidos.

MODELOS DE DEMOCRACIA

2. *Equilíbrio entre o Executivo e o Legislativo.* O sistema político suíço não é nem parlamentarista nem presidencialista. A relação entre o Conselho Executivo Federal e o Legislativo é explicada pelo cientista político suíço Jürg Steiner (1974, p. 43) nos seguintes termos: "Os membros do conselho são eleitos individualmente para um mandato fixo de quatro anos e, pela Constituição, o Legislativo não pode dar nenhum voto de desconfiança durante esse período. Se uma proposta governamental for derrotada no Parlamento, não é necessário que o membro que apresentou a proposta ou o Conselho Federal como um todo renuncie." Essa separação formal de poderes deixou mais independentes tanto o Executivo quanto o Legislativo, e o relacionamento entre ambos, muito mais equilibrado do que os relacionamentos entre gabinete e Parlamento na Grã-Bretanha, Nova Zelândia e Barbados, países em que o gabinete é claramente dominante. O Conselho Federal suíço é poderoso, mas não soberano.

A Bélgica tem uma forma de governo parlamentarista e um gabinete que depende da confiança do Legislativo, assim como os três protótipos do modelo Westminster. Os gabinetes belgas, porém, em grande parte por serem formados por coalizões amplas e não coesas, não são tão dominantes quanto seus equivalentes do modelo Westminster e tendem a ter um genuíno relacionamento "toma lá dá cá" com o Parlamento. O fato de os gabinetes belgas terem vida curta é um sinal de que suas posições são relativamente fracas: de 1980 a 2010, por exemplo, houve nove gabinetes formados por diferentes coalizões pluripartidárias – e em média com apenas três anos de vida.

3. *Sistema pluripartidário.* Tanto a Suíça quanto a Bélgica têm sistemas pluripartidários, sendo que nenhum partido sequer tenha chegado perto de ser maioria. Nas eleições de 2007 para o Conselho Nacional Suíço, 12 partidos ganharam assentos, mas a maior parte deles – 167 de 200 – foi capturada pelos maiores partidos no Conselho Federal. Pode-se dizer, então, que a Suíça tem um sistema tetrapartidário.

O MODELO CONSENSUAL DE DEMOCRACIA

Até o fim dos anos 1960, a Bélgica era caracterizada por um sistema tripartidário que consistia de dois grandes partidos, o Democrata Cristão e o Socialista, e um partido de tamanho médio, o Liberal. Desde então, esses grandes partidos se dividiram em bases linguísticas e outros novos partidos ganharam espaço. Além disso, dois partidos Verdes, um de língua holandesa e outro, francesa, vêm despontando nos últimos anos. Por volta de uma dúzia de partidos tem chances de conquistar cadeiras na Câmara dos Representantes e 11 deles ganharam suficiente importância para ocupar um ou mais gabinetes. A Bélgica tem "um dos sistemas partidários mais fragmentados das democracias modernas" (Swenden, Brans e De Winter, 2009, p. 8).

A emergência dos sistemas pluripartidários na Suíça e na Bélgica pode ser explicada nos termos de dois fatores. O primeiro é que os dois países são sociedades pluralistas, com várias clivagens: religião, classe social e idioma. Um contraste entre a Suíça e a Bélgica é que as diferenças linguísticas têm apenas um pequeno impacto sobre o sistema partidário suíço, mas é o principal diferenciador dos partidos belgas. O Partido do Povo Suíço (Swiss People's party) era especialmente forte entre os agricultores protestantes, mas seu apelo se estendeu e ganhou apoio eleitoral muito mais amplo, como um partido de direita, populista e anti-imigração. Essa descrição serve também a um dos pequenos partidos nacionalistas flamengos da Bélgica (Pauwels, 2011). Suíça e Bélgica possuem partidos verdes pequenos, porém significativos.

4. *Representação proporcional*. A segunda explicação para a emergência dos sistemas pluripartidários na Suíça e na Bélgica é que o sistema eleitoral proporcional de ambos os países não inibiu a tradução de clivagens sociais em clivagens do sistema partidário. Em contraste com o método da maioria simples, que tende a sobrerrepresentar os grandes partidos e sub-representar os pequenos, o objetivo básico da representação proporcional é dividir os assentos parlamentares entre os partidos proporcionalmente aos votos recebidos. As câmaras baixas de ambos os Legislativos são eleitas por representação proporcional.

MODELOS DE DEMOCRACIA

5. *Corporativismo dos grupos de interesse*. Há uma certa discordância entre os especialistas em corporativismo sobre o grau de corporativismo na Suíça e na Bélgica, principalmente porque os sindicatos trabalhistas dos dois países tendem a ser menos organizados e menos influentes que as associações empresariais. A discordância se resolveria, contudo, fazendo-se uma distinção entre as duas variantes do corporativismo: o corporativismo social, que predomina nos sindicatos de trabalhadores, e o corporativismo liberal, que é mais forte nas associações empresariais. Peter J. Katzenstein (1985, pp. 105, 130) toma a Suíça e a Bélgica como exemplos deste último e conclui que a Suíça "tipifica mais claramente os traços característicos do corporativismo liberal". Os dois países exibem os três elementos básicos do corporativismo: concertação tripartite, relativamente poucos e grandes grupos de interesse, e protagonismo de organizações guarda-chuva. Gerhard Lehmbruch (1993, p. 52) escreve que "a força das organizações guarda-chuva é notável, e é amplamente reconhecido que a coesão das associações de interesse suíças é superior à dos partidos políticos suíços". Além disso, Klaus Armingeon (1997) argumenta que embora o alcance e a efetividade do corporativismo tenham declinado em muitos países europeus nos anos 1990, continuam muito fortes na Suíça. A cooperação tripartite belga começou com o Pacto Social concluído em 1944, e desde então seu sistema corporativista "não mudou fundamentalmente" (Deschouwer, 2009, p. 193).

6. *Governo federal e descentralizado*. A Suíça é um Estado Federativo no qual o poder é dividido entre o governo central e os governos de vinte cantões e de seis meio cantões resultantes das divisões de três antigos cantões. Os meio cantões só possuem um, e não dois representantes na câmara federal suíça, o Conselho dos Estados, e têm apenas metade do peso dos cantões regulares nas votações de emendas constitucionais; nas demais votações, porém, têm o mesmo *status* dos demais cantões. A Suíça é também um dos países mais descentralizados do mundo.

O MODELO CONSENSUAL DE DEMOCRACIA

A Bélgica foi por muito tempo um Estado unitário e centralizado, mas desde 1970 moveu-se gradualmente em direção à descentralização e ao federalismo; em 1993, tornou-se formalmente um Estado Federativo. A forma de federalismo adotada pela Bélgica é um "federalismo único" (Fitzmaurice, 1996) e de uma "complexidade bizantina" (McRae, 1997, p. 289), porque consiste em três regiões definidas geograficamente – Flandres, Valônia e a capital bilíngue Bruxelas – e três comunidades culturais definidas não geograficamente – as grandes comunidades flamenga e francesa e outra muito menor de língua alemã. A principal razão para a construção desse sistema em duas camadas é que a área bilíngue de Bruxelas é, em sua grande maioria, francófona, mas é cercada por Flandres, de língua holandesa. Há uma sobreposição considerável de regiões e comunidades que não se misturam exatamente. Cada uma tem seus próprios Executivo e Legislativo, exceto Flandres, onde o governo da comunidade flamenga também governa a região flamenga.

7. *Bicameralismo forte.* A principal justificativa para se instituir um Legislativo bicameral, e não unicameral, é dar representação especial às minorias em uma segunda câmara ou câmara alta e incluir os estados menores nos sistemas federativos. Duas condições devem ser atendidas para que a representação minoritária seja relevante: a câmara alta e a câmara baixa devem ser eleitas em bases diferentes e a primeira também tem que ter poder – de preferência o mesmo poder que a segunda. Ambas as condições são atendidas no sistema suíço: o Conselho Nacional é a câmara baixa e representa o povo suíço, e o Conselho dos Estados é a câmara alta ou federal e representa os cantões, cada cantão com dois representantes e cada meio cantão com um. Por isso os pequenos cantões têm muito mais representatividade no Conselho dos Estados do que no Conselho Nacional. O bicameralismo suíço é também simétrico: "absoluta equidade em todas as questões legislativas" é a regra sagrada (Linder, 2010, p. 51).

As duas câmaras do Parlamento belga – a Câmara dos Representantes e o Senado – tinham praticamente os mesmos poderes na Bélgica pré-federalista, quando eram proporcionalmente constituídas e por isso tinham composições muito similares. O novo Senado, eleito pela primeira vez em 1995, representa principalmente os dois grupos linguístico-culturais, mas ainda é constituído em bases proporcionais e não concebido de modo a sobrerrepresentar as minorias de língua francesa e de língua alemã. Além disso, só quarenta dos seus 71 membros são eleitos por voto popular e tiveram seus poderes diminuídos em comparação ao antigo Senado; por exemplo, não tem mais autoridade orçamentária (De Winter e Dumont, 2009, p. 102; Deschouwer, 2009, pp. 171-72). Por tudo isso, o novo Legislativo federal da Bélgica é exemplo de bicameralismo relativamente fraco, e não forte.

8. *Rigidez constitucional*. Tanto a Bélgica quanto a Suíça possuem constituições escritas – um documento único que contém as regras básicas da governança – e que só podem ser alteradas por maiorias especiais. As emendas à Constituição suíça requerem a aprovação em um referendo não só da maioria dos eleitores em nível nacional, mas também da maior parte dos cantões. Os meio cantões têm meio peso no cálculo cantão a cantão; isso quer dizer que, por exemplo, uma emenda constitucional pode ser adotada por 13,5 cantões a favor e 12,5 contra. A exigência da aprovação cantonal por maioria significa que as populações dos cantões menores e dos meio cantões, com menos de 20% da população total da Suíça, têm poder de veto às mudanças constitucionais.

Na Bélgica existem dois tipos de supermaiorias. Todas as emendas constitucionais requerem a aprovação de dois terços da maioria em ambas as casas do Legislativo. Além disso, as leis que dizem respeito à organização e aos poderes das comunidades e regiões possuem um *status* semiconstitucional e são ainda mais difíceis de serem aprovadas e emendadas: além das maiorias de dois terços de ambas as casas, requerem a aprovação das maiorias do grupo de língua holandesa

O MODELO CONSENSUAL DE DEMOCRACIA

bem como do grupo de língua francesa, em cada uma das casas. Essa regra garante aos francófonos um veto minoritário efetivo.

9. *Revisão judicial.* A Suíça se desvia num aspecto do modelo consensual puro: a sua corte suprema, o Tribunal Federal, não tem direito à revisão judicial. Uma iniciativa popular tentou introduzi-la, mas foi definitivamente rejeitada no referendo de 1939 (Codding, 1961, p. 112). O Parlamento considerou seriamente a criação de um tribunal constitucional como parte da ampla reforma judiciária realizada em 2000, mas por fim decidiu não incorporar a proposta no pacote da reforma (Vatter, 2008, pp. 22-23).

Não existia revisão judicial na Bélgica até 1984, quando foi inaugurada a nova Corte de Arbitragem. A responsabilidade original desse tribunal era interpretar as provisões constitucionais concernentes à separação de poderes entre os governos central, comunitário e regional. Sua autoridade foi expandida pela revisão constitucional de 1988, e a Corte de Arbitragem é hoje considerada uma "corte constitucional genuína" (De Winter e Dumont, 2009, p. 109).

10. *Independência do Banco Central.* Há muito tempo o Banco Central da Suíça é considerado um dos mais fortes e independentes do mundo, ao lado do Bundesbank alemão e o Federal Reserve System dos Estados Unidos. Sua independência, medida pelo índice Cukierman, tem se mantido em 0,63 desde 1980 (Vatter, 2008, p. 26). Em contrapartida, o Banco Central da Bélgica foi durante muito tempo o mais fraco dos bancos centrais. Entretanto, sua autonomia foi reforçada substancialmente no início dos anos 1990, mais ou menos na mesma época da transição para o sistema federativo, mas principalmente em consequência do Tratado de Maastricht de 1992, que obrigou os estados-membros da União Europeia a aumentar a independência de seus bancos centrais. Em 1993, o índice Cukierman subiu de baixíssimos 0,17 para respeitáveis 0,41 (Polillo e Guillén, 2005).

O modelo consensual na União Europeia

As principais instituições da União Europeia não se enquadram nas classificações de órgãos Executivo, Legislativo, Judicial e Monetário com a mesma facilidade que aquelas dos cinco estados soberanos discutidos até aqui. Especialmente o Conselho Europeu (não confundir com o Conselho da União Europeia, que será descrito a seguir), formado pelos chefes de governo dos 27 países membros – "os líderes políticos mais importantes da Europa" (Crepaz e Steiner, 2011, p. 287) – que se reúnem pelo menos duas vezes ao ano. É a mais forte instituição da União Europeia; parte desse Conselho a maioria das grandes ações voltadas para o desenvolvimento da Comunidade Europeia e, desde 1993, da União Europeia. A presidência alternava-se entre seus membros a cada seis meses, mas o Tratado de Lisboa de 2007 criou um presidente permanente do Conselho Europeu – também chamado presidente da União Europeia –, que é eleito a cada dois anos e meio. O primeiro presidente, eleito em 2009, foi o ex-primeiro-ministro belga Herman Van Rompuy. Para as demais instituições, a Comissão Europeia seria como o Executivo da União Europeia e poderia ser comparada a um gabinete; o Parlamento europeu corresponderia à Câmara Baixa do Legislativo; e o Conselho da União Europeia seria a Câmara Alta. As responsabilidades da Corte de Justiça Europeia e do Banco Central Europeu são o que indicam suas denominações.

1. *Compartilhamento de poder em gabinetes de coalizão ampla.* A Comissão Europeia é formada por 27 membros, cada um com uma responsabilidade ministerial específica, indicados pelos governos dos países membros. Por estarem nela representados os 27 países da UE, a comissão é uma coalizão internacional ampla e permanente. Na prática, a comissão é também uma coalização que unifica os espectros políticos europeus de esquerda, de direita e de centro.

2. *Equilíbrio de poder entre Executivo e Legislativo.* Após as eleições parlamentares a cada cinco anos, a nova Comissão Europeia precisa ser aprovada pelo Parlamento Europeu. O Parlamento também

O MODELO CONSENSUAL DE DEMOCRACIA

pode destituir a Comissão, mas somente por maioria de dois terços. O Parlamento tem poderes orçamentais efetivos e os seus outros poderes legislativos foram reforçados pelo Tratado de Lisboa de 2007; em 95% da legislação europeia, o Parlamento é colegislador e tem poder equivalente ao Conselho da União Europeia, que é muito mais poderoso – e é composto de representantes dos governos dos 27 países membros. George Tsebelis e Jeannette Money (1997, p. 180) consideram o Conselho o "equivalente europeu a [uma] câmara alta." O Conselho é ainda a mais forte das três instituições. Sobretudo, assemelha-se muito mais à parceria igualitária do modelo consensual do que ao gabinete dominante do modelo Westminster.

3. *Sistema pluripartidário*. O 736 membros do Parlamento Europeu pertenciam aos sete partidos reconhecidos oficialmente (constituídos por no mínimo 25 membros dos sete países exigidos para reconhecimento), até as eleições de 2009. O maior deles era o Partido do Povo Europeu (European People party), formado principalmente por democratas cristãos, com 36 cadeiras no Parlamento – bem longe de uma maioria parlamentar. Em seguida vinha o Partido Socialista (Socialist party) com 25%, e por fim os Liberais (Liberals) com quase 12% das cadeiras. Nenhum outro partido ocupava mais que 10% das cadeiras. A fragmentação política era ainda maior no padrão pluripartidário porque os partidos do Parlamento Europeu eram muito menos coesos e disciplinados que os partidos que compunham os parlamentos nacionais. A composição partidária da "câmara alta", o Conselho da União Europeia, muda na medida em que mudam os governos dos países membros, e depende também do que será discutido, que por sua vez determinará quais ministros específicos deverão comparecer a uma determinada sessão. Por exemplo, se políticas agrárias estiverem na agenda do Conselho, os ministros nacionais da Agricultura provavelmente participarão. Na prática, porém, o Conselho é também um corpo pluripartidário.

4. *Representação proporcional*. O Parlamento Europeu é eleito diretamente desde 1979. Isso deveria ser feito em cada país segundo um sistema eleitoral uniforme, mas os países membros ainda não

MODELOS DE DEMOCRACIA

entraram em acordo sobre como deve ser esse sistema. Não obstante, o método preponderante é alguma variante da RP; portanto, a RP é aplicada em todos os países membros, incluindo, desde 1999, a Grã-Bretanha. Entretanto, a super-representação dos pequenos países e a sub-representação dos grandes países no Parlamento Europeu resultam em uma desproporcionalidade importante. Os casos extremos são a Alemanha, com 96 representantes, e Malta, com apenas seis, embora a população da Alemanha seja duzentas vezes maior que a de Malta. A esse respeito, o Parlamento Europeu combina em uma única câmara legislativa os princípios da representação proporcional e os da representação igualitária nacional, que na Suíça, por exemplo, estão incorporados em duas casas legislativas separadas.

5. *Corporativismo dos grupos de interesse.* A UE ainda não desenvolveu um corporativismo pleno, em grande parte porque as decisões socioeconômicas mais importantes ainda são tomadas em nível nacional e sujeitas a vetos nacionais. À medida que a UE se torna mais integrada, o grau de corporativismo obrigatoriamente aumentará. No título de *Euro-Corporativism?*, livro de Michel J. George, o ponto de interrogação é proposital; George responde negativamente à presente situação, mas vê também elementos corporativistas importantes em alguns setores, bem como uma clara tendência ao maior corporativismo. Um fator importante é que a Comissão Europeia há muito tem favorecido um modo corporativista de negociar com grupos de interesse. Patrocinou, por exemplo, uma série de conferências tripartites ao longo da década de 1970, as quais, embora não tenham resultado na institucionalização da negociação tripartite, "[a Comissão] jamais abandonou sua meta de promover o diálogo entre parceiros sociais e a participação deles no processo de decisões da Comunidade" (Gorges, 1996, p. 139). Vivien A. Schmidt (2006, p. 104) descreve o atual sistema europeu de grupo de interesse como mais pluralista do que corporativista, mas afirma que "os atores societários da UE possuem um pluralismo que é mais próximo e cooperativo do que o [altamente pluralista] dos Estados

Unidos". De modo similar, mas dito em termos mais positivos, Gerda Falkner (2006, p. 223) prova que "as variantes corporativistas das redes de políticas não são estranhas à UE".

6. *Governo federal e descentralizado*. Comparada a outras organizações internacionais, a supranacional UE é bastante unificada e centralizada. Mas se comparada com outros estados nacionais – mesmo com um país descentralizado como a Suíça –, a UE é nitidamente muito mais "confederativa" do que federalista e também extremamente descentralizada.

7. *Bicameralismo forte*. Os dois critérios de um bicameralismo forte são que ambas as casas legislativas tenham a mesma força e sejam diferentes quanto à composição. O Legislativo da UE enquadra-se no segundo critério sem dificuldade: o Conselho tem representação igualitária dos países membros e é formado por representantes dos governos nacionais, enquanto o Parlamento é diretamente eleito por eleitores e as delegações nacionais são proporcionais ao tamanho das populações. Nos legislativos nacionais, as discrepâncias do poder igualitário tendem a ser mais vantajosas para a câmara baixa. Na UE é o inverso: a câmara alta (Conselho) sempre teve mais poderes que a câmara baixa (Parlamento), e continua tendo um poder legislativo relativamente maior, mesmo após a adoção do supracitado Tratado de Lisboa – não totalmente de acordo com o modelo consensual, mas menos ainda com o modelo majoritário.

8. *Rigidez constitucional*. A "Constituição" da UE consiste no Tratado da Comunidade Econômica Europeia, assinado em Roma em 1957, e de vários outros tratados anteriores e subsequentes. Por serem todos tratados internacionais, só podem ser alterados com o consentimento dos signatários. Por essa razão são extremamente rígidos. Além disso, as decisões mais importantes do Conselho requerem unanimidade; quanto às menos importantes, desde a década de 1980 tem sido mais comum que as decisões sejam tomadas por "voto da maioria qualificada", ou seja, por maioria de pelo menos dois terços e

por meio de um sistema de votos proporcionais (similar à distribuição proporcional de cadeiras no Parlamento Europeu).

9. *Revisão judicial.* Uma instituição-chave da UE é a Corte de Justiça Europeia. A Corte tem direito à revisão judicial e pode declarar inconstitucionais tanto as leis da UE quanto as leis nacionais que violarem os inúmeros tratados da UE. Mais que isso, a abordagem da Corte em suas tarefas jurídicas tem sido criativa e ativista. Alec Stone Sweet (2004, p. 1) escreve que a Corte "não tem rival como o corpo supranacional mais efetivo da história do planeta e é favoravelmente comparável às mais poderosas cortes de qualquer lugar".

10. *Independência do Banco Central.* O Banco Central Europeu, que entrou em operação em 1998, foi criado para ser altamente independente; de fato, a edição do *The Economist* de 8 de novembro de 1997 publicou que "sua constituição faz dele o Banco Central mais independente do mundo". É o guardião da moeda comum europeia, o euro, usada em 17 países membros. Christopher Crowe e Ellen E. Meade (2007) classificam o grau de independência do banco em 0,83 na escala Cukierman – consideravelmente superior à dos demais bancos centrais mencionados neste e no Capítulo 2.

No início deste capítulo, chamei a atenção para o fato de o modelo majoritário ser incompatível com as necessidades das sociedades plurais profundamente divididas. A UE é claramente uma dessas sociedades plurais: "Diferenças nacionais profundamente arraigadas, das quais a língua é apenas uma delas, não desapareceram nem desaparecerão da Europa." (Kirchner, 1994, p. 263) Por isso, não surpreende que as instituições da UE sejam muito mais compatíveis com o modelo consensual do que com o majoritário (Colomer, 2010, pp. 67-72; Hendriks, 2010, pp. 76-77). Muitos observadores preveem que a UE acabará por se tornar um Estado federativo, especialmente em consequência da adoção do euro. Por exemplo, Martin Feldstein (1997, p. 60) afirma que "o efeito a longo prazo fundamental da adoção de uma moeda única [será] a criação de uma união política, um Estado federativo europeu responsável por uma única política externa e de segurança para toda a Europa, bem como pelas atuais políticas econômicas e sociais domésticas". Se e quando a UE se tornar um Estado europeu soberano, suas instituições tenderão a mudar, mas não se afastarão muito do modelo consensual, e é bastante provável que assumam a forma de um Estados Unidos da Europa *federativo*.

4. Trinta e seis democracias

O restante deste livro é uma comparação sistemática de 36 países (com populações de, no mínimo, 250 mil pessoas) que eram democráticos em meados de 2010 e vinham de democracias ininterruptas desde 1989 ou antes disso. Cada democracia é analisada a partir da sua primeira eleição democrática, de 1945 até 30 de junho de 2010; o espaço de tempo para as 36 democracias varia de 65 anos (1945-2010) nos países europeus a 22 anos (1988-2010) na Coreia. Neste capítulo, explico qual foi o critério que usei para selecionar as 36 democracias e para escolher o tempo mínimo de experiência democrática. Também discuto as principais características sociais e econômicas que, espera-se, possa influenciar os tipos de democracia e o funcionamento democrático em 36 países.

Definições de democracia

Embora os cientistas políticos não concordem em alguns detalhes da definição e mensuração da democracia (Coppedge e Gerring, 2011), os oito critérios propostos por Robert A. Dahl (1971, p. 3) em seu livro seminal *Poliarquia* ainda encontram ampla sustentação: (1) o direito ao voto; (2) o direito a ser eleito; (3) o direito dos líderes políticos de competir por apoio e por votos; (4) eleições livres e justas; (5) liberdade de associação; (6) liberdade de expressão; (7)

fontes alternativas de informação; e (8) instituições para fazer com que as políticas públicas dependam de votos e outras expressões de preferência. Essas condições já estavam implícitas na simples definição de democracia de Lincoln, como o governo pelo povo (ou pelos representantes do povo) e para o povo. "Pelo povo", por exemplo, implica o sufrágio universal, a elegibilidade para cargos públicos e eleições livres e justas; e as eleições não serão livres e justas se não houver liberdade de expressão e associação antes das eleições e entre uma eleição e outra. De modo similar, "para o povo" implica o oitavo critério de Dahl, ou seja, a responsabilidade do governo para com as preferências do eleitor. Entretanto, é instrutivo especificar o critério especialmente para decidir quais países se qualificam ou não como democracias.

A democracia, pela definição de Dahl, é um fenômeno do século XX, e Göran Therborn (1977, pp. 11-17) credita à Austrália e à Nova Zelândia o estabelecimento dos primeiros sistemas de governo genuinamente democráticos na primeira década do século XX. A Nova Zelândia saiu na frente porque, já em 1893, foi o primeiro país a instituir o autêntico sufrágio universal, ou seja, o direito de voto para homens e mulheres *e* para a minoria maori; as mulheres, porém, não puderam se candidatar a cargos públicos até 1919. A Austrália adotou o sufrágio para homens e mulheres em 1902, mas os australianos aborígenes, uma pequena minoria de 2% da população, não pôde votar em eleições federais até 1962.

A Tabela 4.1 mostra os países considerados democráticos em 2010 e que já eram democráticos há mais de vinte anos: são os 36 países analisados neste livro, classificados por década e pelo primeiro ano que a análise começa a ser feita em cada país. Para decidir que países deveriam ser qualificados como democracia, segui o exemplo de outros pesquisadores e me baseei nos levantamentos que a *Freedom House* faz desde 1972 (Gastil, 1989, pp. 50-61) em todo o mundo. Nesses levantamentos, a *Freedom House* classifica os países como livres, parcialmente livres e não livres, e baseia essas classificações em dois conjuntos de critérios similares aos sugeridos por Dahl: direitos políticos, como o direito de participar de eleições livres e competitivas, e liberdades civis, como a liberdade de expressão e de associação. Consequentemente, os países "livres" são considerados democráticos.

Incluí três casos limítrofes: Índia, Argentina e Trinidad e Tobago. Na avaliação da *Freedom House*, a Índia flutuou entre "livre" e "parcialmente livre" durante sete anos da década de 1990, principalmente em razão dos altos níveis de violência política. É uma avaliação muito severa, dada a imensidão do território indiano e o fato de que grande parte da violência estava confinada na periferia do país. Continua válida a avaliação que Larry Diamond (1989, p. 1) faz da Índia como "o caso mais surpreendente e importante de resistência democrática do mundo em desenvolvimento". Durante alguns anos, Argentina e Trinidad ficaram logo abaixo do ponto de corte da "liberdade" por alguns anos – dois e quatro anos, respectivamente – no início do século XXI, mas rapidamente recuperaram o *status* de "livre". Prefiro pecar por incluí--los, porque a Índia é a democracia mais populosa do mundo e porque os três países deixam as democracias analisadas neste livro muito mais interessantes e diversificadas: a Índia é o menos desenvolvido dos 36 países, e tanto Índia quanto Trinidad estão entre as sociedades com as maiores divisões étnicas. Entre os 36 países, a Argentina é uma de apenas seis democracias presidenciais e uma de apenas três democracias latino-americanas.[1]

---

1 Das outras duas democracias latino-americanas, o Uruguai, além da Argentina, entra a partir da década de 1980. A Costa Rica tem um registro democrático muito mais longo e costuma ser chamada de "a Suíça da América Central" (Seligson e Martínez Franzoni, 2010, p. 307). Este livro não se destina a contribuir para o debate intelectual sobre a viabilidade dos regimes parlamentar *versus* presidencial (ver Linz e Valenzuela, 1994), mas é significativo que haja apenas seis sistemas presidenciais entre as 36 democracias de longo prazo e que três deles, Argentina, Uruguai e Coreia, só foram incluídos nesse grupo seleto a partir dos anos 1980.

MODELOS DE DEMOCRACIA

Tabela 4.1
As 36 democracias incluídas neste estudo, classificadas por década e pelo primeiro ano do período analisado (até meados de 2010)

Década	Primeiro ano analisado	Democracias
1940	1945	Áustria, Canadá, Dinamarca, Finlândia, Luxemburgo, Noruega, Reino Unido
	1946	Austrália, Bélgica, Islândia, Itália, Japão, Holanda, Nova Zelândia, Estados Unidos
	1947	Suíça
	1948	Irlanda, Suécia
	1949	Alemanha, Israel
1950	1953	Costa Rica
	1958	França
1960	1961	Trinidad e Tobago
	1962	Jamaica
	1965	Botsuana
	1966	Barbados, Malta
1970	1972	Bahamas
	1974	Grécia
	1976	Ilhas Maurício, Portugal
	1977	Índia, Espanha
1980	1984	Argentina
	1985	Uruguai
	1988	Coreia

Também estou sendo bastante condescendente com vários outros países da lista de democracias de longo prazo, na Tabela 4.1, apesar da ausência do sufrágio universal – o mais fundamental dos requisitos democráticos. Na Suíça pré-1971, as mulheres não tinham direito a voto. Na Austrália, como observei anteriormente, os aborígenes não puderam votar até 1962. E apesar de o presidente Bill Clinton ter declarado em seu discurso de posse em 1993 que os Estados Unidos da América são a "democracia mais antiga do planeta" (*The New York Times*, 21 de janeiro de 1993, A11), o sufrágio universal só se estabeleceu definitivamente nos Estados Unidos após a aprovação da Lei dos Direitos de Voto de 1965. O princípio do sufrágio universal sofreu também violações no Reino Unido, na França, na Holanda e na Bélgica enquanto foram potências coloniais, nas três Potências Aliadas que ocuparam a Alemanha e o Japão e em Israel pós-1967 em razão do controle sobre os territórios ocupados.[2] Focar no período pós-1945 minimiza esse problema porque os impérios coloniais foram rapidamente dissolvidos e porque as mulheres finalmente puderam votar na Bélgica, França e Itália.

Os países menores e menos populosos costumam ser excluídos das análises comparadas de democracia; o ponto de corte tende a variar entre populações de 1 milhão e de 250 mil habitantes (Anckar, 2008, pp. 69-71). Aqui, também, optei por incluí-las escolhendo um ponto de corte mais baixo.

Há duas razões para a condição essencial de que os países sejam não só democráticos, mas democráticos por um período prolongado. A razão substantiva é que teremos a segurança de que as democracias estudadas não serão entidades efêmeras, mas sistemas razoavelmente estáveis e consolidados. A segunda razão é procedimental: para estudar, por exemplo, resultados que as eleições tenderão a ter, os tipos de gabinetes que serão formados e a durabilidade desses gabinetes em um país em particular, será preciso medir mais do que apenas uma ou algumas dessas eleições e gabinetes. Foi de maneira mais ou menos arbitrária que escolhi o período de tempo superior a de vinte anos como o período mínimo; todos

---

2 O controle pós-guerra em países ou em áreas conquistadas é a menos séria das violações do padrão sufrágio universal, porque esse tipo de controle é sempre temporário; quanto mais tempo durar, porém, maior será o dilema criado para a democracia.

os 36 países que fazem parte deste estudo têm sido consistentemente democráticos desde o final dos anos 1980 ou até antes.

A Tabela 4.1 mostra o primeiro ano do período analisado em cada uma das 36 democracias; em geral é o ano da primeira eleição democrática desde 1945 ou desde a independência. Nos países em que a democracia foi interrompida no período pós-guerra – na França em 1958, na Grécia de 1967 a 1974 e na Índia de 1975 a 1977 – são as eleições que marcam o restabelecimento da democracia. Nos países que se tornaram independentes nas décadas de 1960 e 1970, é o ano da eleição mais próxima ao restabelecimento da independência – em três casos foram as eleições do ano anterior à independência (Bahamas, Botsuana e Trinidad).[3] A única exceção são as Ilhas Maurício, que tiveram eleições democráticas em 1967, um ano antes da independência formal em 1968, mas onde a democracia sobreviveu por vários anos no início da década de 1970: instalou-se o estado de emergência de 1971 a 1976; os líderes da oposição foram presos; os sindicatos trabalhistas, banidos; e as eleições de 1972 foram adiadas até 1976 (Bowman, 1991, pp. 73-74; Bräutigam, 1997, p. 50). As eleições de 1976 restauraram a democracia, e é por isso que as Ilhas Maurício foram incluídas na análise a partir de 1976.

A condição de um tempo mínimo de mais de vinte anos de experiência democrática resultou necessariamente em que muito poucas democracias fossem omitidas da análise. Se diminuíssemos esse intervalo de tempo para dez anos teríamos que incluir mais de 25 países (veja Tabela 4.2). Entre as novas democracias há vários países grandes, especialmente México, África do Sul e Polônia, mas com população combinada total superior a 2,5 bilhões em 61 democracias; as 36 democracias mais antigas concentram mais de 85%.[4]

---

3 Trinidad e Tobago – daqui para a frente referida apenas como Trinidad – e Jamaica tornaram--se independentes em 1962, Malta em 1964, Barbados e Botsuana em 1966, Ilhas Maurício em 1968 e as Bahamas em 1973. Também abrevio "Coreia" referindo-me informalmente à Coreia do Sul, que oficialmente se chama República da Coreia.

4 A *Freedom House* inclui também Chipre (a parte grega da ilha) e Belize entre as democracias de longo prazo. Chipre é omitida da minha análise pela contínua divisão da ilha e uma situação final instável. A população de Belize não atingia o mínimo de 250 mil habitantes até o início do século XXI.

TRINTA E SEIS DEMOCRACIAS

Tabela 4.2

As 25 democracias continuamente democráticas entre 1990-2000, classificadas pelo ano da (re)democratização

Ano da democratização	Democracias
1990	Chile, Hungria, Namíbia, Polônia
1991	Benin, Bulgária, Cabo Verde, Lituânia, Mongólia, Eslovênia
1993	República Tcheca, Estônia
1994	Lituânia, Panamá, África do Sul
1995	Mali
1996	Romênia, Taiwan
1997	El Salvador
1998	República Dominicana, Eslováquia
2000	Croácia, Gana, México, Suriname

Fonte: Baseado em informações da *Freedom House* 2011 e em volumes anteriores do levantamento anual *Freedom in the World*.

Trinta e seis democracias diversas

Nosso conjunto de 36 democracias inclui representantes de cada uma das três ondas de democratização identificadas por Samuel P. Huntington (1991, p. 13-26). Partindo de uma definição bastante condescendente de sufrágio "universal" – o direito ao voto a 50% dos homens adultos, pelo menos[5] –, Huntington vê uma primeira e longa onda começar já em 1828 e durar até 1926; uma segunda onda mais curta de 1943 a 1962; e uma terceira onda iniciada em 1974. Durante as três ondas de

---

5 Huntington (1991, p. 14) admite que inclui ambos os sistemas, democrático e "semidemocrático".

democratização ocorreram duas ondas reversas, quando a democracia desabou em muitos países. Vários desses países que experimentaram ondas reversas participaram de mais de uma onda posterior; das nossas 36 democracias, Argentina, Grécia e Uruguai se envolveram em duas ondas reversas e três posteriores. Todos os países listados na Tabela 4.1 como sendo continuamente democráticos desde o final da década de 1940, exceto Israel, já faziam parte da primeira onda de Huntington. Metade deles esteve presente também na segunda onda: aqueles em que a democracia desmoronou na primeira onda reversa, Alemanha e Itália, e outros em que a democracia foi interrompida na ocupação alemã durante a Segunda Guerra Mundial.

Os países listados na Tabela 4.1 como democráticos desde as décadas de 1950 e 1960 pertencem à segunda onda; para o grupo da década de 1960 a democratização aconteceu em consequência da descolonização. Huntington usa 1962 como o ano em que terminou a segunda onda, porém Botsuana, Barbados, Malta e até mesmo as Bahamas (não independentes até 1973) deveriam ser incluídos nessa segunda onda. O fim da ditadura portuguesa em 1974 inicia a terceira onda, que também abrange outras democracias dos grupos de 1970 e 1980 (exceto Bahamas) e se prolonga nos anos 1990, especialmente na Europa Ocidental, América-Latina e África (Whitehead, 2009).

As vinte democracias continuamente democráticas desde a década de 1940 (ou anterior) são um grupo bastante homogêneo em muitos aspectos-chave, menos no grau de pluralismo: são todas economicamente desenvolvidas, industrializadas e urbanizadas; com exceção do Japão, todas pertencem ao mundo judaico-cristão ocidental; e a maior parte concentra-se geograficamente na área do Atlântico Norte. Portanto, a inclusão das democracias da segunda e terceira ondas aumenta bastante a diversidade. São destacadas três grandes diferenças na Tabela 4.3: a que grau as 36 democracias são sociedades plurais, seus níveis de desenvolvimento socioeconômico e o tamanho de suas populações.

A primeira diferença é o grau de divisão da sociedade. Essa variável costuma ser operacionalizada como a quantidade e os tamanhos relativos dos grupos étnicos nos vários países (Colomer, 2011, p. 95). Essa medida grupos-étnicos capta um importante elemento da divisão da sociedade; por exemplo, se todas as outras coisas forem iguais, um país que consiste em três grupos étnicos de igual tamanho é menos dividido que outro com quatro grupos iguais, e um país que consiste em dois grupos étnicos que compreendam 90% e 10% da população é menos dividido que outro com dois grupos de 50% cada. A vantagem é que isso pode ser quantificado com precisão.[6]

Tabela 4.3

Tamanho das populações (em milhares) e o nível de desenvolvimento de 36 democracias classificadas pela expansão do pluralismo, *ca*. 2010

	População (em milhares), 2009	Índice de Desenvolvimento Humano, 2010
Sociedades plurais		
Índia	1.155.348	0,519
Espanha	45.958	0,863
Canadá	33.740	0,888
Bélgica	10.798	0,867
Suíça	7.731	0,874
Israel	7.442	0,872
Trinidad	1.339	0,736
Ilhas Maurício	1.275	0,701

---

6 A medida descrita por Colomer (2011, p. 95) é o "número efetivo de grupos étnicos", que é conceitualmente similar ao número efetivo de partidos políticos que introduzo e explico no Capítulo 5.

MODELOS DE DEMOCRACIA

	População (em milhares), 2009	Índice de Desenvolvimento Humano, 2010
Sociedades semiplurais		
Estados Unidos	307.007	0,902
Alemanha	81.880	0,885
França	62.616	0,872
Itália	60.221	0,854
Coreia	48.747	0,877
Holanda	16.531	0,890
Áustria	8.364	0,851
Finlândia	5.338	0,871
Luxemburgo	498	0,852
Sociedades não plurais		
Japão	127.560	0,884
Reino Unido	61.838	0,849
Argentina	40.276	0,775
Austrália	21.875	0,937
Grécia	11.283	0,855
Portugal	10.632	0,795
Suécia	9.302	0,885
Dinamarca	5.529	0,866
Noruega	4.827	0,938
Costa Rica	4.579	0,725
Irlanda	4.450	0,895
Nova Zelândia	4.316	0,907
Uruguai	3.345	0,765
Jamaica	2.670	0,688

	População (em milhares), 2009	Índice de Desenvolvimento Humano, 2010
Botsuana	1.950	0,633
Malta	451	0,815
Bahamas	342	0,784
Islândia	319	0,869
Barbados	256	0,788

Fonte: Baseada em dados de 2011 do Banco Mundial e do Programa de Desenvolvimento das Nações Unidas, 2010, pp. 142-45.

A desvantagem é desconsiderar vários aspectos importantes da divisão. Em primeiro lugar, as divisões étnicas não são as únicas diferenças relevantes; principalmente as clivagens religiosas, como as que existem na Índia entre hindus, muçulmanos e *sikhs* são igualmente importantes ou até mais. Em segundo lugar, a medida poderia, em princípio, ser ajustada para incluir não só as diferenças religiosas, mas também étnicas, e ainda assim seriam omitidas importantes clivagens no interior dos grupos étnicos como as diferenças entre católicos frequentes e praticantes de um lado e católicos infrequentes e não praticantes de outro, ou a divisão entre forças pró-igreja e anticlericais que historicamente influenciam grande parte das políticas na França e na Itália.

Em terceiro lugar, não leva em conta a profundidade da divisão. É enganoso, por exemplo, tratar a divisão católicos-protestantes da Irlanda do Norte a par com a da Suíça, Alemanha e Holanda, ou igualar as divisões étnicas em que a diferenciação linguística é relativamente sem importância, como a que existe entre galeses e ingleses ou entre frísios e germânicos, com as divisões étnicas que coincidem com divisões linguísticas profundas, como é o caso da Bélgica, Suíça, Índia, Espanha e Finlândia. Em quarto lugar, não mede até que ponto os grupos étnicos, religiosos e mesmo outros se diferenciam quanto à organização. Vê-se muito isso na Áustria, Bélgica, Holanda e Israel,

MODELOS DE DEMOCRACIA

onde os grupos religiosos e ideológicos se organizam em subsociedades mais ou menos separadas com suas próprias associações políticas, socioeconômicas, culturais, educacionais e recreativas.

A tripla classificação em sociedades plural, semiplural e não plural da Tabela 4.3 leva em conta essas considerações. É, obviamente, uma medida mais subjetiva e muito mais grosseira do que as que se baseiam exclusivamente em quantidade e tamanhos dos grupos étnicos, mas é mais significativa e mais válida. Três comentários sobre a tríplice classificação em ordem de relevância: o primeiro é que todas as sociedades plurais, com exceção de uma, são países divididos linguisticamente: a Índia, com dezenas de idiomas oficiais reconhecidos, é um caso extremo; a população das Ilhas Maurício é formada por dois terços de descendentes de indianos e um terço de africanos – a comunidade indiana é um microcosmo das divisões linguísticas e religiosas da Índia (Kasenally, 2011); Israel é uma sociedade plural não só porque seus cidadãos se dividem entre judeus e árabes, muito mais pela profunda cisão entre judeus seculares e religiosos. A única exceção é Trinidad, onde o idioma é comum, mas uma profunda clivagem separa as comunidades afrocrioula e indiana (Premdas, 2007, pp. 17-44). A maioria das sociedades semiplurais tem diferenças étnicas e religiosas, porém são moderadas. A Coreia se inclui nessa categoria por suas pronunciadas rivalidades regionais.

Em segundo lugar, a tríplice classificação reflete uma situação típica do início do século XXI, mas não seria muito diferente se fosse baseada em um intervalo de tempo muito maior. As únicas exceções são Áustria, Holanda e Luxemburgo, que aqui são classificadas como semiplurais, mas que deveriam ter sido classificadas como plurais nos primeiros vinte anos do pós-guerra, quando seus segmentos religioso e ideológico eram muito mais distintos em termos organizacionais. Em terceiro lugar, é importante não equiparar "não plural" a "homogêneo": a maior parte das sociedades não plurais se divide pela religião, ao menos até certo ponto, e a maioria delas inclui uma ou mais que uma pequena minoria. Exemplos já mencionados são as minorias étnicas do Reino Unido, Áustria e Nova Zelândia. Outro exemplo é Botsuana, em geral considerado o país mais homogêneo da África, mas com uma minoria étnica importante, os Kalangas, e um grupo étnico, os Tswanas, dividido internamente em oito tribos.

A Tabela 4.3 mostra também o nível do desenvolvimento socioeconômico das 36 democracias. Esta variável tem sido operacionalizada tradicionalmente como Produto Nacional Bruto (PNB) *per capita*, embora há muito já se saiba que o PNB *per capita* é uma medida falha por ser excessivamente sensível às flutuações das taxas de câmbio e exagerar a pobreza dos países menos desenvolvidos. Melhorou muito ajustar o PNB *per capita* aos níveis de preços nos vários países e gerar paridades no que se denomina poder de compra (Dogan, 1994, pp. 44-46). Outra grande melhoria foi o Índice de Desenvolvimento Humano (IDH), instituído em 1990 pelo Programa de Desenvolvimento das Nações Unidas. O Prêmio Nobel de Economia Amartya Sen (2010, p. vi), que participou da criação do índice, explica que ele foi "concebido explicitamente para rivalizar com o PNB", concentrando-se em três dimensões fundamentais: "longevidade, educação básica e renda mínima". É um indicador de desenvolvimento acurado porque tem uma base mais ampla do que as duas medidas mais antigas [PIB e PNB] e por ter sido rapidamente aceito pelos cientistas sociais (Diamond 1992, pp. 100-102; Lane e Ersson 1994, pp. 214-28; Vanhanen 1997, pp. 75-79).

O Índice de Desenvolvimento Humano pode, em princípio, variar de 1, o mais alto, a 0, o mais baixo. Como se vê na Tabela 4.3, a maior parte dos países considerados muito desenvolvidos e industrializados têm índices superiores a 0,8. Os países em desenvolvimento estão entre 0,7 e 0,8, mas três têm índices inferiores: o mais baixo é a Índia (0,519) seguida, pela ordem, por Botsuana e Jamaica.

Mas a maior diferença entre os 36 países é o tamanho da população. A Tabela 4.3 deixa claro essas diferenças quando distribui os países nas três categorias de pluralismo, em ordem descendente de tamanho. A Índia é de longe o maior deles, com uma população de

MODELOS DE DEMOCRACIA

mais de 1 bilhão de pessoas – mais que as populações somadas dos outros 35 países. Outra forma de destacar essas enormes diferenças é calcular o crescimento semanal da população da Índia a partir do crescimento anual, de cerca de 15 milhões de pessoas; a população indiana aumenta *por semana* cerca de 290 mil pessoas – mais do que a população total de Barbados.

As variáveis indicadas são importantes nesta análise comparativa porque é possível esperar que influenciem o tipo de democracia adotado em vários países, bem como o funcionamento dessas democracias. Por exemplo, sugeri em capítulos anteriores que a democracia consensual é especialmente apropriada para as sociedades plurais e que o federalismo faz mais sentido nos países grandes do que nos pequenos. Além disso, é provável que o nível de desenvolvimento tenha um efeito sobre o desempenho macroeconômico dos governos. Essas relações serão exploradas nos Capítulos 14 e 15.

A única relação importante entre as três variáveis é o tamanho da população (oficial) e o grau de pluralismo. Faz sentido esperar que os países maiores sejam mais heterogêneos que os menores (Dahl e Tufte, 1973, pp. 13-14); no nosso grupo de 36 democracias o coeficiente de correlação é 0,29, não muito alto, mas ainda significativo em 5%. Praticamente, não há relação entre tamanho da população e pluralismo de um lado, e nível de desenvolvimento de outro. Por fim, a extensão da experiência democrática contínua entre 1945 e 2010 (medida por década, como indica a Tabela 4.1) está fortemente relacionada ao desenvolvimento – as democracias mais antigas estão nos países mais ricos (r = 0,58, significativo em 1%) –, mas não há nenhuma relação que mereça destaque nem com o tamanho da população nem com o grau de pluralismo.

5. Sistemas partidários:
modelos bipartidários e pluripartidários

A primeira das dez variáveis que caracterizam o contraste majoritário-
-consensual apresentado no Capítulo 1 é a diferença entre governos
majoritários unipartidários e as amplas coalizões pluripartidárias.
Esta primeira diferença também é considerada a mais importante e
mais típica dos dois modelos de democracia, porque resume a oposição entre concentração de poder de um lado e compartilhamento de
poder de outro. Além disso, a análise fatorial a que nos reportamos
no Capítulo 14 mostra que ela está relacionada muito mais com o
"fator" que representa a primeira dimensão (executivos-partidos) do
que com qualquer das outras quatro variáveis dessa dimensão. Faz
sentido, portanto, dedicar este capítulo – o primeiro dos nove que
discutirão as dez variáveis básicas[1] – a esta primeira variável, que é a
mais típica delas.

Por razões práticas, porém, é necessário discutir primeiro a questão
dos sistemas partidários. A classificação dos gabinetes em unipartidários *versus* de coalizão pluripartidária, de maioria mínima *versus*
minoritário e os gabinetes que abrigam partidos "desnecessários",
depende muito de como são definidos os partidos políticos e o número
de partidos que compõe os sistemas partidários. Portanto, o problema
das definições precisa ser resolvido antes que os tipos de gabinetes

---

1 Duas dessas variáveis, rigidez constitucional e revisão judicial, serão discutidas em capítulo
à parte (Capítulo 12).

MODELOS DE DEMOCRACIA

sejam devidamente abordados. Vale notar, no entanto, que o tipo de sistema partidário é também um forte componente da dimensão executivos-partidos. Retomando mais uma vez a análise fatorial do Capítulo 14, a variável partidos-sistema correlaciona-se com o primeiro "fator" quase tanto quanto o tipo de gabinete, e mais ainda com as três variáveis restantes.

Os sistemas bipartidários são típicos do modelo majoritário de democracia e os sistemas pluripartidários caracterizam o modelo consensual. A literatura tradicional sobre sistemas partidários é firmemente majoritária e favorece enfaticamente o sistema bipartidário. Afirma-se que os sistemas bipartidários têm vantagens diretas e indiretas sobre os sistemas pluripartidários. O primeiro benefício direto é permitir que os eleitores optem livremente entre dois conjuntos alternativos de políticas públicas. O segundo é exercer uma influência moderada, porque os dois principais partidos terão que competir pelos eleitores indecisos no centro do espectro político e, consequentemente, defender políticas centristas e moderadas. Este mecanismo é muito mais forte quando há um grande número de eleitores localizados no centro político, mas a lógica é a mesma quando as opiniões são mais polarizadas: nos dois extremos do espectro os partidos perderão alguns apoiadores, que decidirão abster-se de votar no que consideram um programa muito moderado, mas o voto que for ganho no centro, tirado do outro partido, será muito mais valioso que o voto perdido por abstenção. As duas alegações são plausíveis, mas contraditórias: se os programas dos dois partidos estiverem próximos do centro político, serão muito similares entre si, e em vez de oferecer ao eleitor uma "escolha" que faça sentido, é mais provável que os programas se "repitam".[2]

Além disso, afirma-se que os sistemas bipartidários têm uma importante vantagem indireta: eles são necessários para a formação de gabinetes unipartidários que serão estáveis e decisores políticos efetivos. Por exemplo, A. Lawrence Lowell (1896, pp. 70, 73-74), um dos pri-

---

2 A maior parte dos teóricos do bipartidarismo não fazem as duas afirmações conflitantes simultaneamente. As vantagens da moderação partidária são tipicamente afirmadas pela escola de pensamento norte-americana, enquanto a livre opção reflete a escola britânica de bipartidarismo.

meiros cientistas políticos modernos, escreveu que o Legislativo deve abrigar "dois partidos, e somente dois, [...] para que o parlamentarismo produza bons resultados permanentemente." Ele chamou de "axioma político" o fato de os gabinetes de coalizão serem mais fracos e menos duradouros se comparados aos gabinetes unipartidários: "quanto maior o número de grupos discordantes que compõe a maioria, mais árdua será a tarefa de agradar a todos, e mais frágil e instável será a posição do gabinete".

Nos próximos dois capítulos confirmarei a hipótese de Lowell correlacionando os sistemas partidários com tipos de gabinete e com o seu "axioma" de que os gabinetes majoritários unipartidários são mais duradouros e dominantes que os gabinetes de coalizão. A preferência da maioria por sistemas bipartidários está claramente ligada à preferência por gabinetes unipartidários que sejam fortes e dominantes. Além disso, mostrarei no Capítulo 8 a forte conexão entre sistemas partidários e sistemas eleitorais, o que explicará mais adiante a forte preferência dos majoritários pelo sistema de maioria simples, e não pela representação proporcional, devido ao ponto de vista a favor dos grandes partidos e sua contribuição para o estabelecimento e a manutenção dos sistemas bipartidários. Entretanto, se essa síndrome de particularidades se traduz realmente na criação de políticas mais eficazes e efetivas do que as de sua contraparte consensualista, isso é outra questão muito diferente. Lowell admite, simplesmente, que a concentração de forças resulta em decisões efetivas; no Capítulo 15 mostrarei que essa premissa está totalmente errada.

Neste capítulo abordo primeiro como se deve contar o número de partidos nos sistemas partidários e argumento que "o número efetivo de partidos parlamentares" é a medida ideal. Também procuro resolver o problema se os partidos divididos em facções devem ser tratados da mesma maneira que os partidos fortemente coesos: devem ser considerados um único partido ou como mais de um? Em seguida, apresento e discuto os números médios efetivos dos partidos parlamentares em nossas 36 democracias: elas refletem uma ampla margem – bem abaixo de dois a mais de cinco partidos. Termino com uma breve discussão sobre a relação entre o número de partidos e a quantidade de dimensões temáticas que os dividem.

O número efetivo de partidos

Os sistemas bipartidários puros, nas palavras de Lowell anteriormente citadas, "dois partidos e apenas dois" são extremamente raros. No Capítulo 2, os sistemas partidários da Grã-Bretanha, da Nova Zelândia pré-1996 e de Barbados também foram descritos como bipartidários, apesar da presença frequente no Legislativo de um ou mais partidos pequenos. A descrição está correta ou deve ser modificada de alguma maneira? Essa pergunta aponta para o problema mais importante que é determinar o número de partidos em um sistema partidário: se os pequenos partidos devem ser contados e, se não, quão grande deve ser um partido para ser incluído na conta.

Uma solução bastante conhecida é a proposta por Giovanni Sartori (1976, pp. 122-23). Ele sugere, em primeiro lugar, que os partidos que não conseguem conquistar cadeiras no Parlamento sejam desconsiderados, que a força relativa dos demais partidos seja medida em termos do número de cadeiras parlamentares, e que os partidos, independentemente do tamanho, não sejam todos contados, embora não se possa estabelecer um ponto de corte arbitrário, digamos, entre 5% e 10%, acima dos quais os partidos sejam contados e abaixo dos quais ignorados. As premissas preliminares são irrepreensíveis. Mais polêmicas são as "regras de contagem". O autor defende que devam ser contados como componentes do sistema partidário só aqueles partidos que sejam "relevantes" em termos de "potencial de coalizão" ou "potencial de chantagem". Um partido tem potencial de coalizão se já participou de coalizões governamentais (ou, é claro, de governos unipartidários) ou se os grandes partidos o veem como um possível parceiro de coalizão. Os partidos ideologicamente inaceitáveis por todos ou pela maioria dos parçeiros de coalizão, e que por isso não têm potencial de coalizão, também devem ser contados se forem grandes o bastante. Exemplos disso são os partidos comunistas francês e italiano, muito fortes até a década de 1970. Esta é a "regra de contagem subsidiária" proposta por Sartori, baseada no poder de intimidação ou, mais precisamente, no *potencial de chantagem* dos partidos orientados para a oposição.[3]

Os critérios de Sartori são bastante úteis para fazer uma distinção entre os partidos que são importantes no sistema político e os que têm apenas um papel secundário, mas não funcionam suficientemente bem para entrar na contagem dos partidos de um sistema partidário. Em primeiro lugar, embora os critérios de Sartori sejam baseados em duas variáveis, tamanho e compatibilidade ideológica, o fator tamanho é crucial. Só os partidos grandes têm potencial de chantagem, mas ser grande é também um importante determinante do potencial de coalizão: os partidos muito pequenos com apenas algumas cadeiras no Legislativo podem ser bem mais moderados e, por isso, ideologicamente aceitáveis para a maioria dos outros partidos, mas raramente possuem potencial de coalizão por não terem "peso" suficiente para contribuir para um gabinete. Logo, os partidos que devem ser contados, sejam eles ideologicamente compatíveis ou não, são principalmente os grandes. Em segundo lugar, embora o tamanho tenha um papel tão importante no seu raciocínio, Sartori não usa esse fator para fazer outras distinções entre os partidos relevantes: por exemplo, tanto o Partido Democrata Cristão (Christian Democratic party), que dominou a política italiana até a década de 1990, quanto o seu frequente parceiro de coalizão, o Republicano (Republican party), que nunca conquistou mais que 5% das cadeiras da câmara baixa, são igualmente contados.

---

3 Sartori (1976, p. 123) é bastante crítico de seu próprio critério de potencial de coalizão, quando afirma ser meramente "pós-dedutivo", uma vez que "os partidos que possuem potencial de coalizão coincidem, na prática, com os partidos que participam de fato, em algum momento, dos governos de coalizão." Por exemplo, após o primeiro sucesso eleitoral do partido holandês Democratas 66, em 1967, ele foi amplamente considerado um parceiro de coalizão aceitável, mas só participou do gabinete de governo em 1973.

MODELOS DE DEMOCRACIA

Para remediar essa falha, Jean Blondel (1968, pp. 184-87) propôs uma classificação dos sistemas partidários que leve em conta tanto o seu número quanto o seu tamanho relativo. Suas quatro categorias são mostradas na Tabela 5.1. Os sistemas bipartidários são dominados por dois grandes partidos, mas podem ter outros partidos pequenos no Parlamento. Incluem-se nos exemplos de Blondel os nossos protótipos da Grã-Bretanha e Nova Zelândia. Se, além dos dois grandes partidos, houver um partido bem menor, mas com potencial de coalizão e papel político significativo – como os Liberais da Alemanha e de Luxemburgo, o Partido Trabalhista irlandês (Irish Labour party) e os Novos Democratas Canadenses (Canadian New Democrats) – Blondel denomina de "sistema de dois partidos e meio". Sistemas com mais de dois partidos e meio significativos são sistemas pluripartidários que podem ser subdivididos em sistemas pluripartidários com e sem partido dominante. Exemplos do primeiro são a Itália pré-1990 com o seu dominante partido Democrata Cristão, e os fortes partidos socialistas dos três países escandinavos. Casos representativos de sistemas partidários sem partido dominante são Suíça, Holanda e Finlândia.

Tabela 5.1

Classificação dos sistemas partidários baseada nos números e nos tamanhos relativos de partidos políticos

Sistemas partidários	Exemplos hipotéticos de divisão de assentos	Número efetivo de partidos
Sistema bipartidário	55-45	2
Sistema de dois partidos e meio	45-40-15	2,6
Sistema pluripartidário com um partido dominante	45-20-15-10-10	3,5
Sistema pluripartidário sem partido dominante	25-25-25-15-10	4,5

Fonte: Adaptada de Blondel, 1968, pp. 184-87.

Os conceitos de partido "dominante" e "meio" partido, ainda muito usados pelos cientistas políticos (Colomer, 2011, p. 184; Siaroff, 2003a, 2009, pp. 201-2), são úteis para destacar, respectivamente, a posição relativamente forte e relativamente fraca de um dos partidos em comparação aos demais partidos importantes do sistema, mas obviamente são imprecisos. O que nós necessitamos é de um índice que nos diga exatamente quantos partidos existem em um sistema partidário, levando em conta seus tamanhos relativos. Esse índice foi desenvolvido por Markku Laakso e Rein Taagepera (1979) e é hoje o índice mais usado pelos comparativistas em ciência política: o número efetivo de partidos. Esse número (N) é calculado pela seguinte fórmula:

$$N = \frac{1}{\Sigma s_i^2}$$

em que s_i é a proporção de assentos do partido i[4].

Vê-se com facilidade que em um sistema bipartidário em que os dois partidos são igualmente fortes o número efetivo de partidos é exatamente 2. Se um partido for bem mais forte que o outro, e a distribuição dos respectivos assentos for, por exemplo, 70% e 30%, o número efetivo dos partidos será 1,7 – nossa avaliação intuitiva nos diz que estamos nos afastando do sistema bipartidário e nos aproximando de um sistema unipartidário. De modo similar, se três partidos forem exatamente iguais, a fórmula número-efetivo produzirá o valor 3. Se

---

4 Também é possível calcular o número efetivo de partidos baseando-se na distribuição dos votos recebidos em vez de a distribuição de assentos, mas eu costumo usar este último porque o foco deste estudo está na força e nos padrões dos partidos nos parlamentos e o efeito na formação dos gabinetes de governo. O número efetivo de partidos (N) traz as mesmas informações que o índice de fragmentação (F) de Douglas W. Rae e Michael Taylor (1970, pp. 22-44) e pode ser facilmente calculado como segue:

$$N = \frac{1}{1 - F}$$

A vantagem de N é poder ser visualizado como o número de partidos com mais facilidade do que o abstrato índice de fragmentação de Rae-Taylor. Embora não seja isento de críticas (por exemplo, Dunleavy e Boucek, 2003), concordo com Taagepera (2007, p. 47) que, embora não seja o ideal em todos os aspectos, as alternativas "são piores".

MODELOS DE DEMOCRACIA

um desses partidos for mais fraco do que os outros dois, o número efetivo dos partidos será algo em torno de 2 e 3, dependendo da força relativa do terceiro partido. No exemplo hipotético do sistema de dois partidos e meio da Tabela 5.1, onde três partidos ocupam 45%, 40% e 15% dos assentos parlamentares, o número efetivo dos partidos é, de fato, muito próximo de dois e meio: a saber, 2,6.

Em todos os casos em que os partidos são iguais, o número efetivo coincide com o da contagem numérica bruta. Se os partidos tiverem forças diferentes, o número efetivo será inferior ao número real. Isso também é mostrado na Tabela 5.1. Os dois exemplos hipotéticos de sistemas pluripartidários contêm cinco partidos cada um. Se um partido é dominante, o número efetivo dos partidos é 3,5. Se não há partido dominante, as distribuições de assentos são mais iguais e o número efetivo aumenta para 4,5, mais próximo do número bruto de partidos, quando todos os partidos são contados independentemente do tamanho.

Partidos estreitamente aliados

O problema de como contar os partidos de tamanhos diversos é resolvido quando se usa a medida número-efetivo. Essa medida, contudo, não resolve a questão sobre a composição de um partido político. O pressuposto mais comum em ciência política é que as organizações que se autodenominam "partidos políticos" são, de fato, partidos políticos. Esse pressuposto funciona bem para a maioria dos partidos e na maior parte dos países, mas é problemático em duas situações: quando os partidos são tão indissociáveis que parecem ser um só em vez de dois; e, inversamente, quando os partidos são tão faccionados que parecem ser dois ou mais partidos em vez de um. O primeiro problema é mais fácil de resolver. Vejamos então a situação relativamente mais fácil.

Os casos em questão são cinco partidos fortemente aliados: A União Democrática Cristã (CDU) e a União Social Cristã (CSU) da Alemanha, o Liberal e o Nacional da Austrália e, na Bélgica, os dois

SISTEMAS PARTIDÁRIOS

partidos Democratas Cristãos que resultaram de uma divisão linguística em 1968, dois Liberais que foram divididos de maneira similar em 1971 e dois Socialistas desde 1978. Em particular, os dois alemães e os dois australianos costumam ser tratados como um único partido. Por exemplo, Blondel (1968, p. 185) vê os Liberais e os Nacionais como um partido único quando diz que o sistema partidário australiano é um sistema bipartidário e não um sistema de dois partidos e meio, e considera o CDU e o CSU um partido único quando chama o sistema alemão de dois partidos e meio em vez de sistema de dois partidos e duas metades. Outro exemplo é a afirmação de Manfred G. Schmidt (1996, p. 95) que os três "maiores partidos estabelecidos" da Alemanha até meados da década de 1990 eram "o CDU-CSU, o SPD [Socialista] e o Liberal".

Quatro critérios podem ser aplicados para decidir se os partidos fortemente aliados – com nomes e organizações partidárias diferentes – são de fato dois partidos ou um partido só. Em primeiro lugar, os partidos políticos normalmente competem por votos nas eleições; os cinco pares de partidos também competiriam? O CDU e o CSU não competem por votos porque operam em diferentes partes do país: o CSU opera na Baviera e o CDU no resto da Alemanha. Também não o fazem os três pares de partidos belgas, porque competem por votos tanto em Flandres ou Valônia como em Bruxelas, entre as populações de língua francesa e língua holandesa. E nas eleições distritais uninominais australianas o padrão é misto: Liberais e Nacionais não costumam ameaçar o representante titular do outro partido, mas cada um pode indicar seu candidato nos distritos trabalhistas e nos distritos em que não houver representação.

O segundo critério gira em torno do grau de cooperação entre os partidos no Parlamento e, em particular, se os dois partidos formam um só grupo partidário parlamentar e se também fazem convenções em conjunto. Só o CDU e o CSU fazem isso. Em terceiro lugar, os partidos agem como partidos independentes nas formações do gabinete, ou seja, estão juntos no gabinete ou na oposição, ou um fica na

MODELOS DE DEMOCRACIA

situação e o outro na oposição? Quanto a isso, os cinco pares operam rigorosamente como um só partido, mas houve uma exceção: em 2007 os Socialistas de língua francesa participaram do gabinete belga sem as suas contrapartes flamengas (De Winter, Swyngedouw e Dumont, 2009, pp. 89-90). A Austrália é um exemplo notável do padrão mais usual porque, embora os liberais conquistassem a maioria dos assentos nas eleições de 1975, 1977 e 1996, e pudessem então governar sozinhos, eles incluíram os Nacionais na formação dos três gabinetes.

O quarto critério é o tempo: só faz sentido considerar a contagem dos partidos aliados como um único partido se a estreita colaboração existir há muito tempo. Tanto a duração quanto o grau de proximidade distinguem os cinco pares de partidos dos outros exemplos de alianças eleitorais que são meros "casamentos de conveniência". Sistemas de maioria simples e outros sistemas eleitorais majoritários são um forte incentivo para que os partidos pequenos e médios formem alianças, mas que tendem a ser *ad hoc,* temporárias e inconstantes; são exemplos a França, a Índia e as Ilhas Maurício.[5] As alianças eleitorais também ocorrem nos sistema de representação proporcional, como em Portugal, onde a Aliança Democrática tripartidária apresentou uma lista única de candidatos e foi muito bem sucedida nas eleições de 1979 e 1980, mas que, a partir de 1983, retornou à condição de partidos mutuamente competitivos. Na Itália, também, após a passagem para um sistema menos proporcional em 1994, organizações como a *Casa delle Libertá* e a *L'Vivo* são meras alianças partidárias e não partidos.

Infelizmente, os quatro critérios não são uma resposta inequívoca à questão sobre como devem ser tratados os cinco pares problemá-

---

5 Como no sistema de voto alternativo australiano, o sistema eleitoral francês em dois turnos encoraja os partidos a não se fundirem, mas a fazer alianças eleitorais com partidos com a mesma orientação (ver Capítulo 8). Entretanto, diferentemente da aliança Liberal-Nacional australiana, as alianças Socialista-Comunista e Gaullista-Republicana francesas não correspondem ao critério dos partidos estreitamente aliados, principalmente porque os governos Socialistas em geral não incluem os Comunistas e os Gaullistas e Republicanos costumam rivalizar entre si nas eleições presidenciais.

SISTEMAS PARTIDÁRIOS

ticos de partidos na Austrália, Bélgica e Alemanha. Eles se situam, genuinamente, em algum ponto entre um e dois partidos. Portanto, em vez de fazer uma opção arbitrária pela solução unipartidária ou bipartidária – ou simplesmente jogar a moeda para o alto! – proponho dividir a diferença: calcular dois números efetivos de partidos baseados primeiro na hipótese bipartidária, em seguida na hipótese unipartidária, e calcular a média desses números. Isso significa que cada par de partidos interligados será contado como um partido e meio. Como solução intermediária talvez não seja a mais elegante, mas reflete melhor a realidade desses atores partidários do que as opções mais extremas.

Partidos faccionados

Proponho uma solução similar para os partidos divididos em facções: o partido do Congresso Nacional Indiano, o Democrata-Cristão italiano, o Liberal-Democrata do Japão, o Democrata dos Estados Unidos e os partidos Frente Amplio (Frente Ampla), Colorado e Blanco do Uruguai. Mas esses não são os únicos partidos das democracias modernas que não têm uma coesão perfeita – realmente, não é certo vê-los como "atores unitários" (Laver e Schofield, 1990, pp. 14-28) –, mas são os casos mais extremos que levaram os analistas a concluir que as facções partidárias agem de maneira muito similar aos partidos separados. Por exemplo, os especialistas em Japão costumam ver as facções do Partido Liberal Democrata (Liberal Democratic party) como "partidos dentro do partido" (Reed e Bolland, 1999); Junichiro Wada (1996, p. 28) escreve que o Liberal Democrata "não é um só partido mas uma coalizão de facções"; e Raymond D. Gastil (1991, p. 25) afirma pontualmente que "o 'real' sistema partidário do Japão é um sistema dividido em facções dentro do Partido Liberal Democrata". Apesar da reforma eleitoral de 1994, que reduziu os incentivos ao faccionismo, os liberais-democratas continuam sendo um partido claramente faccionado (Krauss e Pekkanen, 2004). Até a sua extinção no início dos anos 1990, os democratas-cristãos italianos também eram "mais um amontoado de facções do que um partido unificado" (Goodman, 1991, p. 341).

O Partido do Congresso Nacional da Índia (Congress party) também foi dividido em facções e se manteve dominante durante a maior parte de sua história. Paul R. Brass (1990, p. 97) argumenta que por essa razão era mais certo falar em "sistema faccional" indiano do que em sistema partidário indiano. Entretanto, o Partido do Congresso foi se tornando menos dividido à medida que as facções se subdividiam e deixavam o partido menor e mais unificado. A divisão mais importante foi em 1999. Os Democratas norte-americanos (American Democrats), segundo Klaus von Beyme (1985, p. 229), "em geral funcionam como dois partidos no Congresso", os Dixiecrats do sul e os liberais do norte. Essa divisão permanece na forma do conservador Blue Dog Democrats *versus* a ala liberal nortista do partido. E, por fim, os partidos uruguaios são todos tradicionalmente faccionados. As facções partidárias deixaram de ser incluídas nas cédulas das eleições presidenciais na reforma constitucional de 1997, mas permanecem nas eleições legislativas, e as facções continuaram a ser muito fortes e importantes (Cason, 2002).

Esses tipos de facções intrapartidárias fortes tendem a operar de forma muito semelhante aos partidos políticos durante a formação dos gabinetes e nos gabinetes de coalizão. Como já vimos, os gabinetes de coalizão costumam ser menos duradouros do que os unipartidários. Se as facções agem como os partidos, podemos também esperar que os gabinetes compostos de partidos faccionados sejam menos duradouros do que os gabinetes com partidos mais coesos. Em um estudo comparado entre oito países, James N. Druckman (1966) afirmou que, de fato, é o que ocorre.

O grande desafio de se encontrar uma solução de comum acordo para a contagem dos partidos faccionados é que os dois números que devem ser considerados não são assim tão evidentes: de um lado está a alternativa

SISTEMAS PARTIDÁRIOS

unipartidária, mas, do outro lado, quantos seriam os partidos? Na Itália e no Japão, onde as facções intrapartidárias são distintas e facilmente identificáveis, as facções são em grande número: se as facções forem contadas como partidos, medidas pelo número efetivo de partidos já discutido, tanto o Democrata Cristão quanto o Liberal Democrata teriam que ser contados como cinco ou seis partidos. É um exagero, ou os dois países teriam os sistemas multipartidários mais extremos do mundo. Minha proposta alternativa é muito mais modesta: tratar cada partido faccionado como dois partidos de igual tamanho. O compromisso é, então, calcular a média entre o número efetivo de partidos com base na hipótese unipartidária e o número efetivo na hipótese de dois partidos iguais.

O resultado final é que os partidos faccionados são contados como um partido e meio – exatamente a mesma solução que propus para partidos fortemente aliados. É claro que a minha solução para os partidos faccionados é uma aproximação não só grosseira como não convencional – portanto, passível de ser questionada. Entretanto, como este livro foca o grau de pluripartidarismo como um dos elementos de concentração *versus* fragmentação de poder, é absolutamente necessário levar em conta a severa fragmentação intrapartidária. Minha única dúvida não é se há necessidade de se fazer ajustes, mas se o ajuste proposto é substancial.[6]

Os sistemas partidários nas 36 democracias

A Tabela 5.2 reúne os números efetivos de partidos nas 36 democracias, baseados na composição partidária da câmara baixa, geralmente a mais importante dos legislativos bicamerais, ou na câmara única dos

---

6 Se os partidos aliados e os faccionados forem contados como um partido e meio, ou mais convencionalmente como dois partidos e um partido, respectivamente, isso interferirá em como os gabinetes serão classificados (gabinetes unipartidários *versus* gabinetes de coalizão e gabinetes com poucas chances de vencer *versus* outros gabinetes) e no cálculo da desproporcionalidade eleitoral.

MODELOS DE DEMOCRACIA

legislativos unicamerais[7] – medidos pela média de todas as eleições entre 1945 e meados de 2010. Os números efetivos de partidos estão em ordem decrescente. A variação é muito grande: de elevados 5,2 na Suíça aos baixos 1,38 de Botsuana. A média das 36 democracias é 3,19 e a mediana dos partidos é 2,99.

No fim da lista, como esperado, estão também os nossos casos majoritários prototípicos: Reino Unido, Nova Zelândia e Barbados. A média de 2,16 partidos da Câmara dos Comuns britânica é um reflexo dos muitos pequenos partidos que compõem esse sistema, ainda basicamente bipartidário. A média 2,28 da Nova Zelândia é relativamente alta porque o número de partidos aumentou muito desde a introdução da representação proporcional em 1996. Nas cinco eleições com RP que se seguiram, de 1996 em diante, a média foi 3,35 – muito superior à média 1,96 obtida em 17 eleições anteriores sob as regras da maioria simples, quando havia muito menos terceiros partidos e quando a divisão de cadeiras do partido vencedor tendia a ser maior. De maneira similar, o número efetivo médio para Barbados é menor que 2. No outro extremo está a Suíça, em primeiro lugar, e a Bélgica como apenas o sétimo pluripartidarismo mais importante em todo o período. Contudo, nas dez eleições após 1978, quando todos os grandes partidos se dividiram ao longo de linhas linguísticas, o número efetivo médio foi 6,05, que aumentou para 6,36 partidos nas cinco eleições que se seguiram à adoção do federalismo em 1993. Dois desses números excederam a média de 5,2 da Suíça.

---

7 O número efetivo de partidos se baseia nos partidos reunidos no Legislativo pela primeira vez após uma eleição. Na maioria dos casos, não há diferença entre as cadeiras conquistadas pelos partidos nas eleições e as que eles já têm no Legislativo. Entretanto, algumas pequenas mudanças têm ocorrido em dois países. No Japão, desde os anos 1950, vários candidatos independentes eleitos aliam-se aos liberais-democratas após as eleições. Na câmara baixa de Botsuana, quatro legisladores "especialmente" eleitos são cooptados pelos que são eleitos por voto popular; isso acrescenta quatro cadeiras para a maioria legislativa do partido governista, o Democrata (Holm, 1989, p. 197), e necessariamente diminui um pouco o número efetivo de partidos parlamentares. Duas outras questões secundárias sobre as medidas: (1) Os dois casos de eleições boicotadas por um partido grande – em Trinidad em 1971 e na Jamaica em 1983 – resultaram em eleições de legislativos unipartidários; optei por desprezar esses resultados eleitorais porque são bastante atípicos. (2) Os membros independentes do Legislativo eram contados como um minipartido de um só membro – obviamente, eles são ignorados no cálculo do número efetivo de partidos, que é o que conta na divisão de cadeiras entre os partidos.

SISTEMAS PARTIDÁRIOS

A Tabela 5.2 indica a amplitude da variação dentro de cada uma das 36 democracias quando dá os números efetivos mais altos e os mais baixos dos partidos em todas as eleições em que eles participaram (é o número que aparece na última coluna). O sistema bipartidário puro de Malta com dois, e apenas dois, partidos parlamentares idênticos teve a menor variação: entre 1,97 e 2 em dez eleições. As maiores diferenças entre os maiores e menores números são dos países onde o pluripartidarismo é maior no alto do quadro. A maior diferença, 5,56, é a de Israel, seguida em ordem decrescente por Bélgica, Índia, Itália, Japão e Dinamarca. Em quatro países o pluripartidarismo apresentou os maiores crescimentos: Bélgica e Nova Zelândia, como foi mostrado, e Índia e Israel. Portugal é o único exemplo de clara tendência ao menor número de partidos. Na maior parte dos demais países, vê-se ou uma pequena variação ao longo do tempo ou uma flutuação sem nenhuma tendência clara no longo prazo. Ainda assim, a tendência geral é pelo maior pluripartidarismo: em 28 dos 36 países, os números mais altos dos partidos são registrados em eleições após aquelas em que ocorreram os números mais baixos.

Tabela 5.2

Os números efetivos médio, mais baixo e mais alto dos partidos parlamentares resultantes das eleições em 36 democracias, e o número de eleições no qual as médias se baseiam, 1945-2010

	Médio	Mais baixo	Mais alto	Número de eleições
Suíça	5,20	4,71	6,70	16
Israel	5,18	3,12	8,68	18
Finlândia	5,04	4,54	5,58	18
Holanda	4,87	3,49	6,74	20
Itália	4,84	3,08	6,97	17
Índia	4,80	2,51	6,53	10

MODELOS DE DEMOCRACIA

	Médio	Mais baixo	Mais alto	Número de eleições
Bélgica	4,72	2,45	7,03	21
Dinamarca	4,57	3,50	6,86	25
Uruguai	4,40	3,61	4,92	6
Islândia	3,72	3,20	5,34	20
Noruega	3,64	2,67	5,35	17
Japão	3,62	2,17	5,76	19
Luxemburgo	3,48	2,68	4,34	14
Suécia	3,47	2,87	4,29	19
França	3,26	2,15	4,52	13
Argentina	3,15	2,54	5,32	13
Portugal	3,13	2,23	4,26	12
Alemanha	3,09	2,48	4,40	17
Irlanda	2,89	2,38	3,63	18
Coreia	2,85	2,39	3,54	6
Ilhas Maurício	2,85	2,07	3,48	9
Áustria	2,68	2,09	4,27	20
Costa Rica	2,67	1,96	3,90	15
Espanha	2,66	2,34	3,02	10
Canadá	2,52	1,54	3,22	21
EUA	2,39	2,20	2,44	32
Nova Zelândia	2,28	1,74	3,76	22
Grécia	2,27	1,72	2,62	13
Austrália	2,22	2,08	2,30	25
Reino Unido	2,16	1,99	2,57	18
Malta	1,99	1,97	2,00	10
Trinidad	1,87	1,18	2,23	12
Bahamas	1,69	1,34	1,97	8

SISTEMAS PARTIDÁRIOS

	Médio	Mais baixo	Mais alto	Número de eleições
Barbados	1,68	1,15	2,18	10
Jamaica	1,67	1,30	1,99	10
Botsuana	1,38	1,17	1,71	10

Fonte: Baseado em dados de Mackie e Rose, 1991; Bale e Caramani, 2010 e volumes anteriores do "Political Data Yearbook"; Nohlen, 2005; Nohlen, Grotz e Hartmann, 2011; Nohlen, Krennerich e Thibaut, 1999; Nohlen e Stöver, 2010; em sites oficiais de eleições; e dados fornecidos por Royce Carroll, Mark P. Jones, Dieter Nohlen, Ralph Premdas e Hadarajen Silvaramen.

Adendo: as dimensões temáticas do conflito partidário

As descrições dos sistemas partidários prototípicos, o majoritário e o consensual, apresentadas nos Capítulos 2 e 3 mostraram que eles não diferem apenas em termos das quantidades de partidos, mas também em suas diferenças programáticas. Os grandes partidos dos sistemas bipartidários da Grã-Bretanha, Nova Zelândia e de Barbados estão divididos principalmente por uma única dimensão temática – questões socioeconômicas ou de esquerda-direita –, enquanto outras, como religião e as questões linguísticas, dividem os partidos suíços e belgas em duas variáveis que se influenciam mutuamente. Por um lado, quando há várias linhas de conflito político em uma sociedade, espera-se que seja necessário um número relativamente grande de partidos para expressá-las, a menos que elas coincidam. Por outro lado, um sistema bipartidário consolidado não consegue acomodar com facilidade tantas dimensões temáticas quanto o sistema pluripartidário.

Sete dimensões temáticas puderam ser observadas em nossas 36 democracias entre 1945 e 2010: socioeconômica, religiosa, étnica-cultural, urbano-rural, apoio ao regime, política exterior e questões pós-materialistas. A dimensão temática socioeconômica é importante em 36 países e em geral é a que mais se destaca. As diferenças entre

MODELOS DE DEMOCRACIA

os partidos religiosos e seculares e às vezes também entre religiões – como na Holanda anterior a 1977 entre católicos e protestantes e na Índia entre hindus e muçulmanos – constituem a segunda dimensão temática em ordem de importância. A dimensão cultural-étnica-linguística tem sido especialmente saliente nos países que foram descritos como sociedades plurais no Capítulo 4. As diferenças entre áreas e interesses urbanos e rurais ocorrem em todas as democracias, mas constituem fontes de conflitos partidários em apenas algumas delas e com saliência apenas mediana; por exemplo, os antigos partidos agrários dos países nórdicos tornaram-se menos exclusivamente rurais e passaram a ser chamados "partidos de Centro" por volta de 1960, e o Partido Nacional australiano (Australian National party), tradicional defensor dos interesses agrários e rurais, se chamava "Country party". A dimensão apoio *versus* oposição ao regime democrático é mais rara em décadas recentes, mas foi relevante em países com fortes partidos comunistas do sul europeu, da Índia e do Japão. Os partidos separatistas flamengos são os exemplos mais recentes. Um grande número de questões de política externa tem causado divisões nos partidos dos nossos países, tais como a adesão à Otan (Organização do Tratado do Atlântico Norte) e à UE (União Europeia) em vários países europeus, e o relacionamento com os Estados Unidos no Japão. Por fim, a dimensão pós-materialista é mais visível na emergência nos últimos anos de inúmeros partidos Verdes (Inglehart, 1977; Inglehart e Welzel, 2005).

Pesquisas anteriores encontraram forte correlação empírica entre o número efetivo de partidos e o número de dimensões temáticas (Lijphart, 1999, pp. 78-79), aproximadamente conforme a equação sugerida por Rein Taagepera e Bernard Grofman (1985):

$$N = I + 1$$

em que N é o número efetivo de partidos e I é a quantidade de dimensões temáticas. Em termos abstratos, o típico sistema bipartidário de Westminster centrado em uma única questão corresponde perfeitamen-

SISTEMAS PARTIDÁRIOS

te a essa fórmula. Concretamente, a correspondência é também muito próxima: os sistemas partidários da Grã-Bretanha, Nova Zelândia (antes de 1996) e Barbados centrados em uma única questão têm, respectivamente, 2,11, 1,96 e 1,68 partidos efetivos – próximos dos previstos 2. No outro extremo, estão a Suíça e suas quatro dimensões temáticas – as explícitas direita-esquerda, religiosa e ambiental, bem como as diferenças urbano-rurais e linguísticas que são mais fracas e têm só meio peso –, que deveria ter por volta de cinco partidos; o número real é 5,2. Já o sistema partidário belga pós-1977 tem cinco dimensões temáticas (todas as sete dimensões potenciais menos as dimensões urbano-rural e política externa) e deveria ter seis partidos; o número real é 6,05. A correspondência empírica também é muito próxima nos sistemas pluripartidários moderados e intermediários.

Diferentemente do número de partidos efetivos e das quatro variáveis que serão discutidas nos próximos quatro capítulos, as dimensões temáticas não são uma variável institucional, portanto, não devem ser usadas como um dos componentes da dimensão principal executivos-partidos. Entretanto, por estarem intimamente relacionadas à quantidade de partidos, poderiam perfeitamente ser encaixadas naquela dimensão e, uma vez incluídas, dificilmente a afetariam.

6. Gabinetes: concentração *versus* compartilhamento do Poder Executivo

A segunda das dez variáveis básicas que caracterizam a diferença entre formas de democracia majoritária e consensual, que serão discutidas neste capítulo, trata do grau de participação dos representantes do povo na ala executiva do governo. Como afirmei no início do Capítulo 5, esta variável pode ser considerada a mais típica do contraste majoritário-consensual: a diferença entre os governos majoritários unipartidários e as amplas coalizões pluripartidárias resume o contraste entre o princípio majoritário de concentração de poder nas mãos da maioria e o princípio consensual da ampla divisão de poder.

Os gabinetes majoritários unipartidários e as amplas coalizões pluripartidárias diferem entre si em dois aspectos: se o gabinete é unipartidário ou de coalizão; e de que tipo é a sua base de apoio parlamentar. No que diz respeito à base de apoio, a tripla classificação padrão da teoria das coalizões faz distinção entre: (1) gabinetes minimamente vencedores: "vencedores" no sentido de que o partido ou os partidos no gabinete controlam a maioria dos assentos parlamentares; e "minimamente" no sentido de que o gabinete não inclui nenhum partido desnecessário para obter a maioria parlamentar; (2) gabinete superdimensionado (ou de ampla maioria), que abriga mais partidos que o necessário para ter apoio da maioria no Legislativo; e (3) gabinete minoritário ou "subdimensionado", que não tem o apoio da

MODELOS DE DEMOCRACIA

maioria parlamentar. A maior parte dos gabinetes do tipo majoritário é unipartidário e de minimamente vencedores – ou seja, um gabinete cuja maioria pertence a um único partido. A maior parte dos gabinetes do tipo consensual é multipartidário e superdimensionado. Como discutirei a seguir, os gabinetes minoritários assemelham-se aos gabinetes superdimensionados, e que os gabinetes de minoria pluripartidária, portanto, também pertencem à outra extremidade do espectro consensual. Isso nos deixa com dois tipos de gabinetes numa posição intermediária: os gabinetes pluripartidários minimamente vencedores e os minoritários unipartidários.

Neste capítulo faço uma revisão das principais teorias das coalizões e explico por que elas são más indicadoras dos tipos de gabinetes que realmente se formam nas democracias. Uma razão importante é que elas se baseiam quase inteiramente em pressupostos majoritários; outra razão é a tendência a ignorar os aspectos institucionais que encorajam a formação de gabinetes minoritários e superdimensionados. Em seguida da discussão dos critérios precisos para a distribuição de gabinetes nas diferentes categorias, mostrarei as averiguações empíricas sobre os tipos de gabinetes encontrados nas 36 democracias entre 1945-2010; as nossas democracias diferem muito quanto a esta variável: a partir de gabinetes 100% unipartidários e minimamente vencedores em cinco países, a 4% na Suíça. Por último, analiso a relação entre tipos de gabinete e os números efetivos dos partidos no conjunto de 36 países.

Teorias das coalizões

Nos sistemas de governo parlamentaristas, os gabinetes devem ser formados de modo a garantir a confiança ou ao menos a tolerância da maioria parlamentar. É possível prever qual gabinete em particular será formado quando se conhece a força de todos os partidos do Parlamento? Quando um partido tem a maioria das cadeiras parlamentares, a previsão é mais fácil: é mais provável que o partido majoritário forme um gabinete unipartidário. Essa previsão se confirma na maior parte das vezes, mas também é possível que a maioria forme uma coalizão com um ou mais partidos minoritários; por exemplo, os conservadores britânicos eram a grande maioria na Câmara dos Comuns durante a Segunda Guerra Mundial, mas o gabinete de guerra de Winston Churchill abrigava uma ampla coalizão de partidos, o Conservador, o Trabalhista e o Liberal. Se nenhum partido tiver a maioria parlamentar, é provável, a menos que seja um gabinete minoritário unipartidário, que se forme um gabinete de coalizão. Mas qual é a coalizão mais provável? Várias teorias têm sido propostas para se prever as coalizões que serão formadas nos sistemas parlamentaristas. As seis teorias das coalizões mais importantes preveem os seguintes tipos de coalizão:[1]

1. *Coalizões minimamente vencedoras*. O "princípio do tamanho" de William H. Riker (1962, pp. 32-46) prevê que serão formadas coalizões minimamente vencedoras: coalizões (majoritárias) vencedoras das quais só participam os partidos que são minimamente necessários para garantir ao gabinete o *status* majoritário. Há um exemplo na Tabela 6.1. A coalizão ABC (um gabinete de coalizão dos partidos A, B e C) é uma coalizão vencedora porque A, B e C controlam uma maioria de 55 das cem cadeiras parlamentares; e é mínima porque precisa dos três partidos para ter maioria. A eliminação do menor parceiro da coalizão, o partido A, reduziria o apoio parlamentar da coalizão por maioria das cadeiras, 55, para uma minoria de 47 cadeiras. Se o partido D aderisse à coalizão, ela ficaria maior que mínima, porque na coalizão ABCD A ou D poderia ser eliminado sem perder o apoio da maioria.

O pressuposto básico da teoria das coalizões minimamente vencedora é simples e bastante plausível: todo partido político tem interesse em aumentar seu poder. Nos sistemas parlamentaristas, poder significa participação no gabinete, e poder máximo significa ocupar o maior número possível de cargos no gabinete. Para participar do gabinete, um

---

1 A literatura política sobre a formação e durabilidade das coalizões governamentais é extensa. Sumários e revisões críticas muito úteis podem ser encontrados em Strøm, Müller e Bergman, 2008.

MODELOS DE DEMOCRACIA

partido minoritário terá que se aliar a outro partido, ou a mais de um, mas também resistir à inclusão de partidos desnecessários na coalizão para que a sua cota de cargos não diminua. Por exemplo, no gabinete de coalizão CE da Tabela 6.1, o partido C contribui com metade do apoio parlamentar e provavelmente assumirá a metade das nomeações ministeriais. Se em vez de E o partido B aderisse à coalizão, a cota de cargos governamentais de C cairia para apenas um terço.

Tabela 6.1

Coalizões de gabinetes previstas por seis teorias das coalizões em uma distribuição hipotética de assentos parlamentares

Partidos	A	B	C	D	E		
	(Esquerda)				(Direita)		
Assentos:	8	21	26	12	33		
Teorias:							
Coalizão minimamente vencedora			ABC	ADE	BCD	BE	CE
Tamanho mínimo				ADE			
Proposição baseada na barganha						BE	CE
Amplitude mínima			ABC		BCD		CE
Minimamente vencedora e ideologicamente conexa			ABC		BCD		CDE
Coalizão programaticamente viável			ABC		BCD		CE

Somente quando há um partido majoritário no Parlamento a teoria das coalizões minimamente vencedora faz uma única e específica previsão: um gabinete unipartidário sem coalizão formado pelo partido majoritário. Se não houver partido majoritário, a teoria sempre preverá mais de um resultado. No exemplo da Tabela 6.1, estão previstas cinco coalizões. As próximas três teorias das coalizões são uma tentativa de aperfeiçoar a teoria das coalizões minimamente vencedora introduzindo outros critérios para que se façam previsões mais específicas.

2. *Coalizão de tamanho mínimo.* A teoria das coalizões de tamanho mínimo baseia-se no mesmo pressuposto da maximização de poder da teoria das coalizões minimamente vencedora, mas segue sua lógica até a conclusão final. Se os partidos políticos querem excluir parceiros desnecessários de uma coalizão para maximizar a sua participação no gabinete, é natural que prefiram gabinetes que tenham como base uma maioria parlamentar o mais restrita possível. Por exemplo, é mais vantajoso para o partido E formar a coalizão ADE com 53 cadeiras do que a coalizão CE com 59 cadeiras. No primeiro caso, as 33 cadeiras de E no Parlamento contribuirão com 62% do apoio parlamentar para o gabinete e, no segundo caso, somente com 56%. Em um gabinete com vinte ministérios, essa diferença garantiria com facilidade mais um cargo ministerial para o partido E. De acordo com essa lógica, os gabinetes de tamanho mínimo são previsíveis. No exemplo da Tabela 6.1, a coalizão ADE com 53 assentos parlamentares é mais provável do que as outras quatro coalizões minimamente vencedoras cujos tamanhos variam de 54 a 59 cadeiras.

3. *Coalizão com o menor número de partidos.* Outro critério que é usado para escolher uma entre as várias coalizões previstas pela teoria das coalizões minimamente vencedora é a "proposição baseada na barganha" de Michael Leiserson (1970, p. 90). O autor sustenta que as coalizões minimamente vencedoras que tenderão a

MODELOS DE DEMOCRACIA

se formar envolvem o menor número possível de partidos, porque "as negociações e a barganha [para a formação da coalizão] se completam com mais facilidade, e a coalizão se mantém unida mais facilmente, se todo o resto for igual, com menos partidos". Das cinco coalizões minimamente vencedoras da Tabela 6.1, a proposição baseada na barganha prevê que serão formadas as coalizões BE e CE por envolverem apenas dois partidos em vez de uma das coalizões tripartidárias.

4. *Coalizão de amplitude mínima.* As teorias anteriores se baseiam nos tamanhos e na quantidade dos partidos políticos, mas não levam em conta os programas e as preferências políticas. A teoria das coalizões de amplitude mínima comprova a hipótese de que é mais fácil formar e manter coalizões com partidos cujas preferências políticas sejam similares do que com partidos com políticas díspares. Das várias versões ligeiramente diferentes desta teoria, a Tabela 5.1 apresenta a mais básica delas: os partidos estão distribuídos numa escala esquerda-direita, com o partido A na extrema esquerda e o partido E na extrema direita, e a distância entre eles é medida pelo número de "espaços" que os separam. As cinco coalizões mínimas vencedoras abrangem dois, três e quatro "espaços". Se os partidos pretendem formar coalizões com parceiros ideológicos, a coalizão ABC, que abrange dois "espaços", será muito mais provável que a coalizão ADE, que abrange quatro "espaços" e percorre todo o espectro esquerda-direita. A teoria da amplitude mínima também prevê as coalizões BCD e CE, ambas com a mesma amplitude mínima de dois "espaços" tal como a ABC.

5. *Coalizão minimamente vencedora e ideologicamente conexa.* Uma teoria profundamente relacionada é a proposta por Robert Axelrod (1970, pp. 165-87). Ele prevê que as coalizões que se formarão estão "conectadas" – isto é, compostas de partidos que são adjacentes na escala política – e dispensam parceiros desnecessários. O pressuposto que sustenta essa teoria é de que os partidos procuram cooptar seus vi-

zinhos imediatos e que os outros partidos adjacentes são acrescentados para que se forme uma coalizão majoritária. O exemplo da Tabela 6.1 mostra que as coalizões minimamente vencedoras e ideologicamente *conexas* não são necessariamente coalizões minimamente vencedoras. De acordo com a teoria anterior, a coalizão CDE envolve um parceiro supérfluo, o partido D, mas pela teoria de Axelrod, o partido D é necessário para que a coalizão seja conexa.

6. *Coalizões programaticamente viáveis.* O foco nas preferências políticas dos partidos é levado às últimas consequências na teoria das coalizões programaticamente viável. Se partirmos do princípio que os partidos se interessam somente pelo programa e não em ocupar cargos, o poder real residiria no Legislativo, onde novas políticas programáticas importantes precisam ser promulgadas, e não nos gabinetes. No Legislativo, é o partido "pivô" que tem importância crucial: o partido pivô é o partido que, em uma escala programática unidimensional como é a escala esquerda-direita, contém o membro mediano do Parlamento, o partido C da Tabela 6.1. É um partido essencial para a elaboração de políticas às quais nem o partido ou os partidos que estão a sua esquerda nem os que estão à direita teriam a maioria necessária para aprovar políticas contrárias a sua vontade. Isso significa que, em termos estritamente programáticos, é irrelevante quantos e quais partidos participam do gabinete. De fato, Michael Laver e Norman Schofield (1990, p. 88) afirmam que para a formação de gabinetes programaticamente viáveis "não importa [nem mesmo] que o partido principal participe ou não".

Por outro lado, Laver e Schofield (1990, p. 55) reconhecem que se deve fazer uma distinção entre as grandes questões programáticas e os assuntos mais detalhados sobre as mesmas. Para influenciar os assuntos programáticos mais detalhados é importante, sobretudo, estar no gabinete e à frente de um departamento ministerial, consideração que "pode ser um grande incentivo aos partidos que não se interessam por recompensas intrínsecas ao cargo, mas que, no entanto, podem querer brigar por um lugar à mesa do gabinete." A

MODELOS DE DEMOCRACIA

importância de qual partido detém qual pasta do gabinete também é enfatizada no trabalho de Michael Laver e Kenneth A. Shepsle (1966). A implicação é presumir que esses partidos também estejam interessados em "disputar" o máximo possível de cadeiras no gabinete e pastas ministeriais – o que nos remete à lógica das coalizões minimamente vencedoras –, desde que o partido "pivô" esteja incluído nas coalizões: na Tabela 6.1, as coalizões ABC, BCD e CE. Em última análise, a teoria das coalizões programaticamente viável ou não faz nenhuma previsão sobre a composição dos gabinetes ou prevê coalizões minimamente vencedoras, similares às que são previstas pela teoria da amplitude mínima.[2]

Incentivos para a formação de gabinetes minoritários e superdimensionados

Das seis teorias das coalizões anteriomente citadas, aquelas que se baseiam em programas partidários foram capazes de prever coalizões de gabinete com mais sucesso do que as teorias que desconsideram os conteúdos programáticos (de Swaan, 1973). Parte deste sucesso tem de ser descontado porque a atribuição de partidos a posições na escala esquerda-direita pode envolver raciocínio circular. Podemos inferir onde um partido se situa relativamente às questões de esquerda-direita a partir de seu programa formal, dos seus votos no Parlamento e assim por diante, e também se o partido faz ou se costuma fazer parte do governo e com quais outros partidos ele

---

2 Duas interpretações alternativas da teoria das coalizões programaticamente viável são que o partido "pivô" seja capaz de governar sozinho ou que faça parte da coalizão (Strøm, Budge e Laver, 1994, p. 328). A primeira interpretação produz a previsão de que será formado um gabinete minoritário unipartidário – previsão que provavelmente não será bem-sucedida porque menos de 20% dos gabinetes formados em situações minoritárias são gabinetes minoritários unipartidários (veja Figura 6.2). E o problema da segunda interpretação é criar muitas previsões: na situação da Figura 6.1 formam-se 15 coalizões com o partido C. É bem provável que uma delas seja com o próprio gabinete; nesse caso, a previsão correta continua sobrecarregada das outras 14 previsões incorretas.

forma coalizões. Na Alemanha, por exemplo, o Partido Democrata Livre (Free Democratic party) ocupa frequentemente uma posição de centro na escala programática – em contraste com a posição à direita do centro de outros partidos liberais europeus – porque participou de várias coalizões de gabinete ao lado do esquerdista Social Democrata (Social Democrats) de 1969 a 1982. Explicar a coalizão em termos da afinidade programática de dois partidos, que por sua vez deriva da maneira como eles se comportam na coalizão, obviamente não explica muita coisa.

O problema básico de todas as teorias é que elas preveem coalizões minimamente vencedoras de um ou de outro tipo; a teoria de Axelrod é, em parte, só uma exceção porque poucas das suas coalizões minimamente vencedoras e ideologicamente conexas são maiores do que as "apenas" minimamente vencedoras. A previsão para coalizões minimamente vencedoras se baseia em uma hipótese majoritária, contradizendo o grande número das atuais coalizões minoritárias e superdimensionadas formadas nas democracias parlamentares. Laver e Schofield (1990, pp. 70-71) classificam 196 gabinetes formados em "situações minoritárias" (isto é, quando não há partido majoritário no Parlamento) em 12 democracias europeias de 1945 a 1987. Somente 77 (39,3%) eram coalizões minimamente vencedoras; 46 eram superdimensionadas, e 73, gabinetes minoritários. Paul Mitchell e Benjamin Nyblade (2008, pp. 205-8) fazem uma classificação semelhante de 406 gabinetes em 17 democracias parlamentares europeias de 1945 a 1999, mas incluem as "situações majoritárias" em que os gabinetes majoritários unipartidários costumam ser formados. Apenas 178 (4,8%) eram gabinetes minimamente vencedores. Excluindo-se os governos majoritários unipartidários, 125 dos 353 gabinetes restantes (35,4%) eram coalizões minimamente vencedoras; 87 eram superdimensionados e 141, gabinetes minoritários.

MODELOS DE DEMOCRACIA

Tabela 6.2

O tempo proporcional em que cinco tipos de gabinetes ocuparam o poder em 31 democracias parlamentares 1945-2010

	Todos os gabinetes (%)	Todos os gabinetes exceto gabinetes unipartidários minimamente vencedores (%)
Tipo de gabinete		
Unipartidário minimamente vencedor	36,3	–
Minimamente vencedor de coalizão	24,8	38,9
Minoritário unipartidário	10,9	17,1
Coalizão minoritária	7,3	11,4
Coalizão superdimensionada	20,7	32,6
Total	100,0	100,0

Fonte: Baseada em dados de Woldendorp, Keman e Budge, 2010; Bale e Caramani, 2010, e volumes mais antigos do "Political Data Yearbook"; Muller, Overstreet, Isacoff e Lansford, 2011, e volumes anteriores do *Political Handbook of the World;* e dados fornecidos por Krista Hoekstra, Jelle Koedam e Linganaden Murday.

A Tabela 6.2 apresenta dados similares dos governos de 31 sistemas parlamentares investigados neste livro (incluindo a Suíça semiparlamentarista e as três fases de regime parlamentarista da Quinta República Francesa). Na tabela estão incluídos 12 países não europeus além dos 19 europeus durante um período mais longo, de 1945 a 2010. Vários desses países abrigam partidos majoritários em seus parlamentos, o que conta para a grande proporção de gabinetes majoritários unipartidários: 36,3%. Como indicado anteriormente, se um partido ocupa a maioria dos assentos parlamentares, é fácil, e quase sempre correto, prever que o gabinete que se formará será unipartidário. Quando excluímos esses gabinetes, na segunda coluna da Tabela 6.2, a proporção das coalizões minimamente vencedoras é de 38,9% – não por acaso muito próximos dos 39,3% encontrados por Laver e Schofield e dos 35,4% de Mitchell e Nyblade, apesar dos diferentes países e dos diferentes períodos de tempo e definições de gabinete usados por eles e por mim.[3] As coalizões superdimensionadas compreendem 32,6% do total, e os gabinetes minoritários, 28,5%; juntos, ultrapassam os gabinetes minimamente vencedores por uma margem superior a três para dois.[4]

Como podem ser explicados esses gabinetes minoritários e superdimensionados? Os tipos de estímulos lógicos sobre os quais as teorias das coalizões citadas se baseiam também servem para formar outros gabinetes, além do gabinete minimamente vencedor. Uma importante consideração é a perspectiva temporal dos partidos. Embora esteja correto admitir que os partidos busquem poder e que poder é sinônimo de participação no gabinete, não é verdade necessariamente que eles queiram participar dos gabinetes o tempo todo; talvez prefiram não assumir responsabilidades governamentais por um tempo porque acreditam ser eleitoralmente vantajoso e que permanecer durante um período na oposição é uma oportunidade não só de ganhos eleitorais,

---

3 Laver e Schofield (1990) e Mitchell e Nyblade (2008) consideram cada gabinete a partir do momento de sua formação e independentemente do tempo que duraram, enquanto eu os avalio pela duração dos mesmos.

4 A classificação dos gabinetes em minimamente vencedores, superdimensionados e de coalizão não se esgota porque faltam dois casos periféricos; os ditos gabinetes de bloqueio, compostos de partidos com exatamente 50% de cadeiras no Parlamento, e os gabinetes que só serão bloqueados se o menor parceiro do gabinete sair. Um exemplo do primeiro é o governo espanhol de 1989-93, sob o primeiro-ministro Felipe González, cujo partido Socialista controlava 175 dos 350 assentos na câmara baixa do Parlamento. E um exemplo do segundo é a coalizão tetrapartidária de 1992-93 do primeiro-ministro Giuliano Amato na Itália: juntos os quatro partidos controlavam 331 dos 630 assentos na Câmara dos Representantes, mas sem o partido menor, apenas 315. Para classificá-los, a melhor solução seria distribuir a diferença. Metade do tempo que os gabinetes bloqueados permanecem no poder é creditada ao minimamente vencedor e a outra metade, aos gabinetes minoritários. Similarmente, em gabinetes como os de Amato a metade pode ser contada como superdimensionada e a outra metade como minimamente vencedora.

MODELOS DE DEMOCRACIA

mas a possibilidade de aumentar a sua participação no gabinete futuramente (Strøm, 1990, pp. 44-47). Se vários partidos pensassem da mesma maneira, a probabilidade de se formar um gabinete minoritário seria muito grande.

O próprio Riker reconhece explicitamente a razão para se formar gabinetes maiores que minimamente vencedores. É o que ele chama de "efeito informação": nas negociações para a formação de um gabinete, costumam surgir dúvidas consideráveis sobre a lealdade de um dos prováveis partidos da coalizão, ou mais de um, ou quais seriam os legisladores individuais pertencentes a esses partidos que deveriam participar do gabinete. Entretanto, outros partidos podem ser introduzidos na coalizão para se assegurar contra desistências e garantir o *status* de gabinete vencedor. Nas palavras de Riker (1962, p. 88), "se os criadores da coalizão não souberem qual é o peso que um participante descomprometido específico acrescenta, deveriam preferir, então, mais do que uma coalizão minimamente vencedora".

Em segundo lugar, as teorias baseadas em programas partidários também levam em conta o princípio do tamanho. Elas representam acréscimos, e não alternativas, à teoria das coalizões minimamente vencedoras: coalizões de amplitude mínima são também coalizões minimamente vencedoras, e as coalizões minimamente vencedoras e ideologicamente conexas são de igual tamanho ou pouco maiores que as coalizões minimamente vencedoras. Na realidade, porém, as preferências programáticas dos partidos podem exercer fortes pressões para ampliar, em vez de minimizar o tamanho e o alcance das coalizões. É natural que cada partido prefira formar um gabinete que siga programas próximos às suas próprias preferências programáticas; quanto a isso, o ideal seria um gabinete em que incluísse partidos de pesos relativamente iguais tanto à direita quanto à esquerda dele. No exemplo da Tabela 6.1, se B e C se dispõem a participar conjuntamente de uma coalizão, a coalizão ABC será mais atraente para B porque B ocupará uma posição de centro dentro dela, ao passo que C preferirá a coalizão BCD pela mesma razão. Nessa situação, não é de todo improvável que se forme uma coalizão superdimensionada ABCD.

GABINETES

Em terceiro lugar, as considerações programáticas também formam coalizões superdimensionadas se o principal objetivo de todos ou da maioria dos partidos for trabalhar em conjunto para defender o país ou o regime democrático de ameaças externas e internas. As guerras são as principais ameaças externas; foram frequentes as grandes coalizões em períodos de guerra, como o gabinete da Guerra de Churchill na Grã-Bretanha. As ameaças internas podem vir de partidos e movimentos antidemocráticos e por diferenças profundas entre os partidos pró-democracia nas sociedades plurais. Ian Budge e Valentine Herman (1978, p. 463) testaram a seguinte hipótese em 21 países durante o período de 1945-78: "Onde a democracia está sendo imediatamente ameaçada (externa e internamente), todos os partidos importantes pró--sistema se aliam ao governo, e os partidos anti-sistema são excluídos." Os autores constataram que dos gabinetes formados em tais condições de crise, 72% eram de fato grandes coalizões.

Além disso, inúmeros aspectos institucionais favorecem a formação de gabinetes minoritários e superdimensionados em vez de minimamente vencedores (Mitchell e Nyblade, 2008). Por exemplo, é mais fácil formar um gabinete minoritário na ausência de um requisito da investidura – ou seja, se um novo gabinete pode tomar posse sem precisar de um voto parlamentar para elegê-lo ou aprová-lo formalmente; um gabinete minoritário tem mais probabilidade de ser formado quando a maioria parlamentar tem permissão para tolerá-lo em vez de dar a sua aprovação explícita. Existem muitas democracias parlamentares que não possuem regras de investidura, por exemplo, o Reino Unido e a maior parte das ex-colônias britânicas (mas não a Irlanda), os países escandinavos e a Holanda.

O requisito do voto "construtivo" de desconfiança, ou seja, a condição de que a moção de não confiabilidade proponha simultaneamente um gabinete alternativo, tem dois efeitos diversos. Um voto de desconfiança bem-sucedido, que tenha a aprovação da maioria parlamentar, é análogo à investidura e por essa razão encoraja a formação de gabinetes majoritários. Não obstante, o voto construtivo de desconfiança também pode manter no poder um gabinete minoritário se a maioria parlamentar que faz oposição ao gabinete estiver muito dividida para concordar com uma alternativa. A Alemanha foi o primeiro país a aprovar o voto construtivo de desconfiança em sua Constituição pós-guerra. Hoje, também é usado na Espanha e, desde 1993, na Bélgica federalista.

Os governos minoritários são encorajados também por uma regra constitucional inovadora da Quinta República Francesa que dá direito ao gabinete de transformar suas propostas legislativas em questões de confiabilidade e estipula que tais propostas sejam aprovadas automaticamente, a menos que a maioria absoluta da Assembleia Nacional vote pela destituição do gabinete. O projeto de lei governamental "será aprovado a menos que uma moção de censura [...] seja votada sob as condições dispostas no parágrafo anterior". E o parágrafo anterior prescreve que "os únicos votos contados sejam aqueles favoráveis à moção de censura que deve ser aprovada pela maioria dos membros componentes da Assembleia" (Artigo 49). Beneficiados por essa regra, os gabinetes socialistas majoritários que serviram ao presidente François Mitterrand não só permaneceram no poder de 1988 a 1993, como tiveram aprovado grande parte de seu programa legislativo.

É provável que o aspecto institucional mais importante em favor dos gabinetes minoritários seja a força dos comitês parlamentares; comitês muito fortes, com grande influência sobre o ponto essencial e sobre detalhes da legislação proposta dão competência aos partidos para influenciar políticas a partir das posições que ocupam no Legislativo – e enfraquecem os incentivos para que eles participem do gabinete (Strøm, 1990, pp. 70-72). A força das comissões legislativas é um aspecto de uma questão mais ampla, o equilíbrio de poder entre Executivos e Legislativos (assunto do próximo capítulo): se todos os demais fatores forem iguais, os incentivos para participar do gabinete diminuem, e a probabilidade de gabinetes minoritários aumenta, quando os Legislativos são relativamente fortes *vis-à-vis* os Executivos.

Os gabinetes superdimensionados também são encorajados por disposições institucionais específicas, como a prescrição do equilíbrio linguístico na Bélgica. Essa lei indiretamente tendeu a ampliar o gabinete. Se, por exemplo, os Socialistas flamengos forem convidados a integrar o gabinete, a condição de equilíbrio linguístico aumentará a probabilidade de os Socialistas francófonos também serem chamados, mesmo que não sejam necessários para que o gabinete tenha a maioria parlamentar.

Por fim, as maiorias especiais necessárias para a aprovação de emendas constitucionais e leis regulares são razões suficientemente fortes para que se formem gabinetes superdimensionados. Se a agenda programática de um gabinete inclui uma ou mais emendas importantes à Constituição, quaisquer maiorias especiais exigidas para esse fim provavelmente tornarão mais ampla a composição do gabinete. A regra belga de maioria de dois terços para aprovar emendas constitucionais foi responsável por seus muitos gabinetes superdimensionados durante o longo processo da reforma constitucional que estabeleceu o estado federativo em 1993. Até o início dos anos 1990, a tendência da Finlândia aos gabinetes superdimensionados também foi reforçada pelo requisito de dois terços e até de maiorias de cinco sextos para a aprovação de alguns tipos de legislação econômica. Além disso, "até mesmo leis ordinárias aprovadas por maioria simples podiam ser adiadas até depois das próximas eleições pelos votos de um terço dos membros, um dispositivo surpreendente para um veto temporário de uma minoria. Esses procedimentos recompensaram o comportamento consensual e a coalizão mínima-majoritária passou a valer menos que a ampla" (McRae, 1997, p. 290).

Gabinetes minoritários

A tripla classificação dos gabinetes em minimamente vencedor, superdimensionado e minoritário, e a dupla classificação em unipartidários e de coalizão parece simples e objetiva, mas levanta vários problemas que

MODELOS DE DEMOCRACIA

precisam ser solucionados antes que sejam usadas para medir o grau de concentração do Poder Executivo. O mais grave desses problemas é o tratamento dado aos gabinetes minoritários e aos gabinetes presidenciais.

Está claro que os gabinetes minimamente vencedores e unipartidários representam os aspectos majoritários, e que os gabinetes superdimensionados e os de coalizão expressam as particularidades do modelo consensual. Mas onde se situa o gabinete minoritário? Em princípio, existem dois tipos de gabinetes minoritários. Um deles é o gabinete minoritário autêntico que tem que negociar continuamente com um ou mais partidos não integrantes do gabinete, tanto para manter-se no cargo quanto para obter apoio para suas propostas legislativas. Essa relação de barganha, tipicamente com partidos de fora do gabinete que tenham propostas diferentes, aproxima os gabinetes minoritários das coalizões superdimensionadas. O outro tipo é descrito por Strøm (1997, p. 56) como "governos majoritários disfarçados" – gabinetes minoritários que são mais como gabinetes majoritários porque receberam a firme incumbência de apoiar um ou mais partidos específicos no Legislativo, embora tenham optado por não ter pasta no governo.

Num estudo anterior, Strøm (1990, p. 95) concluiu que apenas 11% dos muitos gabinetes minoritários por ele analisados podiam ser considerados majoritários disfarçados – o que o levou a concluir que, por larga margem, a maioria dos gabinetes minoritários *não* é "meramente um governo majoritário disfarçado [...] Pelo contrário, o típico gabinete minoritário é unipartidário [...] e terá que buscar o apoio do Legislativo para cada questão em bases *ad hoc*". De acordo com as conclusões de Strøm e suas duas considerações adicionais – que o comprometimento de um partido de apoio nunca é tão sólido quanto o de um partido integrante do gabinete, e que é difícil saber se um partido se qualifica ou não para ser um partido de apoio – faz todo o sentido, teórica e praticamente, que os gabinetes minoritários sejam tratados como superdimensionados. Consequentemente, o contraste passa a ser entre minimamente vencedores de um lado e superdimensionados e minoritários de outro.

Gabinetes presidenciais

As classificações gabinetes unipartidários *versus* de coalizão e gabinetes minimamente vencedores *versus* superdimensionados *versus* minoritários aplicam-se, principalmente, aos gabinetes dos sistemas de governo parlamentaristas e têm sido o foco quase exclusivo dos teóricos da coalizão. Mas poderiam ser aplicadas também aos gabinetes presidenciais? Nesse caso, dois ajustes cruciais seriam necessários. As diferenças entre sistemas parlamentarista e presidencialista serão discutidas de maneira mais completa e sistemática no próximo capítulo, mas uma diferença importante é que o Executivo (o gabinete) nos sistemas parlamentaristas depende do apoio da maioria do Legislativo tanto para manter-se no cargo quanto para aprovar suas propostas legislativas, ao passo que o Executivo nos sistemas presidencialistas precisa do apoio da maioria apenas para as propostas legislativas do presidente; os presidentes são eleitos para um mandato fixo e nem os próprios nem o gabinete que por eles nomeado depende da confiança do Legislativo para manter-se no cargo. Portanto, em um aspecto – a permanência no cargo –, presidentes e gabinetes presidenciais são, por definição, minimamente vencedores. No outro aspecto – apoio do Legislativo para as leis propostas –, os gabinetes presidenciais são minimamente vencedores, superdimensionados ou minoritários, dependendo das filiações do partido do presidente e dos membros do gabinete, e do tamanho desses partidos no Legislativo. Isso quer dizer que se os gabinetes dos sistemas parlamentaristas variam entre 0% e 100% de minimamente vencedores, nos gabinetes presidencialistas a variação é apenas de 50% a 100%.

A outra diferença entre os sistemas parlamentarista e presidencialista que possui relevância crítica para nós é que os Executivos parlamentaristas são gabinetes colegiados, ao passo que os Executivos presidencialistas são Executivos de uma só pessoa; nos sistemas presidencialistas o Poder Executivo está concentrado no presidente e seu gabinete é formado por assessores presidenciais, e não por parti-

MODELOS DE DEMOCRACIA

cipantes mais ou menos iguais. Para a distinção entre os Executivos unipartidários e de coalizão, isso significa que, num aspecto, os gabinetes presidenciais são unipartidários por definição – o partido único é o do presidente porque ele tem *status* dominante no gabinete. Por outro lado, faz diferença se um presidente só nomeia membros de seu próprio partido para o gabinete ou se os membros de outro ou de outros partidos também estão incluídos. Supondo que esses dois aspectos tenham pesos iguais, os gabinetes presidenciais seriam de 50% a 100% gabinetes unipartidários em contraposição aos parlamentaristas, cuja variação é total, de 0% a 100%. Como explicaremos mais profundamente no próximo capítulo, os seis sistemas presidenciais são Estados Unidos, França (exceto nas três curtas fases parlamentaristas), Costa Rica, Argentina, Uruguai e Coreia.[5] Os chamados sistemas semipresidenciais, afora a França, serão tratados como parlamentaristas. A Suíça é um caso intermediário, mas para fins de classificação da composição de seu Executivo, será tratada como um sistema parlamentarista.

Grandes coalizões, ministros "simbólicos" e coalizões "parciais"

A grande variedade de formas de gabinetes será ilustrada a seguir por cinco das nossas democracias: Áustria, Estados Unidos, Argentina, Uruguai e Japão. Mesmo esses gabinetes atípicos podem ainda ser classificados pelo critério básico que distingue os governos unipartidários das coalizões e os minimamente vencedores dos superdimensionados e minoritários.

Os assim chamados gabinetes de grandes coalizões da Áustria, entre 1949 e 1966, são exemplos da frequente ocorrência de coalizões muito amplas, compostas pelos dois maiores partidos do país – que

---

5 Além desses, a breve experiência de Israel sob o "primeiro-ministro diretamente eleito" poderia ser tratada como uma fase presidencial (veja Capítulo 7).

GABINETES

são, contudo, em termos puramente técnicos, gabinetes minimamente vencedores. As coalizões austríacas eram compostas dos partidos Socialista e pelo conservador Partido Popular Austríaco (People's party), que juntos controlaram em média mais de 92% dos assentos parlamentares durante aquele período. Entretanto, como cada um dos partidos tinha menos da metade dos assentos, seus gabinetes eram, tecnicamente, minimamente vencedores, porque a deserção de um deles resultaria em um gabinete minoritário. Em termos substantivos, coalizões tão amplas devem, obviamente, ser consideradas superdimensionadas. Logo, classifico como superdimensionado todo gabinete de coalizão que tenha como base uma supermaioria de quatro quintos (80%) ou mais assentos no Legislativo.[6]

Os gabinetes de coalizão não são formados com frequência nos sistemas presidencialistas, mas não são excepcionais. Uma razão importante para que se formem é que os presidentes talvez não tenham o apoio da maioria no Legislativo, necessária para aprovar as leis (Amorim Neto, 2006). Exemplos desses gabinetes presidenciais de coalizão são a coalizão do Congresso Nacional para Novas Políticas com os Liberal-Democratas Unidos sob o presidente Kim Dae Jung da Coreia (1998-2000), o Peronista-Radical sob o presidente Eduardo Duhalde da Argentina (2002-3), e as duas coalizões sucessivas Colorado-Blanco dos presidentes Julio María Sanguinetti e Jorge Battle, do Uruguai (1995-2002).

Mais frequentes, porém, são os gabinetes partidarizados em que um ou dois membros "simbólicos" são tirados de um partido ou de partidos diferentes; a participação simbólica nos gabinetes se traduz

---

6 Outros casos de gabinetes substancialmente superdimensionados são um gabinete austríaco mais recente (1987, p. 90), o gabinete belga de 1961-65, a famosa "grande coalizão" dos democratas-cristãos e social-democratas da Alemanha, de 1966 a 1969, e o gabinete de 1954-59 de Luxemburgo. Entretanto, desvio-me da minha própria regra dos 80% como é o caso do gabinete francês gaullista-republicano que assumiu em 1993, porque sua imensa maioria parlamentarista (81,8%) foi manufaturada em 39,9% dos votos no primeiro turno. Tecnicamente, pela regra dos 80% era um gabinete superdimensionado, mas pode ser considerado substancialmente apenas como minimamente vencedor.

em uma cota de cargos muito inferior àquela que um partido receberia com base na proporcionalidade. A primeira administração Sanguinetti abrigava em seu gabinete membros simbólicos do Partido Branco (Partido Blanco) e da União Cívica (Unión Cívica – 1985-90), e a presidente argentina Cristina Fernández Kirchner foi eleita em 2007 por uma aliança Peronista-Radical em que o vice-presidente dos radicais teve um papel insignificante nessa administração. Os gabinetes norte-americanos também são bons exemplos. Os republicanos C. Douglas Dillon e Robert S. McNamara serviram no gabinete do presidente John F. Kennedy, e o democrata John B. Connally no gabinete do presidente Richard M. Nixon; o exemplo de Connally é especialmente notável porque era um democrata ativo e foi governador do Texas pelo Partido Democrata (Jones, 1994, pp. 107-8). Exemplos mais recentes são a do ex-senador republicano William S. Cohen nomeado como Secretário de Defesa na segunda administração Clinton, e a do republicano Robert M. Gates como Secretário de Defesa na administração Obama. A conclusão de Richard F. Fenno (1959, p. 68) continua válida: "Tipicamente, o gabinete inteiro pertence ao mesmo partido do Presidente [...] As exceções são poucas e apenas comprovam a regra. Muitos desvios da norma são mais aparentes do que reais porque envolvem homens cujas ideias e simpatias não coincidem com seus rótulos partidários." Vale notar que Connally acabou trocando de partido e tornou-se pré-candidato republicano nas eleições presidenciais de 1980. Uma importante conclusão sobre os gabinetes de coalizão é que a divisão proporcional aproximada de cargos dentro do gabinete costuma ser rigorosamente respeitada (Verzichelli, 2008). Não é, portanto, difícil distinguir as coalizões simbólicas das autênticas, e os ministros simbólicos, assim como os não partidários dos gabinetes partidarizados,[7] podem ser ignorados na classificação dos gabinetes.

---

7 Como as classificações dos gabinetes baseiam-se nas composições partidárias, os gabinetes inteiramente "não partidários" ou "de negócios" devem ser desprezados, mas felizmente não ocorrem com frequência.

GABINETES

Os gabinetes do Partido Liberal Democrata japonês (Liberal Democratic party – LDP), de 1976 a 1993, são um caso raro, em termos numéricos, de gabinete minimamente vencedor que se comporta como gabinete minoritário. T. J. Pempel (1992, p. 11) escreve que, em vez de o LDP usar a "sua maioria parlamentar para impor uma legislação polêmica", tendia a seguir "a norma da construção de consenso intrapartidário. Com frequência o LDP [procurou] garantir, para as suas propostas, o apoio de pelo menos um, mas em geral mais de um, partido da oposição." No Japão, isso foi denominado de estratégia de "coalizão parcial" com a oposição parlamentar (Krauss, 1983, p. 263). Principalmente porque os especialistas em política japonesa vinculam esse comportamento às fortes normas consensuais "que operam contra o que os japoneses costumam referir-se como 'tirania da maioria'" (Pempel, 1992, p. 11), os gabinetes do LDP deveriam ser contados como minorias em vez de minimamente vencedores."[8]

Gabinetes em 36 democracias

A primeira e a segunda colunas da Tabela 6.3 apresentam os tipos de gabinetes das 36 democracias em termos do tempo que os gabinetes minimamente vencedores e unipartidários estiveram no poder. Os valores da terceira coluna são as médias das duas colunas anteriores; medem o grau

---

8 Duas últimas questões de classificação precisam ser mencionadas brevemente. A primeira é a consequência lógica de os partidos faccionados e fortemente coesos serem considerados partidos um e meio, como mencionado no Capítulo 4, é que os gabinetes compostos de tais partidos tem de ser classificados como gabinetes de coalizão meio unipartidários e meio bipartidários. Por exemplo, a maioria dos gabinetes liberal-nacionalistas da Austrália deve ser contada como gabinetes a meio caminho entre unipartidário e de coalizão; além disso, quando os Liberais conseguem a maioria dos assentos no Parlamento, esses gabinetes situam-se entre minimamente vencedores e superdimensionados. Em segundo lugar, quaisquer outras grandes mudanças na inter-relação das cadeiras do Legislativo controladas pelos partidos dos gabinete devem ser levadas em consideração. Por exemplo, o gabinete Trabalhista britânico que começou como minimamente vencedor em outubro de 1974 tornou-se gabinete minoritário em meados de 1976 (veja Capítulo 2). Um exemplo inverso é o gabinete do partido do Congresso indiano que se lançou como minoritário em 1991, mas tornou-se minimamente vencedor em dezembro de 1993 quando várias desistências de outros partidos foram acolhidas pelo partido do Congresso.

MODELOS DE DEMOCRACIA

geral de majoritarismo na formação dos gabinetes. Os países estão listados conforme a natureza majoritária de seus gabinetes, em ordem crescente.

Os valores das primeiras duas colunas estão fortemente correlacionados (r= 0,58, significativo ao nível de 1%), principalmente porque ambos os valores tendem a ser baixos na parte superior da tabela e altos na parte inferior. A maior parte dos gabinetes unipartidários é também de minimamente vencedores e os superdimensionados são coalizões por definição. No meio do quadro, porém, há vários países em que os dois elementos se combinam de forma desigual: alguns possuem principalmente gabinetes minimamente vencedores, mas poucos unipartidários – especialmente Alemanha, Islândia e Luxemburgo – e outros têm relativamente poucos gabinetes minimamente vencedores, mas muitos unipartidários – especialmente Espanha e Suécia. O grau de variação das duas variáveis é alto: de 8% a 100% nos gabinetes minimamente vencedores e de 0% a 100% nos gabinetes unipartidários. Cinco países, sem exceção, sempre tiveram gabinetes minimamente vencedores, e oito países sempre tiveram gabinetes unipartidários; em contraposição, quatro países nunca tiveram gabinetes unipartidários. A tendência aos gabinetes minimamente vencedores é ligeiramente mais forte que a tendência de unipartidários: a média e a mediana dos valores da primeira coluna são 64,2% e 71,4% em comparação aos 56,4% e 67,6% da segunda coluna. A terceira coluna varia de 4% a 100% com média de 60,3% e mediana de 55%.

Tabela 6.3

Proporções de tempo durante os quais os gabinetes minimamente vencedores e os unipartidários estiveram no poder nas 36 democracias, 1945-2010

	Gabinetes minimamente vencedores (%)	Gabinetes unipartidários (%)	Média (%)
Suíça	8,0	0,0	4,0
Finlândia	11,4	8,5	10,0

GABINETES

	Gabinetes minimamente vencedores (%)	Gabinetes uniparti-dários (%)	Média (%)
Itália	15,5	8,0	11,7
Israel	22,1	6,0	14,0
Ilhas Maurício	30,6	0,0	15,3
Dinamarca	13,7	33,6	23,6
Holanda	53,6	0,0	26,8
Índia	37,0	24,0	30,5
Bélgica	68,1	6,5	37,3
Alemanha	74,3	1,3	37,8
Japão	42,4	37,8	40,1
Áustria	60,1	26,5	43,3
Luxemburgo	90,8	0,0	45,4
Islândia	90,3	2,3	46,3
Suécia	25,1	71,1	48,1
Irlanda	57,2	41,8	49,5
Portugal	48,3	58,5	53,4
França	62,0	47,5	54,8
Noruega	44,0	66,6	55,3
Espanha	38,6	100,0	69,3
Uruguai	79,5	81,0	80,3
Estados Unidos	71,5	89,2	80,4
Austrália	92,7	68,7	80,7
Nova Zelândia	80,9	82,0	81,4
Argentina	71,2	93,5	82,4
Costa Rica	71,6	100,0	85,8
Coreia	83,3	88,7	86,0
Canadá	76,8	100,0	88,4
Trinidad	99,2	89,5	94,3
Reino Unido	94,8	99,8	97,3
Grécia	98,4	97,8	98,1
Bahamas	100,0	100,0	100,0

MODELOS DE DEMOCRACIA

	Gabinetes minimamente vencedores (%)	Gabinetes unipartidários (%)	Média (%)
Barbados	100,0	100,0	100,0
Botsuana	100,0	100,0	100,0
Jamaica	100,0	100,0	100,0
Malta	100,0	100,0	100,0

Fonte: Baseada nos dados de Woldendorp, Keman e Budge, 2010; Bale e Caramani, 2010 e volumes anteriores do "Political Data Yearbook"; Muller, Overstreet, Isacoff e Lansford, 2011, e volumes anteriores do *Political Handbook of the World;* e dados fornecidos por Octavio Amorim Neto, Marcelo Camerlo, Krista Hoekstra, Jelle Koedam, Jorge Lanzaro, Andrés Malamud e Linganaden Murday.

Como esperado, a Suíça aparece no alto do quadro; suas únicas coalizões minimamente vencedoras ocorreram entre 1955 e 1959, quando houve um Executivo tripartidário sem os social-democratas em vez do usual Executivo tetrapartidário, e durante o ano de 2008 quando o Partido Popular Suíço (Swiss People's party) esteve na oposição. A Bélgica está mais abaixo, mas ocuparia uma posição mais alta se décadas mais recentes fossem incluídas na análise. Seguindo para o extremo majoritário, na parte inferior da tabela encontramos, como se espera, Reino Unido e Barbados, mas a Nova Zelândia está mais bem posicionada, o que se deve à sua evolução política desde 1996. De forma mais geral, há dois grupos de países no lado majoritário: são os sistemas presidencialistas que, como já vimos, devem a maior parte do seu caráter majoritário à posição constitucional e ao poder de seus presidentes, e as democracias que herdaram a política britânica; apenas um dos 16 países da parte inferior da tabela se encaixa em uma dessas categorias. Irlanda, Índia e Ilhas Maurício também são ex-colônias britânicas, mas são exceções: a Irlanda se aproxima do meio do quadro, e Índia e Ilhas Maurício, ambas sociedades profundamente plurais, ocupam o oitavo e o quinto lugares, respectivamente, próximas do topo consensual do quadro. A Grécia, por sua vez, é uma presença surpreendente, misturada com os países de herança política britânica, na extremidade majoritária.

Gabinetes e sistemas partidários

Há uma relação muito forte entre sistemas partidários e tipos de gabinetes, como mostra a Figura 6.1.[9] À medida que o número de partidos parlamentares aumenta, diminui a incidência de gabinetes unipartidários minimamente vencedores. O coeficiente de correlação é –0,85 (significativo ao nível de 1%). A maioria dos países está localizada muito próxima da linha de regressão e não há nenhum muito afastado. Os casos mais desviantes são Uruguai e Ilhas Maurício. Os gabinetes principalmente majoritários do Uruguai são similares aos da Argentina, Costa Rica, Coreia e dos gabinetes norte-americanos, mas, diferentemente das outras quatro democracias presidenciais, o número efetivo de partidos é muito grande devido ao forte faccionalismo dos três partidos principais. Nas Ilhas Maurício, o sistema eleitoral por maioria simples reduziu o número efetivo de partidos, mas não a ponto de criar um sistema bipartidário, e o multipartidarismo moderado e os gabinetes de coalizão têm se mantido equiparados; além disso, a usual inclusão no gabinete de um dos partidos representativos da distante ilha Rodrigues tendeu a tornar as coalizões superdimensionadas.

A forte correlação entre sistemas partidários e os tipos de gabinete faz parte do grupo das cinco variáveis fortemente conectadas que compreendem a dimensão executivos-partidos descrita nos primeiros três capítulos deste livro. Os próximos três capítulos analisarão as outras três variáveis do grupo: relações Executivo-Legislativo, sistemas eleitorais e grupos e interesse. Esta análise novamente mostrará fortes relações empíricas, embora não sejam tão fortes e significativas quanto o vínculo extremamente forte entre sistemas partidários e gabinetes.

---

9 Na Figura 6.1 e outros similares dos capítulos anteriores, as 36 democracias são identificadas pelas três primeiras letras de seus nomes, com exceção de AUL para Austrália e AUT para Áustria, CR para Costa Rica, JPN para Japão, NZ para Nova Zelândia, e RU para Reino Unido.

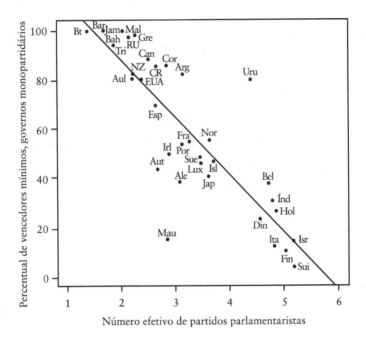

Figura 6.1 Relação entre o número efetivo de partidos parlamentares e tipo de gabinete nas trinta e seis democracias, 1945-2010.

Adendo: o poder do primeiro-ministro

Qual é a força do chefe de Executivo dentro do seu gabinete? Nos sistemas presidencialistas, o gabinete é do presidente, e sua posição constitucional é preponderante. Essa posição é chamada, nas palavras de Giovanni Sartori (1994, p. 109), de *"primus solus,* como é o caso do presidente norte-americano (cujo gabinete é só o seu gabinete privado)." Nos sistemas parlamentaristas, o poder do primeiro-ministro que chefia o gabinete pode variar muito, novamente usando a terminologia de Sartori, desde um forte "primeiro *acima dos desiguais",* ao intermediário "primeiro *entre desiguais"* e ao relativamente fraco "primeiro *entre iguais".*

Neste capítulo, eu medi a concentração de poder e o grau de majoritarismo do gabinete em termos da amplitude da representação e

GABINETES

do número de partidos incluídos no gabinete. Um corolário lógico seria esperar que o poder do primeiro-ministro tivesse relação com o poder de concentração no interior do gabinete. A tríplice classificação do poder nos gabinetes dos primeiros-ministros em democracias parlamentaristas – similar ao triplo esquema de Sartori – apresentada por Jaap Woldendorp, Hans Keman e Ian Budge (2000, p. 68) nos permite testar essa hipótese. Entre os primeiros-ministros avaliados como muito influentes em seus gabinetes estão o da Grã-Bretanha, Austrália, Alemanha, Grécia, Índia, Jamaica e Nova Zelândia. Os da Áustria, Bélgica, Dinamarca, Japão e Suécia ocupam uma posição intermediária. E os primeiros-ministros com pouca influência são, por exemplo, os da Holanda, Islândia, Itália e Noruega. Comparando esses exemplos com os resultados da terceira coluna da Figura 6.1, veremos que, aparentemente, os primeiros-ministros têm mais poder em países cujos gabinetes são majoritários, e não consensuais. Os dados de Woldendorp, Keman e Budge estão disponíveis em 24 das nossas democracias. O coeficiente de correlação entre o tipo de gabinete e o poder do primeiro-ministro é 0,44 (significativo ao nível de 5%).

Outras democracias, além das nossas, poderão ser incluídas no teste se estendermos a tripla classificação dos primeiros-ministros à quíntupla classificação de todos os chefes de governo. No alto da lista acrescentaríamos uma nova categoria, os chefes de executivos presidenciais *primus solus* de Sartori. No outro extremo, atribuiríamos à Suíça uma categoria própria; seu chefe de governo, cargo anualmente rotativo entre os sete membros do Conselho Federal, não seria nem mesmo o "primeiro entre iguais" – mas meramente "igual entre iguais". O forte presidente de Botsuana, que também é chefe de governo em um sistema essencialmente parlamentarista, seria incluído na mesma categoria dos primeiros-ministros britânico e neozelandês. Para as nossas 32 democracias – todas exceto Bahamas, Barbados, Ilhas Maurício e Trinidad –, o coeficiente de correlação é agora um forte 0,6 (significativo ao nível de 1%). O compartilhamento do Poder Executivo também costuma significar maior igualdade no ramo executivo do governo.

7. Relações Executivo-Legislativo:
padrões de dominância e equilíbrio de poder

A terceira diferença entre os modelos majoritário e consensual de democracia diz respeito à relação entre os ramos Executivo e Legislativo do governo. O modelo majoritário é o de predominância do Executivo, ao passo que o modelo consensual se caracteriza por uma relação mais equilibrada entre Executivo e Legislativo. Na vida política real, podem ocorrer inúmeros outros modelos entre o equilíbrio perfeito e o severo desequilíbrio.

Neste capítulo, primeiro contraponho os dois arranjos formais que predominam nas relações Executivo-Legislativo dos regimes democráticos: os governos parlamentaristas e os governos presidencialistas. E proponho um esquema classificatório baseado nas três principais diferenças entre os tipos de governo, mostrando que as 36 democracias incluídas neste estudo se encaixam ou no parlamentarismo puro, ou no presidencialismo puro. O próximo tópico tratará da questão de como medir o grau de predominância do Executivo. Proponho um índice que é principalmente, mas não inteiramente, baseado na durabilidade dos gabinetes; vários ajustes importantes se farão necessários, especialmente nos sistemas presidencialistas. Após apresentar as observações empíricas relativas aos diferentes níveis de dominância executiva nas 36 democracias entre 1945 e 2010, explorarei duas relações: a que existe entre os cinco tipos básicos de gabinete e a durabilidade dos mesmos em sistemas parlamentaristas, e a relação entre a incidência de um governo majoritário unipartidário e o grau de dominância do Executivo nas 36 democracias. Concluo com uma breve discussão sobre o poder dos chefes de Estado – monarcas e presidentes – e alguns problemas associados aos poderes monárquico e presidencial.

Formas de governo parlamentarista e presidencialista

Os sistemas de governo parlamentarista e presidencialista têm três diferenças cruciais. A primeira delas é que no sistema parlamentarista o chefe de governo – que tem vários títulos oficiais, como primeiro-ministro, *premier*, chanceler, ministro-presidente, *taoiseach* (na Irlanda) e até "presidente" (em Botsuana), mas que eu chamo genericamente de primeiro-ministro – e seu gabinete são responsáveis perante o Legislativo, no sentido de que dependem da confiança do mesmo e podem ser demitidos do cargo por um voto legislativo de desconfiança, ou de censura. No sistema presidencialista, o chefe de governo – sempre chamado de presidente – é eleito por um período fixo previsto na Constituição, e em circunstâncias normais não é obrigado a renunciar se houver um voto legislativo de desconfiança (embora possa ser afastado por delito criminal por meio de um processo de *impeachment*).[1]

A segunda diferença entre os governos presidencialistas e parlamentaristas é que os presidentes são eleitos pelo voto popular, diretamente ou por intermédio de um colégio eleitoral presidencial eleito popularmente, e os primeiros-ministros são selecionados pelo

---

1 Além disso, como discutirei adiante, podemos falar ainda em governo presidencialista se o Legislativo puder depor o presidente, mas sob duas condições apenas: (1) se o presidente também tiver direito de dissolver o Legislativo, e (2) se em ambos os casos houver novas eleições tanto para presidente quanto para o Legislativo.

RELAÇÕES EXECUTIVO-LEGISLATIVO

Legislativo. O processo de seleção varia bastante. Por exemplo, o chanceler alemão é escolhido formalmente pelo Bundestag, o taoiseach irlandês é eleito pelo Dáil, o primeiro-ministro japonês, pela Câmara dos Representantes, e o "presidente" de Botsuana, pela Assembleia Nacional. Na Itália e na Bélgica, os ministérios emergem de negociações intrapartidárias no Parlamento, especialmente entre os líderes dos partidos. No Reino Unido, o rei ou a rainha costuma nomear como primeiro-ministro o líder do partido majoritário, e em muitos outros sistemas pluripartidários, também, os gabinetes que emergem de barganhas interpartidárias são escolhidos pelos chefes de Estado sem eleição ou investidura formal; esses gabinetes contam com a confiança do Legislativo, a menos ou até que o Legislativo expresse desconfiança.

A terceira diferença fundamental é que os sistemas parlamentaristas têm executivos colegiados ou coletivos, ao passo que no sistema presidencialista o Executivo não é um colégio, mas ocupado por uma só pessoa. Como sugeri no final do capítulo anterior, a posição do primeiro-ministro no gabinete pode variar de predominante à paridade virtual com os demais ministros, mas sempre há um grau relativamente alto de tomada de decisões colegiadas; por outro lado, os membros dos gabinetes presidenciais são meros conselheiros e subordinados ao presidente. As decisões mais importantes nos sistemas parlamentaristas são tomadas pelo gabinete como um todo, e não só pelo primeiro-ministro; nos sistemas presidencialistas as decisões mais importantes podem ser tomadas pelo presidente, com ou sem, e até mesmo contra o posicionamento dos demais membros do gabinete.

Como os governos parlamentarista e presidencialista são definidos em termos dos três critérios dicotômicos, a aplicação conjunta resulta em oito possíveis combinações que são mostradas na tipologia da Figura 7.1. Além de parlamentarismo e presidencialismo puros, existem seis formas híbridas de governo, classificadas de I a

VI na tipologia. Das nossas 36 democracias, 35 correspondem aos critérios dos dois tipos puros, embora França e Israel tenham que ser classificadas diferenciadamente em períodos diversos. Seis países são principalmente ou sempre foram presidencialistas – Estados Unidos, França, Costa Rica, Argentina, Uruguai e Coreia – e 29 são principalmente ou sempre foram parlamentaristas. A Suíça corresponde à forma híbrida I; é o único exemplo das nossas 36 democracias que se classifica em qualquer uma das categorias híbridas. Esse híbrido é parlamentarista em dois aspectos e presidencialista em um: o "gabinete" Suíço, o Conselho Federal colegiado, é eleito pelo Parlamento, mas seus sete conselheiros ocupam o cargo por um prazo fixo de quatro anos e não são depostos por um voto legislativo de desconfiança.

Os tipos híbridos III e V são presidencialistas em dois aspectos e parlamentaristas em um. Os Estados Unidos seriam um exemplo do tipo III se a Convenção Constitucional de 1787 não tivesse mudado seu posicionamento na última hora. O plano da Virgínia incluía a eleição do presidente via Legislativo nacional, mas a Convenção Constitucional, que votara três vezes em favor desse plano, finalmente se decidiu pela solução de um colégio eleitoral. É preciso notar que se nenhum candidato à presidência conseguir a maioria dos votos no colégio eleitoral, a Constituição norte-americana prescreve o híbrido III como próximo passo: a eleição pela Câmara dos Representantes. Um exemplo interessante do tipo V é o sistema político uruguaio no período de 1952-67, quando havia uma presidência colegiada: um colégio de nove membros com mandato fixo, tal como o Conselho Federal suíço, mas eleito popularmente.

RELAÇÕES EXECUTIVO-LEGISLATIVO

	Colegiado Executivo		Executivo de uma só pessoa	
	Dependente da confiança do Legislativo	Não dependente da confiança do Legislativo	Dependente da confiança do Legislativo	Não dependente da confiança do Legislativo
Executivo escolhido pelo Legislativo	Parlamentarismo	Híbrido I	Híbrido II	Híbrido III
	AUL GRE MAU AUT* ISL* HOL BAH IND NZ BAR IRL* NOR BEL ITA POR BOT JAM ESP CAN JAP SUE DIN LUX TRI FIN* MAL RU ALE FRA* (1986-88, 1993-95, 1997-2002) Isr (1949-96, 2003-)	SUI		
Executivo escolhido por eleitores	Híbrido IV	Híbrido V	Híbrido VI	Presidencialismo
				ARG CR COR EUA URU FRA* (1958-86, 1988-93, 1995-97, 2002-) ISR (1996-2003)

* Sistemas semipresidencialistas

Figura 7.1 Formas de governo parlamentarista, presidencialista e híbrida em 36 democracias, 1945-2010; uma tipologia.

Não há exemplos empíricos dos tipos híbridos II, IV e VI – o que não surpreende, porque a lógica da confiabilidade legislativa milita contra eles. O tipo II seria um sistema parlamentarista, exceto pelo fato de que a relação do primeiro-ministro com seu gabinete é similar à de um presidente com seu gabinete. No papel, a Constituição alemã tende na direção desse sistema, mas como o chanceler depende da confiança do Bundestag, as negociações de um gabinete de coalizão colegial acontecem antes da eleição formal do chanceler pelo Bundestag. Os

MODELOS DE DEMOCRACIA

Tipos IV e VI são problemáticos porque um voto legislativo de desconfiança em um Executivo popularmente eleito poderia ser visto como um desafio à vontade popular e à legitimidade democrática. A única forma democraticamente aceitável para os ambos os tipos seria aquela em que o voto legislativo de desconfiança no Executivo correspondesse ao direito do mesmo de dissolver o Legislativo, e tanto uma ação quanto a outra resultasse em novas eleições para o Legislativo e o Executivo. Tal sistema do Tipo VI com alterações parece ser o proposto pelo Comitê sobre o Sistema Constitucional aos Estados Unidos em 1987, mas, como discutirei a seguir, a proposta resultou em um tipo especial de governo presidencialista, mas não em um tipo híbrido.

O único problema mais sério de se classificar as democracias de acordo com as oito tipologias é levantado pelos sistemas que têm um presidente eleito por voto popular e também um primeiro-ministro parlamentar, e que costumam ser chamados de "semipresidenciais" (Duverger, 1980) ou "sistemas *premier*-presidenciais" (Shugart e Carey, 1992). Nas nossas 36 democracias há seis sistemas semipresidenciais: Áustria, Finlândia, França, Islândia, Irlanda e Portugal. Esses casos podem ser resolvidos com uma pergunta: quem é o chefe de governo *de fato*, o presidente ou o primeiro-ministro? Os presidentes da Áustria, Islândia e Irlanda são fracos, embora eleitos pelo voto popular, e as três democracias funcionam de forma muito semelhante aos sistemas parlamentaristas ordinários. No sistema semipresidencial de Portugal o presidente continua exercendo um poder significativo mesmo depois que suas prerrogativas formais sofreram severa redução na revisão constitucional de 1982 (Amorim Neto e Costa Lobo, 2009), mas ainda pode ser considerado um sistema predominantemente parlamentarista.

O caso da França é mais complicado. Até 1986, o presidente francês, popularmente eleito para um mandato fixo de sete anos, era um chefe de governo e não primeiro-ministro. Seu poder presidencial se devia ao apoio das fortes maiorias parlamentares, mais do que em prerrogativas constitucionais, e no início da década de 1980, dois conhecidos cientistas políticos franceses previram que, se o presidente perdesse o apoio da maioria, o sistema presidencialista mudaria para parlamentarismo. Raymond Aron (1982, p. 8) escreve: "O Presidente da República é a autoridade máxima, desde que tenha a maioria na Assembleia Nacional, mas entregará a realidade do poder ao primeiro-ministro se um dia um partido que não seja o seu for maioria na Assembleia." Com base nessa mesma lógica, Maurice Duverger (1980, p. 186) previu que a Quinta República Francesa desenvolveria um modelo de alternância das fases presidencialistas e parlamentaristas. E foi exatamente o que aconteceu quando gaullistas e republicanos tiveram uma vitória legislativa em 1986 e Jacques Chirac tornou-se primeiro-ministro: "Exceto por algumas questões concernentes às relações exteriores e à defesa [...] [o presidente socialista] Mitterand ficou à margem do Legislativo enquanto Chirac agia como o executivo político da França" (Huber, 1996, p. 28). A situação se repetiu de 1993 a 1995 quando o *premier* gaullista Édouard Balladour substituiu o presidente Mitterrand na chefia do governo, e o *premier* socialista Lionel Jospin inaugurou a terceira fase parlamentarista sob o presidente Chirac, que durou cinco anos (1997-2002).

O sistema semipresidencial da Finlândia é o caso mais difícil. A Finlândia tem um presidente eleito – indiretamente, por intermédio de um colégio eleitoral, até os primeiros anos da década de 1990 – com menos poder que o presidente francês, mas com mais poder que outros presidentes de sistemas semipresidenciais. Mesmo assim é muito semelhante ao sistema francês em sua fase parlamentarista, quando o primeiro-ministro era chefe de governo e o poder do presidente se limitava a um papel especial nas questões de política externa. Se essas fases do sistema francês podem ser consideradas parlamentaristas, a situação similar da Finlândia também deve ser considerada parlamentarista. Essa classificação talvez seja discutível no longo período de 1956 a 1981, durante o qual o formidável Urho Kekkonen foi presidente, mas é perfeitamente adequada ao período que se seguiu à

MODELOS DE DEMOCRACIA

sua retirada da cena política.[2] Uma emenda constitucional de 1991 reduziu o poder presidencial quando removeu o direito do presidente de dissolver o Parlamento – direito que o presidente francês tem –, mas ao mesmo tempo aumentou o prestígio presidencial ao abolir o colégio eleitoral presidencial e instituir eleições diretas populares. No cômputo geral, a democracia finlandesa pode ser classificada como um sistema parlamentarista na tipologia da Figura 7.1; e certamente se aproxima muito mais de um sistema parlamentarista do que presidencialista.

E por fim, em 1996, Israel trocou por eleição direta popular do primeiro-ministro um sistema que era, inequivocamente, parlamenta-rista em todos os aspectos – e nos apresentou outro intrigante enigma de classificação. As regras básicas eram que: o primeiro-ministro fosse eleito diretamente pelos eleitores; o Parlamento fosse eleito simulta-neamente; o Parlamento conservasse o direito de demitir o primeiro--ministro; o primeiro-ministro também tivesse direito de dissolver o Parlamento, e que cada uma dessas ações resultasse em novas eleições tanto para primeiro-ministro quanto para o Parlamento (Hazan, 1997). Com essa inovação, os israelenses adentraram em território inexplorado, mas que se assemelhava a uma das soluções propostas pelo Comitê sobre o Sistema Constitucional (1987, p. 16) para o impasse Executivo-Legislativo nos Estados Unidos: "Se o Presidente puder convocar novas eleições, e se o Congresso puder fazer o mes-mo, teremos um mecanismo para solucionar impasses das questões políticas fundamentais." O direito mútuo de convocar novas eleições, tanto presidenciais quanto legislativas, seria uma mudança *no* e não *do* sistema presidencial – ou seja, os Estados Unidos seriam um sistema presidencialista segundo os três critérios básicos.

O sistema israelense, que durou até 2003, era muito similar a essa forma especial de presidencialismo, exceto pelo presidente que era chamado de "primeiro-ministro". Este era: 1) eleito popularmente

---

2 G. Bingham Powell (1982, p. 56) classificou a Finlândia como um sistema parlamentarista mesmo durante a era Kekkonen.

em vez de ser escolhido pelo Parlamento; 2) eleito por um período de quatro anos, a não ser que a regra especial de demissão mútua e novas eleições passasse a vigorar; e 3) predominante no gabinete em virtude da legitimidade democrática conferida pelas eleições populares. Quanto a este terceiro ponto, a regra israelense de que outros membros do gabinete dependiam de um voto parlamentar de investidura para tomar posse parece reter um aspecto do velho parlamentarismo, mas lembre-se que, também nos Estados Unidos, o presidente só pode indicar os membros de seu gabinete se tiver "aconselhamento e consentimento" do Senado. O primeiro-ministro eleito diretamente era, então, muito mais um presidente de um sistema presidencialista do que um primeiro-ministro de um sistema parlamentarista.[3] A experiência de Israel de um primeiro-ministro eleito por voto direto não durou muito: o parlamentarismo puro foi restaurado em 2003.

Outros contrastes entre parlamentarismo e presidencialismo

Cientistas políticos eminentes afirmam que além das três diferenças cruciais entre os sistemas parlamentarista e presidencialista, já citadas, há três outras muito importantes (esp. Verney, 1959, pp. 17-56). Num exame mais detalhado, verificam-se nesses contrastes graves exceções empíricas que não são essenciais às diferenças das duas principais formas de governo.

A primeira é a separação de poderes nos sistemas presidencialistas, geralmente entendida não só como a independência mútua das ramificações do Executivo e do Legislativo, mas que a mesma pessoa

---

3 Segundo Matthew Soberg Shugart e Scott Mainwaring (1997, p. 15), o presidencialismo pode ser definido em termos de duas características básicas: "origem separada" (eleições populares separadas) e "sobrevivência separada" (mandatos fixos para o presidente e para o Legislativo). Pelo segundo critério, a proposta do Comitê sobre o Sistema Constitucional e o sistema israelense de 1996-2003 não se qualificariam como presidencialistas, como também não o seria a Quinta República Francesa, porque a Assembleia Nacional pode ser dissolvida prematuramente. Além disso, o mandato fixo para o Legislativo também pode ser uma característica dos sistemas parlamentaristas, como é o caso da Noruega.

MODELOS DE DEMOCRACIA

não pode servir em ambos ao mesmo tempo. Por outro lado, a não separação dos poderes nos sistemas parlamentaristas significa que o Executivo não só depende da confiança do Legislativo, mas que as mesmas pessoas podem ser membros tanto do Parlamento quanto do gabinete. Quanto a este último, há uma variação muito grande nos governos do tipo parlamentarista. De um lado estão os muitos sistemas parlamentaristas, especialmente dos Estados Unidos e das antigas colônias britânicas, para os quais os membros do gabinete tinham que ser, obrigatoriamente, membros do Legislativo também. Do outro lado estão Holanda, Noruega e Luxemburgo, para os quais a adesão ao gabinete não pode ser combinada com a adesão ao Parlamento; nos três, porém, os membros do governo podem participar, e participam, dos debates parlamentares. Pela regra da incompatibilidade, o *status* independente do gabinete tende a fortalecer sua autoridade *vis-à-vis* o Parlamento, mas essa pode ser considerada uma variação de pouca relevância no tipo parlamentarista. Contudo, não se pode dizer que os três países se encaixem, ou mesmo se aproximem da forma presidencialista de governo a esse respeito.

Em segundo lugar, costuma-se dizer que uma diferença-chave entre presidencialismo e parlamentarismo é que os presidentes não têm o direito de dissolver o Legislativo, mas os primeiros-ministros e seus gabinetes têm. Uma exceção do lado presidencialista é o presidente francês, que tem poder para dissolver a Assembleia Nacional; outra exceção é o exemplo de Israel (1996-2003) de demissão mútua e novas eleições para ambos, já discutida. Novamente, nos sistemas parlamentaristas há também uma grande variação. Na Grã-Bretanha e em muitos sistemas de inspiração britânica, o poder de dissolver é basicamente ilimitado e uma prerrogativa específica do primeiro-ministro. Na Alemanha e em vários outros países, o Parlamento só pode ser dissolvido em circunstâncias especiais, e não a critério exclusivo do Executivo. Na Noruega, o Parlamento é eleito para um mandato de quatro anos e não pode ser dissolvido. É óbvio que a autoridade executiva acaba sendo afetada pelo fato de o Executivo ter ou não ter esse poder sobre o

RELAÇÕES EXECUTIVO-LEGISLATIVO

Legislativo, mas não é um fator que seja essencial à diferença entre formas de governo parlamentarista e presidencialista.

Em terceiro lugar, os sistemas parlamentaristas têm, geralmente, dois Executivos: um chefe de estado simbólico e cerimonial (monarca ou presidente), praticamente sem nenhum poder, e um primeiro--ministro que é chefe de governo e, junto com seu gabinete, exerce a maior parte do poder executivo. A regra normal nos sistemas presidencialistas é que o presidente seja, simultaneamente, chefe de Estado e chefe de governo. Entretanto, há importantes exceções de ambos os lados. Botsuana tem um primeiro-ministro, eleito pelo Legislativo e sujeito à confiança dele, que é chefe de governo, mas também serve como chefe de Estado – e por isso tem o título formal de "presidente". Outro exemplo é a África do Sul democrática, cujo primeiro chefe de governo foi o presidente Nelson Mandela – não como presidente de um sistema presidencialista, mas uma combinação de chefe de governo e chefe de Estado de um sistema parlamentarista.

Se o primeiro-ministro de Israel eleito por voto direto no período de 1996-2003 for considerado presidente em um sistema presidencialista, Israel passa a ser exemplo de um sistema presidencialista com dois Executivos, e não apenas um. Além do primeiro-ministro presidencial, tinha um presidente que era também chefe de Estado. Outro exemplo de que um duplo Executivo é, em princípio, compatível com a forma presidencialista de governo é a proposta do primeiro-ministro da Holanda, eleito por voto direto (Andeweg, 1997, p. 235). Esse projeto, amplamente debatido no final da década de 1960, início dos anos 70, implicava eleições populares do primeiro-ministro para um mandato de quatro anos e não sujeito à confiança do Parlamento, mas não incluía mudar a monarquia. Com efeito, esse "primeiro-ministro" seria o chefe de governo num sistema presidencialista, mas não seria chefe de Estado porque o monarca permaneceria no cargo. O prestígio de ser chefe de estado obviamente aumenta a influência da maioria dos presidentes, vantagem que os primeiros-ministros não têm, mas não é uma distinção essencial das duas formas de governo.

Separação de poder e equilíbrio de poder

A distinção entre os sistemas parlamentarista e presidencialista tem grande importância em inúmeros aspectos. Por exemplo, como já discutimos no capítulo anterior, os gabinetes presidencialistas são fundamentalmente diferentes, e devem ser classificados diferentemente dos gabinetes dos sistemas parlamentaristas; além disso, mais adiante neste capítulo e também no próximo, voltarão a ser tratados diferentemente dos sistemas parlamentaristas na mensuração das variáveis-chave. Entretanto, a distinção entre parlamentarismo e presidencialismo não tem interferência direta na distribuição de poder nas relações Executivo-Legislativo. Nos sistemas parlamentaristas é possível encontrar um precário equilíbrio de poder entre gabinete e Parlamento, como se vê na Bélgica, por exemplo, mas vê-se também um forte domínio do Executivo, como é o caso do Reino Unido, Nova Zelândia e Barbados (ver Capítulos 2 e 3). A mesma variação ocorre nos sistemas presidencialistas. Os Estados Unidos e a França são bons exemplos dos dois extremos da escala. Nos Estados Unidos, a divisão de poder é responsável por um equilíbrio de poder irregular entre presidente e Congresso. O mesmo se aplica à Suíça, o único sistema com separação de poder que não é presidencialista. O sistema presidencialista francês está no extremo oposto; nas palavras de Anthony Kings (1976, 41), "o Legislativo francês [...] é ainda mais subordinado ao Executivo do que o britânico."

Os poderes presidenciais derivam de três fontes. Uma delas é o poder do presidente definido pela Constituição, o "poder reativo", especialmente o veto presidencial, e o "poder proativo", principalmente a competência de legislar por decreto em determinadas áreas (Shugart e Mainwaring, 1997, p. 41). A segunda fonte de poder é a força e a coesão do partido do presidente no Legislativo. E a terceira, o presidente adquire uma força considerável por ter sido eleito por voto direto e poder dizer que é (bem como seu vice-presidente, se houver) o único funcionário público eleito pelo povo.

RELAÇÕES EXECUTIVO-LEGISLATIVO

A frequente dependência do presidente do poder de seu partido significa que o seu poder relativo, bem como o dos legisladores, pode mudar, e geralmente muda, de uma hora para a outra; além disso, costuma ser mais instável que nos sistemas parlamentaristas. Ocorreram mudanças substanciais na experiência histórica dos Estados Unidos. Woodrow Wilson (1885) criticou o predomínio do Congresso e disse que o sistema "presidencialista" norte-americano deveria ser chamado, mais realisticamente, de acordo com o título de seu famoso livro, de "Governo Congressional". Críticos mais recentes apontaram para uma "presidência imperial" que tende a eclipsar o Congresso, apontando especialmente para os presidentes Lyndon B. Johnson, Richard M. Nixon e George W. Bush. Na história muito mais breve do sistema presidencialista francês, John T. S. Keeler e Martin A. Schain (1997, pp. 95-100) veem fases "hiperpresidencialista" e "presidencialista moderada alternando-se por quatro vezes entre 1962 e 1993.

Medindo os graus de dominância e o equilíbrio de poder

Como o poder relativo de setores do Executivo e do Legislativo pode ser medido? Nos sistemas parlamentaristas, o melhor indicador é a durabilidade do gabinete. Um gabinete que permanece no poder por longo tempo provavelmente será dominante *vis-à-vis* o Legislativo, e um gabinete de menor duração será relativamente mais fraco.[4] Os teóricos da coalizão dão muita atenção à duração dos gabinetes, mas costumam afirmar, explicitamente ou, com mais frequência, implicitamente, que a durabilidade de um gabinete é um indicador não só da sua força em comparação à força do Legislativo, mas também da estabilidade do regime. O argumento é que os gabinetes de curta

---

4 Esta interpretação se baseia no contraste entre as democracias em geral e os sistemas não democráticos. Nestes últimos encontram-se os executivos mais fortes e os legislativos mais subservientes ou mesmo nenhum Legislativo – e encontra-se também, "sem nenhuma surpresa", segundo Henry Bienen e Nicolas van de Walle (1991, p. 103), a maior incidência de "líderes duradouros".

MODELOS DE DEMOCRACIA

duração não têm tempo suficiente para desenvolver políticas programáticas adequadas e coerentes, e que tal processo decisório ineficaz
põem em risco a viabilidade da democracia: a instabilidade do gabinete
leva à instabilidade do regime, sendo assim, portanto, considerado
um indicador importante da instabilidade deste último. Uma afirmação explícita sobre esse efeito é a de Paul V. Warwick (1994, p. 139):
"Um sistema parlamentarista que não produz um governo duradouro
provavelmente não oferece um processo decisório efetivo para atrair a
lealdade popular e talvez até para sobreviver por muito tempo."

Essa é a visão que prevalece, mas está errada. Até os gabinetes
proverbialmente curtos da Quarta República Francesa não eram nem
de longe decisores políticos totalmente ineficazes. Vários membros de
gabinetes extintos voltaram a servir em novos gabinetes, e a vida
média desses membros como ministros foi bem mais longa que a do
gabinete como um todo. Um observador francês contemporâneo, André
Siegfried (1956, p. 399) explicou esse "paradoxo das políticas públicas
estáveis em governos instáveis" da seguinte forma: "Na realidade, as
desvantagens não são tão graves quanto parecem [...] Quando há uma
crise no gabinete, alguns ministros são substituídos ou meramente
mudam de lugar; mas nenhum servidor público é demitido e a administração do dia a dia segue ininterrupta. Além disso, quando são
mantidos os mesmos ministros de um gabinete para outro, formam-
-se como se fossem equipes de governo."[5] Mattei Dogan (1989) ataca
frontalmente a equação da estabilidade do gabinete com a estabilidade do regime, e argumenta com muita ênfase que a estabilidade de um
gabinete *não* é um indicador válido da saúde e viabilidade do sistema

---

5 Numa análise comparativa sobre a durabilidade dos gabinetes em 19 países, Michael Taylor e
Valentine M. Herman (1971, p. 29) afirmam: "É necessário um estudo empírico profundo para
se dizer que [a durabilidade do gabinete] seja indicação de *alguma coisa*". E argumentam que
o artigo deles não pressupõe nenhum significado mais amplo sobre a durabilidade do gabinete,
mas também afirmam que "os resultados [a que chegaram] seriam muito mais interessantes
se a observação de Siegfried, que a instabilidade da Quarta República não fez diferença para
o processo decisório, fosse não verdadeira também para a instabilidade geral". Certamente, o
pressuposto não explícito é que a importância de estudar a durabilidade do gabinete talvez
esteja vinculada à viabilidade do regime.

democrático: e a principal razão é que a maior parte dos sistemas em que há uma sequência ininterrupta de gabinetes instáveis possui um "centro" ministerial altamente estável – similar à situação da Quarta República descrita por Siegfried.

O que deve ser acrescentado ao argumento de Dogan é que, nos gabinetes relativamente curtos, a tendência é manter a continuidade não só de pessoas, mas também dos partidos participantes. Os gabinetes unipartidários tendem a ser mais duráveis que os de coalizão, mas trocar um gabinete unipartidário por outro implica uma transferência partidária em larga escala, ao passo que trocar um gabinete de coalizão por outro implica apenas uma alteração gradual na composição partidária do gabinete. Retomo a questão mais geral da efetividade decisória no Capítulo 15; a pergunta é se as democracias majoritárias com seus executivos tipicamente mais dominantes e duradouros são melhores formuladoras de políticas públicas que as democracias consensuais, cujo Executivo é geralmente mais breve e menos dominante. E a resposta é que, de fato, as democracias consensuais têm um histórico melhor a esse respeito.

O próximo passo, uma vez aceito que a duração de um gabinete é um indicador da dominância do Executivo, é decidir como medi-la. Essa questão se refere às situações que devem ser consideradas para encerrar um gabinete e anunciar o início de um novo. Há duas alternativas principais. Uma delas é concentrar-se exclusivamente na composição partidária dos gabinetes e contar cada gabinete como se fosse um, se a sua composição partidária não mudar; um estudo pioneiro sobre a duração dos gabinetes adota essa abordagem (Dodd, 1976). É muito mais comum considerar outros dois eventos como marcas do fim de um gabinete e o início de outro: as eleições parlamentares e a troca do primeiro-ministro (Müller, Bergman e Strøm, 2008, p. 6; Damgaard, 2008, p. 303). Uma grande vantagem da definição mais ampla de Dodd é medir a durabilidade dos gabinetes, que também pode ser interpretada como indicação da dominância do Executivo. Em particular, para os gabinetes que vencem eleições sucessivas – e que Dodd conta como o

MODELOS DE DEMOCRACIA

mesmo gabinete – a probabilidade de enfrentar grandes desafios em seus parlamentos tem sido cada vez menor.

A vida média dos gabinetes é um indicador da dominância do Executivo em 28 das 36 democracias da Tabela 7.1, mas foi preciso fazer ajustes para a Suíça, Botsuana e os seis sistemas presidenciais. Suíça e Botsuana não apresentaram grandes problemas. Botsuana teve apenas um gabinete desde a sua independência em 1965, daí a longa vida "média" acima de 45 anos, embora a dominância do seu Executivo seja avaliada um pouco acima de outras antigas colônias britânicas, como Bahamas e Jamaica. A média suíça de 12,51 anos, baseada em cinco composições partidárias de 1947 a 2010, obviamente não serve como medida de dominância do Executivo porque a Suíça é um exemplo importante de equilíbrio Executivo-Legislativo. Portanto, esses dois países têm valores atribuídos no topo e na base da Tabela 7.1.

Tabela 7.1
Índice de dominância do Executivo e duração média do governo (em anos) em 36 democracias, 1945-2010

	Índice de dominância do Executivo	Duração média do gabinete
Suíça	1,00	12,51
Israel	1,46	1,46
Itália	1,49	1,49
Finlândia	1,55	1,55
Ilhas Maurício	2,39	2,39
Bélgica	2,57	2,57
Holanda	2,91	2,91
Costa Rica	3,00	5,15
Islândia	3,20	3,20
Dinamarca	3,23	3,23
Portugal	3,26	3,26

RELAÇÕES EXECUTIVO-LEGISLATIVO

	Índice de dominância do Executivo	Duração média do gabinete
Índia	3,33	3,33
Japão	3,37	3,37
Alemanha	3,80	3,80
Estados Unidos	4,00	7,05
Uruguai	4,00	4,22
Noruega	4,04	4,04
Irlanda	4,16	4,16
Grécia	4,45	4,45
Nova Zelândia	4,54	4,54
Suécia	5,61	5,61
Luxemburgo	5,87	5,87
Trinidad	6,95	6,95
Argentina	8,00	5,30
França	8,00	3,22
Coreia	8,00	2,77
Áustria	8,07	8,07
Canadá	8,10	8,10
Reino Unido	8,12	8,12
Espanha	8,26	8,26
Malta	8,85	8,85
Barbados	8,87	8,87
Austrália	9,10	9,10
Bahamas	9,44	9,44
Jamaica	9,64	9,64
Botsuana	9,90	45,33

Fonte: Baseado nos dados de Woldendorp, Keman e Budge, 2010; Bale e Caramani, 2010 e volumes anteriores do *"Political Dara Yearbook";* Muller, Overstreet, Isacoff e Lansford, 2011, e volumes anteriores do *Political Handbook of the World;* e dados fornecidos por Octavio Amorim Neto, Marcelo Camerlo, Krista Hoekstra, Jelle Koedam, Jorge Lanzaro, Andrés Malamud e Linganaden Murday.

MODELOS DE DEMOCRACIA

Encontrar os valores adequados para as democracias presidenciais é bem mais difícil. Por um lado, os especialistas em governos presidencialistas tendem a discordar sobre o poder relativo dos presidentes nos diferentes países. Por exemplo, quem teria mais poder, o presidente da Argentina ou o do Uruguai? (García Montero, 2009, pp. 102-3; Shugart e Haggard, 2001, p. 80). E qual seria o chefe do Executivo mais forte, o presidente dos Estados Unidos ou o da Coreia? (Shugart e Haggard, 2001, p. 80; Siaroff, 2003b, p. 297)? Por outro lado, os especialistas também divergem profundamente sobre os poderes relativos dos chefes do Executivo nos sistemas presidencialistas e parlamentaristas. Sebastián M. Saiegh (2011, pp. 84-89) considera os primeiros-ministros geralmente mais poderosos que os presidentes, mas Torsten Persson e Guido Tabellini (2003, p. 275) afirmam que "os estados presidencialistas têm executivos tipicamente mais fortes que os estados parlamentaristas." Sobre a primeira pergunta, sigo a liderança de Matthew S. Shugart e Stephan Haggard (2001) e atribuo aos Estados Unidos, à Costa Rica e ao Uruguai uma posição consideravelmente inferior na escala de dominância executiva aos outros três países. No primeiro grupo de três países, Estados Unidos e Uruguai deveriam estar um pouco acima da Costa Rica. Uma consideração importante no caso norte-americano é o poder preponderante do presidente em relação à política externa e ao fato de que o *status* de superpotência dos Estados Unidos lhes permite tomar muitas decisões cruciais nessa área. A Coreia tem sido considerada o "exemplo perfeito de presidencialismo majoritário" (Croissant e Schächter, 2010, p. 191), título que também serve para os presidencialismos francês e argentino. Sobre a segunda pergunta, não vejo nenhuma razão para considerar o presidente médio como muito mais ou muito menos forte que o Executivo médio dos sistemas parlamentaristas. Na Tabela 7.1 os valores médios dos seis sistemas presidencialistas e os 29 parlamentaristas são, respectivamente, muito próximos: 5,83 e 5,40, respectivamente.[6]

---

6 Duas medidas das relações Executivo-Legislativo são parcialmente comparáveis: o índice de equilíbrio Executivo-Legislativo de Woldendorp-Keman-Budge (2000, pp. 56-57), disponível para 26 democracias, que mede essas variáveis como se fosse exigido um voto formal de

RELAÇÕES EXECUTIVO-LEGISLATIVO

A Tabela 7.1 lista as 36 democracias em ordem crescente de dominância executiva. Os índices variam de 1 a 9,9, valores atribuídos à Suíça e a Botsuana, como expliquei acima. O valor médio é 5,35, mais ou menos no meio da escala, e a mediana é 4,30, mais abaixo. Os seis países do lado majoritário, Barbados, inclusive, são todos ex-colônias britânicas. Os Estados Unidos estão em uma posição um pouco acima e são precedidos pelo Canadá, outra ex-colônia britânica. A Nova Zelândia está mais perto do meio da tabela, em parte por seus mandatos parlamentares mais curtos, de três anos, o que aumenta a probabilidade de rotatividade no governo, mas, o que é mais importante, reflete o impacto das eleições com RP a partir de 1996: os gabinetes duraram em média 6,15 anos até o início de 1996 e apenas 2,39 em anos seguintes. Vários países de herança britânica situam-se no lado esquerdo da tabela, mais consensual, especialmente Ilhas Maurício e Índia, esta última menos evidente. Dos dois protótipos da democracia consensual, Suíça e Bélgica, a Suíça ocupa o topo do quadro. A Bélgica está bem mais abaixo, mas ainda em sexto lugar, logo atrás das Ilhas Maurício.

Tipos de gabinete e a durabilidade do gabinete

Como os diferentes tipos de gabinete, analisados no capítulo anterior, se relacionam com o grau de dominância do Executivo? Podemos esperar um relacionamento positivo entre os gabinetes minimamente vencedores e unipartidários de um lado, e dominância

---

investidura, como se o gabinete pudesse ignorar um voto de desconfiança e como se o gabinete do primeiro-ministro pudesse dissolver o Parlamento. M. Steven Fish e Matthew Kroenig (2009, pp. 756-57) constroem um "índice de poderes parlamentares" baseado em 32 poderes formais que os legislativos têm ou não têm na maior parte dos países do mundo, entre eles as nossas 31 democracias. Como ambos os índices baseiam-se inteiramente em regras formais, não podemos dizer que estejam fortemente relacionados com os nossos índices de dominância executiva. Entretanto, os nossos índices seriam mais confiáveis se tivessem uma correspondência substancial com esses índices formais. Os coeficientes de correlação mostram que é exatamente esse o caso: −0,43 (estatisticamente significativo ao nível de 5%) e −0,45 (significativo ao nível de 1%), respectivamente.

MODELOS DE DEMOCRACIA

do Executivo de outro, por três motivos. O primeiro deles, como foi discutido no Capítulo 1, é que as duas variáveis pertencem ao mesmo grupo que compõe a dimensão executivos-partidos do contraste majoritário-consensual. O segundo é que os gabinetes minoritários estão, por sua própria natureza, à mercê do Legislativo nos sistemas parlamentaristas e, consequentemente, não se espera que dominem seus legislativos. E o terceiro é que os estudos sobre a independência demonstrada por legisladores individuais da Grã--Bretanha, quando votam contra o próprio gabinete, concluíram que esse tipo de comportamento parlamentar independente tende a variar conforme o tamanho da maioria do gabinete na Câmara dos Comuns: os gabinetes com maioria mínima em geral recebem sólido apoio de seus partidários no Parlamento, enquanto os gabinetes com ampla maioria costumam reconhecer que seus partidos no Parlamento são os mais rebeldes (Crowe, 1980). Fazendo uma analogia dessa tendência da Câmara dos Comuns britânica com outros sistemas parlamentaristas, podemos esperar maior independência legislativa dos gabinetes superdimensionados do que dos minimamente vencedores.

A Tabela 7.2 e a Figura 7.2 mostram a força dessas relações. A Tabela 7.2 classifica os gabinetes que estavam no poder em trinta sistemas parlamentaristas – incluindo as três fases parlamentaristas da França e excluindo as demais democracias presidencialistas e a Suíça – de acordo com os cinco tipos básicos de gabinete, e nos dá a duração média desses gabinetes.[7] Os gabinetes unipartidários minimamente vencedores têm vida média mais longa. E os dois tipos de gabinetes minimamente vencedores duram mais tempo que os gabinetes minoritários e superdimensionados. As coalizões

---

7 A Tabela 7.2 inclui todos os gabinetes que se encaixam em uma das cinco categorias – isso quer dizer que os gabinetes que forem contados como, por exemplo, a meio caminho entre minimamente vencedor e superdimensionado, ou entre gabinetes de coalizão e unipartidários, devem ser descartados; também devem ser descartados os gabinetes que mudam seu *status* de coalizão durante a vida útil do gabinete.

superdimensionadas e os gabinetes minoritários unipartidários, que em termos do apoio parlamentar que recebem parecem estar muito distantes um do outro, na realidade têm durações muito similares; os gabinetes superdimensionados duram um pouco menos. As coalizões minoritárias têm vida mais curta. Uma explicação importante é que os sistemas pluripartidários, assim como as coalizões, costumam ser provisórios entre a queda de um gabinete e as novas eleições. Em países onde os gabinetes são mais regulares, como nos países escandinavos, os gabinetes de coalizão minoritários duram mais tempo. Por exemplo, a Dinamarca teve nove gabinetes minoritários que duraram em média 3,79 anos.

A Figura 7.2 mostra a relação entre dois tipos de gabinetes e a dominância do Executivo em termos da combinação das duas características em cada uma das nossas 36 democracias (com base nos dados da terceira coluna da Tabela 6.3 e da primeira coluna da Tabela 7.1). O modelo é claro: países que possuem mais gabinetes unipartidários minimamente vencedores costumam ser os que têm maior dominância do Executivo. O coeficiente de correlação é 0,78 (estatisticamente significativo ao nível de 1%).

Os países estão, em sua maioria, próximos da linha de regressão. Os principais valores desviantes são quatro países do sistema presidencialista. Estados Unidos, Costa Rica e Uruguai possuem um nível de dominância executiva muito inferior ao esperado para os seus frequentes gabinetes majoritários. A França semipresidencial exibe uma combinação de características opostas. A explicação para os três primeiros parece ser uma característica do presidencialismo: seus gabinetes são parcialmente majoritários – minimamente vencedores e unipartidários – por definição, como afirmei no capítulo anterior, mas a separação de poderes internamente contribui para um módico equilíbrio Executivo-Legislativo. Antes de aceitar isso como uma explicação geral, é preciso acrescentar que não se aplica aos casos da Argentina e da Coreia.

MODELOS DE DEMOCRACIA

Tabela 7.2
Frequência e duração média do gabinete (em anos) dos cinco tipos de gabinetes das trinta democracias parlamentaristas, 1945-2010

Tipo de gabinete	Número de gabinetes	Duração média do gabinete (em anos)
Minimamente vencedor, unipartidário	56	8,20
Coalizão minimamente vencedora	85	3,64
Minoritário, unipartidário	42	2,57
Coalizão minoritária	62	1,52
Coalizão superdimensionada	106	2,27
Todos os gabinetes	351	3,45

Fonte: Baseado em dados de Woldendorp, Keman e Budge, 2010; Bale e Caramani, 2010 e volumes anteriores do "Political Data Yearbook"; Muller, Overstreet, Isacoff e Lansford, 2011 e volumes anteriores do *Political Handbook of the World,* e dados fornecidos por Krista Hoekstra, Jelle Koedam e Linganaden Murday.

Entre as democracias parlamentaristas, apenas cinco estão claramente em posições desviantes: Austrália, Áustria, Grécia, Nova Zelândia e Espanha. As razões para o número inesperadamente baixo de dominância do Executivo na Nova Zelândia já foram discutidas. Na Grécia, a crise provocada por duas eleições parlamentares não decisivas e três eleições em menos de dez meses, em 1990-91, foi responsável por abreviar a duração média do gabinete. Do outro lado da linha de regressão está a Áustria com suas várias coalizões superdimensionadas e excepcionalmente longevas: o período de uma delas foi de 1947 a 1966. A Espanha só teve gabinetes unipartidários, que provaram ser bastante duradouros, apesar do frequente *status* minoritário. A Austrália tem um alto grau de dominância do Executivo, similar ao da maioria das antigas colônias britânicas, mas poucos gabinetes unipartidários: a razão disso é que os frequentes gabinetes liberal-nacionalistas devem ser contados metade como gabinetes unipartidários e metade como coalizões em razão da natureza de "partido um e meio" dos Liberais e Nacionais (ver Capítulo 5).

RELAÇÕES EXECUTIVO-LEGISLATIVO

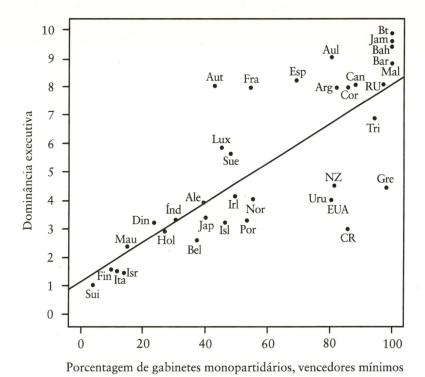

Figura 7.2 A relação entre tipos de gabinete e dominância do Executivo nas 36 democracias, 1945-2010.

Adendo: monarcas e presidentes

Mencionamos repetidamente neste capítulo a posição de chefe de Estado, mas os tipos de chefes de Estado e seus poderes relativos não foram tratados de maneira sistemática. A diferença mais notável a esse respeito em nossas 36 democracias é que quase a metade delas é monarquia: Austrália, Bahamas, Barbados, Bélgica, Canadá, Dinamarca, Jamaica, Japão, Luxemburgo, Holanda, Nova Zelândia, Noruega, Espanha, Suécia e Reino Unido. Os monarcas são principalmente reis e rainhas representados por um governador-geral na Austrália, Bahamas, Barbados, Canadá, Jamaica e Nova Zelândia,

MODELOS DE DEMOCRACIA

porém o Japão tem um imperador e Luxemburgo um grão-duque como chefes de Estado. Em meados de 2010 eram exatamente 15 monarquias; no início da década de 1970 a metade dos países era monarquia, mas três países da Commonwealth se tornaram repúblicas: Malta em 1974, Trinidad em 1976 e Ilhas Maurício em 1992. É surpreendente que entre as nossas democracias, tantas tenham sido ou são monarquias, uma forma constitucional que parece ser menos democrática que um governo republicano. A explicação é que são monarquias constitucionais, nas quais o poder do monarca é bastante limitado. Richard Rose e Dennis Kavanagh (1976, p. 568) escrevem: "Os monarcas têm permanecido no poder onde a família real tem se mostrado disposta a se afastar de um governo politicamente ativo. Reciprocamente, as monarquias caem quando o monarca quer continuar exercendo o poder político."

Afirma-se com frequência que uma vantagem da monarquia em um regime democrático é fornecer um chefe de Estado apolítico, um símbolo imparcial de unidade. De um modo geral isso é verdade, mas os monarcas também podem ser uma força desagregadora. Por exemplo, o comportamento do rei Leopoldo III durante a Segunda Guerra Mundial foi o principal problema político da Bélgica no pós-guerra. Em um referendo de 1950 para decidir se o rei seria mantido, a maioria de flamengos e católicos apoiou o rei, enquanto a maior parte dos valões, socialistas e liberais queria que ele renunciasse. Leopoldo III venceu o referendo por uma pequena maioria de 58% – vitória nada avassaladora para um rei! –, mas logo abdicou em favor de seu filho Balduíno.

Em termos dos princípios democráticos básicos, a desvantagem é que os monarcas não são totalmente destituídos de poder. Nos sistemas parlamentaristas eles geralmente têm o direito de indicar o primeiro-ministro. Não é uma função importante quando há uma preferência unânime por um candidato a primeiro-ministro, mas se acontece uma morte súbita ou renúncia, ou se um Parlamento pluripartidário não consegue chegar a um acordo, a influência do monarca para a eventual escolha do primeiro-ministro talvez não seja tão insignificante. Para reduzir a autoridade de seu monarca ao puro cerimonial, a Constituição sueca de 1974 transferiu a função de indicar um primeiro-ministro para presidente do Parlamento.

Mesmo que os monarcas tenham poderes residuais, a regra geral, aceita pelos próprios monarcas, é que sejam meramente chefes de Estado, e não chefes de governo. A tentação de introduzir-se nos poderes do chefe de governo e do gabinete é maior quando as democracias parlamentaristas têm um chefe de Estado que é presidente – em geral alguém com longa carreira política. Um método usado pelos sistemas parlamentaristas para diminuir os riscos é não conceder ao presidente o prestígio democrático e o poder implícito de ser popularmente eleito. Em vez disso, o procedimento normal é que o Parlamento eleja o presidente (ou um colégio eleitoral especial composto de membros dos parlamentos nacionais e estaduais, como na Alemanha e na Índia). Outra solução é não ter um presidente, mas conceder ao primeiro-ministro o título e a função de presidente, como em Botsuana. A Suíça adota um método similar porque tem um chefe de governo – a cadeira rotativa do Conselho Federal – servindo simultaneamente como presidente. Entretanto, a característica especial das democracias semipresidenciais que funcionam principalmente como sistemas parlamentaristas – Áustria, Finlândia, Islândia, Irlanda e Portugal – é que seus presidentes são eleitos pelo voto popular. Aqui, o perigo é que a eleição popular constitua um chefe de Estado com a justificativa democraticamente legitimada de usurpar ou assumir a liderança do governo, e assim alterar a natureza dos sistemas parlamentaristas.

Por fim, para quem prefere o sistema parlamentarista ao presidencialista, uma vantagem importante da monarquia constitucional é ser incompatível com o presidencialismo. Como argumentei anteriormente neste mesmo capítulo, essa não é uma visão correta: na teoria, é até possível instituir um sistema presidencialista cujo presidente sirva como chefe de governo e um monarca que sirva como chefe de

MODELOS DE DEMOCRACIA

Estado. Mas não existem exemplos empíricos desse sistema, e a ideia de que presidencialismo e monarquia não combinam entre si, embora incorreta, pode impedir que um país em fase de democratização que tem um monarca como chefe de Estado, como a Espanha no final da década de 1970, considere seriamente adotar uma forma de governo presidencialista.

8. Sistemas eleitorais: métodos de maioria absoluta e de maioria simples *versus* representação proporcional

A quarta diferença entre os modelos majoritário e consensual de democracia é muito clara. O sistema eleitoral típico da democracia majoritária é o sistema distrital uninominal por maioria simples ou por maioria absoluta; a democracia consensual adota tipicamente a RP. Os métodos do sistema distrital uninominal, por maioria simples ou por maioria absoluta, são os do "vencedor leva tudo" – vence o candidato apoiado pelo maior número de votos, e o resto dos eleitores segue sem representação –, a imagem perfeita da filosofia do majoritarismo. Além disso, o partido que conquista a maioria simples ou absoluta dos votos em âmbito nacional tenderá a ser super-representado em termos de assentos parlamentares. Em contraposição, o objetivo básico da representação proporcional é representar tanto as maiorias quanto as minorias traduzindo votos em assentos, proporcionalmente, em vez de super-representar ou sub-representar quaisquer partidos.

A distância entre os dois tipos de sistemas eleitorais também é muito grande no sentido de que são comuns as alterações no interior de cada um deles, embora poucas democracias troquem a RP pelos métodos de maioria simples ou absoluta, e vice-versa (Nohlen, 1984). Os grupos de países parecem fortemente apega-

MODELOS DE DEMOCRACIA

dos ao seu sistema eleitoral. Ao comentar o seu veto à nomeação de Lani Guinier ao cargo de Procuradora-Geral assistente para os direitos civis em 1993, o presidente Bill Clinton – chefe de um país que adota principalmente eleições por maioria simples – afirmou que se opunha à defesa que ela fez da RP, alegando ser "muito difícil defender" e até "antidemocrática" (*The New York Times,* 4 de junho de 1993, A18).

Neste capítulo eu apresento uma classificação mais detalhada dos sistemas eleitorais adotados por nossas 36 democracias em termos dos seus sete aspectos básicos, e enfatizo a fórmula eleitoral, a magnitude do distrito e as barreiras eleitorais. A literatura especializada em sistemas eleitorais enfoca o grau de proporcionalidade e desproporcionalidade na tradução de votos em assentos e os efeitos no número de partidos dos sistemas partidários. Ainda trataremos disso no restante deste capítulo. Após discutir como medir de maneira mais acurada os graus de desproporcionalidade, mostrarei que, embora haja uma grande variação no interior da categoria de representação proporcional e nenhum sistema de RP seja perfeitamente proporcional, esses sistemas tendem a ser bem menos desproporcionais que os sistemas de maioria simples e absoluta, exceto nas democracias presidencialistas. Os sistemas eleitorais também são determinantes, embora não seja o único, dos sistemas partidários. Por fim, exploro a relação entre desproporcionalidade eleitoral e o número efetivo de partidos parlamentaristas nas 36 democracias.

Fórmulas eleitorais

Embora a dicotomia RP *versus* sistema distrital uninominal de maioria simples e absoluta seja a principal linha divisória da classificação dos sistemas eleitorais, é preciso fazer algumas distinções adicionais

SISTEMAS ELEITORAIS

e desenvolver uma tipologia mais refinada.[1] Os sistemas eleitorais podem ser descritos em termos de sete atributos: fórmula eleitoral, magnitude do distrito, barreira eleitoral, o total de membros do corpo a ser eleito, a influência das eleições presidenciais nas eleições legislativas, má distribuição distrital [malapportionment] e vínculos interpartidários.

A Figura 8.1 apresenta uma classificação de acordo com a primeira dessas dimensões, a fórmula eleitoral, e mostra a que categorias pertencem as 36 democracias e, em alguns casos, períodos particulares desses países. A primeira categoria das fórmulas de maioria simples e de maioria absoluta pode ser subdividida em três classes mais específicas. A regra da maioria simples – usualmente denominada na Grã-Bretanha *"first past the post"* – é a mais elementar: o candidato que recebe mais votos, seja por maioria simples ou absoluta, é eleito. É, obviamente, uma fórmula popular: 11 das 36 democracias a adotaram de 1945 a 2010. Também foi usada nas eleições presidenciais da Coreia e da Islândia, e nas eleições presidenciais do Uruguai de 1984 a 1994.[2]

As fórmulas majoritárias requerem a maioria absoluta para eleger. Uma maneira de cumprir esse requisito é realizar uma votação em segundo turno entre os dois candidatos mais votados, se nenhum deles tiver recebido a maioria dos votos no primeiro turno. Este método é usado frequentemente nas eleições presidenciais da França, Áustria, Portugal, Finlândia (desde 1994) e Uruguai (desde 1999), bem como na eleição direta do primeiro-ministro de Israel (1996-2003). Argentina (desde 1995) e Costa Rica usam uma

---

1 Para tratamentos minuciosos dos vários aspectos dos sistemas eleitorais veja Colomer (2005), Diamond e Plattner (2006), Farreell (2011), Gallagher e Mitchell (2005), Klingemann (2009), Lundell (2010), Norris (2004), e Reynolds, Reilly e Ellis (2005).

2 O Uruguai adotou a regra da maioria simples juntamente com o "voto simultâneo duplo", um sistema único que combinava primárias intrapartidárias e disputa interpartidária em uma mesma eleição. Nas eleições para a câmara baixa, o voto simultâneo duplo continua sendo usado em conjunto com a RP.

MODELOS DE DEMOCRACIA

combinação de maioria simples e de maioria absoluta no segundo turno: uma maioria simples será suficiente se for superior a 45% (na Argentina) e 40% (na Costa Rica); mas se o mínimo não for alcançado, será necessário o resultado por maioria absoluta.[3] O método da maioria absoluta em segundo turno não é usado nas eleições para o Legislativo em nenhum dos nossos países, embora a França use um método muito semelhante para eleger os membros da Assembleia Nacional. Eles se elegem com um misto da fórmula de maioria absoluta e de maioria simples em distritos uninominais: para se eleger em primeiro turno é preciso obter a maioria absoluta, mas se nenhum candidato alcançar a maioria absoluta, a maioria simples será suficiente no segundo turno; os candidatos que não alcançarem uma porcentagem mínima de votos no primeiro turno, 12,5% dos votos registrados desde 1976, serão barrados do segundo turno. A disputa no segundo turno é geralmente entre os dois candidatos principais; na prática, não há uma grande diferença entre as fórmulas mistas de maioria simples e absoluta e a da maioria absoluta em segundo turno.

---

3 Uma regra adicional na Argentina é que o mínimo de 45% pode baixar para 40% se houver uma diferença de pelo menos 10% entre o vencedor por maioria simples e o segundo classificado. Este sistema foi usado pela primeira vez em 1995; até então, vigorava um colégio eleitoral presidencial. Antes de eleger seus candidatos por maioria absoluta em segundo turno pela primeira vez em 1994, a Finlândia também adotava um colégio eleitoral presidencial. Os dois países aboliram os colégios eleitorais na década de 1990, e os Estados Unidos são hoje os únicos que ainda usam um colégio eleitoral para eleger o presidente.

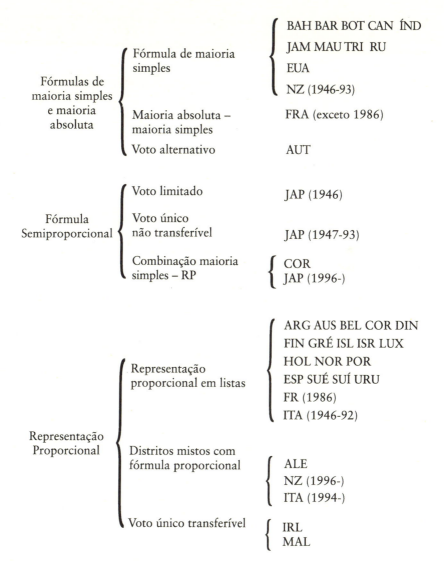

Figura 8.1 Uma classificação das fórmulas eleitorais para a eleição da primeira e única câmara do Legislativo nas 36 democracias, 1945-2010.

O voto alternativo, adotado pela Austrália, é a verdadeira fórmula de maioria absoluta. Os eleitores indicam sua primeira preferência, a segunda preferência, e assim por diante entre todos os candidatos. É eleito o candidato que tiver maioria absoluta das primeiras preferências.

Se não houver maioria absoluta, o candidato que recebeu o menor número de votos entre os primeiros preferidos é eliminado, e os votos que ele recebeu são transferidos para o segundo preferido. O procedimento se repete, excluindo o candidato mais fraco e redistribuindo os votos em questão às próximas preferências em cada estágio da contagem, até surgir um vencedor por maioria absoluta. O voto alternativo também é adotado nas eleições presidenciais na Irlanda.

É preciso distinguir os três principais tipos de RP. A forma mais comum é o sistema da listas de RP, adotado por metade – 18 das 36 – das nossas democracias durante a maior parte do período 1945-2010. Há menos variação na fórmula das listas, mas todas elas implicam basicamente que os partidos proponham listas de candidatos em distritos plurinominais, que os eleitores votem para um ou outro partido (embora possam, às vezes, distribuir seus votos em várias listas) e que os assentos atribuídos às listas de partidos sejam proporcionais à quantidade de votos que elas recebem. O sistema de listas de RP pode ser subdividido ainda de acordo com uma fórmula matemática que é usada para traduzir os votos em cadeiras no Parlamento. O método aplicado com mais frequência é a fórmula de Hondt, que tem uma leve propensão em favor dos partidos grandes quando comparado aos outros vários métodos.[4]

A segunda forma de RP é a fórmula da "representação proporcional mista" – termo cunhado na Nova Zelândia para a sua versão do sistema, mas hoje aplicado a toda a categoria. Cerca de metade dos legisladores da Alemanha e Nova Zelândia é eleita por maioria simples em distritos uninominais e os outros são eleitos por lista de RP. Cada

---

4 Para uma descrição mais detalhada, ver Lijphart, 1994, pp. 153-59. Outra diferença das fórmulas de representação proporcional em lista é a lista aberta, parcialmente aberta e ou fechada. Nos sistemas de lista fechada, os eleitores votam na lista inteira e não podem expressar preferência por qualquer candidato dessa lista; os candidatos são eleitos estritamente pela ordem que o partido os indicou. Exemplos são Argentina, Costa Rica, Israel, Espanha e Uruguai. No sistema de lista totalmente aberta, do qual a Finlândia é o melhor exemplo, os eleitores votam em candidatos individuais da lista, e a ordem que os candidatos são eleitos é determinada pelos votos que eles recebem individualmente. Na Bélgica, Holanda e em vários outros países, as listas são parcialmente abertas: embora os eleitores possam expressar suas preferências por candidatos individuais, tende a prevalecer a ordem da lista apresentada pelos partidos.

eleitor vota duas vezes, uma no candidato distrital e outra na lista do partido. A razão pela qual essa combinação de métodos se qualifica como um sistema de RP é que os assentos da lista de RP compensam qualquer desproporcionalidade produzida pelos resultados dos assentos distritais. O grau exato dos resultados finais depende de quantos assentos da lista de RP são disponibilizados para fins de compensação; os resultados italianos têm sido bem menos proporcionais que os dos outros dois países. Alan Siaroff (2009, p. 180) chama corretamente os sistemas de representação proporcional mista da Alemanha e Nova de Zelândia de "plenamente compensatórios", e o sistema de representação proporcional misto italiano de "semicompensatório".

O terceiro tipo mais importante de RP é o voto único transferível. A diferença da lista de RP é que os eleitores votam em candidatos individuais e não nas listas partidárias. A votação é similar à do sistema de voto alternativo; traz os nomes dos candidatos e os eleitores devem classificá-los pela ordem. O procedimento para determinar os candidatos vencedores é um pouco mais complicado do que o do voto alternativo. Acontecem dois tipos de transferências: a primeira, todo voto excedente e desnecessário aos candidatos que já têm a quota mínima de votos para se eleger são transferidos para os próximos candidatos mais votados na mesma eleição; a segunda, o candidato mais fraco é eliminado e seus votos são transferidos da mesma maneira. Se necessário, esses passos se repetem até que todos os assentos disponíveis estejam preenchidos. O voto único transferível costuma ser elogiado porque alia as vantagens de permitir votar em candidatos individuais e produzir resultados proporcionais, mas não é adotado com frequência. Os únicos casos da Figura 8.1 são Irlanda e Malta. Também é usado nas eleições para o Senado na Austrália.

A maioria das fórmulas eleitorais se adapta às duas grandes categorias de RP e de maioria simples ou de maioria absoluta, mas algumas ficam no meio do caminho. As fórmulas semiproporcionais raramente são adotadas, e os únicos exemplos do nosso conjunto de países são Coreia e os três sistemas adotados pelo Japão. Aqui, o voto limitado

MODELOS DE DEMOCRACIA

adotado nas eleições de 1946, e o voto único intransferível adotado em todas as eleições até 1993, estão intimamente relacionados. Os eleitores votam em candidatos individuais e, como nos sistemas de maioria simples, ganham os candidatos mais votados. Entretanto, diferentemente dos sistemas de maioria simples, os eleitores não têm tantos votos quanto há assentos no distrito, e cada distrito tem que ter pelo menos dois assentos. Quanto mais limitado for o número de votos que cada eleitor tem direito, e quanto maior for o número de assentos disputados, mais o voto limitado tenderá a se desviar da maioria simples e se aproximar da RP. Nas eleições de 1946, cada eleitor tinha direito a dois ou três votos em distritos que possuíam de quatro a 14 assentos. O voto único intransferível é um caso especial de voto limitado, porque o número de votos dados por cada eleitor é reduzido a um só voto. Na versão japonesa, o voto único intransferível foi aplicado em distritos com direito a quatro assentos em média.

Nos sistemas de combinação de maioria simples com representação proporcional, introduzido em 1996 pelos japoneses, 300 legisladores foram eleitos por maioria simples em distritos uninominais e 200 (reduzidos a 180 no ano 2000) por lista de RP; cada eleitor dispunha tanto de um voto distrital quanto de um voto de RP. Essas características se assemelham à representação proporcional mista, mas a diferença crucial é que os assentos da RP não são compensatórios. Os componentes da maioria simples e da RP são "paralelos" entre si, isto é, se mantêm totalmente separados. Portanto, diferentemente da representação proporcional mista, este sistema é apenas em parte proporcional, e não uma forma de RP. A Coreia também tem adotado este sistema paralelo em todas as suas seis eleições legislativas desde 1988, mas com um componente de RP muito menor.

A maior parte dos países não mudou suas fórmulas eleitorais durante o período de 1945 a 2010. O voto limitado adotado pelo Japão em 1946 e a lista de RP adotada pela França em 1986 são exceções menores. As mudanças mais importantes aconteceram todas na década de 1990, na Nova Zelândia, Itália e Japão, sendo que dois desses países mudaram para a representação proporcional mista.

Magnitude dos distritos eleitorais

A magnitude de um distrito eleitoral denota a quantidade de candidatos a serem eleitos no distrito. Isso não deve ser confundido com o tamanho geográfico do distrito nem com o número de eleitores que ele possui. As fórmulas da maioria simples e da maioria absoluta podem ser aplicadas tanto nos distritos uninominais quanto nos distritos plurinominais. RP e o voto único intransferível requerem distritos plurinominais, variando de distritos binominais até de um distrito único de âmbito nacional, do qual todos os membros do Parlamento são eleitos. Há muito se sabe que a magnitude do distrito tem grande influência no grau de desproporcionalidade e na quantidade de partidos. George Horwill (1925, p. 53) chamou-a de " o fator de toda importância", e na análise de Rein Taagepera e Matthew S. Shugart (1989, p. 112) também foi considerada "o fator decisivo".

A magnitude distrital é muito importante em dois aspectos. Primeiro, tem forte influência tanto nos sistemas de maioria simples/maioria absoluta quanto nos sistemas de RP (e de voto único intransferível), mas em direções opostas: aumentar a magnitude do distrito nos sistemas de maioria simples e de maioria absoluta implica maior desproporcionalidade e são mais vantajosos para os grandes partidos, enquanto sob a representação proporcional ela resulta em maior desproporcionalidade e em condições mais favoráveis para os pequenos partidos. Com relação à maioria simples, suponhamos, por exemplo, que a disputa eleitoral se dê entre os partidos A e B e que o partido A seja um pouco mais forte em uma região em particular. Se essa região for um distrito de três membros, provavelmente o partido A conquistará todos os três assentos; entretanto, se a região se dividir em três distritos uninominais, o partido B poderá vencer em um dos distritos e consequentemente conquistar um dos três assentos. Se a magnitude do distrito for maior, também será maior a desproporcionalidade; no caso hipotético de um distrito nacional de maioria simples, e supondo que o voto dos eleitores seja estritamente partidário, o partido que recebe a maioria simples dos votos nacionais ganhará todos os assentos.

No sistema de voto alternativo australiano e no sistema francês de maioria absoluta/maioria simples são utilizados só os distritos uninominais. Nos sistemas de maioria simples existem alguns poucos exemplos de distritos binominais e mesmo maiores, mas são cada vez mais raros os maiores que os distritos uninominais. Havia no Reino Unido vários distritos binominais em 1945, e alguns nos Estados Unidos e no Canadá no período de 1945-68. Nas eleições de 1952 e 1957 na Índia, cerca de um terço dos representantes se elegeu em distritos binominais, e em 1966 Barbados elegeu todo o seu Legislativo em distritos binominais. Por volta de 1970, porém, os distritos binominais foram todos abolidos.

O único país de maioria simples em que ainda sobrevivem distritos maiores que os uninominais são as Ilhas Maurício, nas quais 62 representantes são eleitos em distritos de 23 membros, e um distrito binominal.[5] Uma importante razão para que os distritos plurinominais sejam mais raros é que, como já explicado, eles criam uma desproporcionalidade ainda maior do que os distritos uninominais, já tão desproporcionais. No caso das Ilhas Maurício, porém, é preciso salientar que os distritos com três membros facilitaram um tipo diferente de proporcionalidade: eles encorajaram partidos e alianças partidárias a propor uma lista de candidatos equilibrada etnicamente e religiosamente, o que resultou em uma melhor representação étnica e religiosa do que seria obtida por meio de eleições em distritos uninominais. Mais que isso, além dos 62 representantes eleitos, oito assentos são destinados aos assim chamados melhores perdedores para garantir a justa representação de uma minoria (Mathur, 1991, pp. 54-71; 1997). Três outros países de maioria simples têm provisões especiais para representações étnicas e comunitárias minoritárias às quais são destinados distritos específicos: os distritos maori da Nova Zelândia, citados no Capítulo 2; cerca de um quinto dos distritos da

---

5 No sistema norte-americano ainda há muitos distritos plurinominais grandes que elegem o colégio eleitoral presidencial; cinquenta estados e o Distrito de Colúmbia são distritos eleitorais e a magnitude média é de 10,5 assentos por distrito.

Índia que são reservados para as "castas protegidas" (os intocáveis) e as "tribos protegidas"; e os distritos manipulados "afirmativamente" (*gerrymandering*) dos Estados Unidos.

A segunda razão pela qual a magnitude dos distritos eleitorais é tão importante é que, diferentemente dos sistemas de maioria simples e de maioria absoluta, ela varia muito nos sistemas de RP e, consequentemente, tem forte impacto no grau de proporcionalidade nos vários sistemas de RP. Por exemplo, um partido que represente uma minoria de 10% tem pouca probabilidade de conquistar assento em um distrito de cinco membros, mas será mais bem-sucedido em um distrito de dez membros. Os distritos binominais dificilmente são considerados compatíveis com o princípio da proporcionalidade; inversamente, o distrito nacional é, se todos os outros fatores forem iguais, ideal para a tradução proporcional de votos em assentos. Israel e Holanda são exemplos de sistemas de RP com distritos nacionais.

Muitos países que usam a lista de RP adotam dois níveis distritais para combinar a vantagem de um contato mais próximo do eleitor com seu representante em distritos pequenos e a maior proporcionalidade nos distritos grandes, especialmente os nacionais. Como nos sistemas de representação proporcional mista, o distrito maior compensará quaisquer desproporcionalidades nos distritos menores, embora, provavelmente, elas sejam muito menos pronunciadas em distritos plurinominais pequenos de lista de RP do que nos distritos de representação proporcional mista uninominais. Exemplos de dois níveis de sistemas de listas de RP com um distrito nacional em nível superior são Dinamarca, Suécia desde 1970 e Noruega desde 1989.

Barreiras eleitorais

Distritos de RP de alta magnitude tendem a potencializar a proporcionalidade e facilitar, inclusive, a representação de partidos muito pequenos. Isso acontece especialmente nos distritos nacionais da Holanda e de Israel bem como em todos os sistemas que adotam distritos nacionais em nível

MODELOS DE DEMOCRACIA

superior. Para não permitir que os partidos pequenos vençam as eleições com muita facilidade, todos os países que adotam distritos grandes e nacionais instituíram limites mínimos de representação, definidos em termos de um número mínimo de assentos ganhos em distritos de nível inferior e/ou uma porcentagem mínima do total de votos nacionais. Essas porcentagens podem ser relativamente baixas, portanto, inócuas, como o limite de 0,67% na Holanda desde 1956 e de 1% em Israel (subiu para 1,5% em 1992 e 2% nas eleições de 2006). Mas quando atingem 4%, como na Suíça e na Noruega, ou 5% nos sistemas de representação proporcional mista da Alemanha e da Nova Zelândia pós-1996, tornam-se barreiras importantes para os pequenos partidos.

As magnitudes distritais e as barreiras eleitorais são dois lados da mesma moeda: a barreira *explícita* contra partidos pequenos impostas por uma barreira eleitoral tem essencialmente a mesma função da barreira *implícita* da magnitude distrital. Uma aproximação razoável da relação entre elas é:

$$T = \frac{75\%}{M + 1}$$

em que T é a barreira e M a grandeza média do distrito (Taagepera, 2007, pp. 246-47). De acordo com essa equação, o distrito mediano de quatro membros da Irlanda (que adota distritos com três, quatro e cinco assentos) tem uma barreira implícita de 15%. E a média de distritos com magnitude de 6,7 assentos no sistema de lista de RP de nível inferior da Espanha tem barreira implícita de 9,7%. Em contrapartida, as barreiras de 5% da Alemanha e de 4% da Suécia têm quase o mesmo efeito que as magnitudes distritais de 14 e 17,8 assentos.

Outros atributos do sistema eleitoral

Outro fator que pode influenciar a proporcionalidade dos resultados eleitorais e o número de partidos é o tamanho do corpo a ser eleito. À primeira vista, pode parecer uma propriedade que não faz parte realmente do sistema eleitoral; entretanto, como os sistemas eleitorais são métodos de tradução de votos em assentos, o número de assentos disponíveis a serem traduzidos é, sem dúvida, parte integrante do sistema de tradução. O número é importante por duas razões. A primeira, suponhamos que três partidos vençam com 43%, 31% e 26% dos votos nacionais em uma eleição por RP. Se a eleição for para um minilegislativo de apenas cinco assentos, obviamente não será possível fazer uma distribuição de assentos com alto grau de proporcionalidade; as chances de uma distribuição proporcional aumentam bastante para um Legislativo de dez membros; e a proporcionalidade perfeita será obtida, pelo menos em princípio, para um corpo legislativo de cem membros. Em legislativos de cem ou mais membros, o tamanho é relativamente desimportante, mas está longe de ser negligenciável na câmara baixa ou única câmara legislativa das Ilhas Maurício (normalmente de 70 membros, mas apenas 69 nas eleições de 2010 porque uma cadeira de "melhor perdedor" não foi alocada), Malta (69), Islândia (63), Jamaica e Luxemburgo (60 cada um) Botsuana e Costa Rica (57 cada uma), Bahamas e Trinidad (41 cada uma) e Barbados (30).

A segunda razão é que os países populosos tenham, como padrão, grandes legislativos, que os países com populações pequenas tenham legislativos menores e que o tamanho do Legislativo tenda a ser aproximadamente a raiz ao cubo da população. Em geral, as eleições por maioria simples são sempre mais desproporcionais, tendência que é reforçada quando o número de legisladores é significantemente menor que a raiz ao cubo da população (Taagepera e Shugart, 1989, pp. 156-67).[6] Barbados é o caso em questão: com base na sua população de 256 mil (ver Tabela 4.3), sua Casa Legislativa "deveria" ter 63 em

---

6 Pela lei da raíz ao cubo, nas eleições dos sistemas bipartidários e dos distritos uninominais de maioria simples, os votos recebidos pelos dois partidos são divididos em razão de a:b e os assentos ganhos são divididos na razão de a3.b3. Contudo, o expoente 3 só se aplica quando o tamanho do corpo legislativo está de acordo com a lei da raiz ao cubo, e o expoente aumenta – e consequentemente a desproporcionalidade também aumenta – à medida a que o tamanho que o tamanho do Legislativo diminui e/ou a população aumenta (Taagepera e Shugart, 1989, pp. 158-67).

MODELOS DE DEMOCRACIA

vez de 30 membros. Similarmente, Trinidad deveria ter uma câmara baixa com 110 em vez de 41 membros, e Bahamas, Botsuana, Jamaica e Ilhas Maurício também estão bem abaixo do número previsto pela lei da raiz ao cubo – espera-se, portanto, se todos os fatores forem iguais, que tenham desproporcionalidade anormalmente alta em seus resultados eleitorais. Legislativo pequeno não é uma característica de todos os sistemas de maioria simples; por exemplo, a Câmara dos Comuns britânica é pouca coisa maior que o previsto pela lei da raiz ao cubo.

Os sistemas presidencialistas têm um efeito indireto, porém forte, no número efetivo de partidos parlamentaristas. Porque a presidência é o maior prêmio político a ser ganho e porque apenas os partidos maiores têm chance de ganhá-la, os partidos grandes têm uma vantagem considerável sobre os partidos menores, que costumam se transferir para as eleições legislativas mesmo quando as eleições são por RP, como na Costa Rica, Uruguai e Argentina. Essa tendência é especialmente forte se a eleição presidencial for decidida por maioria simples, e não por maioria absoluta no segundo turno (quando os partidos pequenos talvez tentassem a sorte no primeiro turno), e se as eleições para o Legislativo acontecerem ao mesmo tempo ou imediatamente após as presidenciais (Shugart e Carey, 1992, pp. 206-58; Jones, 1995, pp. 88-118). Até na França, onde as eleições presidenciais e legislativas são por maioria absoluta no segundo turno, o pluripartidarismo tem diminuído de tamanho. Maurice Duverger (1986, pp. 81-82) compara a Quinta República presidencialista com a Terceira República parlamentarista, ambas adotando o sistema de dois turnos nas eleições legislativas, e pergunta "por que o mesmo sistema eleitoral coincidiu com uma dúzia de partidos na Terceira República, mas terminou com apenas quatro (partidos em formato de dois blocos) na Quinta República?". Sua melhor resposta é que "a eleição popular direta do presidente transformou o regime político".

A má distribuição distrital (*malapportionment*) também contribui para a desproporcionalidade eleitoral. Em distritos uninominais, a má distribuição distrital significa que eles possuem populações votantes substancialmente desiguais; e os distritos plurinominais mal distribuídos possuem magnitudes que não são comensuradas de acordo com suas populações votantes. É especialmente difícil evitar em sistemas de maioria simples e de maioria absoluta com distritos uninominais, porque a distribuição igualitária requer que os distritos relativamente pequenos tenham populações e eleitorado exatamente do mesmo tamanho. O problema é muito menor nos sistemas de RP em que os distritos são relativamente grandes com magnitudes variadas, porque os assentos são distribuídos proporcionalmente entre unidades geográficas preexistentes como as províncias e os cantões. E o problema da má distribuição distrital desaparece completamente quando as eleições são em distritos nacionais de grandes proporções como em Israel e na Holanda, ou com uma camada superior de âmbito nacional como na Alemanha e na Suécia.

Os principais casos de má distribuição distrital têm a ver com a super-representação rural: por exemplo, nos Estados Unidos (até a revolução de redistribuição da década de 1960), na Austrália e na França (até por volta de 1980), no Japão sob o sistema de voto único intransferível, na Noruega até 1985, na Islândia de 1946 a 1959, e na Espanha. Entretanto, a má distribuição distrital em favor das áreas rurais só aumenta a desproporcionalidade na representação partidária se os partidos maiores se beneficiarem dela; é o caso dos liberais-democratas do Japão (Liberal Democrats), do Partido Progressista da Islândia (Progressive party) e do Partido Nacional (National party, antigo Country party) da Austrália, ao ponto de esse partido relativamente pequeno ser considerado como parte da formação de um partido muito maior, o Liberal.

Por fim, os sistemas de lista de RP permitem que os partidos tenham listas separadas na cédula, mas que formalmente "conectem" essas listas de modo que o total de seus votos combinados será utilizado na distribuição inicial dos assentos; como os sistemas de RP nunca são perfeitamente proporcionais, o total de votos combinados pode render assentos a mais se comparado com o número total de assentos que os partidos teriam separadamente. O próximo passo é distribuir

MODELOS DE DEMOCRACIA

proporcionalmente os assentos ganhos a cada partido. O grupo dessas listas interpartidárias costuma ser referido pelo termo francês *apparentement*. Exemplos de sistemas de lista de RP com essa característica são Suíça, Israel e Holanda desde 1977. Como esse sistema de coligação partidário-eleitoral (*apparentement*) ajuda de alguma forma os pequenos partidos, que tendem a ser sub-representados, a desproporcionalidade é reduzida e aumenta de certa forma o número efetivo de partidos. Além disso, a formação de coligações eleitorais interpartidárias mutuamente benéficas é permitida não só por sistema de coligação partidário-eleitoral em alguns sistemas de lista de RP, mas também como consequência lógica de três outros sistemas eleitorais. Tanto o voto alternativo quanto o voto único transferível permitem que os partidos se aliem por maior ganho eleitoral simplesmente concordando em pedir aos seus respectivos eleitores que votem como primeira preferência em seus próprios candidatos, mas que as preferências seguintes sejam candidatos do partido aliado – uma vantagem que os partidos australianos e irlandeses, mas não os malteses, se permitem ter. Similarmente, o sistema de dois turnos francês implica a possibilidade de os partidos se aliarem a fim de livrar-se mutuamente do segundo turno em distritos diferentes; ambos os partidos de esquerda e os da direita se aproveitam regularmente dessa oportunidade.

Graus de desproporcionalidade

Como vimos, muitos atributos dos sistemas eleitorais influenciam o grau de desproporcionalidade e, indiretamente, a quantidade de partidos de um sistema partidário. Como é possível medir o total de desproporcionalidade nas eleições? Determinar a desproporcionalidade de cada partido em uma eleição em particular é fácil: nada mais é que a diferença entre a quantidade de votos e a quantidade de assentos que o partido tem direito. É muito mais difícil agregar os desvios da proporção entre votos e assentos em todos os partidos. Não basta somar as diferenças (absolutas) porque não haverá distinção entre alguns desvios grandes e graves e muitos desvios pequenos e relativamente insignificantes.[7] O índice de desproporcionalidade proposto por Michael Gallagher (1991), usado neste estudo, resolve os problemas ao ponderar os desvios de acordo com seus próprios valores – e dessa maneira os grandes desvios contarão muito mais para o índice sumário do que os pequenos. O cálculo do índice de Gallagher (G) é o seguinte: as diferenças entre a porcentagem de votos (vi) e a porcentagem de assentos (si) de cada partido elevadas ao quadrado são então somadas; esse total é dividido por 2; por fim é calculada a raiz quadrada desse valor: [8]

$$G = \sqrt{\frac{1}{2}\Sigma(v_i - s_i)^2}$$

Em alguns poucos sistemas eleitorais podem ser usados dois grupos de votos para calcular as diferenças entre as proporções voto-assento; qual dos dois usar? Nos sistemas de representação proporcional mista, as opções são os votos da lista partidária ou os votos distritais. É consenso acadêmico que os votos da lista partidária expressam mais acuradamente as preferências partidárias do eleitorado. Nos sistemas de voto alternativo e voto único transferível, a escolha se dá entre os votos da primeira preferência e os votos da contagem final – ou seja, a quantidade de votos depois que a transferência das preferências for concluída; só os votos da primeira preferência costumam ser informados, e os especialistas concordam que a diferença entre os dois não é tão importante. Somente na França a diferença dos resultados do primeiro e segundo turnos é importante. No primeiro turno os votos tendem a

---

7 Uma das consequências desse problema é que o índice de Loosemore-Hanby (1971), que usa a abordagem aditiva, tende a subestimar a proporcionalidade dos sistemas de RP. Uma alternativa bem melhor, oferecida pelo índice de Rae (1967), é a média das diferenças absolutas entre as porcentagens voto-assento. Mas erra em outra direção ao exagerar a proporcionalidade dos sistemas de RP (ver Lijphart, 1994, pp. 58-60).

8 No cálculo do índice de Gallager, todo partido pequeno que estiver agrupado como "outros" nas estatísticas eleitorais deve ser desconsiderado.

MODELOS DE DEMOCRACIA

ser divididos entre os vários candidatos; a escolha é feita no segundo turno. A melhor solução é contar os votos *decisivos:* principalmente os votos do segundo turno, mas também os de primeiro turno, em distritos onde os candidatos foram eleitos em primeiro turno (Goldey e Williams, 1983, p. 79).[9]

Desproporcionalidade eleitoral nas democracias presidencialistas

Até aqui, a discussão sobre os sistemas eleitorais concentrou-se quase inteiramente nas eleições legislativas. Nas democracias presidencialistas, porém, a eleição do presidente é pelo menos tão importante quanto a eleição do Legislativo: aproximadamente da mesma importância nos sistemas com equilíbrio entre Executivo e Legislativo, e de maior importância em sistemas com domínio do Executivo. O fato é que mesmo nos sistemas em que o Executivo e o Legislativo são equilibrados, os eleitores também consideram a eleição presidencial a mais importante, como indica o baixo índice de participação nas eleições legislativas que não acontecem simultaneamente às eleições presidenciais; por exemplo, nos Estados Unidos, o comparecimento do eleitor em eleições exclusivamente congressionais tende a ser apenas dois terços do comparecimento nas eleições presidenciais.

As eleições presidenciais são inerentemente desproporcionais em resultado das duas propriedades do sistema eleitoral discutido ante-

---

9 Algumas questões metodológicas menores referentes ao cálculo do índice de desproporcionalidade precisam ser esclarecidas. A primeira, da mesma maneira que no cálculo do número efetivo de partidos parlamentares, os assentos são apenas os da câmara baixa ou os da única câmara dos parlamentos. A segunda, diferentemente do cálculo do número efetivo de partidos, são considerados os assentos ganhos pelos partidos nas eleições e não os que são transferidos dos legisladores que se aliam aos partidos após as eleições, como no Japão. A terceira, todo assento não contestado, principalmente os que já existem, mas são cada vez mais raros, nos sistemas de maioria simples, serão excluídos (se for possível excluir). A quarta, as duas eleições boicotadas em Trinidad em 1971 e na Jamaica em 1983 não foram consideradas. E a quinta, os partidos divididos em facções e fortemente aliados voltam a ser contados como um e meio partidos – procedimento que tem um impacto apenas mínimo no índice de desproporcionalidade.

riormente: a fórmula eleitoral, segundo a qual a eleição para um único cargo é necessariamente por uma das fórmulas ou de maioria simples ou de maioria absoluta (ou a eleição majoritária por um colégio eleitoral), e "o tamanho do corpo a ser eleito", que é o mínimo absoluto de 1. O partido que ganha a presidência ganha "todas" as cadeiras, ou seja, a cadeira que estiver disponível, e os partidos derrotados não ganham nenhuma. Esse é outro aspecto em que os sistemas presidencialistas tendem a ser inerentemente majoritários, além da tendência natural de ter gabinetes majoritários com efeitos redutivos sobre a quantidade de partidos.

Na Tabela 8.1 temos os índices de desproporcionalidade em eleições do Legislativo e da presidência em sete sistemas presidencialistas. Como esperado, a desproporcionalidade nas eleições presidenciais é mais alta que nas eleições legislativas: 43% a 49% em média em sete países. Por exemplo, nas eleições presidenciais em segundo turno do Uruguai em 2009, José Mujica venceu com 54,63% dos votos válidos, e Luis Alberto Lacalle perdeu com 45,37% – produzindo um índice de desproporcionalidade de 45,37%. Além disso, a desproporcionalidade nas eleições presidenciais não só é mais alta que nas eleições legislativas, mas muito mais alta: quatro dos sete sistemas presidencialistas têm índices médios de desproporcionalidade no Legislativo abaixo de 5%. Se as duas desproporcionalidades são relevantes e devem ser levadas em conta, como combiná-las melhor? Se aplicarmos a média aritmética, a desproporcionalidade das eleições presidenciais será muito maior que a desproporcionalidade das eleições legislativas. É melhor então aplicar a média geométrica, que costuma ser mais apropriada quando valores de magnitudes muito diferentes são relativizados pela média.[10] Essas médias geométricas estão na última coluna da Tabela 8.1.

---

10 A média geométrica de dois números, como as porcentagens da Tabela 8.1, é meramente a raiz quadrada do produto desses dois números.

MODELOS DE DEMOCRACIA

Tabela 8.1

Médias das desproporcionalidades em eleições legislativas e presidenciais, os números de eleições em que essas médias se baseiam e a média aritmética das duas desproporcionalidades em sete sistemas presidencialistas, 1946-2010

	Desproporcionalidade legislativa (%)	Eleições legislativas (N)	Desproporcionalidade presidencial (%)	Eleições presidenciais (N)	Média geométrica (%)
Argentina	7,35	13	43,94	4	17,98
Costa Rica	4,55	15	45,49	15	14,38
França	12,08	10	43,53	8	22,93
Israel	1,88	2	43,68	3	9,06
Coreia	10,03	6	48,14	4	21,97
EUA	4,43	32	46,03	16	14,28
Uruguai	0,75	6	48,81	6	6,05

Obs.: a) Não inclui as eleições de 1986, 1993 e 1997 que deram origem às fases parlamentaristas; b) Apenas as eleições parlamentares de 1996 e 1999 e as eleições diretas para primeiro-ministro de 1996, 1999 e 2001.

Fonte: Baseado em dados de Mackie e Rose, 1991; Bale e Caramani, 2010, e volumes anteriores do "Political Data Yearbook"; Nohlen, 2005; Grotz e Hartmann 2001; Nohlen e Stöver, 2010; websites oficiais de eleições; e dados fornecidos por Royce Carroll, Mark P. Jones e Dieter Nohlen.

SISTEMAS ELEITORAIS

Graus de desproporcionalidade
nas 36 democracias

A média de desproporcionalidades eleitorais em todas as 36 democracias é apresentada em ordem crescente na Tabela 8.2, juntamente
com os tipos de sistema eleitoral adotados nas respectivas eleições
legislativas (veja a tipologia na Figura 8.1); o asterisco indica se o país
é presidencialista e geralmente presidencialista (a França se inclui aqui,
mas não Israel). Os índices abrangem grande amplitude, de 1,21% na
Holanda a 21,97% na Coreia; a média é 8,55% e a mediana é 7,14%.

Há uma linha bastante clara dividindo os vinte países que estão no topo dos 16 países da base do quadro: o contraste é entre
os sistemas principalmente proporcionais e os proporcionalmente
majoritários. Dos vinte países que estão no alto do quadro, 16 são
sistemas de RP parlamentarista; os outros dois são Uruguai, que
adota uma combinação de RP e presidencialismo, e Japão com seus
três sistemas semiproporcionais diferentes entre si. Grécia e Espanha
vêm imediatamente abaixo do Uruguai e Japão; costumam ser consideradas da família de RP, mas apenas minimamente. O sistema de
RP da Espanha é menos proporcional, principalmente porque tem
distritos de baixa magnitude, mas também pela super-representação
das pequenas províncias. O sistema de RP da Grécia está sempre
mudando, mas o mais constante é a "RP reforçada" – um título
enganoso, porque o que é reforçado são os grandes partidos e não a
proporcionalidade. Não obstante, até mesmo esses sistemas de RP
impuros têm desproporcionalidades mais baixas que qualquer um dos
sistemas de maioria simples e de maioria absoluta. A maior parte
dos países que adotam RP têm médias de desproporcionalidades entre
1% e 5%; os casos exemplares da Bélgica e da Suíça estão mais ou
menos no meio do espectro.

Do lado da maioria simples e da maioria absoluta da linha
divisória, os únicos países com desproporcionalidades abaixo de
10% são Nova Zelândia, Austrália e Índia. A porcentagem total

MODELOS DE DEMOCRACIA

relativamente baixa da Nova Zelândia baseia-se em parte em seus resultados eleitorais de RP desde 1966. A maioria dos países de sistemas de maioria simples tem desproporcionalidades entre 10% e 20%. Os cinco sistemas parlamentaristas com desproporcionalidades mais altas – Botsuana, Ilhas Maurício, Jamaica, Bahamas e Barbados – são todos países pequenos com sistemas de maioria simples e legislativos muito pequenos; além disso, temos as Ilhas Maurício, que adotam distritos de três membros. O Reino Unido situa-se entre os menos desproporcionais dos sistemas de maioria simples. Os casos excepcionais de sistemas de RP exageradamente desproporcionais são duas democracias: Costa Rica e Argentina. Mas, se observarmos a Tabela 8.1, veremos que as desproporcionalidades legislativas desses países são de 4,55% e 7,35%, são bastante altas, mas não anormais para os sistemas de RP – similares às da Noruega e Espanha, respectivamente. Nesses países, o presidencialismo é o responsável pela desproporcionalidade total muito alta. A desproporcionalidade total muito baixa do Uruguai é um caso excepcional – 6,05% –, apesar do sistema de governo presidencialista e da alta desproporcionalidade presidencial. A explicação é que as eleições legislativas naquele país têm sido bastante proporcionais, mais ainda que as da Holanda, que está no topo da Tabela 8.2: as porcentagens são 0,75% e 1,21%, respectivamente.

Tabela 8.2
Média de desproporcionalidade eleitoral e tipo de sistema eleitoral (aplicado em eleições legislativas) em 36 democracias, 1945-2010

	Desproporcionalidade	Sistema eleitoral
Holanda	1,21	RP por lista
Dinamarca	1,71	RP por lista
Suécia	2,04	RP por lista

SISTEMAS ELEITORAIS

	Desproporcionalidade	Sistema eleitoral
Malta	2,07	RP – Voto Único Transferível
Áustria	2,51	RP por lista
Suíça	2,55	RP por lista
Israel	2,60	RP por lista
Alemanha	2,67	RP-RP Mista
Finlândia	2,96	RP por lista
Bélgica	3,35	RP por lista
Luxemburgo	3,43	RP por lista
Itália	3,61	RP por lista (1946-92); RP-RP mista (1994-)
Islândia	3,85	RP por lista
Irlanda	3,93	RP – Voto único transferível
Portugal	4,43	RP por lista
Noruega	4,53	RP por lista
Uruguai	6,05	RP por lista*
Japão	7,00	Voto limitado (1946); RP – Voto único intransferível (1947-93); Maioria simples com RP (1996)
Espanha	7,28	RP por lista
Grécia	7,88	RP por lista
Nova Zelândia	9,25	Maioria simples (1946-93); RP--RP mista (1996)
Austrália	9,44	Maioria absoluta: Voto Alternativo
Índia	9,60	Maioria simples
Trinidad	11,33	Maioria simples
Canadá	11,56	Maioria simples
Reino Unido	11,70	Maioria simples
Estados Unidos	14,28	Maioria simples*
Costa Rica	14,38	RP por lista*
Botsuana	14,61	Maioria simples

MODELOS DE DEMOCRACIA

	Desproporcionalidade	Sistema eleitoral
Ilhas Maurício	15,61	Maioria simples
Jamaica	15,66	Maioria simples
Bahamas	16,48	Maioria simples
Barbados	17,27	Maioria simples
Argentina	17,98	RP por lista*
França	20,88	Maioria absoluta/simples (1958-81, 1988-); RP por lista (1986)*
Coreia	21,97	Maioria simples com RP*

* Sistemas presidencialistas

Obs.: O número de eleições nas quais se baseiam essas médias está na Tabela 5.2.
Fonte: Dados baseados em Mackie e Rose, 1991; Bale e Caramani, 2010, e volumes anteriores do "Political Data Yearbook"; Nohlen, 2005; Nohlen, Grotz e Hartmann, 2001; Nohlen, Krennerich e Thibaut, 1999; Nohlen e Stöver 2010; websites oficiais de eleições; e dados fornecidos por Royce Carroll, Mark P. Jones, Dieter Hohlen, Ralph Premdas e Nadarajen Sivaramen.

A desproporcionalidade legislativa é relativamente baixa também nos Estados Unidos, apesar das eleições congressionais pelo método da maioria simples. A principal explicação para este raro fenômeno é o fato de existirem eleições primárias. Em grande parte dos sistemas de maioria simples, a maior parte da desproporcionalidade nas eleições é causada por partidos pequenos que não têm representação ou são severamente sub-representados; existem poucos partidos como esses nos Estados Unidos porque as eleições primárias são um forte incentivo para os dissidentes tentarem a sorte nas primárias dos grandes partidos em vez de criarem partidos pequenos; não só por isso, mas também porque as leis estaduais costumam discriminar os partidos pequenos. Portanto, as eleições presidenciais dão aos Estados Unidos um alto nível geral de desproporcionalidade. A Coreia tem a mais alta desproporcionalidade dos nossos 36 países, produzida não só pelo seu presidencialismo, mas também – o que pode surpreender à primeira

SISTEMAS ELEITORAIS

vista, pois o Legislativo se elege pelo sistema semiproporcional – pela alta porcentagem de desproporcionalidade legislativa de 10,03% (veja Tabela 8.1). Uma explicação é que menos de 20% dos assentos em seu sistema combinado de maioria simples com RP são assentos de RP.

Se examinarmos os efeitos das mudanças em sistemas eleitorais e a troca de um governo presidencialista por parlamentarista em cada um dos países, entenderemos melhor o porquê da desproporcionalidade eleitoral. A porcentagem da França é menor na Tabela 8.2 do que na Tabela 8.1, porque as três eleições que desencadearam as fases parlamentaristas foram pouco mais proporcionais do que no presidencialismo, especialmente em 1986, quando o uso da RP derrubou o grau de desproporcionalidade a 7,23%. A baixa desproporcionalidade de Israel, 2,60%, foi ainda mais baixa nas eleições parlamentares puras, antes e depois da eleição direta do primeiro-ministro: 1,78%. A mudança mais drástica foi na Nova Zelândia, quando a RP substituiu as eleições por maioria simples: a desproporcionalidade média baixou de 11,11% para 2,92%. Por outro lado, as mudanças dos sistemas eleitorais da Itália e do Japão produziram aumentos substanciais de desproporcionalidade, muito embora tenham acontecido durante e não entre as três grandes categorias de fórmulas eleitorais mostradas na Figura 8.1. Na Itália, a troca de RP por lista por representação proporcional mista mais que duplicou a desproporcionalidade de 2,47% para 6,34%. Ambas eram fórmulas de RP, mas, como já mencionado, o componente RP da representação proporcional mista italiana, diferentemente da Alemanha e da Nova Zelândia, é apenas parcialmente compensatório. O antigo voto limitado do Japão e os sistemas de voto único intransferível produziram resultados relativamente proporcionais – a desproporcionalidade média foi de apenas 5,03%. Embora o novo sistema combinado de maioria simples com RP disponibilizasse o dobro de cadeiras de RP que o sistema similar coreano, a porcentagem de desproporcionalidade no Japão aumentou drasticamente para 14,48 – porcentagem típica dos sistemas de maioria simples e de maioria absoluta, o que não justifica a classificação "semiproporcional" japonesa.

MODELOS DE DEMOCRACIA

Sistemas eleitorais e sistemas partidários

Uma hipótese bastante conhecida em política comparada é que o método da maioria simples favorece os sistemas bipartidários: Duverger (1964, pp. 217, 226) afirma que é quase "uma verdadeira lei sociológica". Inversamente, os sistemas franceses de RP e de dois turnos (como o método francês de maioria absoluta/maioria simples) encorajam o pluripartidarismo. Duverger explica os efeitos diferenciais dos sistemas eleitorais em termos de fatores "mecânicos" e "psicológicos". O efeito mecânico dessa regra de maioria simples é que todos os partidos, menos os dois partidos mais fortes, são severamente sub-representados porque a tendência é que eles percam em cada distrito; os liberais e os liberais-democratas britânicos, continuamente o terceiro partido em desvantagem no período do pós-guerra, são bons exemplos. O fator psicológico reforça o mecânico: "Os eleitores logo se dão conta de que seus votos serão desperdiçados se continuarem votando no terceiro partido: daí a tendência natural de transferir os votos para o menos perigoso dos seus dois adversários." Além disso, o fator psicológico age em nível dos políticos, cuja tendência natural é não desperdiçar energia concorrendo como candidato do terceiro partido, mas logo se juntar a um dos partidos grandes.

Douglas W. Rae (1967, pp. 67-129) tem contribuído com inúmeros refinamentos ao estudo das inter-relações entre sistemas e partidos eleitorais. Os diferentes sistemas eleitorais têm impactos vários sobre os sistemas partidários, mas, enfatiza Rae, também têm importantes efeitos em comum. Em particular, todos os sistemas eleitorais, e não só os de maioria simples e de maioria absoluta, tendem a super-representar os partidos grandes e a sub-representar os pequenos. Esses importantes aspectos dessa tendência têm que ser salientados: (1) todos os sistemas eleitorais tendem a produzir resultados desproporcionais; (2) todos os sistemas eleitorais tendem a reduzir o número efetivo de partidos parlamentares quando comparados ao número efetivo dos partidos eleitorais; e (3) todos os sistemas podem manufaturar uma maioria parlamentar para os partidos que não tiveram o apoio majoritário de seus eleitores. Por outro lado, as três tendências são muito mais fortes nos sistemas de maioria simples e de maioria absoluta do que nos sistemas de RP.

A primeira proposição aparece claramente na Tabela 8.2: até o sistema mais proporcional, que é o da Holanda, ainda tem uma desproporcionalidade de 1,21% em vez de 0%. Mas, como salientamos anteriormente, a desproporcionalidade dos sistemas de RP costuma ser muito inferior daquela dos sistemas de maioria simples e de maioria absoluta. A segunda e terceira proposições de Rae baseiam-se no fato de que as desproporcionalidades dos sistemas eleitorais não são por acaso, mas sistemáticas: elas favorecem sistematicamente os partidos maiores e prejudicam os pequenos – outra vez, especialmente nos sistemas de maioria simples e de maioria absoluta. É por isso que as eleições em geral, mas particularmente aquelas por maioria simples e maioria absoluta, diminuem o número efetivo de partidos.

A vantagem sistemática que esses sistemas eleitorais proporcionam aos grandes partidos passa a ser ainda mais importante quando os partidos que não obtêm a maioria dos votos são recompensados com a maioria dos assentos. Isso possibilita a formação de gabinetes majoritários unipartidários – uma das características da democracia majoritária. Rae (1967, pp. 74-77) chama de maiorias "manufaturadas", criadas artificialmente pelo sistema eleitoral. As maiorias manufaturadas se contrapõem às maiorias vencedoras, quando um partido recebe a maioria dos votos e dos assentos, e às minorias naturais, quando nenhum partido vence por maioria ou de votos ou de assentos. Os melhores exemplos de maiorias manufaturadas são os nossos casos prototípicos da Grã-Bretanha e Nova Zelândia, mas muitas dessas maiorias também ocorreram na Austrália e no Canadá; um exemplo canadense recente é a clara maioria de assentos conquistada pelos conservadores com meros 39,6% dos votos populares nas eleições de maio de 2011. As maiorias manufaturadas são comuns nos sistemas de maioria simples em que competem estritamente dois partidos, como nas

MODELOS DE DEMOCRACIA

Bahamas, Botsuana, Jamaica, Trinidad e nos Estados Unidos. Por outro lado, a RP também produz maiorias adquiridas ou manufaturadas, mas é mais raro. Além disso, toda maioria manufaturada em sistemas de RP tende a ser produzida pelos votos populares mais próximos de 50%, e não por votos populares mais próximos de 40%, típicos dos países de maioria simples. Esses resultados infrequentes têm ocorrido principalmente em países que, apesar da RP, têm relativamente poucos partidos (Áustria e Malta), em países com RP relativamente impura (Espanha e Grécia) e em sistemas presidencialistas que adotam a RP nas eleições legislativas (Argentina, Costa Rica e Uruguai).

Podemos esperar também uma forte relação negativa entre a desproporcionalidade do sistema eleitoral e o número efetivo de partidos parlamentares. A Figura 8.2 mostra essa relação em nossas 36 democracias. O coeficiente de correlação é -0,57, estatisticamente significativo em nível de 1%. À medida que a desproporcionalidade aumenta, o número efetivo de partidos diminui.

A figura mostra uma dispersão considerável, porém, com poucos valores atípicos [outliers]. Há outros fatores que afetam fortemente a quantidade de partidos. Um deles é o grau de pluralismo e a quantidade de grupos em que a sociedade está dividida, o que explicaria o pluripartidarismo da Índia, apesar dos efeitos redutivos do seu sistema eleitoral desproporcional. De modo similar, os sete países agrupados no canto esquerdo superior da figura – Suíça, Israel, Holanda, Finlândia, Itália, Bélgica e Dinamarca – são ainda mais pluripartidários do que se poderia esperar de seus sistemas de eleição proporcional, e com exceção da Dinamarca, são todos sociedades plurais ou semiplurais. O efeito oposto pode ser visto na Áustria, cuja sociedade plural e depois semiplural consiste principalmente em duas grandes "facções", e em Malta, onde o eleitorado há muito tempo se divide em dois grupos de igual tamanho: em ambos os países, os sistemas bipartidário e de dois partidos e meio convivem com um sistema de RP bastante proporcional. Três democracias presidencialistas – Argentina, França e Coreia – também são relativamente desviantes, com um número de

SISTEMAS ELEITORAIS

partidos muito maior do que se esperaria nas suas desproporcionalidades eleitorais. Botsuana, do lado oposto da linha de regressão, tem ainda menos partidos do que se esperaria em seu sistema pluralista altamente desproporcional.

A relação conjunta entre as duas variáveis depende em grande parte da acentuada diferença entre os dois grupos de países, o que coincide amplamente, mas não inteiramente, com a diferença entre os sistemas de RP e de maioria simples: de um lado, grande parte dos países de RP com relativamente muitos partidos, e, de outro, a maioria dos países de maioria simples e de maioria absoluta, os sistemas de RP impuros da Grécia e Espanha e, embora não tão óbvio, a maioria dos sistemas presidencialistas com relativamente poucos partidos.

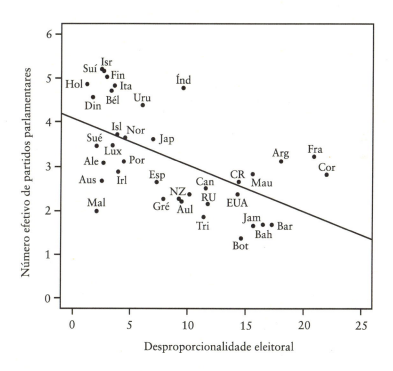

Figura 8.2 Relação entre desproporcionalidade eleitoral e o número efetivo de partidos parlamentares em 36 democracias (1945-2010).

9. Grupos de interesse: pluralismo *versus* corporativismo

A quinta diferença entre democracia consensual e majoritária, e a última das cinco que, juntas, constituem a dimensão executivos-partidos, refere-se ao sistema de grupos de interesse. O típico sistema de grupos de interesse nas democracias majoritárias é um pluralismo competitivo e descoordenado de grupos independentes em contraposição ao sistema de corporativismo coordenado e orientado ao compromisso que caracteriza o modelo consensual. O corporativismo costuma ser chamado também de "corporativismo democrático", "corporativismo social" e "neocorporativismo" para diferenciar das formas de corporativismo autoritário em que os grupos de interesse são totalmente controlados pelo Estado. Passarei a usar o termo "corporativismo" como sinônimo do corporativismo democrático.

Corporativismo tem dois significados conceitualmente distintos. O primeiro refere-se a um sistema de grupos de interesse em que os grupos se agregam em organizações guarda-chuva com interesses nacionais, especializados, hierárquicos e monopolistas. O segundo refere-se aos grupos de interesse incorporados no processo de formulação de políticas públicas. Philippe C. Schmitter (1982, pp. 263-64) argumenta que o segundo tipo de corporativismo passe a se chamar "concertação". Empiricamente, porém, os dois tendem a caminhar juntos, porque corporativismo no sentido estrito é quase uma condição necessária para a concertação. Schmitter diz que existe uma "compatibilidade estrutural

MODELOS DE DEMOCRACIA

[...] entre corporativismo e concertação", e sugere que "elementos de centralização, representação monopolista etc., historicamente surgiram primeiro e prepararam, por assim dizer, o caminho para a concertação de decisões sobre o conteúdo das políticas públicas, que por sua vez encorajou a corporificação das associações de interesse".

Cada um dos dois elementos pode ser subdividido em quatro componentes-chave, pelos quais o corporativismo é prontamente reconhecido. O corporativismo no sentido estrito de Schmitter significa que 1) os grupos de interesse são relativamente grandes em tamanho e relativamente pequenos em número, e 2) se coordenam em organizações guarda-chuva em âmbito nacional. Concertação significa 3) a consulta frequente pelos líderes dessas organizações guarda-chuva, especialmente aquelas que representam operários e patrões, ambas entre si e com os representantes do governo para 4) obter acordos amplos nas negociações entre os três parceiros – os chamados pactos tripartites. O pluralismo dos grupos de interesse pode ser reconhecido por características opostas: multiplicidade dos pequenos grupos de interesse, ausência ou debilidade das organizações guarda-chuva, pouca ou nenhuma consultoria tripartite e ausência de pactos tripartites. Katzenstein (1985, pp. 32, 157) acrescenta outro traço distintivo do corporativismo: "uma ideologia de parceria social" e ausência da "mentalidade o-vencedor-leva-tudo" – característica que liga o corporativismo a outros aspectos da democracia consensual. É claro que o pluralismo e o corporativismo puros são raros; a maioria das democracias se localiza em algum ponto do contínuo entre tipos puros.

Neste capítulo, discuto a relevância permanente da distinção pluralismo-corporativismo na descrição e análise dos grupos de interesse, e em seguida retomo a questão de como medir os graus de pluralismo e corporativismo nos países industrializados e emergentes. Depois de apresentar o índice de pluralismo dos grupos de interesse nas 36 democracias, analiso a relação dessa variável com os tipos de governo nos 36 países e com seus respectivos números efetivos de partidos políticos.

Declínio do corporativismo?

Desde a década de 1970 a questão do contraste entre corporativismo e pluralismo tem sido o principal enfoque dos estudos acadêmicos sobre os grupos de interesse (Almond, 1983, Wilson, 1990). Em geral, o veredicto da literatura tende a ser muito mais favorável ao corporativismo. Particularmente por seu desempenho macroeconômico, medido em termos de maior crescimento, baixo desemprego e baixos índices inflacionários, o corporativismo é considerado superior ao sistema pluralista de grupos de interesse; parece produzir "um sistema econômico superior" (Pekkarinen, Pohjola e Rowthorn, 1992). Na década de 1990, porém, os estudiosos começaram a divergir dessa interpretação otimista e passaram a declarar o corporativismo "em declínio" (Gobeyn, 1993) até em países mais corporativistas, como Áustria (Gerlich, 1992) e Suécia (Lewin, 1994).

Esses julgamentos, porém, não devem ser entendidos como se a distinção entre os sistemas de grupos de interesse corporativistas e pluralistas deva ser abandonada. Em primeiro lugar, "declínio do corporativismo" significa geralmente que a eficácia das estruturas corporativas e a frequência com que são adotadas diminuíram, e não que essas estruturas tenham desaparecido ou estão sendo desmanteladas. Em segundo lugar, até que ponto esse declínio tem sido observado em alguns países, é meramente uma questão de grau. Por exemplo, quando Peter Gerlich (1992, p. 145) disse "adeus ao corporativismo" na Áustria – para citar o título de seu artigo –, ele quis dizer que a Áustria não era mais o exemplo de corporativismo excepcionalmente puro como havia sido décadas atrás, e não que estivesse caminhando para o seu oposto, o pluralismo; para ele, a Áustria seria como "outros países europeus", que tendem a ser moderadamente corporativistas.

Em terceiro lugar, em seu exaustivo estudo quantitativo das mudanças ocorridas no grau de corporativismo desde a década de 1960 até 1990, Alan Siaroff (1999, p. 198) não encontrou grandes mudanças no grau de corporativismo em 21 países. Além disso, eram mais frequentes as mudanças para mais corporativismo do que para menos. Apenas quatro países experimentaram mudança superior a 10% em seus sistemas de grupos de interesse no espectro pluralismo puro – corporativismo puro: Austrália, Finlândia e Itália se tornaram mais corporativistas, Israel menos. Onze países tiveram mudanças menores: sete passaram a ser um pouco mais, e quatro um pouco menos corporativistas. Em quarto lugar, Howard J. Wiarda (1997, p. 175) argumenta que o corporativismo não está declinando, mas desenvolvendo novas áreas: "Não é tanto o corporativismo que está sendo atacado ou desaparecendo, [mas] apenas um cenário em particular (as relações empregado-patrão) está sendo reestruturado e tomando novas direções." Ele especula que, embora "a fase *industrial* das relações tripartites corporativistas esteja declinando, as novas questões *pós-industriais* (educação, saúde, previdência, meio ambiente e outras) vêm tomando a frente"; essas novas questões são negociadas com frequência de modo corporativo familiar entre grupos de interesse relevantes (representativos dos professores, médicos, enfermeiros, aposentados e ambientalistas) e o governo. E conclui que "o processo político ainda é corporativo".

Em quinto lugar, a melhor explicação e a mais aceita para o suposto declínio do corporativismo tradicional é a globalização econômica, que limita a capacidade dos atores nacionais de conduzir a economia; ou seja "Hoje em dia é o suspeito preferido de todos" (Schmitter, 2008, p. 202). O que é preciso notar aqui é que Katzenstein (1985, p. 9) aplica exatamente o mesmo fator para explicar não o declínio, mas o *crescimento* da corporação e por que cresceu especialmente nos pequenos países europeus: "devido às suas economias abertas" esses pequenos países "ficaram vulneráveis às alterações na economia mundial que ocorreram durante o século XX", e então adotaram o corporativismo como mecanismo de proteção. A análise de Katzenstein sugere que a influência negativa da globalização sobre o corporativismo não era inevitável e que, no longo prazo, podia até inverter seu curso. Markus M. L. Crepaz e Jürg Steiner (2011, p. 165) sugerem que essa inversão foi desencadeada pela crise econômico-financeira de 2008: ela "deu novo impulso ao corporativismo à medida que o modelo norte-americano do *laissez-faire* se desintegrava e abalava as próprias bases da filosofia do livre mercado".

Em sexto lugar, outra razão para o declínio do corporativismo é a "erosão [...] do grau de integração dos indivíduos nas organizações de interesse e nos partidos políticos" (Armingeon, 1997, p. 165). Esse fato, particularmente, enfraqueceu a habilidade dos sindicatos trabalhistas de agir em favor de um grande número de operários e, consequentemente, a influência deles nas negociações tripartites. Aqui, é relevante a distinção que Katzenstein (1985, pp. 104-23) faz entre corporativismo liberal, cuja maior força é a empresa, e corporativismo social, onde a mão de obra domina. Ele sugere que o enfraquecimento dos sindicatos trabalhistas não significa necessariamente o declínio do corporativismo em geral, mas uma mudança do corporativismo social para o liberal.

A visão de longo prazo de Schmitter (1989, p. 72) declarada em seu provocativo artigo intitulado "O corporativismo está morto! Longa vida ao corporativismo!" é eminentemente sensível: o corporativismo dos grupos de interesse possui uma espécie de "continuidade dinástica pontuada por morte periódica e ressurreição subsequente". O clamor pelo declínio do corporativismo nas décadas de 1980-1990 é reminiscente da preocupação com o que Alfred Grosser (1964, p. 242) chamou de "o inquestionável declínio dos [...] legislativos", que se encontravam "definitivamente em crise" na década de 1960. Ao contrário da nefasta previsão de Grosser, os legislativos ainda são uma instituição bastante importante neste início do século XXI para merecerem um capítulo à parte (Capítulo 11), e são também uma das relações Executivo-Legislativo cuja forma de se relacionar é o equilíbrio de poder entre esses dois setores do governo (Capítulo 7)!

Graus de pluralismo e corporativismo nas 36 democracias

Embora muitas análises comparativas entre grupos de interesse procurem medir o grau de pluralismo ou corporativismo em um número relativamente grande de países, essas medidas têm pouca utilidade para os propósitos deste estudo. Porque elas tendem a se concentrar

MODELOS DE DEMOCRACIA

em aspectos diversos do corporativismo: algumas se baseiam mais na presença e na força das organizações guarda-chuva, outras enfatizam o processo de concertação; alguns estudos se concentram em como devem ser as negociações salariais centralizadas; outros destacam a força e a orientação histórica – reformista *versus* revolucionária – dos sindicatos trabalhistas; outros ainda procuram medir o sucesso, ou mesmo o fracasso, da concertação em termos dos níveis de greves e paralisações em diferentes países. Essas várias ênfases se justificam pelo fato de que as medidas utilizadas, embora os vários estudos concordem razoavelmente entre si, estão longe de serem perfeitas. (Kenworthy, 2003). Outra deficiência é que a maior parte dessas medidas é classificada em três categorias – alto *versus* médio *versus* baixo pluralismo e corporativismo –, cobre apenas de 15 a 18 países por períodos curtos e seu enfoque é exclusivamente as democracias industrializadas.

A maior parte desses problemas é resolvida no estudo comparativo de Siaroff (1999) das 24 democracias industrializadas. Ele toma oito aspectos básicos do contraste pluralismo-corporativismo – agregando os enfoques de estudos anteriores, mencionados no parágrafo anterior – e classifica as suas 24 democracias de acordo com cada um dos aspectos em uma escala de 5 pontos. Em seguida calcula a média das classificações e chega a uma pontuação geral para cada país. Além disso, faz o mesmo em quatro períodos: as décadas de 1960 e 1970 em 21 países, e as décadas de 1980 e 1990 nesses mesmos países e mais Espanha, Portugal e Grécia. As medidas de Siaroff têm sido bem recebidas e são muito utilizadas por pesquisadores (Armingeon, 2002, p. 154). Sua pontuação da década de 1960 é considerada representativa também de anos anteriores, até 1940. A pontuação dos anos 1990 também é utilizada na primeira década do século XXI, mas com pequenos ajustes sugeridos pela cuidadosa análise de Woldendorp (2001) da evolução do corporativismo em alguns países europeus: um pouco menos na Bélgica e Suécia e um pouco mais na Irlanda (Bulsara e Kissane, 2009, pp. 179-80). Dois terços da Tabela 9.1 são, portanto, quase inteiramente baseados nos dados das democracias industrializadas de Siaroff.[1] Os resultados são pluralistas: pontuação alta reflete alto grau de pluralismo, pontuação baixa indica forte corporativismo.

O único país industrializado não coberto por Siaroff foi a Coreia, embora não seja difícil classificá-la pelo índice de pluralismo. Para reagir à crise financeira que começou no final de 1997, o presidente coreano Kim Dae Jung criou uma comissão tripartite que rapidamente chegou a um consenso sobre a flexibilização do mercado de trabalho em fevereiro de 1998, mas o esforço para implantar o corporativismo durou pouco. Havia muita tensão entre os representantes sindicais e uma participação apenas fraca das organizações patronais. Taekyoon Kim (2008) compara esse "corporativismo sem capital" coreano ao que costuma ser chamado no Japão de "corporativismo sem mão de obra", isto é, um corporativismo com influência relativamente fraca da força de trabalho organizada. A comissão tripartite logo deixou de ter um papel significativo na formulação de políticas. O sistema de grupo de interesse coreano pode então se colocar entre os países situados no lado pluralista da escala da Tabela 9.1.

O estudo de Siaroff não cobre nenhum entre os países emergentes, que em geral são negligenciados em estudos comparativos dos sistemas de grupos de interesse. Isso porque os dados necessários muitas vezes não estão disponíveis para os países menos desenvolvidos. Outra razão é que os estudiosos dos sistemas de grupos de interesse se interessam particularmente pelos sistemas corporativistas, e não pelos pluralistas e, de um modo geral, os países emergentes tendem a ser mais pluralistas do que corporativistas. Stephan Haggard e Robert R. Kaufman (1995, p. 341) salientam que a razão principal é "a debilidade organizacional dos parceiros relevantes, entre eles os grupos de interesse e os partidos", o que dificulta muito a concertação tripartite. Não obstante, os sistemas

---

1 Outra indicação de que pouca coisa mudou desde a década de 1990 até depois do ano 2000 pode ser observada nos dados referentes aos graus de corporativismo baseados em um conjunto de outros indicadores coletados por Adrian Vatter e Julian Bernauer (2010). São dados corporativistas que cobrem mais de trinta países (incluindo 23 das nossas democracias) ano a ano, de 1997 a 2006. A impressão dos autores é que havia uma grande estabilidade em todos os países analisados e, por isso, não apresentaram mudança nenhuma de um ano para o outro.

MODELOS DE DEMOCRACIA

de grupo de interesse dos países emergentes não são pluralistas puros e nem de maneira uniforme, e quanto ao grau de pluralismo e, até certo ponto, de corporativismo, são medidos de acordo com os julgamentos expressos pelo próprio país e especialistas da área.

Tabela 9.1

Pluralismo dos grupos de interesse nas 36 democracias, 1945-2010

	Índice de pluralismo de grupos de interesse
Suécia	0,35
Áustria	0,38
Noruega	0,38
Dinamarca	0,78
Finlândia	0,85
Alemanha	0,88
Luxemburgo	0,88
Suíça	0,88
Holanda	0,98
Bélgica	1,15
Israel	1,15
Ilhas Maurício	1,30
Japão	1,48
Uruguai	1,70
Austrália	2,12
Índia	2,15
Barbados	2,20
Costa Rica	2,20
Islândia	2,20
Itália	2,42
Irlanda	2,55
Botsuana	2,60
Portugal	2,62

GRUPOS DE INTERESSE

	Índice de pluralismo de grupos de interesse
Nova Zelândia	2,68
Argentina	2,70
França	2,90
Coreia	2,90
Bahamas	3,00
Jamaica	3,00
Malta	3,00
Trinidad	3,00
Reino Unido	3,02
Estados Unidos	3,02
Espanha	3,04
Grécia	3,12
Canadá	3,25

Fonte: Baseado nos dados em Siaroff, 1999, para as 24 democracias industriais e nas estimativas do autor para as demais democracias.

Das 11 democracias emergentes incluídas neste estudo, o país cujo sistema de grupo de interesse é o mais corporativista são as Ilhas Maurício. Deborah Bräutigam (1997, pp. 54-55) escreve que as Ilhas Maurício não são consideradas altamente corporativistas, mas possuem "mecanismos institucionais [para] garantir que trabalhadores, empresários e governo se reúnam periodicamente para negociar pisos salariais e outros parâmetros econômicos". O cientista político mauriciano Hansraj Mathur (comunicação pessoal em 31/3/1997), acrescenta uma descrição mais detalhada: "Grande parte dos sindicatos trabalhistas são membros de federações, que por sua vez pertencem a grandes confederações. Essas grandes confederações, juntamente com a Federação dos Empresários das Ilhas Maurício (um grupo forte que agrega os empresários) e o governo, fazem reuniões tripartites para discutir o valor mínimo anual a ser pago para compensar qualquer

MODELOS DE DEMOCRACIA

aumento do custo de vida. Uma vez decidido, esse valor é aplicado a todos os operários da indústria."

Do outro lado da escala estão quatro pequenas democracias da Commonwealth que são principalmente pluralistas. O partido governista de Trinidad organizou uma conferência tripartite em 1964, logo após sua independência, que nomeou vários comitês tripartites para estudar e fazer recomendações sobre utilização da mão de obra e desenvolvimento econômico. Esse corporativismo incipiente não funcionou, principalmente pela hostilidade dos sindicatos trabalhistas que entenderam como um estratagema do governo e dos empresários para enfraquecer o trabalhador (MacDonald, 1986, 150). Botsuana é menos pluralista e está, na opinião do especialista em Botsuana John D. Holm e de dois cientistas sociais botsuanos, Patrick P. Molusti e Gloria Somolekae (1996, p. 58), em processo de "desenvolvimento rumo ao corporativismo democrático tão evidente na Europa Ocidental [...] Grupos se organizam a partir da base e trabalham com agentes do governo para formular diretrizes governamentais abrangentes em relação a um setor particular da sociedade ou da economia". Entretanto, Zibani Maundeni (2004, pp. 70-71) lembra que os parceiros tripartites de Botsuana são muito desiguais: o governo é dominante, os empresários são submissos e a mão de obra é muito fraca.

Barbados é uma surpreendente exceção de pluralismo estável entre os pequenos países da Commonwealth. Desde a sua independência em 1966 até 1993 era tão pluralista quanto seus vizinhos caribenhos. Após uma crise econômica em 1991-93 foi negociado um pacto tripartite entre governo e as organizações guarda-chuva, trabalhistas e patronais, formalmente chamado de Protocolo para a Implantação para uma Política de Preços e Salários. Sir Lloyd Erskine Sandiford (2005, p. 87), que era primeiro-ministro na época da assinatura do pacto, escreve que "sob o Protocolo, os Parceiros Sociais reconhecem que o sucesso nacional de Barbados se deve em grande parte às pacíficas e harmoniosas relações entre empregados e patrões [e] que o método

GRUPOS DE INTERESSE

tripartite é a estratégia mais efetiva para alcançar a cooperação e o desenvolvimento nacionais". O protocolo foi renovado várias vezes – o quarto e o quinto receberam o título de Protocolos de Parceria Social – e vigorou por mais de 15 anos (Downes e Nurse, 2004).

A Índia também está na metade superior da Tabela 9.1 porque seu sistema de grupo de interesse é tradicionalmente pluralista. A área da agricultura é a única exceção, embora seja muito importante em um país principalmente rural e agrícola. "A base institucional da política agrícola" é a Comissão de Custos e Preços Agrícolas, composta por tecnocratas representantes do governo e representantes dos agricultores (Varshney, 1995, p. 147).

As nossas três democracias latino-americanas estão bem distantes umas das outras. Embora seja verdade que "a tendência mais profunda da América Latina seja corporativista", e não pluralista (Murillo e Schrank, 2010, p. 268), há diferenças importantes no grau de corporativismo da Argentina, Costa Rica e Uruguai; dois dos três países já fizeram mudanças importantes. A posição da Costa Rica pouco mudou ao longo de anos e se situa mais ou menos entre o pluralismo e "uma surpreendente inclinação pelo corporativismo" (Wiarda, 2004, p. 294). O Uruguai tem uma longa história de tripartismo democrático, embora muito mais em nível setorial do que nacional – e com muitos altos e baixos. Os "conselhos salariais" tripartites criados em 1943 para as várias categorias ocupacionais foram dissolvidos pelo regime militar que tomou o poder em 1973, como também o foram os sindicatos e as atividades sindicais relacionadas. Os conselhos salariais foram restaurados quando a democracia foi retomada em 1985, mas enfraqueceram muito quando o governo se retirou de todos eles na década de 1990 até pouco antes do século XXI. De 2005 em diante, sob dois presidentes sucessivos da Frente Ampla esquerdista, os conselhos voltaram a florescer. O Uruguai também tem um Conselho Tripartite Superior abrangente com importantes funções de coordenação e consultoria (Buchanan, 2008, Meyer, 2010).

A Argentina tem uma vasta história de corporativismo estatal autoritário, mas pouca de corporativismo de qualquer espécie, nos últimos vinte anos, desde a redemocratização em 1984. Na presidência de Nestor Kirchner, porém, o poder sindical e o neocorporativismo democrático ressurgiram. Sebastián Etchemendy e Ruth Berins Collier escrevem que

> os dois primeiros meses de 2006 e 2007 assistiram a uma rodada de negociações salariais centralizadas na maior parte dos setores industrial e de serviços. Ao estilo neocorporativista, líderes sindicais nacionais, associações empresariais e governo fecharam acordos de reajustes salariais setoriais e salário mínimo (2007, p. 264).

Os autores enfatizam que o tripartismo limitava-se ao setor sindicalizado formal, envolvendo 60% dos assalariados, portanto, menos inclusivo que o neocorporativismo europeu. Esse modelo permanece desde então. Nas palavras de Etchemendy (comunicação pessoal em 19/11/2010),

> os principais pactos salariais estão nos grandes setores da economia, entre associações nacionais de trabalhadores e empresários, mas o governo negocia informalmente uma porcentagem de "referência" de reajuste salarial – que serve basicamente como o mínimo – para todos os setores, e a impõe por intermédio dos sindicatos aliados ao governo.[2]

As pontuações pluralistas da Tabela 9.1 variam, em perspectiva teórica, entre uma alta de 4 a uma baixa de 0, mas com uma variação empírica um pouco menor, de 3,25, para o país mais pluralista, o Canadá, a 0,35

---

2 As pontuações pluralistas dos vinte países não incluídos no estudo de Siaroff são baseadas nas minhas leituras das descrições de especialistas de vários países de seus respectivos sistemas de grupo de interesse citados no texto, nos comentários adicionais de todos eles e nas minhas leituras sobre os critérios usados por Siaroff. Entretanto, são substancialmente baseadas em impressões e não têm a mesma precisão dos resultados dos outros 24 países.

para o mais corporativista, a Suécia. Os países estão em ordem crescente de pluralismo. A média é 2,02 e a mediana 2,20, pouco mais altas que o ponto médio teórico de 2 entre pluralismo e corporativismo, o que indica que o grupo das 36 democracias é ligeiramente mais pluralista que corporativista. O Reino Unido e a Suíça estão respectivamente mais próximos dos extremos pluralista e corporativista do espectro; Nova Zelândia e Bélgica estão no meio da escala pluralismo-corporativismo; mas, como já observamos, o majoritário Barbados aparece, surpreendentemente, no meio da escala desde 1993, graças aos seus protocolos tripartites.

Sistemas de grupos de interesse, sistemas partidários e tipos de gabinete

O sistema de grupos de interesse difere das outras variáveis básicas da dimensão executivos-partidos porque não há uma clara conexão causal que o vincule às outras variáveis, como é o caso das outras quatro variáveis e suas conexões causais: os sistemas eleitorais configuram os sistemas partidários, que por sua vez têm um forte efeito causal na formação dos governos, e os tipos de governo têm relação causal com a duração do gabinetes. Portanto, a hipótese que os sistemas de grupos de interesse têm relação com essas outras variáveis baseia-se inteiramente na correspondência conceitual entre a distinção corporativismo/pluralismo e na ampla diferença consensual/majoritário.

As Figuras 9.1 e 9.2 mostram as relações entre os sistemas de grupos de interesse nas 36 democracias e seus respectivos tipos de gabinetes e sistemas partidários. De acordo com a hipótese, as democracias que têm mais gabinetes unipartidários minimamente vencedores são também os países com mais sistemas de grupos de interesse pluralistas; e os países com maior pluripartidarismo tendem a ser menos pluralistas.

O coeficiente de correlação é mais forte para a ligação entre gabinetes e grupos de interesse do que para os partidos e os grupos de interesse (0,71 e –0,61, respectivamente), mas ambos são significativos estatisticamente em nível de 1%. Os principais casos desviantes da Figura 9.1 são os três sistemas mais corporativistas – Áustria, Noruega e Suécia –, que são muito mais orientados para o consenso a esse respeito do que em relação aos seus gabinetes habituais. Por outro lado, a Itália é bem menos corporativista do que o esperado, devido aos seus infrequentes gabinetes unipartidários minimamente vencedores.

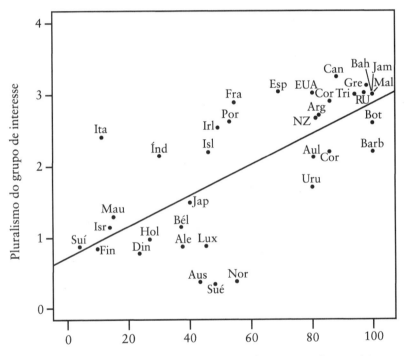

Figura 9.1 A relação entre tipo de gabinete e pluralismo de grupos de interesse nas 36 democracias, 1945 a 2010.

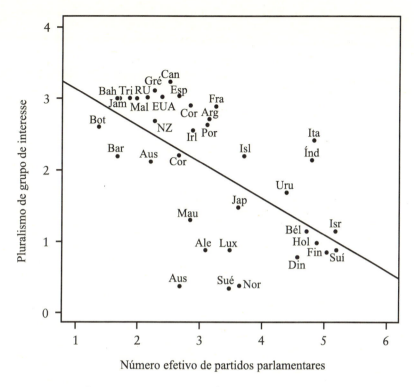

Figura 9.2 A relação entre o número efetivo de partidos do parlamento e grupos de interesse nas 36 democracias, 1945 a 2010.

A Figura 9.2 mostra um padrão mais ou menos similar: os países corporativistas Áustria, Noruega e Suécia, assim como a Itália, novamente apresentam valores discrepantes. Joseph LaPalombara (1987, pp. 213-220) dá uma explicação intrigante para a posição incomum da Itália. Ele descreve o país anterior às reformas de 1994 como uma *partidocrazia*, em que todos os partidos participavam ativamente da tomada de decisões sobre políticas públicas e existia uma forte inclinação pelo consenso: os líderes partidários tinham "profunda aversão psicológica por confrontos divisórios". O consenso produzido pela *partidocrazia* era tão forte, na opinião de LaPalombara, que simplesmente não havia necessidade de que um novo consenso fosse produzido pelo corporativismo. É uma visão bastante plausível: as coalizões políticas

MODELOS DE DEMOCRACIA

amplas e o corporativismo dos grupos de interesse são métodos para obter consenso e, em princípio, podem ser considerados métodos alternativos. A forte cooperação interpartidária compensa, então, a débil coordenação dos grupos de interesse. Talvez tenha sido esse o caso da Itália, mas não é o que ocorre na maioria das democracias; se fosse, encontraríamos relações negativas entre pluripartidarismo e gabinetes de ampla coalizão, de um lado, e corporativismo, de outro, em vez da forte relação positiva que se vê nas Figuras 9.1 e 9.2.

Vários autores têm questionado a ligação entre pluripartidarismo e corporativismo dos grupos de interesse. Rein Taagepera (2003, p. 7) escreve: "Parece estranho que os sistemas bipartidários convivam com uma profusão de grupos de interesse, enquanto os sistemas pluripartidários exigem como padrão apenas dois grupos de interesse." John Gerring e Strøm C. Thacker (2008, p. 190) perguntam: "Talvez a proliferação dos grupos na sociedade civil deva ser classificada exatamente da mesma maneira que a proliferação dos grupos no governo: se os sistemas multipartidários são uma característica do modelo consensual, por que não os sistemas de grupos de interesses múltiplos?" E Liam Anderson (2001, pp. 444-45) sugere que talvez seja o caso de aguardar uma ligação tanto entre democracia consensual e pluralismo quanto entre consensual-corporativismo. Há uma lógica inquestionável nesse argumento, mas acredito que a última relação, articulada de forma clara e explícita por Katzenstein e citada no início deste capítulo, é muito mais plausível em termos teóricos. Além do mais, quando duas hipóteses são radicalmente opostas, e uma delas corresponde aos fatos e a outra não, não só podemos como devemos descartar a hipótese refutada.

O tipo de sistema de grupos de interesse também está diretamente relacionado com o sistema eleitoral e, embora um pouco menos, com a dominância do Executivo. As correlações entre as cinco variáveis envolvidas nas dimensões executivos-partidos estão no Capítulo 14. Mas antes retomarei nos quatro capítulos que seguem uma discussão sobre as variáveis da dimensão federal-unitária.

10. Divisão de poder: os contrastes federal-unitário e centralizado-descentralizado

A principal característica do modelo majoritário de democracia, enfatizada em capítulos anteriores, é a concentração do poder nas mãos da maioria. O modelo consensual caracterizado pela *não* concentração de poder tem duas formas básicas: compartilhamento de poder e divisão de poder. Ambas são os alicerces das duas dimensões do contraste majoritário-consensual. A distinção crucial é se na democracia consensual o poder se dispersa para que os atores políticos ajam em conjunto *nas mesmas* instituições políticas, ou se dispersa para *separar* as instituições políticas (veja Capítulo 1). Nos cinco capítulos anteriores, discuti as cinco variáveis da dimensão executivos-partidos (poder conjunto); neste capítulo abordo a primeira variável da dimensão federal-unitária (poder dividido): federalismo e descentralização *versus* governo unitário e centralizado. É justo conceder a honra do primeiro lugar ao federalismo por ser considerado o método mais crítico e mais drástico de divisão de poder: o poder se divide entre todos os níveis de governo. Tanto que, em ciência política, o termo "divisão de poder" costuma ser usado como sinônimo de federalismo.

Em todas as democracias, o poder se divide necessariamente e até certo ponto entre governos centrais e não centrais, mas é uma divisão extremamente unilateral nas democracias majoritárias. Para manter o princípio da maioria no modelo majoritário puro, o governo central

MODELOS DE DEMOCRACIA

tem que controlar não só o próprio aparato, mas também os governos não centrais e potencialmente adversários. O gabinete majoritário é, portanto, unitário (não federalista) e centralizado. O modelo consensual é inspirado no objetivo oposto. Seus métodos são federalismo e descentralização, isto é, não é só uma divisão de poder garantida entre os níveis central e não centrais do governo, mas, na prática, em governos não centrais fortes que exercem uma porção substancial do poder total disponível nos dois níveis.

Neste capítulo discuto o conceito de federalismo e suas características primárias e secundárias. Quanto aos aspectos primários, desenvolvo uma escala de 5 pontos de federalismo e descentralização e designo a cada uma das 36 democracias um lugar nessa escala, que será comparada em quatro métodos alternativos de mensuração da divisão de poder. Por último, discuto as potenciais vantagens do federalismo diante de dois objetivos: proporcionar autonomia aos grupos minoritários nas sociedades plurais e permitir a experimentação institucional.

Federalismo e descentralização

Definições de federalismo de vários tipos podem ser encontradas na literatura especializada, mas há um amplo consenso quanto a sua característica mais básica, que é a divisão garantida de poder entre os governos centrais e regionais. A definição oficial é a de William H. Riker (1975, p. 101) que diz: "Federalismo é uma organização política na qual as atividades governamentais estão divididas entre os governos regionais e um governo central de tal maneira que cada um desses governos tenha algumas atividades sobre as quais tomará as decisões finais." Um aspecto dessa definição que merece destaque e será retomado mais adiante neste mesmo capítulo é que as unidades componentes são governos "regionais". Isso está de acordo com a perspectiva convencional: o federalismo é habitualmente descrito como uma divisão de poder espacial ou territorial em que as unidades

DIVISÃO DE PODER

componentes são definidas geograficamente. Essas unidades são diversamente denominadas como estados (nos Estados Unidos, na Índia e na Austrália), províncias (Argentina e Canadá), Länder (Alemanha e Áustria), cantões (Suíça) e regiões (Bélgica).

Em vez da definição de Riker em termos de uma divisão de poder garantida, a descrição preferida de Daniel J. Elazar (1997, p. 239) enfoca a "não centralização" do poder: ele vê o federalismo como "a distribuição de poder fundamental entre vários centros [...], e não a delegação dos poderes a partir de um único centro ou da base da pirâmide". Nenhum desses muitos centros do sistema federalista "tem 'mais' ou 'menos' importância que os outros; é diferente da pirâmide organizacional, onde os níveis superior e inferior dependem do desenho constitucional".

As definições de Elazar e de Riker admitem uma grande variação do poder real que é exercido nos vários níveis de governo. Riker (1975, p. 101) afirma que cada um desses níveis "tem algumas atividades sobre as quais toma as decisões finais", mas não especifica nenhuma proporção específica dessas atividades entre os governos central e regional. Elazar (1997, p. 239) também afirma que "o poder designado a cada [um dos] múltiplos centros" do federalismo pode ser grande ou pequeno. Os dois estudiosos do federalismo admitem, porém, que a intenção fundamental de se garantir uma divisão de poder é ter a certeza de que boa parte do poder será exercido em nível regional ou, resumindo, que a intenção da não centralização de poder é a descentralização do poder. Esses dois elementos são conceitualmente distintos, mas devem ser vistos como as características primárias do federalismo.

Além dessas características primárias do federalismo, os teóricos federalistas costumam identificar outras características secundárias, particularmente um Legislativo bicameral com uma forte câmara federal representativa das regiões constituintes, uma Constituição escrita que seja difícil de receber emendas e uma suprema corte ou corte constitucional especial para proteger a Constituição com seu poder de revisão judicial. Esses são alguns dos mais importantes, de acordo com D.

MODELOS DE DEMOCRACIA

Duchacek, "parâmetros do federalismo" (1970, pp. 188-275). A ligação entre esses parâmetros com o federalismo é a preservação das divisões básicas do poder federal. Diferentemente das características primárias, são garantidoras do federalismo, mas não componentes do federalismo. Eu discuto essas variáveis em mais detalhes nos próximos dois capítulos.

As características primárias federais da não centralização e descentralização são os alicerces da quíntupla classificação da Tabela 10.1. O primeiro critério é se os estados possuem formalmente constituições federais. Elazar (1987, p. 42) argumenta que "o primeiro teste da existência do federalismo é o desejo e a vontade das instituições políticas se tornarem federais. Ter e manter uma Constituição federal [...] é o primeiro e o principal passo para expressar sua vontade." Esse critério requer uma distinção inicial entre os sistemas federalista e unitário. Cada uma dessas categorias pode então ser dividida em subclasses centralizada e descentralizada; centralização e descentralização são, obviamente, questões de grau. Mas na prática não é difícil classificar os países simplesmente como centralizados-descentralizados. Por fim, é necessária uma categoria intermediária de sistema semifederalista para algumas democracias que não podem ser classificadas inequivocamente como federais ou unitárias.

A Tabela 10.1 também atribui uma pontuação a cada categoria de modo que a classificação sirva como um índice quantitativo de federalismo, e mostra em que categoria – em alguns casos, categorias – se incluem cada uma das 36 democracias. A tabela é organizada de modo que os casos mais fáceis de ocuparem uma categoria específica estejam nas colunas da esquerda e do meio, e a coluna da direita receba os casos mais complexos que ficam entre uma categoria e outra ou mudam de *status* durante o período considerado. A mesma convenção se aplica aos quadros similares dos próximos dois capítulos.

Duas características surpreendentes das classificações na Tabela 10.1 são, primeiro, que o federalismo é relativamente raro: há mais que o dobro de estados federalistas unitários. E segundo, as diferenças entre federal--unitário e centralizado-descentralizado são intimamente relacionadas: os

DIVISÃO DE PODER

sistemas federais são em sua maioria descentralizados – não há, de fato, nenhum caso nas categorias "federal e centralizada" puras – e os sistemas unitários são quase todos centralizados. Em consequência, mais da metade das democracias se classificam em uma das duas categorias extremas. A média é 2,3 e a mediana, 1,4 – ambas estão muito mais próximas do resultado 1 apresentado pela maioria dos países unitários e centralizados do que dos 5 dos outros países no outro extremo da escala.

Tabela 10.1
Graus de federalismo e descentralização em 36 democracias, 1945-2010

Federal e descentralizado [5]

Austrália	Suíça	(Bélgica após 1993)
Canadá	Estados Unidos	
Alemanha		

Federal e centralizado [4]

		Argentina [4,5]
		Áustria [4,5]
		Índia [4,5]

Semifederal [3]

Israel	Espanha	Bélgica [3,5]
Holanda		(Bélgica até 1993)

Unitário e descentralizado [2]

Dinamarca	Noruega	(Reino Unido após 1998)
Finlândia	Suécia	
Japão		

Unitário e centralizado [1]

Bahamas	Jamaica	França [1,3]
Barbados	Luxemburgo	Itália [1,3]

MODELOS DE DEMOCRACIA

Unitário e centralizado [1]

Botsuana	Malta	Coreia [1,5]
Costa Rica	Ilhas Maurício	Trinidad [1,3]
Grécia	Nova Zelândia	Reino Unido [1,2]
Islândia	Portugal	(Reino Unido até 1998)
Irlanda	Uruguai	

Obs.: Os índices de federalismo estão entre colchetes.

Seis dos nove sistemas federalistas – Austrália, Canadá, Alemanha, Suíça, Estados Unidos e, a partir de 1993, Bélgica – são claramente sistemas de governo descentralizados. Áustria e Índia situam-se mais ou menos entre dois tipos de federalismo: não são tão descentralizados como as outras seis federações, mas também não são centralizados. É citada com frequência a conclusão de K. C. Wheare (1964, p. 28) que tanto a Constituição quanto as práticas governamentais na Índia são apenas "quase federalistas", e não federalistas plenas. Em particular, até meados da década de 1990 o uso frequente da chamada "regra do Presidente" com fins partidários desvirtuou do forte federalismo: a Constituição dá direito ao governo central de depor os governos estaduais e substituí-los por meio de um dispositivo legal direto do centro em caso de graves emergências, mas na prática a "regra do presidente" serviu principalmente para afastar os governos estaduais controlados por outros partidos e convocar novas eleições estaduais na esperança de vencê-las (Tummala, 1996, pp. 378-82). A partir da década de 1990 a "regra do presidente" passou a ser usada raramente, em parte por determinação da Suprema Corte, em 1994, de que a demissão arbitrária dos governantes estaduais é inconstitucional, em parte porque desde 1996 todos os governos federais têm sido coalizões – que precisam dos partidos em nível estadual para se manterem no poder. A Argentina federalista também não pode ser posta na categoria superior, mas encaixa na mesma categoria intermediária da Áustria e da Índia por força do importante papel dos "chefes de partido" provinciais. Os governadores provinciais costumam ser chefes incontestáveis dos parti-

DIVISÃO DE PODER

dos provinciais e, muitas vezes agindo coletivamente, "constituem um contrapeso relevante à autoridade presidencial", muito mais do que o Legislativo e o Judiciário nacionais (Spiller e Tommasi, 2008). Em vez de forçar o encaixe dos três países em uma ou outra categoria, é mais realista deixá-los em uma posição intermediária com uma pontuação intermediária de 4,5.

Das democracias unitárias apenas os quatro países nórdicos e o Japão podem ser classificados como descentralizados. Muitas das outras constituem países muitos pequenos que dificilmente precisam de descentralização; mas a categoria unitária e centralizada também inclui países maiores como Reino Unido, França e Itália. Esses três países e mais Trinidad recebem uma pontuação um pouco mais alta que a mínima de 1 porque se tornaram um pouco menos centralizados – mais ou menos na metade entre as categorias centralizada e descentralizada – durante o período considerado. Esse processo começou na Itália por volta de 1970, na França após a eleição do presidente Mitterrand em 1981 (Loughlin e Mazey, 1995) e no Reino Unido após a vitória do Partido Trabalhista (Labour party) nas eleições de 1997 (ver Capítulo 2). Outro país grande unitário e centralizado é a Coreia, que também recebe uma pontuação um pouco mais alta. Quanto a Trinidad e Tobago, à ilha menor de Tobago foram outorgados um regime de autogoverno e Assembleia própria em 1980 (Payne, 1993, p. 61). As pontuações dos quatro países que se tornaram menos centralizados representam as médias de todo o período.

A categoria semifederalista inclui três democracias que Robert A. Dahl diz serem "sociologicamente federalistas" (*apud* Verba, 1967, p. 126): Bélgica, Holanda e Israel. Os governos centrais desses países há muito tempo reconhecem, subsidiam e delegam poder a associações privadas com importantes funções semipúblicas, especialmente nas áreas da educação, cultura e saúde, constituídas por grandes grupos religiosos e ideológicos nessas sociedades. Porque esses grupos não estão concentrados geograficamente, o federalismo sociológico se desvia do critério de Riker segundo o qual as unidades componentes de

MODELOS DE DEMOCRACIA

uma federação devem ser *regionais* por natureza. Da década de 1970 em diante, a Bélgica se afastou do federalismo sociológico para um semifederalismo mais formal, e finalmente para federalismo pleno em 1993 – que por sua vez ainda inclui as comunidades culturais definidas não geograficamente entre as unidades constituintes da federação. A pontuação 3,5 da Bélgica é a média de todo o período de 1946-2010.

O país mais difícil de classificar é a Espanha. A extensa autonomia que a Espanha concedeu a muitas de suas regiões – primeiro Catalunha, Galícia e País Basco, e depois outras regiões – convenceu muitos estudiosos de que se trata de um sistema federalista, embora ainda estejam longe de chegar a um acordo. Alfred Stepan (2001, p. 346) diz que a Espanha é "claramente federalista", e Jan Erk e Edward Koning (2010) concordam. Outros autores são mais cautelosos. Siaroff (2009, p. 167) inclui a Espanha entre seus sistemas federalistas, mas lembra que é um "caso limítrofe". Mais que isso, a Espanha também é considerada um caso de "federalismo incompleto" (Grau i Creus, 2000) e "federalismo imperfeito" (Moreno, 1994). O fator ausente mais importante é que a Espanha não é formalmente federalista e não se autodenomina uma federação. A seção 2 da Constituição espanhola decreta que "a união indissolúvel da Nação Espanhola [e] reconhece e concede o direito de se autogovernar às nacionalidades e regiões que a compõem", mas evita cautelosamente qualquer menção ao federalismo – portanto, não passa no "primeiro teste de federalismo" de Elazar, citado neste capítulo. Ronald L. Watts (2008, p. 42) escreve que a "Espanha é uma federação em tudo menos no nome" – o nome formal é que é a questão crucial. Similarmente, Thomas O. Hueglin e Alan Fenna (2006, p. 19) dizem que a Espanha é "um sistema federalista *de facto*" – e não a federação de direito exigida pelo critério de Elazar. Por não ser inequivocamente federal nem claramente unitária, a melhor solução para a Espanha é a categoria semifederalista, no meio da Tabela 10.1.

DIVISÃO DE PODER

Outros indicadores de federalismo e descentralização

O índice de federalismo expressa de modo acurado e confiável as propriedades do federalismo e da descentralização? A confiabilidade do índice ganha força quando comparada com alguns outros indicadores propostos pelos especialistas. Entretanto, não podem ser usados como medidas alternativas neste estudo porque a maioria deles enfoca os contrastes federal-unitário ou centralização-descentralização – diferentemente dos nossos índices de federalismo e descentralização que incluem as duas características – e/ou porque não estão disponíveis para as 36 democracias.

Uma medida de centralização muito utilizada é aquela que define como o governo central de um país reparte a totalidade dos impostos que arrecada. Essa medida se baseia no pressuposto razoável que o poder relativo dos governos central e não centrais seja medido por suas próprias fontes de recursos, especialmente a receita tributária. Os impostos não centrais são aqueles que os governos não centrais coletam para si próprios acrescidos da sua quota dos impostos coletados pelo governo central que são repartidos automaticamente entre os governos não centrais. A centralização governamental deve então ser medida pela forma como o governo central reparte a sua receita tributária total, central e não central. Há, porém, um problema maior relativo ao grau de autonomia que os governos não centrais realmente têm. Por exemplo, as transferências "automáticas" excluem qualquer influência do governo central sobre como esses recursos devem ser gastos? Jonathan Rodden (2004, pp. 484-85) sugere que se excluam todas as transferências e subsídios e que só as "receitas da própria fonte" sejam usadas como indicadores da autonomia de um governo não central. Mesmo assim, ele adverte, as receitas provenientes da própria fonte podem superestimar severamente o grau de autonomia das receitas não centrais: "Se os governos subnacionais podem recolher recursos provenientes da própria fonte, o governo central pode manter o seu poder de determinar a porcentagem e a base, deixando os governos subnacionais como meros coletores dos impostos determinados pelo centro."

Apesar desses problemas, é útil comparar os dados de centralização fiscal disponibilizados para 28 dos nossos países com os índices de federalismo e descentralização (Woldendorp, Keman e Budge, 2000, pp. 34-35). O coeficiente de correlação é um forte –0,56. Um indicador alternativo é a medida de Siaroff (2009, pp. 218-21) de "governos regionais relevantes" para um grande número de países, entre eles as nossas 36 democracias. É um índice de 3 pontos muito simples na avaliação impressionista, porém plausível, do autor. Aqui, o coeficiente de correlação 0,89 é extremamente forte. Uma medida que se baseia exclusivamente no contraste federal-unitário é o índice de "não federalismo" de Gerring e Thacker (2008), também uma escala de 3 pontos e disponível para todos os nossos países. O coeficiente de correlação é –0,73. Por fim, o índice de "autonomia" de Woldendorp, Keman e Budge (2000, pp. 34-36) leva em conta tanto a descentralização quanto o federalismo. É uma escala de 9 pontos com dados para 28 dos nossos países; a correlação é novamente forte com coeficiente de 0,83. Todas as correlações fortes mencionadas neste parágrafo são estatisticamente significativas em nível de 1%.

Federalismo e autonomia étnica

O federalismo tende a ser adotado por dois tipos de países: países relativamente grandes e sociedades plurais. Os maiores países em termos populacionais incluídos neste estudo, Índia e Estados Unidos, são federações; a federação menos populosa é a Suíça, localizada aproximadamente no meio das nossas 36 democracias classificadas por suas populações. Quatro dos nove sistemas federalistas são sociedades plurais: Bélgica, Canadá, Índia e Suíça. Esses países também estão entre as oito maiores sociedades plurais listadas na Tabela 4.3.

DIVISÃO DE PODER

Nessas sociedades plurais, o federalismo tem a função especial de dar autonomia às minorias étnicas.

Para analisar essa função do federalismo é preciso distinguir federalismo congruente de federalismo incongruente, como sugere Charles D. Tarlton (1965, p. 979). As federações congruentes se compõem de unidades territoriais cujo caráter social e cultural é similar em cada uma das unidades e na federação como um todo. Em um sistema federalista perfeitamente congruente, as unidades componentes são "reflexos em miniatura dos aspectos importantes do sistema federalista como um todo". Inversamente, as federações incongruentes possuem unidades cujas composições sociais e culturais são diferentes entre si e do país como um todo.[1] Outra forma de expressar essa diferença é comparar as fronteiras políticas das unidades que compõem a federação com as fronteiras sociais de grupos como as minorias étnicas. Nas federações incongruentes essas fronteiras tendem a coincidir e nos sistemas federalistas congruentes tendem a se misturar.

Se as fronteiras políticas são traçadas de tal forma que as fronteiras sociais se aproximem, a heterogeneidade da federação transforma-se em unidades componentes com alto grau de homogeneidade. Em outras palavras, o federalismo incongruente pode tornar uma sociedade plural menos plural criando áreas menores relativamente homogêneas. É o que acontece com os sistemas federalistas que são também sociedades plurais, embora as fronteiras políticas e étnicas quase nunca coincidam perfeitamente. A diversidade linguística na Suíça é bem menor nos cantões do que em nível nacional. A federação suíça tem quatro idiomas oficiais, mas 22 dos 26 cantões e meio-cantões falam oficialmente a mesma língua; apenas três – Berna, Friburgo e Valais – são bilíngues, e apenas um, Graubünden, tem três idiomas oficiais (McRae, 1983,

---

1 Tarlton prefere usar os termos "simetria" e "assimetria" em vez de "congruência" e "incongruência". Como os dois primeiros termos são usados com mais frequência para descrever as diferentes formas de distribuição de poder – por exemplo, entre as duas câmaras dos legislativos bicamerais –, é menos confuso usar os outros dois termos para caracterizar as composições de duas ou mais entidades. Congruência e incongruência em federalismo tem significado análogo a congruência e incongruência em bicameralismo (ver Capítulo 11).

MODELOS DE DEMOCRACIA

pp. 172-79). No Canadá, a minoria francófona se concentra principalmente em Quebec, onde o governo tem sido o porta-voz dos interesses da comunidade francófona do país, mas Ontário e Nova Brunswick também têm um grande número de francófonos.

Os governos britânicos na Índia colonial traçaram as divisões administrativas do país sem dar maior atenção às diferenças linguísticas; a imposição do federalismo a essas divisões resultou em um federalismo principalmente do tipo congruente nos primeiros anos de independência do país. Entretanto, uma completa transformação para um sistema federalista incongruente baseado em divisões linguísticas aconteceu na década de 1950. Quando em 1953 o estado de Madras foi dividido nos estados independentes de Tamil Nadu e Adhra Pradesh, de língua tamil e língua telugu, em 1955, a Comissão de Reorganização dos Estados adotou o princípio linguístico e recomendou que as fronteiras estaduais fossem refeitas em bases linguísticas. Isso foi rapidamente implantado em 1956 e anos seguintes foram criados vários outros estados linguísticos (Brass, 1990, pp. 146-56). Por ser tão grande a diversidade linguística da Índia, o federalismo linguístico incongruente não tem conseguido acomodar tantas pequenas minorias, mas, de um modo geral, nas palavras do cientista político indiano Rajni Kothari (1970, p. 115), tem conseguido que a língua seja "uma influência integrativa e amalgamadora" e não uma "força divisória".

Por fim, o novo federalismo belga é resultado de um esforço determinado para construir uma federação que seja o mais incongruente possível. As três regiões geograficamente definidas já são incongruentes ao extremo: as duas maiores, Flandres e Valônia, falam a mesma língua e só Bruxelas é bilíngue. Para que a incongruência linguística seja perfeita, três comunidades culturais definidas não geograficamente sobrepõem-se às regiões; aqui, as fronteiras políticas e linguísticas coincidem perfeitamente, resultando em um sistema federalista incongruente puro (ver Capítulo 3).

DIVISÃO DE PODER

Federalismo e experimentação institucional

Um aspecto da autonomia das unidades constituintes das federações é ter constituições próprias que são emendadas livremente, mas dentro dos limites estabelecidos pela Constituição federal. Em tese, isso dá a elas a oportunidade de experimentar outras formas de governo. Essa experimentação, quando bem-sucedida, beneficia tanto os demais membros da federação quanto o governo central. Na prática, porém, encontramos um completo isomorfismo tanto entre as formas governamentais do centro e das unidades componentes quanto entre as formas governamentais das unidades componentes de cada país.

Quanto à escolha de um sistema presidencialista ou parlamentarista, por exemplo, os Estados Unidos são solidamente presidencialistas e seus governadores são "presidentes" estaduais. Entretanto, nesse país os experimentos do sistema eleitoral são mais comuns do que em outras federações. O melhor exemplo é o estado de Illinois que escolheu o sistema semiproporcional – voto cumulativo – para eleger sua câmara baixa de 1870 a 1980. Outro exemplo é Louisiana, que adota o método da maioria absoluta em segundo turno (a primeira fase das eleições é chamada de "primárias não partidárias") em vez da regra da maioria simples para eleger seus membros da Câmara dos Representantes dos EUA.

A Câmara dos Representantes da Austrália e as câmaras baixas dos estados australianos são todas eleitas por voto alternativo, exceto uma: a Tasmânia usa a forma de voto único transferível de RP. Na Suíça, a norma é a RP nacional e cantonal, mas alguns cantões, especialmente os menores, usam o método de maioria absoluta. Outras federações têm sistemas eleitorais ainda mais isomórficos: Canadá e Índia têm um sólido compromisso com a regra da maioria simples; Argentina, Áustria, Bélgica e Alemanha, com a RP. O isomorfismo é evidente também na escolha dos sistemas presidencialista e parlamentarista, como já observado no caso norte-americano. As únicas exceções são Alemanha e Suíça. Todos os Länder alemães têm sistemas parlamentaristas, mas o primeiro-ministro da Baviera não pode ser deposto por voto de desconfiança. Na Suíça, os cantões diferem em um aspecto do sistema híbrido parlamentarista-presidencialista em âmbito federal: seus executivos colegiados são eleitos por voto popular; mas os outros aspectos são todos similares. É sintomático que os redatores da Constituição do novo cantão de Jura, que passou a existir formalmente em 1979, tenham discutido os sistemas parlamentaristas britânico e alemão como exemplos e por fim se decidiram pelas "normas suíças aceitas" (Tschaeni, 1982, p. 116).

11. Parlamentos e Congressos: concentração *versus* divisão do Poder Legislativo

O segundo componente da dimensão federal-unitária é a distribuição – concentração *versus* divisão – do poder no Poder Legislativo. O modelo majoritário puro demanda que o Poder Legislativo se concentre em uma única câmara; o modelo consensual puro se caracteriza por um Legislativo bicameral em que o poder se divide em duas câmaras de mesmo tamanho, mas constituídas diferentemente. Na prática, encontramos inúmeras combinações intermediárias. Nos Capítulos 2 e 3 vimos que os parlamentos da Nova Zelândia (após 1950) e da Suíça são, a esse respeito, protótipos perfeitos de democracia majoritária e consensual, respectivamente, mas que os outros principais exemplos desviam-se até certo ponto dos modelos puros. O Parlamento britânico é bicameral, mas como o poder da Câmara dos Lordes não é grande pode ser descrito como bicameral assimétrico. A mesma descrição serve para o Legislativo de Barbados, porque seu Senado nomeado tem poder suspensivo, mas não de veto. O Parlamento belga bicameral pré-federalista se caracterizava pelo equilíbrio de poder entre as duas câmaras, que diferiam muito pouco em sua composição; no novo Legislativo Federal, eleito pela primeira vez em 1995, o Senado continua tendo uma composição pouco diferente da Câmara dos Representantes e perdeu alguns de seus antigos poderes.

O primeiro tópico deste capítulo é uma classificação dicotômica simples dos parlamentos, em bicameral e unicameral. Em seguida,

MODELOS DE DEMOCRACIA

discuto as diferenças entre as duas câmaras dos legislativos bicamerais, especialmente os poderes e composição de ambas. Sobre essas duas diferenças-chave eu desenvolvo um índice de bicameralismo quantitativo. Por último, exploro a relação entre a força do bicameralismo, medida por esse índice, e o grau de federalismo e descentralização discutidos no capítulo anterior.

Dois comentários introdutórios adicionais: primeiro, as câmaras legislativas são designadas por vários nomes (entre eles Câmara dos Comuns, Câmara dos Representantes, Câmara dos Deputados, Bundestag e Senado); para evitar confusão usarei na discussão dos parlamentos bicamerais os termos genéricos: primeira câmara (ou câmara baixa) e segunda câmara (ou câmara alta). A primeira câmara é sempre a mais importante e, nos sistemas federalistas, a casa eleita pela população.[1] Segundo, o Legislativo bicameral como um todo costuma ser chamada de Congresso nos sistemas presidencialistas – certamente não na França, onde o termo "Parlamento" se originou – e de Parlamento nos sistemas de governo parlamentaristas. Entretanto, o termo "Parlamento" também é usado genericamente como sinônimo de "Legislativo", e aqui seguirei essa forma convencional.

Unicameralismo e bicameralismo

A classificação dicotômica dos parlamentos em unicamerais e bicamerais é simples e direta, mas dois legislativos não se encaixam em nenhuma das duas categorias: o da Noruega até 2009 e o da Islândia até 1991. Até 2009, os legisladores noruegueses eram eleitos como um só corpo, mas após as eleições, selecionavam um quarto dos membros para formar uma segunda câmara e se dividiam em duas câmaras. As

---

1 A única dificuldade em potencial dessa terminologia é que a primeira câmara do Parlamento holandês é chamada formalmente de segunda câmara, e a segunda câmara é chamada de primeira câmara. Similarmente na Suécia, a primeira e segunda câmaras da legislatura bicameral anterior a 1970 eram chamadas de segunda e primeira câmara, respectivamente.

PARLAMENTOS E CONGRESSOS

duas câmaras tinham comissões legislativas em conjunto e qualquer desacordo era resolvido em sessão plenária com todos os membros do Legislativo. É o mesmo caso da Islândia, com exceção da segunda câmara que era formada por um terço dos legisladores eleitos. Esses legislativos tinham, então, algumas características de unicameralismo e outras de bicameralismo; a solução dos conflitos em uma sessão conjunta não indica necessariamente um unicameralismo, porque é um método bastante comum também em legislativos inequivocamente bicamerais. Se fizéssemos uma escolha puramente dicotômica, essas legislativos provavelmente estariam mais próximos do unicameralismo do que do bicameralismo. Mas não há necessidade de uma escolha tão difícil, pois a classificação dos legislativos que serão apresentados neste capítulo coloca esses dois casos na categoria especial de uma câmara meia.

Em um amplo estudo comparativo do bicameralismo, George Tsebelis e Jeannete Money (1997, p. 1) relatam que cerca de um terço dos países do mundo têm legislativos bicamerais e dois terços são unicamerais. A proporção nas nossas 36 democracias é bem diferente: o bicameralismo é muito mais comum que o unicameralismo. Em 2010, apenas 14 das 36 democracias, um pouco mais de um terço, tinham parlamentos unicamerais. Cinco países mudaram para o unicameralismo durante o período que está sendo considerado: Nova Zelândia em 1950, Dinamarca em 1953, Suécia em 1970, Islândia em 1991 e Noruega em 2009. No início do período em que estão sendo cobertas as 36 democracias, apenas nove, exatamente um quarto, eram legislativos unicamerais: Costa Rica, Finlândia, Grécia, Israel, Coreia, Luxemburgo, Malta, Ilhas Maurício e Portugal. Não houve mudanças na outra direção, de Parlamento unicameral para bicameral (Longley e Olson, 1991).

A maior parte das 14 democracias com parlamentos unicamerais citadas no parágrafo anterior são países pequenos, com exceção da Coreia com uma população de quase 50 milhões. O próximo país em tamanho é a Grécia, com uma população de apenas 11 milhões. Uma característica

MODELOS DE DEMOCRACIA

ainda mais surpreendente é que nenhum deles tem um sistema federalista. Dizendo de outra maneira, os nove sistemas formalmente federalistas das 36 democracias têm legislativos bicamerais, enquanto que, em 2010, os 27 sistemas formalmente unitários (incluindo os que foram chamados de semifederalistas no capítulo anterior) se dividiam quase igualitariamente entre unicameralismo e bicameralismo: 14 tinham legislativos unicamerais e 13 bicamerais. Esse é um forte indicador da relação entre estrutura cameral e distinção federal-unitária. Examinarei essa relação com mais detalhes no final deste capítulo, após discutir as várias formas que o bicameralismo pode assumir.

Variedades de bicameralismo

As câmaras dos legislativos bicamerais tendem a se diferenciar de várias maneiras. Originalmente, a função mais importante das segundas câmaras ou casas "altas" eleitas na base do sufrágio limitado, era ser um freio conservador para as casas "baixas" eleitas de uma forma mais democrática. Com o advento do sufrágio universal em todas as eleições do nosso conjunto de regimes plenamente democráticos, essa função tornou-se obsoleta. Entretanto, a Câmara dos Lordes britânica e a Câmara dos Chefes de Botsuana são casos limítrofes: a participação na Câmara dos Lordes ainda se baseia em parte em princípios hereditários, e em Botsuana, embora hoje os chefes dependam de uma eleição formal, na prática a hereditariedade ainda prevalece. Das outras seis diferenças entre a primeira e a segunda câmara, três são especialmente importantes no sentido de que determinam se o bicameralismo é uma instituição significativa. Vejamos primeiro as três diferenças menos importantes.

A primeira delas é que as segundas câmaras tendem a ser menores que as primeiras. De fato, seria regra geral nos legislativos bicamerais do nosso conjunto de democracias não fosse a Câmara dos Lordes britânica que abriga quase o dobro dos membros da Câmara dos Comuns; nas

PARLAMENTOS E CONGRESSOS

eleições de 2010 foram 650 membros Comuns para 800 Lordes – ainda a maioria, mas a diferença não é tão grande quanto já foi. Quanto às outras segundas câmaras que são menores que as primeiras, varia muito quão menores elas são. Só algumas segundas câmaras são quase do mesmo tamanho que as respectivas primeiras câmaras: por exemplo, em Trinidad os números são 31 e 43, e na Espanha, 264 e 350, respectivamente. No outro extremo está Alemanha, que tinha uma primeira câmara muito grande em 2009, com 622 membros – quase tanto quanto a Câmara dos Comuns –, mas uma das menores segundas câmaras de apenas 69 membros.

Em segundo lugar, o mandato legislativo das segundas câmaras tende a ser mais longo que o das primeiras câmaras. O mandato da primeira câmara varia de dois a cinco anos comparado ao da segunda câmara que varia de quatro a nove anos (e na Grã-Bretanha e no Canadá, respectivamente, adesão vitalícia e adesão até a aposentadoria). A Suíça é a única exceção, mas relativamente insignificante: alguns membros da segunda câmara são eleitos para mandatos mais curtos que os quatro anos da primeira câmara. Em todas os nossos outros legislativos bicamerais, os membros das segundas câmaras têm mandatos mais longos ou iguais aos membros da primeira câmara.[2]

Em terceiro lugar, uma característica comum às segundas câmaras são os mandatos escalonados. Metade dos eleitos para as segundas câmaras australiana e japonesa é renovada a cada três anos. Um terço das segundas câmaras norte-americana, argentina e indiana se elege a cada dois anos, e um terço da segunda câmara francesa se renova a cada três anos. Similarmente, os membros das câmaras federais austríaca, alemã e suíça são eleitos de forma escalonada, mas em intervalos

---

2 A Câmara dos Representantes dos EUA é excepcional pelo mandato curto de apenas dois anos. A câmara baixa australiana e a legislatura unicameral da Nova Zelândia são eleitas por três anos. Na Suécia, o mandato era de quatro anos até 1970, quando foram adotados o unicameralismo e os mandatos de três anos, mas foi restaurado a partir de 1994. Em todos os outros países, os membros da primeira ou da única câmara servem por quatro ou cinco anos, mas na maior parte dos sistemas parlamentaristas as dissoluções prematuras costumam encurtar o prazo máximo desses mandatos.

irregulares. A primeira câmara argentina é a única que tem mandatos escalonados: metade se elege anualmente.

Essas três diferenças interferem em como as duas câmaras operam nos vários legislativos. Em particular, as segundas câmaras menores conduzem seus assuntos de modo mais informal e relaxado que as primeiras câmaras, sempre maiores. Mas isso não interfere na questão se o bicameralismo é realmente uma instituição mais forte e mais significativa naquele país.

Bicameralismo forte *versus* fraco

Três aspectos dos parlamentos bicamerais determinam a força ou a fraqueza do bicameralismo. O primeiro e mais importante são os poderes constitucionais formais que as duas câmaras possuem. O padrão é que as segundas câmaras sejam subordinadas às primeiras. Por exemplo, os votos negativos de ambas as câmaras para a legislação proposta são frequentemente anulados pela primeira câmara, e o gabinete se responsabiliza exclusivamente pela primeira câmara na maioria dos sistemas parlamentaristas. Nas nossas democracias os únicos exemplos de legislativos bicamerais com mesmo poder formal são os da Argentina, Itália, Suíça, Estados Unidos e Uruguai; três países, Bélgica, Dinamarca e Suécia, tinham câmaras formalmente iguais, mas o poder do Senado belga foi severamente reduzido em 1995, quando eleito no novo formato federalista; Dinamarca e Suécia aboliram suas segundas câmaras em 1953 e 1970, respectivamente.

O segundo aspecto é que a verdadeira importância política da segunda câmara depende não só dos seus poderes formais, mas também dos métodos de seleção adotados. Toda primeira câmara é eleita diretamente pelos eleitores, mas os membros de grande parte das segundas câmaras se elegem indiretamente (em geral por legislativos inferiores ao governo nacional, como os da Índia, Holanda e, até 1970, da Suécia), ou, mais frequentemente, são nomeados (como os senadores do Canadá e de quatro países da Commonwealth caribenha, alguns senadores irlandeses e os membros vitalícios da Câmara dos Lordes britânica). As segundas câmaras não eleitas diretamente não têm a legitimidade democrática e, consequentemente, a influência política que as eleições populares lhes conferem. Inversamente, as eleições diretas da segunda câmara compensam de alguma maneira esse poder formal limitado.

Com base em critérios anteriores, ou seja, os poderes formais relativos das duas câmaras e a legitimidade democrática das segundas câmaras, os legislativos bicamerais serão classificadas como *simétricos* ou *assimétricos*. As câmaras simétricas são aquelas com poderes constitucionais e legitimidade democrática iguais ou moderadamente desiguais. As câmaras assimétricas são altamente desiguais a esse respeito. A categoria simétrica inclui os cinco legislativos, anteriormente referidos, que ainda têm câmaras com poderes formalmente iguais. Em quatro desses legislativos, Argentina, Itália, Estados Unidos e Uruguai, bem como a maior parte dos membros da segunda câmara da Suíça, são eleitos por voto popular. Além disso, as câmaras de quatro legislativos bicamerais não são totalmente iguais, mas ainda podem ser classificados como simétricos de acordo com a definição já apresentada: Austrália, Alemanha, Japão e Holanda. Os parlamentos da Austrália e do Japão são totalmente eleitos por voto direto. O Parlamento holandês pertence a esta categoria, apesar de a segunda câmara ser eleita de forma indireta pelos legislativos provinciais, porque essa câmara tem poder de veto absoluto sobre toda a legislação proposta que não pôde ser anulada na primeira câmara. A força do Bundesrat alemão se deve, não à eleição popular nem ao veto legislativo absoluto, mas ao fato de que sua única câmara federal é composta de representantes dos *executivos* de estados-membros da federação – em geral ministros dos gabinetes do estado-membro. Pode então ser descrita como "a segunda câmara mais forte do mundo" (Edinger, 1986, p. 16). A relação de poder entre as duas casas nos demais parlamentos bicamerais é assimétrica.

A terceira diferença crucial das duas câmaras dos legislativos bicamerais é que as segundas câmaras são eleitas por métodos diferentes e

MODELOS DE DEMOCRACIA

concebidas para sobrerrepresentar determinadas minorias. Se esse for o caso, as duas câmaras têm composições diferentes e são chamadas de *incongruentes*. Os melhores exemplos são as segundas câmaras que servem como câmaras federais e sobrerrepresentam as menores unidades componentes da federação. O maior grau de sobrerrepresentação ocorre quando as representações estadual, provincial e cantonal são iguais, independentemente das populações dessas unidades federais. Uma paridade que pode ser encontrada nas câmaras federais da Suíça e dos Estados Unidos (dois representantes por cantão ou por estado), Argentina (três membros por província) e Austrália (12 de cada estado).[3] O Bundesrat alemão e o Senado canadense são exemplos de câmaras federais com unidades componentes representadas de forma desigual, mas onde as menores são sobrerrepresentadas e as maiores, sub-representadas. O Bundesrat austríaco é exceção, pois o número de componentes é mais ou menos proporcional à população do Länder, e o Länder menor não tem representação especial. Similarmente, o novo Senado belga permite uma leve sobrerrepresentação das minorias linguísticas francesas e alemãs. A Índia é um caso intermediário.

Tabela 11.1
Desigualdade de representação em 11 câmaras federais e semifederais, *ca.* 2000

	Porcentagem de cadeiras de 10% dos eleitores mais bem representados	Índice de desigualdade de Gini	Índice de má distribuição distrital de Samuels-Snyder
Argentina	44,8	0,61	0,49
EUA	39,7	0,49	0,36
Suíça	38,4	0,46	0,34
Canadá	33,4	0,34	–

---

3 Exceções parciais de paridade são os meios cantões suíços, cada um com apenas um representante na câmara federal, e os australianos Território Capital e Território do Norte com dois senadores cada um.

PARLAMENTOS E CONGRESSOS

	Porcentagem de cadeiras de 10% dos eleitores mais bem representados	Índice de desigualdade de Gini	Índice de má distribuição distrital de Samuels-Snyder
Austrália	28,7	0,36	0,30
Alemanha	24,0	0,32	0,24
Espanha	23,7	0,31	0,29
Índia	15,4	0,10	0,07
Áustria	11,9	0,05	0,03
Bélgica	10,8	0,01	–
Holanda	10,0	0,00	0,00

Fonte: Baseada em dados do Banco de Dados Federal de Stepan-Sweden, All Souls College, Universidade de Oxford e em Samuels e Snyder (2001, p. 662).

A Tabela 11.1 mostra os graus de sobrerrepresentação das unidades menores de nove federações e dos sistemas semifederais da Espanha e Holanda de forma mais precisa: em termos do grau de desigualdade das representações causado pelo tratamento favorável que é dado às unidades pequenas. A primeira coluna traz a porcentagem de adesão à câmara federal que representa os 10% da população representada de forma mais favorável. Os cidadãos mais bem representados são os que vivem nas menores unidades componentes da federação. O exemplo a seguir ilustra como essas porcentagens são calculadas. Digamos que o menor estado e o mais bem representado de uma federação tenha 6% da população e dez das cem cadeiras da câmara federal, e que o segundo menor estado e o segundo mais bem representado tenha 8% da população e também tenha dez das cem cadeiras da câmara federal. Então, os 10% mais bem representados da população são os 6% do estado menor mais a metade das pessoas do segundo estado menor. Juntos, esses 10% de pessoas têm 15% dos assentos na câmara federal.

Os dados compilados sobre desigualdade revelam que ela é menor se comparada com as reais desigualdades encontradas na maioria das câmaras federais. A Argentina é o caso mais extremo: os 10% da população mais favoravelmente representada e que vive nas

MODELOS DE DEMOCRACIA

menores províncias têm quase 45% de representação no Senado. As porcentagens dos Estados Unidos e da Suíça, por volta de 40%, se aproximam da porcentagem da Argentina, portanto, o Senado norte-americano e o Conselho de Estado suíço devem ser considerados tão desproporcionais quanto o Senado argentino. As desigualdades no Canadá, Austrália, Alemanha e Espanha são menos extremas, embora ainda sejam substanciais: 10% das pessoas mais favoravelmente representadas elegem de 23 a 34% dos legisladores nas câmaras federais. O Bundesrat austríaco e o Senado belga são as únicas câmaras federais com graus de sobrerrepresentação tão discretos que podem ser consideradas câmaras proporcionalmente divididas – de fato, são quase como a câmara alta da Holanda que é perfeitamente proporcional (é classificada como semifederal mais pelo seu semifederalismo sociológico do que pelo seu sistema federalista territorial). A composição da câmara federal da Índia parece mais próxima dos modelos austríaco e belga do que dos outros sete sistemas federalistas; entretanto, como a segunda câmara também é eleita por um método diferente – na forma de voto único transferível de RP, e não pela regra da maioria simples adotada nas eleições da câmara baixa – deve ser classificada como incongruente.

A Tabela 11.1 mostra ainda duas medidas sumárias do grau de desigualdade. O índice de Gini é usado com mais frequência para medir as desigualdades de renda e patrimônio, mas também outros tipos de desigualdade. O índice de má distribuição distrital criado por David Samuels e Richard Snyder (2001) e disponível para as nove democracias da tabela é similar a um dos índices de desproporcionalidade eleitoral: apenas as diferenças entre as porcentagens de votos e assentos conquistados pelos partidos políticos devem ser somadas para se obter a medida total de desproporcionalidade, e da mesma maneira as diferenças entre as porcentagens das populações estaduais ou provinciais e suas respectivas porcentagens de assentos serão usadas para se obter a medida sumária de má distribuição distrital legislativa.[4] Os dois índices variam de 0, quando a proporcionalidade é total – o índice de Gini da Bélgica 0,01 se aproxima deste ponto e os dois índices da Holanda são exatamente 0 –, a um máximo teórico de aproximadamente 1, quando o menor estado ou a menor província tem todas as cadeiras da câmara federal e os outros não têm nenhuma. Os valores do índice de Samuels-Snyder são mais baixos que os valores do índice de Gini, mas a ordem de classificação das câmaras federais é virtualmente a mesma que a ordem de classificação das porcentagens da primeira coluna. Todos os três mostram que a câmara federal argentina é a mais mal repartida, seguida de perto pelas câmaras dos Estados Unidos e da Suíça. Embora a má distribuição distrital dos próximos cinco países seja menos extrema, seus legislativos também devem ser classificados como incongruentes.

Uma segunda câmara não federalista que deve ser classificada de modo similar é o Senado francês. Este é eleito por um colégio eleitoral em que as pequenas comunidades, com menos de um terço da população, têm mais da metade dos votos; por conta dessa sobrerrepresentação rural e das pequenas cidades, Duverger já caracterizou o Senado como a Câmara da Agricultura (*apud* Ambler, 1971, p. 165). Muitos outros legislativos bicamerais são congruentes porque suas câmaras se elegem por métodos similares: lista de RP na Itália (até 1992), na Holanda e na Bélgica pré-federalista; representação proporcional mista na Itália desde 1964, e o voto único intransferível no Japão até 1996 (mas com lista de RP parcial

---

4 A medida de desproporcionalidade na qual é baseado o índice de má distribuição distrital de Samuels-Snyder é o índice de Loosemore-Hanby (1971), mencionado no Capítulo 8 (nota 7). Samuels e Snyder (2001, pp. 660-61) também analisam a má distribuição distrital nas primeiras câmaras e constatam que em geral é muito inferior que nas casas altas. Entretanto, a Argentina e a Espanha também têm casas baixas significativamente mal-distribuídas: os valores dos índices são 0,14 e 0,1, respectivamente. Ainda mais mal-repartidos são os parlamentos unicamerais da Coreia (0,21) e da Islândia (0,17).

para eleger a câmara alta, desde 1983). Nas Bahamas, Barbados e Jamaica as casas altas são nomeadas pelo governador-geral, e em Trinidad pelo presidente; os critérios variam, mas sempre de modo que o primeiro-ministro nomeie a maioria – e dessa maneira o partido majoritário da primeira câmara sempre é o partido majoritário da segunda câmara. O Senado irlandês parece ser incongruente, porque um grande número dos senadores eleitos está incluído entre os candidatos indicados por grupos de interesse vocacionais e culturais, mas no colégio eleitoral composto de legisladores nacionais e locais predomina a política partidária. Consequentemente, o Senado irlandês "é composto em grande parte de políticos que não diferem muito de seus colegas da [primeira câmara], muitos deles apenas com tênues conexões com os interesses que se dispõem a representar" (Chubb, 1982, p. 212).

As estruturas bicamerais das 36 legislaturas democráticas

A Tabela 11.2 usa as diferenças entre bicameralismo e unicameralismo, entre bicameralismo simétrico e assimétrico e entre bicameralismo congruente e incongruente para construir as classificações das estruturas camerais das 36 democracias, bem como um índice de bicameralismo variável de 4 pontos a 1 ponto. São quatro categorias principais: bicameralismo forte, de força média, fraco, e unicameralismo. O bicameralismo forte é caracterizado tanto pela simetria quanto pela incongruência. No bicameralismo de força média, falta um desses dois elementos; essa categoria se divide em duas subclasses conforme estejam faltando ou a simetria ou a incongruência, mas ambas são classificadas da mesma maneira e têm o mesmo índice de bicameralismo (3 pontos). A terceira categoria é o bicameralismo fraco, onde as câmaras são tanto assimétricas quanto congruentes. E a quarta categoria é a dos legislativos unicamerais. Também é plausível acontecer uma fusão das duas últimas categorias. Um Legislativo bicameral com duas ou mais casas idênticas, e uma delas com muito mais poderes que a outra, seria muito diferente de uma legislatura unicameral? Tsebelis e Money (1997, p. 211) dão uma resposta enfaticamente afirmativa a essa pergunta: "Todas as segundas câmaras exercem influência, mesmo sendo fracas ou insignificantes." Portanto, para fins de medição da divisão do Poder Legislativo, o bicameralismo fraco representará um grau de divisão e o unicameralismo, de total concentração de poder.

Como na Tabela 10.1, que mostra os graus de federalismo e descentralização, a Tabela 11.2 situa vários países em posições intermediárias entre as quatro categorias principais. Isso foi necessário, primeiro, porque vários países mudaram suas estruturas camerais durante o período considerado; para esses países, serão mostrados tanto o tipo de estrutura cameral em cada período quanto as pontuações médias para todo o período.[5] E segundo, o bicameralismo britânico e de Botsuana, embora tecnicamente incongruente, é "rebaixado" meio ponto porque as casas altas são relíquias de uma era pré-democrática. E, terceiro, como discutimos anteriormente, os legislativos intermediários da Islândia (até 1991) e Noruega (até 2009) deveriam ser classificados como de uma câmara e meia e com índice proporcional de 1,5 ponto. O índice médio de bicameralismo entre os 36 países é 2,2 e a mediana 2,5 pontos – ambos bem abaixo do ponto médio teórico de 2,5 pontos entre bicameralismo forte de um lado e unicameralismo de outro.[6]

---

5 Um tanto confusa, a média de Sweden de 1,7 pontos se situa na categoria de um bicameralismo fraco, embora nunca tenha existido um Parlamento desse tipo; a explicação é que 1,7 representa a média entre um período relativamente longo de unicameralismo (1 ponto) e um período mais curto de câmaras simétricas e congruentes (3 pontos).

6 No capítulo anterior, comparei o índice de federalismo e descentralização com os índices desenvolvidos por outros pesquisadores. Similarmente, o índice de bicameralismo pode ser comparado aos índices de bicameralismo de Siaroff (2009, p. 218) e Woldendorp-Keman--Budge (2000, p. 40), e o índice de não bicameralismo de Gerring-Thacker (2008), todos numa escala de 3 pontos. Os coeficientes de correlação, respectivamente, 0,91, 0,81 e −0,68 – são todos estatisticamente significativos em nível de 1%.

MODELOS DE DEMOCRACIA

Tabela 11.2
Estrutura cameral dos legislativos nas 36 democracias, 1945-2010

Bicameralismo forte: câmaras simétricas e incongruentes [4]

Argentina	Suíça
Austrália	Estados Unidos
Alemanha	

Bicameralismo de força média: câmaras simétricas e congruentes [3]

Itália	Holanda	Bélgica [2,8]
Japão	Uruguai	(Bélgica antes de 1995)
		(Dinamarca antes de 1953)
		(Suécia antes de 1970)

Bicameralismo de força média: câmaras assimétricas e incongruentes [3]

Canadá	Índia
França	Espanha

Bicameralismo entre o de força média e o fraco [2,5]

Botsuana	Reino Unido

Bicameralismo fraco: câmaras assimétricas e congruentes [2,0]

Áustria	Irlanda	Suécia [1,7]
Bahamas	Jamaica	(Bélgica antes de 1995)
Barbados	Trinidad	(Nova Zelândia antes de 1950)

Bicameralismo de uma câmara e meia [1,5]

		Islândia [1,4]
		Noruega [1,5]
		(Islândia antes 1991)
		(Noruega antes de 2009)

Unicameralismo [1,0]

Costa Rica	Luxemburgo	Dinamarca [1,2]
Finlândia	Malta	Nova Zelândia [1,1]
Grécia	Ilhas Maurício	(Dinamarca depois de 1953)
Israel	Portugal	(Islândia depois de 1991)
Coreia		(Nova Zelândia depois de 1950)
		(Noruega depois de 2009)
		(Suécia depois de 1970)

Obs.: Os índices de bicameralismo estão entre colchetes.

Estrutura cameral e graus de federalismo e descentralização

Como mostramos anteriormente, há uma forte relação empírica entre as dicotomias bicameral-unicameral e federal-unitária: enquanto todos os sistemas estruturalmente federalistas têm legislativos bicamerais, alguns sistemas não federalistas têm alguns parlamentos bicamerais e outros unicamerais. A mesma relação está presente quando os dois índices, federalismo e bicameralismo, estão correlacionados, como nos mostra a Figura 11.1. À medida que o grau de federalismo e descentralização aumenta, primeiro há uma mudança do unicameralismo para o bicameralismo, e depois o bicameralismo ganha força. O coeficiente de correlação é 0,7 (significativo em nível de 1%).

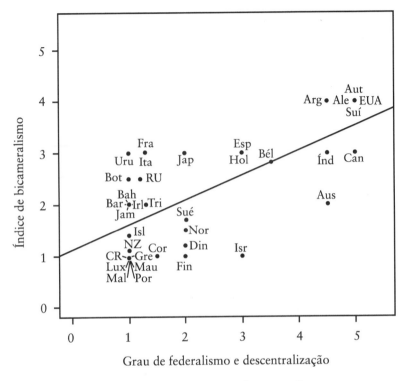

Figura 11.1 A relação entre federalismo-descentralização e estrutura cameral em 36 democracias, 1945-2010.

A Áustria, como era de se esperar, é um dos casos desviantes em resultado de sua legislatura fracamente bicameral. A Finlândia, um dos quatro países nórdicos que foram classificados como unitários e descentralizados, tem uma pontuação baixa de bicameralismo que é mais típica dos sistemas unitários e centralizados. Israel tem um Parlamento unicameral que contradiz a sua classificação como um sistema semifederalista. Do outro lado da linha de regressão, um grupo de quatro sistemas unitários e imensamente centralizados, França, Itália, Uruguai e Japão, tem um bicameralismo muito mais forte que o esperado. Uma possível explicação para esses casos desviantes é o tamanho da população. Os países menores (Áustria – que é o segundo menor dos nove sistemas federalistas –, Israel e Finlândia), tendem a ter legislativos unicamerais ou bicamerais fracos apesar do *status* federalista, semifederalista ou descentralizado. Em contraposição, países grandes como França, Itália e Japão têm um bicameralismo relativamente forte apesar de seus sistemas unitários. Eu observei no capítulo anterior que o tamanho da população também estava relacionado com o federalismo: os sistemas federalistas estão geralmente nos países maiores. As três variáveis não são perfeitamente correlacionadas; Uruguai com sua pequena população e governo unitário, mas bicameralismo médio para forte é uma exceção digna de nota. Entretanto, no Capítulo 14 eu mostro que o tamanho da população está intimamente ligado à dimensão federal-unitária integral da qual os índices de federalismo e bicameralismo são dois dos cinco componentes.

12. Constituições: procedimentos de emenda e revisão judicial

Neste capítulo eu discuto duas variáveis, ambas pertencentes à dimensão federal-unitária, que dizem respeito à presença ou ausência de restrições explícitas à competência legislativa das maiorias parlamentares. Há uma Constituição servindo como "lei suprema" que é vinculada ao Parlamento e não pode ser alterada por maioria parlamentar regular, ou é o Parlamento, isto é, a maioria parlamentar, o legislador supremo e soberano? A primeira variável é a facilidade ou dificuldade de acrescentar emendas à Constituição: a distinção convencional é entre constituições *flexíveis*, que podem ser alteradas por maiorias regulares, e constituições *rígidas,* que só podem ser emendadas por supermaiorias. A segunda variável diz respeito à presença ou à ausência de revisão judicial. Quando uma lei ordinária entra em conflito com a Constituição, quem interpreta a Constituição: o próprio Parlamento – novamente, a maioria parlamentar –, ou um corpo como uma corte judicial, um conselho constitucional externo e independente do Parlamento? No modelo consensual puro, a Constituição é rígida e protegida por revisão judicial; o modelo majoritário puro é caracterizado por uma Constituição flexível e pela ausência de revisão judicial.

Na prática, não são diferenças dicotômicas: há graus de flexibilidade e rigidez das constituições e, quando a revisão judicial está presente, os graus de cada uma são usados ativamente. Eu proponho escalas de 4 pontos para medir tanto a rigidez constitucional quanto a revisão

MODELOS DE DEMOCRACIA

judicial. E analiso as relações entre as duas variáveis: as constituições rígidas tendem a ter mais proteção das revisões judiciais do que as mais flexíveis. Em um breve adendo eu discuto o papel dos referendos, que são exigidos com frequência no processo de emenda constitucional: eles devem ser considerados principalmente como instrumentos majoritários ou incentivos para buscar o consenso? Um segundo adendo olha por dentro das altas cortes poderosas e ativas, típicas das democracias consensuais, para descobrir até que ponto suas organizações e operações internas também estão em concordância com o modelo consensual.

Constituições escritas e não escritas

A distinção entre constituições escritas e não escritas parece ser relativamente insignificante por duas razões. Uma delas é que quase todas as constituições que existem no mundo são escritas: as constituições não escritas são extremamente raras. Em nosso conjunto de 36 democracias, apenas três têm constituições não escritas: Reino Unido e Nova Zelândia, os dois principais exemplos de democracia majoritária discutidos no Capítulo 2, e também Israel. A ausência de uma Constituição escrita na Grã-Bretanha e na Nova Zelândia costuma ser explicada em termos do forte consenso entre elas das normas políticas fundamentais que dispensam uma Constituição formal. A explicação oposta aplica-se ao caso de Israel, que tem tentado, mas não tem conseguido adotar uma Constituição escrita devido a inúmeras questões-chave, especialmente o papel da religião no Estado e no sistema legal, sobre as quais nunca se chega a um acordo (Gutmann, 1988). Esse dissenso tem sido solucionado por meio de um "acordo em desacordo", ao passo que sobre outros assuntos importantes o consenso tem sido forte o suficiente para que o país seja governado sem uma Constituição formal, como a Grã-Bretanha e a Nova Zelândia. Em segundo lugar, do ponto de vista do contraste fundamental entre os modelos de democracia majoritária e consensual, é mais relevante determinar se a Constituição, escrita ou não escrita,

CONSTITUIÇÕES

impõe restrições importantes à maioria do que perguntar se é ou não escrita. As constituições escritas podem ser tão facilmente emendadas quanto livres de revisão judicial como as constituições não escritas.

Há, porém, dois fortes contra-argumentos. O primeiro, se a Constituição escrita for um documento simples, explicitamente designado como a lei suprema do país, é mais provável que a maioria parlamentar se sinta moralmente inclinada a respeitá-la muito mais do que se fosse um conjunto mais ou menos amorfo de leis e costumes básicos sem mesmo uma concordância clara sobre o que, exatamente, faz e não faz parte da Constituição não escrita. O segundo contra-argumento e o mais importante é o fato de as constituições não escritas, por sua própria natureza – porque não têm o *status* superior formal das outras leis –, implicarem, logicamente, total flexibilidade e ausência de revisão judicial. O uso de "cláusulas pétreas" e de "leis básicas" pela Nova Zelândia e Israel são exceções apenas aparentes, porque a rigidez destas cláusulas pode ser removida ou revogada com relativa facilidade.[1] Em contraste, as constituições escritas podem ser tanto totalmente flexíveis quanto totalmente desprotegidas pela revisão judicial, mas na prática essa combinação é rara; no nosso conjunto de 36 democracias que têm constituições escritas, a França entre 1958 e por volta de 1974 foi o único exemplo.

Constituições flexíveis e rígidas

As democracias tem à sua disposição uma série de dispositivos legais para dar diferentes graus de rigidez às suas constituições: maiorias legislativas especiais, aprovação pelas duas casas dos legislativos bicamerais

---

1 No importante caso *Bergman* de 1969, pela primeira vez a Suprema Corte de Israel anulou um ato do Knesset (Parlamento) por violar uma lei básica que estipulava, em emenda aprovada por maioria absoluta dos próprios membros do Knesset, que o Parlamento aprovasse uma versão modificada da lei já invalidada por maioria absoluta, mas não por supermaioria. Presume-se que o Knesset poderia primeiro ter emendado (por maioria absoluta) a exigência de maioria-absoluta da lei básica e depois reaprovado o ato invalidado em sua forma original (mesmo sem maioria absoluta).

MODELOS DE DEMOCRACIA

(mesmo que estes sejam assimétricos no que diz respeito à legislação ordinária), aprovação por maiorias ordinárias ou especiais de legislativos estaduais e municipais, aprovação por referendo e aprovação por maioria especial em um referendo. Outras complicações são que algumas constituições estipulam diferentes métodos de emenda para diferentes provisões constitucionais e métodos alternativos que podem ser usados para emendar qualquer parte da Constituição (Maddex, 2008). Mesmo assim, essa grande variedade de provisões constitucionais pode ser reduzida a quatro tipos básicos, como é mostrado na Tabela 12.1. Esses quatro tipos se baseiam, primeiro, na distinção entre aprovação por maiorias ordinárias – indicando total flexibilidade – e mais que as maiorias ordinárias. Logo, três categorias de rigidez se distinguem: (1) aprovação por maiorias de dois terços – uma regra muito comum, baseada na ideia de que os que apoiam a alteração constitucional sejam em maior número que os que não apoiam, na proporção de, pelo menos, dois para um; (2) aprovação por *menos* que a maioria de dois terços (porém maior que a maioria ordinária) – por exemplo, uma maioria parlamentar de três quintos ou uma maioria ordinária mais um referendo; e (3) aprovação por *mais* que uma maioria de dois terços, como uma maioria de três quartos ou uma maioria de dois terços mais a aprovação dos legislativos estaduais.

O único grande ajuste a ser feito refere-se à classificação das maiorias especiais – também chamadas maiorias extraordinárias ou supermaiorias –, quando são maiorias parlamentares especiais em parlamentos eleitos por maioria simples. Em legislativos como esse, as grandes maiorias costumam representar maiorias populares muito menores, e às vezes meramente uma maioria simples popular; além disso, as grandes maiorias são frequentemente maiorias unipartidárias. Por exemplo, logo depois do assassinato de Indira Gandhi, primeira-ministra da Índia e líder do partido do Congresso, seu partido conquistou a grande maioria dos assentos, 76,5%, nas eleições de 1984, muito mais que os dois terços necessários para acrescentar emendas à Constituição – bastariam 48,1% dos votos populares. Maiorias

CONSTITUIÇÕES

de dois terços também são exigidas para emendar a Constituição de Barbados, mas em cinco das dez eleições desde 1966 essas grandes maiorias unipartidárias foram manufaturadas entre 50% a 60% dos votos populares, e uma delas por maioria simples de 48,8%.

As supermaiorias em sistemas de maioria simples são muito menos restritivas que as mesmas supermaiorias em sistemas de RP; levando em conta essa diferença, os sistemas de maioria simples estão classificados na Tabela 12.1 na categoria abaixo daquela a que pertencem tecnicamente. A necessidade desse ajuste parece ser reconhecida pelos próprios países que utilizam o método de maioria simples: os únicos países que exigem maiorias parlamentares de três quartos para emendar a Constituição são Bahamas, Jamaica, Ilhas Maurício e Trinidad – todos eles países que utilizam o método da maioria simples. Essas quatro democracias se classificam na segunda categoria da Tabela 12.1 como os equivalentes substantivos dos países com regra de maioria de dois terços. Pela mesma razão, Barbados e Botsuana estão postos na terceira categoria, mesmo que seus requisitos formais para emendar a Constituição sejam as maiorias de dois terços.

Tabela 12.1
Maiorias e supermaiorias exigidas para emenda constitucional em 36 democracias, 1945-2010

Supermaiorias maiores que dois terços [4]

Argentina	Coreia	Alemanha [3,5]
Austrália	Suíça	
Canadá	Estados Unidos	
Japão		

Maiorias de dois terços ou equivalente [3]

Áustria	Malta
Bahamas	Ilhas Maurício
Bélgica	Holanda
Costa Rica	Noruega

MODELOS DE DEMOCRACIA

Maiorias de dois terços ou equivalente [3]

Finlândia	Portugal
Índia	Espanha
Jamaica	Trinidad
Luxemburgo	

Maiorias entre dois terços e ordinária [2]

Barbados	Grécia	França [1,7]
Botsuana	Irlanda	Suécia [1,5]
Dinamarca	Itália	(França após 1974)
		(Suécia após 1980)

Maiorias ordinárias [1]

Islândia	Reino Unido	(França pré-1974)
Israel	Uruguai	(Suécia pré-1980)
Nova Zelândia		

Obs.: Os índices de rigidez constitucional estão entre colchetes.

O problema das regras diferentes para fazer emendas constitucionais em uma mesma Constituição pode ser solucionado com relativa facilidade. Primeiro, quando forem usados métodos alternativos, deve ser levado em conta o método menos restritivo. Por exemplo, a Constituição italiana pode ser emendada ou por dois terços da maioria nas duas câmaras ou por maioria absoluta, isto é, as maiorias de todos os membros das duas câmaras, mas não supermaiorias, seguidas por um referendo. Esse último método é mais flexível em termos do critério da Tabela 12.1, e a Itália é, portanto, classificada na terceira e não na segunda categoria. Em segundo lugar, quando regras diferentes se aplicam a partes diferentes das constituições, leva-se em conta a regra que se aplica às emendas dos artigos mais básicos da Constituição. Por exemplo, algumas provisões da extensa Constituição da Índia podem ser alteradas por maiorias regulares em ambas as casas, outras por maiorias absolutas de todos os membros das duas casas, e outras ainda somente por maiorias de dois terços mais a aprovação dos legislativos de metade dos estados. O último grupo contém provisões-chave como a divisão de poder entre governo central e governos estaduais, e é a regra para emendá-las que é decisiva para classificar a Índia na segunda categoria da Tabela 12.1: as maiorias de dois terços em um sistema de maioria simples só seriam boas para um lugar na terceira categoria, mas o requisito adicional de aprovação por metade dos estados põe a Índia de volta na segunda categoria.

As regras para as emendas constitucionais tendem a ser bastante estáveis, e quaisquer mudanças que ocorram não costumam ser abrangentes. Apenas duas dessas mudanças estão indicadas na Tabela 12.1. A mudança na Suécia implicou apenas a inclusão de um referendo. O último artigo da Constituição francesa estipula que as emendas requerem ou aprovação da maioria pelas duas câmaras legislativas seguida de um referendo ou uma maioria de três quintos em uma sessão conjunta do Legislativo; os dois métodos se qualificam para a terceira categoria na Tabela 12.1. Mais ainda, a decisão do presidente Charles de Gaulle em 1962 de driblar o Parlamento e submeter a proposta de emenda diretamente a um referendo, que foi aprovado por maioria esmagadora dos eleitores, estabeleceu um terceiro procedimento puramente majoritário para emenda constitucional. Mas, por volta de 1974, quando o primeiro presidente não gaullista foi eleito, esse método extraconstitucional deixou de ser uma opção viável.

A maior parte dos países se encaixa nas duas categorias do meio da Tabela 12.1: elas requerem mais que maiorias ordinárias para emendar a Constituição, mas não mais que maiorias de dois terços ou equivalente. A média de rigidez constitucional é 2,7 e a mediana é 3. Sete países têm ou tiveram constituições mais flexíveis: três democracias com constituições não escritas, e quatro com constituições escritas: França e Suécia (antes de 1974 e 1980, respectivamente), Islândia e Uruguai. A mais flexível é a Constituição uruguaia: um dos procedimentos alternativos é que dois quintos de todos os membros do Legislativo – ou seja, menos que a maioria – proponham uma emenda a ser submetida aos eleitores,

MODELOS DE DEMOCRACIA

que podem aprová-la desde que: (1) os votos "sim" excedam os votos "não" e quaisquer abstenções; e que (2) os votos "sim" representem pelo menos 35% de todos os eleitores registrados – novamente, menos que o requisito de maioria plena (Maddex, 2008, p. 485).

Sete países recebem os valores mais altos no índice de rigidez constitucional. Os Estados Unidos são os menos flexíveis porque as emendas requerem maiorias de dois terços tanto do Senado quanto da Câmara dos Representantes, bem como a aprovação de três quartos dos estados. A Constituição argentina requer as mesmas maiorias de dois terços mais a aprovação por uma convenção constitucional especial. No Canadá, várias provisões-chave só podem ser emendadas se forem aprovadas por todas as províncias. Na Austrália e Suíça, as emendas requerem aprovação em um referendo popular de não apenas maiorias de eleitores, mas também maiorias da maior parte dos estados e cantões; isso permite que os menores estados e cantões, com menos de 20% da população, bloqueiem as mudanças constitucionais. A Constituição japonesa requer maiorias de dois terços em ambas as casas do Parlamento e também um referendo. A Coreia adota a mesma regra exceto que tem uma legislatura unicameral. Há bons argumentos para incluir a Constituição alemã na mesma categoria, como a exigência de maioria de dois terços nas duas câmaras e a composição do Budersrat diferir da composição do Bundestag em vários aspectos importantes. Entretanto, o país tem uma posição mais conservadora na Tabela 12.1, entre as duas categorias mais altas. Na prática, todas essas constituições rígidas são também difíceis de emendar: a Constituição japonesa nunca recebeu uma única emenda em mais de sessenta anos de existência; a Constituição coreana é um pouco mais recente, de 1987, e também nunca foi emendada.[2]

---

2 O índice de rigidez constitucional na Tabela 12.1 é comparável ao índice similar de 3 pontos de Siaroff (2009, p. 218) – o coeficiente de correlação é 0,8 –, mas é menos comparável ao "índice de dificuldade" de Donald S. Lutz (2006, p. 170), ou seja, a dificuldade de adotar emendas constitucionais, e ao índice de rigidez de Astrid Lorenz (2005, pp. 358-59) – os coeficientes de correlação são de apenas 0,46 e 0,59, respectivamente. O índice de revisão judicial da Tabela 12.2 também tem forte correlação com o índice similar de Siaroff, que novamente está numa escala de 3 pontos: o coeficiente é 0,78. As três correlações mais fortes são estatisticamente significantes em nível de 1%, e a correlação com o índice de Lutz é significante em nível de 5%.

Revisão judicial

Alguém poderia argumentar que uma Constituição escrita e rígida ainda não é restrição suficiente para as maiorias parlamentares, a menos que haja um corpo independente que decida se as leis estão em conformidade com a Constituição. Se o próprio Parlamento é o juiz da constitucionalidade de suas próprias leis, pode facilmente ser tentado a resolver quaisquer dúvidas a seu favor. O remédio que costuma ser indicado é dar às cortes ou a um tribunal judicial especial o poder da revisão judicial, ou seja, o poder de testar a constitucionalidade das leis aprovadas pelo Legislativo nacional.

Na famosa decisão *Marbury v. Madison* (1803), que introduziu a revisão judicial nos Estados Unidos, o presidente do Supremo Tribunal John Marshall argumentou que a presença de uma Constituição escrita e um Judiciário independente logicamente implicava que a Suprema Corte tinha o poder da revisão judicial. A corte, diante de uma incompatibilidade entre a Constituição e uma lei ordinária, não teve escolha senão aplicar a lei maior e invalidar a de menor *status*. A lógica desse raciocínio é incontestável: mesmo que a Constituição não preveja explicitamente a revisão judicial, ela está implícita no *status* superior da Constituição. Muitas constituições, porém, garantem especificamente esse poder às suas cortes. Por exemplo, a Constituição grega diz que "as cortes devem ser obrigadas a não aplicar leis cujo conteúdo seja contrário à Constituição" (Brewer-Carías, 1989, p. 169). O Artigo 2 da Constituição de Trinidad afirma: "Esta Constituição é a lei suprema de Trinidad e Tobago, e qualquer outra lei que seja inconsistente com esta Constituição será anulada por inconsistência." Linguagem muito semelhante é usada nas constituições de outros três países caribenhos.[3]

---

3 Essas constituições, bem como a Constituição das Ilhas Maurício, também estipulam que a mais alta corte para fins de revisão judicial seja o Comitê Judicial do Conselho Privado, em Londres. Em parte pela insatisfação com a liberalidade das sentenças desse comitê em processos de penas de morte, os países caribenhos criaram como alternativa, em 2001, a Corte de Justiça Caribenha, sediada em Porto d'Espanha (Trinidad). Barbados e Guiana aderiram à nova corte em 2005; Belize aderiu em 2010.

MODELOS DE DEMOCRACIA

Várias constituições negam explicitamente o poder de revisão judicial às cortes. Por exemplo, o artigo 120 da Constituição holandesa afirma: "A constitucionalidade dos atos e tratados do Parlamento não pode ser revista pelas cortes." Uma notória tentativa de excluir parte de uma Constituição escrita da revisão judicial é a emenda de equilíbrio orçamentário proposta à Constituição dos Estados Unidos, duas vezes derrotada pelo Senado, em 1995 e 1997, e que incluía a seguinte cláusula: "O Poder Judiciário dos Estados Unidos não se estende a qualquer processo ou controvérsia que surja sob esta [emenda], a menos que seja especificamente autorizado pela legislação." (*The New York Times*, 1º de março, 1995, A16) Não apenas nos países sem constituições escritas, mas também naqueles que têm Constituição escrita, mas não têm revisão judicial, são os parlamentos os guardiões supremos da Constituição. A lógica em que esta alternativa é baseada é a do princípio democrático: decisões vitais como a conformidade da lei à Constituição devem ser tomadas pelos representantes eleitos pelo povo, e não por um corpo judicial nomeado e, com frequência, não representativo.

Principalmente como um compromisso entre essas duas lógicas contraditórias, muitos países confiam a revisão judicial a cortes constitucionais especiais e não a sistemas de cortes regulares. As cortes ordinárias podem submeter questões de constitucionalidade à corte constitucional especial, mas elas próprias não decidem essas questões. Esse tipo é chamado de sistema centralizado de revisão judicial. Foi proposto pelo famoso jurista australiano Hans Kelsen e adotado pela primeira vez na Áustria em 1920. Hoje é usado também na Bélgica, Costa Rica, Alemanha, Itália, Coreia, Portugal e Espanha. A alternativa, a revisão judicial descentralizada, na qual as cortes podem avaliar a constitucionalidade das leis, ainda é o sistema mais comum.

Por muito tempo a França foi o principal exemplo de um país em que o princípio da soberania popular impedia a aplicação da revisão judicial. A Constituição da Quinta República criou um conselho constitucional que servia, a princípio, para proteger o Poder Executivo da intrusão legislativa; só o presidente, o primeiro-ministro e os presidentes das duas câmaras tinham permissão para submeter questões de constitucionalidade ao conselho. Entretanto, uma emenda constitucional aprovada em 1974 concedeu também às minorias relativamente pequenas do Legislativo – sessenta membros de cada câmara – o direito de apelar para o conselho constitucional, e o próprio conselho impôs com muita força o seu poder de revisão judicial (Stone, 1992). Embora as cortes ainda não possam recorrer ao conselho constitucional, o Parlamento não é mais o intérprete definitivo da constitucionalidade das suas próprias leis; portanto, a França também tem que ser incluída entre os países com revisão judicial do tipo centralizado.

Revisão judicial e ativismo judicial

O impacto da revisão judicial depende apenas em parte da sua existência formal, mas de maneira muito mais vital do vigor e da frequência de como é usada pelas cortes, especialmente as cortes supremas e constitucionais. A Tabela 12.2 apresenta uma quádrupla classificação da força da revisão judicial baseada, primeiro, na distinção entre presença ou na ausência da revisão judicial e, segundo, nos três graus de ativismo e de imposição dessa força. Só em seis países a revisão judicial é muito forte: Estados Unidos, Alemanha, Índia e, em anos recentes, Canadá, Costa Rica e Argentina. As cortes ativas norte-americanas, e a Suprema Corte em particular, são acusadas de formar um "Judiciário imperial" (Franck, 1996), mas a Corte Constitucional alemã tem sido pelo menos tão ativa quanto: "Depois da Suprema Corte norte-americana, a [Corte Constitucional] alemã é considerada uma das mais fortes e influentes cortes constitucionais do mundo. Certamente se classifica como a suprema corte mais importante da Europa" (Vanberg, 2005, p. 17). As cortes da Índia não eram tão assertivas antes do retorno à democracia em 1977, mas Carl Baar (1992) afirma que de 1977 em diante passaram a ser o "Judiciário mais ativo do mundo". A Suprema Corte indiana

MODELOS DE DEMOCRACIA

chegou ao ponto de declarar que seu poder de revisão judicial é "uma parte inseparável da Constituição" que nunca poderá ser retirado – nem "mesmo por emenda constitucional" (Jain, 2000, p. 15).

Tabela 12.2
A força da revisão judicial em 36 democracias, 1945-2010

Revisão judicial forte [4]

Alemanha*	Estados Unidos	Canadá [3,4]
Índia		(Argentina após 2003)
		(Canadá após 1982)
		(Costa Rica após 1989*)

Revisão judicial de força média [3]

Austrália	Ilhas Maurício	Argentina [2,7]
Áustria*	Espanha*	Costa Rica [2,7]
Coreia*		(Argentina pré-1989)
		(Bélgica após 1984*)
		(Canadá pré-1982)
		(França após 1974*)
		(Itália após 1996*)

Revisão judicial fraca [2]

Bahamas	Jamaica	Bélgica [1,8]
Barbados	Japão	França [2,4]
Botsuana	Malta	Itália [2,1]
Dinamarca	Noruega	Uruguai [2,5]
Grécia	Portugal*	(Argentina 1989-2003)
Islândia	Trinidad	(Costa Rica pré-1989)
Irlanda		(Itália 1956-96*)

Ausência de revisão judicial [1]

Finlândia	Nova Zelândia	(Bélgica pré-1984)
Israel	Suécia	(França pré-1974)

CONSTITUIÇÕES

Ausência de revisão judicial [1]

| Luxemburgo | Suíça | (Itália pré-1956) |
| Holanda | Reino Unido | |

* Revisão judicial centralizada em cortes constitucionais especiais.

Obs.: Os índices de revisão judicial aparecem entre colchetes.

No Canadá, a adoção em 1982 da Carta dos Direitos e Liberdades deu início a "uma era de ativismo judicial" (Bear, 1991, p. 53); isso moveu o Canadá de uma revisão judicial de força média para uma revisão judicial forte. Mudança maior ocorreu na Costa Rica, o que Bruce M. Wilson (2000, pp. 70, 73) chamaria de "uma mudança importante da passividade judicial para o ativismo judicial", especialmente em relação aos direitos civis. Antes de 1989, a Suprema Corte tinha o direito de revisão judicial, mas só podia invalidar leis por maioria de dois terços – e na prática raramente exercia esse poder. A nova câmara constitucional da Suprema Corte, criada em 1989, assumiu a incumbência explícita de ser a guardiã da Constituição, e "passados poucos meses da sua criação, [a câmara constitucional] deixou claro que não seria mais cegamente deferente às alas populares do governo". A antiga regra de dois terços também foi abandonada, e agora a câmara decreta a inconstitucionalidade das leis por maioria simples. Na Argentina, durante um período muito mais curto de redemocratização em 1984, ocorreram mudanças ainda maiores. Sob o presidente Raúl Alfonsín, a Suprema Corte tornou-se gradualmente mais independente e ativista, mas essa tendência foi revertida com a eleição de Carlos Menen, que a forçou à subserviência em seus dois mandatos. Após a saída de Menen, a corte ressuscitou como um árbitro constitucional totalmente independente (Carnota, 2010; Tuozzo, 2009). Gretchen Helmke (2005, p. 162) garante que após anos de deferência abjeta ao governo, a postura da corte "se inverteu profundamente".

A revisão judicial de força média caracteriza cinco países durante todos os períodos em que foram considerados: Austrália, Áustria, Co-

MODELOS DE DEMOCRACIA

reia, Ilhas Maurício e Espanha. O ativismo da Corte Constitucional da Coreia é especialmente digno de nota porque, embora ela tenha sido modelada na sua contraparte alemã, não esperava ter um papel tão importante. A corte "chamou a atenção já na sua primeira decisão que estaria disposta a reagir à legislação e à ação do governo que julgasse interferir na Constituição" (Lim, 2004, p. 19). O requisito formal de uma maioria de dois terços para declarar leis inconstitucionais não tem sido um limite suficiente. Dae-Kyu Tiin (2010, p. 145) credita à corte a "contribuição à recente estabilização e consolidação da democracia na Coreia". Outros cinco países se encaixam na categoria de revisão judicial de força média em algum momento das suas histórias democráticas cobertas por este livro. Os casos da Argentina, Canadá e Costa Rica foram discutidos anteriormente, e a mudança para uma revisão judicial ativista na Bélgica foi tratada no Capítulo 3. O quinto país é a Itália, que evoluiu para uma revisão judicial de força média em duas etapas. Não havia essencialmente nenhuma revisão judicial até 1956, quando a corte constitucional prevista para a Constituição do pós-guerra foi finalmente estabelecida. A nova corte provou ser ativista com relação às leis da era fascista, mas evitava interferir em outros assuntos políticos por seguir uma "rigorosa política de autocontenção e um respeito quase subserviente ao Parlamento" (Volcansek, 1994, 507). Paralelamente às grandes mudanças ocorridas na política italiana na década de 1990, como a ampla reforma eleitoral já discutida no Capítulo 8, as cortes abandonaram grande parte dessa antiga imobilidade e "caminharam de maneira mais audaciosa na direção dos holofotes" (Volcansek, 2000, p. 157).

Entre os países com revisão judicial fraca, os escandinavos são considerados os mais fracos. Suas cortes podem invalidar leis, mas relutam demais em fazê-lo. A Constituição sueca limita formalmente a revisão judicial a casos em que a inconstitucionalidade de uma lei é "manifesta", e M. Steven Fish e Matthew Kroenig (2009, p. 633) afirmam que, na prática, "as leis da Legislativo são soberanas

CONSTITUIÇÕES

e não estão sujeitas à revisão judicial". Por isso situo a Suécia na categoria mais baixa da Tabela 12.2, e Dinamarca e Noruega em uma categoria mais acima. Alguns outros países, como Portugal e, após 1982, Malta (Agius e Grosselfinger, 1995), podem ser classificados como um pouco mais fortes, mas as diferenças não são grandes. Uma exceção é o Uruguai, que pode ser colocado entre as categorias fraca e de força média. As cortes uruguaias são consideradas as mais independentes e imparciais da América Latina (Brinks, 2008, p. 196), mas têm apenas um registro modesto de exercer revisão judicial.

O padrão geral mostrado na Tabela 12.2 é de revisões judiciais relativamente fracas. A pontuação média é 2,2 e, a mediana, 2 pontos, bem abaixo do ponto médio de 2,5 na escala de 4 pontos. Entretanto, parece existir uma tendência na direção de mais revisões judiciais e mais fortes: os seis países que são classificados em categorias diferentes em períodos diferentes, todos eles passaram de menos para mais força da revisão judicial. Além disso, cinco países com constituições escritas, mas ainda sem revisão judicial, são as democracias mais velhas da Europa; todas as democracias mais recentes sem exceção têm revisão judicial. Por fim, assim como no Reino Unido (ver Capítulo 2), essas cinco democracias mais velhas aceitaram a revisão judicial supranacional da Corte Europeia de Justiça e/ou Corte Europeia de Diretos Humanos. Essas tendências confirmam, para citar título do livro de C. Neal Tate e Torbjörn Vallinder (1995), "a expansão global do Poder Judiciário".

A Tabela 12.2 mostra ainda que os países com revisão judicial centralizada tendem a ter revisão judicial mais forte que os países com sistemas descentralizados: oito dos nove sistemas centralizados estão nas duas categorias mais altas desde 1996 (quando a Corte Constitucional italiana tornou-se mais ativa). É uma conclusão bastante surpreendente porque a revisão centralizada foi desenvolvida originalmente como um meio termo entre não ter nenhuma revisão

MODELOS DE DEMOCRACIA

judicial e ter uma do tipo descentralizada. A explicação só pode ser que, se um corpo especial é criado com o propósito claro e exclusivo de rever a constitucionalidade da legislação, a probabilidade é que ele cumpra a tarefa com rigor.

Rigidez constitucional e revisão judicial

Podemos esperar que as variáveis rigidez constitucional *versus* flexibilidade e força da revisão judicial estejam correlacionadas por duas razões. Uma delas é que tanto a rigidez constitucional quanto a revisão judicial são artifícios antimajoritários e as constituições completamente flexíveis e a ausência de revisão judicial permitem que a maioria governe sem restrições. A outra é que ambas estão logicamente vinculadas ao que a revisão judicial puder trabalhar efetivamente, mas só se estiverem apoiadas na rigidez constitucional, e vice-versa. Se há uma revisão judicial forte, mas a Constituição é flexível, a maioria do Legislativo vai reagir facilmente a uma declaração de inconstitucionalidade emendando a Constituição. Da mesma maneira, se a Constituição for rígida, mas não protegida por revisão judicial, a maioria parlamentar vai interpretar qualquer lei questionável constitucionalmente que pretenda aprovar como não sendo uma violação à Constituição.

A Figura 12.1 mostra a relação empírica entre as duas variáveis para as 36 democracias. O coeficiente de correlação é 0,46 – não excepcionalmente forte, mas ainda estatisticamente significante em nível de 1%. Um valor discrepante importante é a Suíça, onde, como enfatizei no capítulo 3, a ausência de revisão judicial é a única característica majoritária dessa democracia que, não fosse por isso, seria solidamente consensual. Os demais casos discrepantes importantes são Finlândia, Holanda e Luxemburgo, países com regras de maiorias de dois terços para emendar a Constituição, mas sem revisão judicial, e Índia e Alemanha, onde a revisão judicial extremamente forte está associada a constituições rígidas, mas não muito rígidas. Tanto a revisão judicial quanto as constituições rígidas estão vinculadas ao federalismo bem como às outras duas variáveis da dimensão federal-unitária: o bicameralismo e os bancos centrais independentes. Os bancos centrais são o tema do próximo capítulo, e as ligações entre as cinco variáveis federal-unitárias serão discutidas no Capítulo 14.

Primeiro adendo: os referendos e a democracia consensual

Uma característica que merece ser notada nos procedimentos de emenda especificados pelas constituições escritas é o uso frequente dos referendos como requisito absoluto ou como uma alternativa opcional: em 14 das 33 constituições escritas (desde 2010). Se a aprovação da maioria em um referendo é um procedimento obrigatório para emendar a Constituição, o referendo funciona como um dispositivo normativo majoritário; entretanto, o único exemplo desse tipo de referendo em nosso conjunto de democracias foi usado de forma extraconstitucional pelo presidente de Gaulle da França. Talvez um dos métodos alternativos de emenda constitucional no Uruguai – aprovação via referendo de uma proposta da minoria legislativa, e não da maioria – também devesse ser visto como majoritário. Em todos os outros casos, o referendo é previsto em conjunto com a aprovação legislativa por maiorias ordinárias ou extraordinárias, tornando as emendas mais difíceis de adotar e as constituições mais rígidas – e consequentemente servindo de dispositivo normativo antimajoritário (Gallagher, 1995).

MODELOS DE DEMOCRACIA

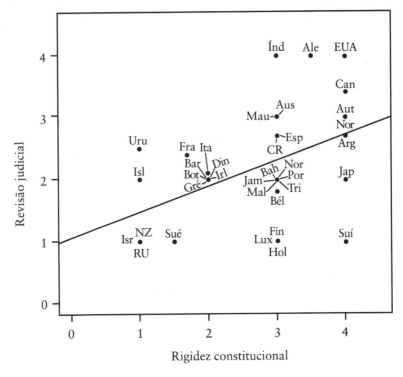

Figura 12.1 A relação entre rigidez constitucional e revisão judicial em 36 democracias, 1945-2010.

Essa função do referendo entra em conflito com a visão convencional de que o referendo é o método majoritário mais extremo de tomada de decisões, ou seja, é ainda mais majoritário que a democracia majoritária representativa, uma vez que os legislativos eleitos oferecem pelo menos as mesmas oportunidades às minorias de apresentar suas propostas em longas discussões e participar das negociações e troca de favores. Em seu clássico estudo sobre os referendos, David Butler e Austin Ranney (1978, p. 36) afirmam: "Porque eles não podem medir a intensidade das crenças nem resolver as coisas pela discussão e descoberta, os referendos acabam sendo mais perigosos que as assembleias representativas aos direitos das minorias." Embora o argumento de Butler e Ranney sirva na maior parte das situações, certamente exige modificações. O uso do

CONSTITUIÇÕES

referendo como um requisito a mais, além da aprovação legislativa, no processo de emenda constitucional é muito mais antimajoritário do que majoritário: em particular, dá oportunidade às minorias insatisfeitas de lançar uma campanha contra à emenda proposta.

Há outro jeito importante de os referendos diferirem do caráter majoritário bruto que a visão convencional lhes confere. De fato, isso acontece quando eles vêm na sua forma mais forte: em combinação com a iniciativa popular. Suíça e Uruguai são os principais exemplos. Nesses países, o referendo e a iniciativa popular dão oportunidade a minorias muito pequenas de contestar quaisquer leis aprovadas pela maioria dos representantes eleitos. Mesmo que os esforços não obtenham sucesso, a maioria é obrigada a pagar os custos da campanha do referendo. Consequentemente, o potencial clamor da minoria pelos referendos é um forte estímulo para que a maioria fique atenta às suas necessidades. Franz Lehner (1984, p. 30) argumenta de maneira convincente que na Suíça "qualquer coalizão com uma chance previsível e segura de vitória tem que incluir todos os partidos e organizações que possam defender um referendo bem-sucedido". O referendo mais a iniciativa popular reforça, portanto, duas tradições suíças: a ampla coalizão dos quatro partidos no Conselho Federal executivo e a busca de maiorias legislativas em projetos de lei que sejam o mais próximo possível da unanimidade.

O sistema uruguaio, inspirado no exemplo da Suíça, tem conseguido os mesmos resultados.[4] David Altman (2011, p. 330) conduziu entrevistas com membros da Câmara dos Representantes e constatou que mais de 70% responderam afirmativamente à pergunta: "A possibilidade de um referendo é razão suficiente para buscar um consenso mais amplo entre os partidos políticos?" A Itália é o terceiro país que

---

4 O Uruguai costuma ser chamado de a Suíça da América Latina, em parte porque é um país muito pequeno e pela estabilidade democrática (interrompida pela ditadura militar de 1973 a 1985) e em parte porque é "tremendamente influenciado pelas instituições políticas suíças" (Altman, 2008, p. 483). Os mecanismos uruguaios de democracia direta, bem como a presidência colegiada de nove membros, que substituiu o usual Executivo de uma só pessoa durante o sistema presidencial entre 1952-67, são inspirados no Conselho Federal de sete membros da Suíça (Lijphart, 1977, pp. 212-16).

MODELOS DE DEMOCRACIA

dispõe dessa opção, mas onde ela não tem os mesmos efeitos da Suíça e do Uruguai. A principal razão é que para ser bem-sucedido o referendo precisa não só da aprovação da maioria, mas que a participação eleitoral seja de pelo menos 50%. Esse último requisito, a regra da participação eleitoral, tem contribuído para que muitos referendos sejam derrotados mais pelo baixo índice de participação do que por votos "não", e muitos referendos falharam por causa desta regra (Altman, 2011, pp. 21-25; Uleri, 2002).

A lógica do referendo mais a da iniciativa popular e os exemplos de como isso funciona na Suíça e no Uruguai sustentam a conclusão de que pode ser considerado um forte mecanismo induzido por consenso e o extremo oposto de um instrumento majoritário bruto. Outros tipos de referendo têm caráter nitidamente majoritário (Vatter, 2000; 2009). Em razão dessas diferenças, a frequência relativa do uso de referendos nos diferentes países não está correlacionada nem com a dimensão executivos-partidos nem com a dimensão federal-unitária – e talvez devesse ser considerada uma terceira dimensão independente.[5] É importante observar que, embora o uso de referendos se popularize cada vez mais, ainda é uma ocorrência relativamente rara na maioria dos países.

Segundo adendo: um olhar por dentro de poderosas cortes supremas e constitucionais

Neste livro tenho me concentrado nas dez diferenças institucionais mais importantes das democracias. Algumas instituições podem ser exploradas em mais detalhes examinando sua organização e operação

---

5 Adrian Vatter e Julian Bernauer (2009) construíram uma escala que leva em conta essas diferenças: os referendos iniciados por cidadãos do lado do consenso e os referendos iniciados pelo governo do lado majoritário; e concluíram que os referendos são uma terceira dimensão independente. O mais surpreendente é que o fator de análise revela que o tipo de gabinete (que neste livro faz parte da primeira dimensão) também pertence à terceira dimensão. A Suíça é um bom exemplo de democracia em que os referendos iniciados por cidadãos e os gabinetes de coalizão superdimensionados ocorrem simultaneamente. O Uruguai (não incluído nos estudos de Vatter-Bernauer) e seus gabinetes principalmente unipartidários minimamente vencedores (ver Tabela 6.3) não se encaixam nesse modelo.

CONSTITUIÇÕES

internas. Fiz isso no Adendo do Capítulo 6, quando busco no interior dos gabinetes graus de majoritarismo e de consenso nas relações entre primeiros-ministros e presidentes de um lado e seus membros de gabinete do outro. No Capítulo 11, analiso os legislativos em termos do contraste bicameralismo-unicameralismo, que também podem ser "desempacotados" – mas que não faço neste livro –, examinando a organização de suas comissões, que podem variar de modelos majoritários a consensuais: todos os membros das comissões são do partido majoritário ou da coalizão majoritária ou as nomeações estão distribuídas proporcionalmente entre todos os partidos do Legislativo?

Outra oportunidade para um "desempacotamento" desse tipo tem a ver com as cortes Suprema e Constitucional. Neste capítulo tenho me concentrado em discutir se elas têm direito de fazer revisão judicial e qual o grau de ativismo de cada uma no exercício desse direito. Outras características que afetam a natureza majoritária e consensual das cortes são o tamanho delas, os métodos para eleger seus juízes, a duração de seus mandatos e as regras de decisões internas.[6] Daremos uma olhada nas cortes mais poderosas – dos Estados Unidos, Alemanha e Índia – em termos dessas variáveis. A Suprema Corte norte-americana é altamente majoritária em todos os aspectos, e a Corte Constitucional alemã e a Suprema Corte indiana são dois exemplos de altas cortes mais consensuais. Em primeiro lugar, a Suprema Corte dos Estados Unidos tem uma composição excepcionalmente pequena de apenas nove juízes, comparada com 16 na Alemanha (divididos em dois "senados") e 29 na Índia. É óbvio que as cortes maiores dão mais oportunidades para uma representação mais ampla dos vários partidos e dos grupos populacionais. Em segundo lugar, elas são eleitas por maioria dos votos, que é basicamente o modelo norte-americano, ou por supermaiorias, como os dois terços exigidos em cada uma das câmaras legislativas alemãs. Em terceiro lugar, os novos juízes são escolhidos à medida que se abrem as vagas, como nos Estados Unidos – o que significa que as

---

6 Sinto-me em débito com Isaac Herzog por ter sugerido essas diferenças entre as altas cortes.

MODELOS DE DEMOCRACIA

maiorias continuam elegendo seus favoritos sequencialmente; ou são eleitos simultaneamente em grupos, o que aumenta a probabilidade de serem escolhidos entre as minorias. Em quarto lugar, os mandatos podem ser mais longos ou mais curtos, sendo que os mais longos são um obstáculo para a ampla representação. A Suprema Corte norte--americana está em um dos extremos desse espectro: não tem mandato fixo nem aposentadoria compulsória. Na Alemanha, os juízes têm mandato de nove anos não renovável e se aposentam aos 68 anos. Na Índia, a aposentadoria compulsória é aos 65 anos. Por fim, a corte pode decidir por maioria regular ou extraordinária. Como destacamos anteriormente neste capítulo, a exigência de supermaioria dificulta a invalidação de leis, reduzindo o poder das cortes, mas internamente as supermaiorias permitem que as cortes tomem decisões mais con-sensuais. Nos Estados Unidos é suficiente uma maioria de cinco entre nove, ao passo que em cada um dos dois "senados" alemães é exigida a maioria absoluta de nove e, em alguns casos, a maioria de três quartos ou seis votos de oito.

O que é especialmente interessante aqui é que a Suprema Corte dos Estados Unidos apresenta um paradoxo: ela se encaixa claramente no modelo consensual no que diz respeito ao forte exercício da revisão judicial, mas é majoritária ao extremo relativamente aos cinco aspectos das suas regras de seleção, composição e decisão. A presidência norte--americana – na verdade, todos os sistemas presidenciais – apresenta um paradoxo similar: a separação de poderes corresponde ao caráter poder dividido da segunda dimensão da democracia consensual, en-quanto a concentração do Poder Executivo nas mãos de uma só pessoa é a característica majoritária oposta.

13. Bancos centrais: independência *versus* dependência

A quinta e última variável na dimensão federal-unitária refere-se aos bancos centrais e ao grau de independência e poder que eles possuem. Os bancos centrais são instituições governamentais importantíssimas que, comparadas a outros órgãos do governo, tendem a ser ignoradas pela ciência política. Nas descrições comparativas dos sistemas políticos democráticos particulares de cada país, os cientistas políticos invariavelmente cobrem o Executivo, o Legislativo, os partidos políticos e as eleições, frequentemente também os grupos de interesse, o sistema judiciário, o processo de emenda constitucional e as relações entre governo central e não central, mas dificilmente cobrem as operações e o poder do Banco Central.

Os bancos centrais são fortes, independentes e têm importante papel no processo político. Por exemplo, Robert B. Reich (1997, p. 80), Secretário do Trabalho na primeira administração Clinton, descreveu não o presidente da República, mas Alan Greenspan, presidente do Conselho da Receita Federal, como "o homem mais poderoso do mundo". Inversamente, quando os bancos centrais são braços dependentes do Executivo, e por isso relativamente fracos, essa fraqueza é também um atributo altamente relevante do sistema democrático – assim como a fraqueza de um Legislativo ou a relutância de uma Suprema Corte em usar a revisão judicial são indicadores importantes do tipo de democracia em que se enquadra a instituição. Dar poder independente aos bancos centrais é outra forma de dividir o poder e se encaixa no conjunto de características de poder dividido (segunda dimensão) do modelo de democracia consensual; os bancos centrais subservientes ao Executivo encaixam-se na lógica de poder concentrado da democracia majoritária.

Felizmente, os economistas prestaram mais atenção aos bancos centrais e desenvolveram medidas precisas de autonomia que servem ao propósito deste estudo. A medida mais conhecida e mais usada é o índice de Cukierman: "o método que produz o índice mais diferenciado e detalhado" de independência legal do Banco Central (Sadeh, 2006, p. 66). Alex Cukierman, Steven B. Webb e Bilin Neyapti (1994) calcularam os valores desse índice em 72 países industrializados e emergentes, inclusive em 33 das nossas 36 democracias no longo período de 1950 a 1989. Simone Polillo e Mauro F. Guillén (2005) estenderam a análise de Cukierman-Webb-Neyapti até os anos 1990, e Christopher Crowe e Ellen E. Meade (2007) ampliaram até 2003. Ademais, Cukierman, Webb e Neyapti propuseram um indicador alternativo baseado no índice de rotatividade da presidência do Banco Central, muito útil quando o índice de independência legal do Banco Central não está disponível, ajustando o índice básico de Cukierman aos países em que a rotatividade é muito mais frequente. Por fim, Vittorio Grilli, Donato Masciandaro e Guido Tabellini (1991) desenvolveram um índice de autonomia econômica e política dos bancos centrais em 18 países no período anterior a 1990. As cinco medidas combinadas nos dão uma medida geral da independência do Banco Central em nossas 36 democracias – e muito mais precisa para medir esta quinta variável do que as escalas de 4 e 5 pontos usadas para medir a variável federal-unitária.

A seguir, uma observação importante sobre o restante deste capítulo. Muita coisa mudou no papel dos bancos centrais desde os anos 1990, especialmente a criação do Banco Central Europeu, que é o Banco Central dos 19 países da zona do euro, incluindo 13 das nossas democracias. Esses países "terceirizam" a maior parte das funções de seus bancos centrais nacionais para essa instituição do sistema internacional. Além disso, muitos outros países tiveram que mudar as funções e os poderes de seus bancos centrais por pressões internacionais. Esses desenvolvimentos têm consequências importantes nas nossas análises dos bancos centrais e seus respectivos graus de independência: desde meados da década de 1990 eles não são mais tratados como instituições domésticas, portanto, deixa de fazer sentido buscar similaridades entre as suas características e as características de outras instituições domésticas como legislativos e supremas cortes. Há duas soluções possíveis: ou excluímos os bancos centrais das nossas análises e mantemos o foco exclusivamente nas outras quatro variáveis da dimensão federal-unitária, ou os incluímos, mas somente após a metade da década de 1990. Discutirei esse dilema em detalhes mais adiante neste capítulo.

Deveres e poderes dos bancos centrais

A tarefa mais importante dos bancos centrais é a elaboração da política monetária – isto é, regular as taxas de juros e a oferta de moeda. A política monetária tem efeito direto na estabilidade dos preços e no controle da inflação, e interfere indiretamente, mas com muita força, nas taxas de desemprego, no crescimento econômico e nas flutuações dos ciclos de negócios. Outros deveres que os bancos centrais costumam ter são administrar as transações financeiras do governo; financiar os déficits orçamentários comprando títulos da dívida pública; emprestar suas reservas ou imprimir moeda; financiar projetos de desenvolvimento; regular e supervisionar os bancos comerciais; e, se necessário, socorrer bancos insolventes e empresas estatais. Essas tarefas podem entrar em conflito com o controle da inflação: o poder dos bancos centrais sobre a política monetária seria maior se eles não tivessem essas funções adicionais: "Embora a maioria dos governos reconheça os benefícios no longo prazo da estabilidade de preços, há metas mais relevantes no curto prazo [...] Para garantir a estabilidade de preços, portanto, o Banco Central não é obrigado a exercer essas [outras] funções, a menos que causem inflação" (Cukierman, Webb e Neyapti, 1994, p. 2).

Os bancos centrais e o papel deles na política monetária passaram a ser especialmente críticos a partir de 1971, quando o presidente Nixon desvalorizou o dólar norte-americano, rompendo a paridade fixa do dólar com o ouro e de outras moedas com o dólar, criado pelo sistema Bretton Woods em 1944. Numa situação muito mais incerta de flutuação das taxas de câmbio, a independência do Banco Central é uma ferramenta ainda mais importante para frear a instabilidade dos preços.

Medindo a independência dos bancos centrais

Os poderes e as funções dos bancos centrais costumam ser definidos pelos estatutos bancários, que são leis estatutárias, e não por meio de provisões constitucionais; não obstante, esses estatutos tendem a endurecer e se tornar "convenções com força quase constitucional". (Elster, 1994, p. 68). Cukierman, Webb e Neyapti (1994, pp. 5-12) analisam 16 variáveis de independência dos bancos centrais, todas codificadas de 0 a 1 – os níveis mais baixo e mais alto de independência. O índice total de independência legal é a média ponderada das 16 classificações. São quatro conjuntos de variáveis: nomeação e mandato da presidência (o presidente da comissão executiva), formulação de políticas, objetivos do Banco Central e limites de crédito.

Só para dar alguns exemplos, as avaliações mais altas (mais independentes) são dadas a um presidente com mandato de oito anos ou mais e que não pode ser demitido nem ter outras funções simultâneas no governo. As avaliações mais baixas (menos independentes) são dadas a um presidente que é nomeado por menos de quatro anos e pode ser demitido a critério do Executivo, mas nada impede que tenha outros cargos no governo. Quanto à formulação de políticas, as avaliações mais altas são dadas aos bancos que têm a responsabili-

BANCOS CENTRAIS

dade exclusiva de formular políticas monetárias e um papel ativo no processo orçamentário do governo; os bancos centrais que não têm nenhuma influência nas políticas monetária e orçamentária recebem as avaliações mais baixas.

Quanto aos objetivos, as avaliações mais altas são dadas quando "a estabilidade de preços é o principal e único objetivo do estatuto; é do Banco Central a palavra final se esse objetivo entrar em conflito com outros objetivos do governo". As avaliações médias são dadas quando "a estabilidade dos preços é só mais um dos objetivos compatíveis, como ter um sistema bancário estável", e são um pouco mais baixas "quando a estabilidade de preços é um dos objetivos potencialmente conflitantes, como o pleno emprego". A avaliação mais baixa é dada quando as metas estabelecidas pelo estatuto não incluem estabilidade de preços. Por fim, os bancos centrais são mais independentes quando podem emprestar somente ao governo central e controlam os termos do empréstimo: inversamente, são menos independentes quando podem emprestar a todos os níveis do governo, a empresas estatais e ao setor privado, mas as condições do empréstimo são definidas pela ala executiva do governo.

Cukierman, Webb e Neyapti avaliam os bancos centrais em cada uma das quatro décadas, de 1950 a 1980. Para usar outras avaliações especializadas, escolhi os índices de independência política e econômica dos bancos centrais desenvolvidos por Grilli, Masciandaro e Tabellini (1991, pp. 366-71) aplicados aos bancos centrais de 18 países industrializados no mesmo período. Embora esses três economistas usem o termo "independência política e econômica", dão ênfase às regras formais e desenvolvem um índice que, em princípio, é bastante similar ao índice de Cukierman-Webb-Neyapti. Contudo, divergem sobre várias outras variáveis específicas e quanto ao peso delas. Nos 18 países avaliados, os valores dos índices são convertidos ao índice de Cukierman e, em seguida, é calculada a média com os valores do índice anterior. Os dois índices também podem ser assumidos para cobrir o final da década de 1940 em democracias mais velhas. Em anos anteriores a 1990, a independência legal do Banco Central era notadamente estável na maior parte dos países.

Sobre a década de 1990, quando ocorreram as maiores mudanças, temos os números precisos fornecidos pelo estudo de Polillo e Guillén (2005): índices calculados ano a ano. Não existem índices anuais similares da primeira década do século XXI, mas os do ano 2000 no estudo de Polillo-Guillén e os de 2003 na análise de Crowe e Meade (2007) são usados como representativos de toda a década. Os dois estudos usam o índice de Cukierman, mas note-se que cada um trata de maneira um pouco diferente a independência do Banco Central em países da zona do euro. Crowe e Meade dão a cada país a mesma pontuação alta de 0,83, baseada num grau muito alto de independência do Banco Central Europeu. Os números de Polillo e Guillén também são altos em todos os países da zona do euro, mas não são idênticos. A maioria é ainda mais alta, entre 0,88 e 0,92, mas Finlândia e França, por exemplo, têm valores mais baixos, embora ainda sejam muito altos: 0,75 e 0,78. Essas diferenças se devem a duas razões. A primeira é que cada país conservou seu próprio Banco Central, mas com outras funções, como supervisionar os bancos de depósito locais. E a segunda e mais importante, é que o presidente de cada banco nacional faz parte do conselho presidencial do Banco Central Europeu – o corpo decisório mais importante. Então, continuam importantes questões como quem indica o corpo diretor de cada banco e se os bancos estão livres ou não de interferência política.

Cukierman, Webb e Neyapti (1994, pp. 13-19) propõem um segundo índice baseado em uma variável simples – a taxa de rotatividade da presidência – que os autores consideram melhor indicador da independência do Banco Central e melhor para prever os índices de inflação em países menos desenvolvidos na década de 1980, do que medidas mais complexas: quanto maior é o índice de rotatividade da presidência, menor é a independência do Banco Central, e vice-versa. Esta medida é usada em três países em que o principal índice de Cukierman não está disponível: Jamaica tem a mais alta taxa de rotatividade, Ilhas

Maurício tem a mais baixa e Trinidad, um valor intermediário. A rotatividade frequente não é típica dos países menos desenvolvidos; por exemplo, Barbados e Bahamas fizeram apenas duas substituições em mais de vinte anos, até 1994. Mas Argentina fez dez substituições em 11 anos, de 1984 a 1994, e o Uruguai, mais modesto, embora ainda relativamente alto, fez três substituições entre 1985 e 1994.[1]

Bancos centrais: instituições domésticas ou internacionais?

A criação do Banco Central Europeu em 1998 e a adoção do euro como a moeda comum aos membros da zona do euro em 1999 transformaram os bancos centrais dos países envolvidos de uma instituição doméstica em um elemento do sistema internacional. E, consequentemente, cortou os vínculos que existiam entre seus bancos centrais nacionais e outras instituições domésticas. Essa mudança já vinha acontecendo em anos anteriores a 1998: o Tratado de Maastricht exigia alto grau de independência dos bancos centrais como condição para participar da zona do euro. Os índices anuais de Cukierman no estudo de Polillo e Guillén (2005) são ótimos exemplos disso: a independência do Banco Central da Espanha saltou de 0,23 para 0,86 em 1994; no ano anterior, o Banco Central da França já tinha aumentado sua independência de 0,24 para 0,78; no mesmo ano, o índice de Cukierman da Itália subiu de 0,25 para 0,75. É preciso notar que esses altos índices ultrapassaram os índices da Alemanha, Suíça e Estados Unidos, durante muito tempo considerados os países com os bancos centrais mais independentes do mundo (ver Tabela 13.1). As pressões internacionais

---

1 O segundo índice de Cukierman, baseado nas taxas de rotatividade dos presidentes dos bancos centrais, pode ser convertido a mesma escala de 0 a 1, usada pelo índice legal de Cukierman. Eu converti um alto índice de rotatividade (mais de 0,2 substituições por ano) na pontuação 0,3 do índice de Cukierman, e uma taxa baixa (menos de 0,1 por ano) na pontuação de 0,4. Das pontuações legais de Cukierman para os países desenvolvidos com altas taxas de rotatividade, subtraí 0,1 ponto, e das taxas médias de rotatividade, 0,05 ponto. Por exemplo, a pontuação de 0,49 da Argentina em 1984-94 caiu para 0,39, e a do Uruguai em 1985-94 foi reduzida de já baixo 0,24 para 0,19.

também foram responsáveis pelo aumento expressivo de independência do Banco Central em vários outros países, especialmente na América Latina, na década de 1990. Uma dessas pressões foi a globalização financeira, que obrigou os países emergentes a "oferecer vantagens de crédito" a investidores internacionais (Maxfield, 1997, pp. 7-11). Outra "pressão coercitiva internacional" foi aplicada pelo Fundo Monetário Internacional, que cada vez mais "vinculou determinadas condições, incluindo a independência do Banco Central, aos seus acordos de empréstimos" (Polillo e Guillén, 2005, pp. 17-74). Por exemplo, o índice de Cukierman da Argentina passou de 0,4 para 0,74 em 1992, e do Uruguai de 0,24 para 0,54 em 1995.

A maior parte das mudanças necessárias para que o Banco Central tivesse mais independência aconteceu a partir de 1995; o ano de 1994 é considerado o último ano em que os bancos centrais foram instituições principalmente domésticas ainda não afetadas pelos passos preparatórios rumo à adoção do euro e de outros desenvolvimentos internacionais. Da mesma maneira, os índices médios de 1945 (ou a partir do primeiro ano em que os países foram incluídos neste estudo) até 1994 são usados como medidas básicas de independência do Banco Central. Eles aparecem na primeira coluna da Tabela 13.1, em ordem decrescente de independência. A década e meia que é excluída é relativamente curta em comparação ao período muito mais longo pré-1995, para a maioria dos países. Entretanto, se eu fosse fazer uma atualização deste livro, digamos, em 2025, o período de internacionalização dos bancos centrais seria tão longo que a independência deles teria que ser desconsiderada como componente da dimensão federal-unitária.[2] A Tabela 13.1 mostra também os índices do período de 1945 a 2010 na segunda coluna, e os índices de 1995-2010 na terceira coluna, anos em que os bancos centrais se internacionalizaram.

---

2 Possivelmente, talvez num próximo estágio, a Corte de Justiça europeia poderia se tornar o árbitro supremo de todas as questões institucionais de todos ou da maior parte dos membros da União Europeia, e a revisão judicial também teria que ser removida da dimensão federal-unitária. Em uma atualização mais distante, talvez em 2035, poderia cobrir aproximadamente o mesmo número de países, mas a União Europeia seria um só país – um dos maiores do mundo, ao lado da Índia e dos Estados Unidos – e algumas democracias listadas na Tabela 4.2 seriam acrescentadas à análise comparativa.

BANCOS CENTRAIS

Tabela 13.1
Independência do Banco Central em 36 democracias,
1945-94, 1945-2010 e 1995-2010

	1945-94	1945-2010	1995-2010
Alemanha	0,69	0,73	0,84
Suíça	0,61	0,62	0,66
EUA	0,56	0,56	0,56
Áustria	0,55	0,61	0,77
Canadá	0,52	0,51	0,50
Holanda	0,48	0,55	0,79
Dinamarca	0,46	0,44	0,40
Malta	0,44	0,42	0,39
Austrália	0,42	0,41	0,38
Bahamas	0,41	0,42	0,43
Irlanda	0,41	0,50	0,75
Israel	0,41	0,46	0,62
Ilhas Maurício	0,40	0,35	0,35
Argentina	0,39	0,54	0,66
Barbados	0,38	0,38	0,39
Grécia	0,38	0,54	0,77
Costa Rica	0,37	0,42	0,55
França	0,35	0,48	0,80
Trinidad	0,35	0,35	0,35
Islândia	0,34	0,37	0,47
Índia	0,34	0,33	0,32
Botsuana	0,33	0,38	0,47
Luxemburgo	0,33	0,44	0,76
Portugal	0,32	0,56	0,80
Reino Unido	0,31	0,33	0,38
Jamaica	0,30	0,30	0,35
Espanha	0,29	0,57	0,85
Suécia	0,29	0,39	0,69

MODELOS DE DEMOCRACIA

	1945-94	1945-2010	1995-2010
Finlândia	0,28	0,38	0,68
Itália	0,28	0,72	0,86
Bélgica	0,27	0,40	0,77
Coreia	0,27	0,36	0,41
Japão	0,25	0,29	0,41
Nova Zelândia	0,21	0,24	0,33
Uruguai	0,19	0,35	0,45
Noruega	0,17	0,18	0,22

Fonte: Baseado nos dados de Cukierman, Webb e Neyapti, 1994; Grill, Masciandaro e Tabellini, 1991; Polillo e Guillén, 2005; e Crowe e Meade, 2007.

Teoricamente, o índice de Cukierman pode variar de 1 a 0, embora a variação empírica no período de 1945-94 da primeira coluna não seja tão grande, mais ou menos a metade. Só cinco países têm índices maiores que 0,5 – o ponto que representa semi-independência. O ponto médio da variação empírica é 0,43, mas a média e a mediana são mais baixas – 0,37 e 0,35, respectivamente –, indicando que há mais países concentrados na metade de baixo da variação empírica. Os bancos centrais alemão, suíço e norte-americano encabeçam a lista e eram (até a metade da década de 1990) considerados os mais fortes do mundo e, ainda assim, nem eles alcançam a mais alta pontuação possível.

Na terceira coluna estão as maiores mudanças ocorridas da metade dos anos 1990 em diante. A Alemanha, membro original da zona do euro, ainda tem o índice mais alto – subiu de 0,69 para 0,84 –, mas já está em terceiro lugar, levemente abaixo da Itália e da Espanha. A Suíça divide o décimo terceiro lugar com a Argentina, e os Estados Unidos ocupam a décima sétima posição. A variação empírica ocupa quase dois terços da variação teórica, de 0,86 para 0,22. A média e a mediana também são bem mais altas que nos anos pré-1995: a média subiu de 0,37 para 0,56 e a mediana de 0,35 para 0,52. Contudo, oito países

BANCOS CENTRAIS

mantêm as mesmas pontuações ou mais baixas no período pós-1995 em relação ao período pré-1994, mas são todas baixas: a alteração mais alta, da Dinamarca, foi de meros 0,06 pontos. Em acentuado contraste, muitas das altas são muito grandes: por volta de 0,58 pontos da Itália, 0,56 da Espanha e 0,5 da Bélgica – três integrantes originais da zona do euro que habitualmente tinham baixas pontuações de independência de seus bancos centrais antes de 1995. Aumentos expressivos também podem ser vistos nos membros não pertencentes à zona do euro; por exemplo, 0,4 pontos na Suécia, 0,27 pontos na Argentina, 0,26 pontos no Uruguai e 0,21 pontos em Israel. Os números da segunda coluna em geral são mais próximos da primeira que da terceira coluna, porque para a maioria dos países o período pré-1994 foi bem mais longo do que a década e meia de 1995 em diante.

Federalismo e independência do Banco Central

A independência do Banco Central tem sido relacionada a várias outras características das democracias. Peter A. Hall (1994) afirma que as instituições corporativas facilitam a independência do Banco Central: permitem que os bancos centrais controlem a inflação sem pagar o alto preço do desemprego, porque as negociações salariais coordenadas podem neutralizar a tendência de aumento do desemprego. Contudo, no nosso conjunto de 36 democracias há pouca ou nenhuma relação sistemática entre uma coisa e outra. A relação entre independência do Banco Central e pluralismo dos grupos de interesse é fraca e insignificante: −0,1.

Para John B. Goodman (1991, p. 346), a independência do Banco Central está em função principalmente do limite temporal da permanência dos políticos no poder: "Em geral os políticos desejam manter alto grau de liberdade em suas ações. Entretanto, estão dispostos a mudar o *status* do Banco Central para amarrar as mãos de seus sucessores, decisão que eles tomam quando se aproxima o final do mandato." O argumento de Goodman sugere que os bancos centrais têm menos autonomia nas democracias majoritárias, onde os executivos são mais fortes e mais duradouros, do que nas democracias consensuais. Entretanto, a correlação entre dominância do Executivo e independência do Banco Central é insignificante: –0,06.

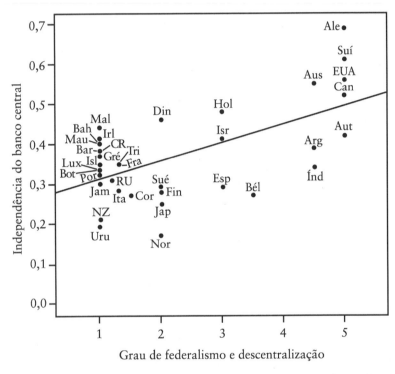

Figura 13.1 Relação entre federalismo, descentralização e independência do Banco Central em 36 democracias, 1945-94.

A terceira sugestão de conexão institucional – entre independência do Banco Central e federalismo – é muito mais profícua (Banaian, Laney e Willet, 1986). A correlação entre os nossos índices de federalismo e descentralização por um lado e de independência do Banco Central de outro é um forte 0,6 (significante em nível de 1%). Outra hipótese é que, devido à internacionalização dos bancos centrais, houve

BANCOS CENTRAIS

pouca ou nenhuma correlação de 1995 em diante e que foi ainda mais fraca durante todo o período 1945-2010. Realmente, a correlação no período 1995-2010 é de insignificantes 0,2; no período 1945-2010 é relativamente alta, de 0,52 (mas ainda significante em nível de 1%) – principalmente por força da correlação mais forte de 0,6 em anos anteriores a 1994.

A relação entre o índice independência do Banco Central (1945-94) e o índice de federalismo e descentralização está configurada na Figura 13.1. Os cinco bancos centrais mais independentes no período 1945-94 estão todos em sistemas federalistas: Alemanha, Suíça, Estados Unidos, Áustria e Canadá. Na ordem de classificação da Tabela 13.1, a Austrália está em nono lugar e a Argentina em décimo quarto – ainda na metade superior da tabela – e a Índia logo abaixo do ponto médio. O nono sistema federalista, a Bélgica, não era federalista até 1993, e já dissemos no Capítulo 3 que nessa época seu Banco Central se tornou mais independente. No próximo capítulo veremos que a independência do Banco Central também está fortemente relacionada a três outras variáveis da dimensão federal-unitária.

14. Mapa conceitual bidimensional da democracia

Neste breve capítulo faço um resumo das principais conclusões a que chegamos nos Capítulos 5 a 13, onde abordei as dez variáveis básicas majoritárias *versus* consensuais. Concentrei-me em dois aspectos do "quadro maior": o modelo bidimensional formado pelas relações das dez variáveis e as posições de cada uma das 36 democracias neste modelo bidimensional. Além disso, explorei as mudanças de posições no período pré-1980 a pós-1981 em 27 das 36 democracias, para as quais dispomos de um espaço de tempo bastante longo no primeiro período.

As duas dimensões

No Capítulo 1, previ uma das descobertas gerais mais importantes deste livro: um conjunto de dez variáveis institucionais em duas dimensões independentes que chamei de dimensões executivos-partidos e federal-unitária – embora, como expliquei no Capítulo1, fosse mais exato e teoricamente adequado chamá-las de poder conjunto e poder dividido. Dos Capítulos 5 a 13, chamei a atenção várias vezes para a forte correlação entre algumas variáveis no interior de cada grupo. A Tabela 14.1 apresenta, agora, o padrão geral por meio da matriz de correlação de todas as dez variáveis. Mostra as fortes correlações dentro de cada grupo e as conexões apenas fracas entre variáveis de grupos diferentes. Todas as correlações no interior dos dois grupos são significantes estatisticamente: das vinte, 15 são em nível de 1% e as outras cinco em nível de 5%; os coeficientes de correlação são mostrados nos dois triângulos realçados na Tabela 14.1. Em forte contraste, apenas uma das 25 correlações entre variáveis de grupos diferentes, mostradas na parte inferior esquerda do quadro, é grande o suficiente para ser estatisticamente significante, mas só em nível de 5%.

O primeiro grupo de variáveis tem interconexões um pouco mais fortes que o segundo grupo: as médias dos valores absolutos dos coeficientes de correlação são, respectivamente, 0,66 e 0,47. No primeiro grupo, a porcentagem de gabinetes unipartidários minimamente vencedores é um elemento particularmente forte: é o que se relaciona em nível mais alto com as outras variáveis. Esta conclusão tem grande interesse teórico porque, como discutimos anteriormente (no início do Capítulo 5), essa variável pode estar conceitualmente muito próxima da distinção entre concentração de poder e exercício de poder conjunto. O número efetivo de partidos parlamentares é o segundo componente-chave deste grupo. No segundo grupo, a variável federalismo e descentralização é o elemento mais forte. É uma descoberta teoricamente importante, também, porque essa variável pode ser vista conceitualmente no cerne da dimensão federal-unitária.

A análise fatorial faz uma síntese ainda melhor e mais sucinta da relação entre as variáveis. O principal objetivo da análise fatorial é detectar a existência de uma ou mais dimensões subjacentes que sejam comuns a muitas variáveis. Os fatores que forem encontrados serão considerados, então, as "médias" das variáveis correlacionadas. A Tabela 14.2 apresenta os resultados da análise fatorial das nossas dez variáveis básicas. Os valores que são mostrados em cada variável são cargas fatoriais que podem ser interpretadas como coeficientes

MAPA CONCEITUAL BIDIMENSIONAL DA DEMOCRACIA

de correlação entre o primeiro e o segundo fatores detectados na análise fatorial. Os mesmos dois grupos emergem claramente nessa análise; e são grupos independentes, porque a análise fatorial usou uma rotação ortogonal para garantir que os dois fatores não estivessem relacionados.

Tabela 14.1
Matriz de correlação das dez variáveis que distinguem democracias majoritárias e consensuais em 36 democracias, 1945-2010

Variável 1: Número efetivo de partidos parlamentares
Variável 2: Gabinetes unipartidários minimamente vencedores
Variável 3: Dominância do Executivo
Variável 4: Desproporcionalidade eleitoral
Variável 5: Pluralismo dos grupos de interesse
Variável 6: Federalismo-descentralização
Variável 7: Bicameralismo
Variável 8: Rigidez constitucional
Variável 9: Revisão judicial
Variável 10: Independência do Banco Central

	[1]	[2]	[3]	[4]	[5]
[1]	1,00				
[2]	−0,85**	1,00			
[3]	−0,79**	0,78**	1,00		
[4]	−0,57**	0,58**	0,55*	1,00	
[5]	−0,61**	0,71**	0,51**	0,61**	1,00
[6]	0,26	−0,26	−0,08	−0,15	−0,23
[7]	0,09	−0,03	0,10	0,09	0,07
[8]	−0,08	0,00	0,11	0,17	0,01
[9]	−0,24	0,17	0,18	0,36*	0,26
[10]	−0,04	−0,15	−0,02	−0,12	−0,10

MODELOS DE DEMOCRACIA

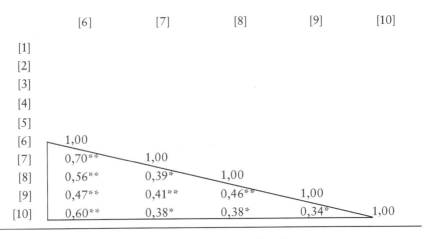

	[6]	[7]	[8]	[9]	[10]
[1]					
[2]					
[3]					
[4]					
[5]					
[6]	1,00				
[7]	0,70**	1,00			
[8]	0,56**	0,39*	1,00		
[9]	0,47**	0,41**	0,46**	1,00	
[10]	0,60**	0,38*	0,38*	0,34*	1,00

* Estatisticamente significante em nível de 5% (teste unilateral)
** Estatisticamente significante em nível de 1% (teste unilateral)

Tabela 14.2

Matriz de rotação ortogonal Varimax das dez variáveis que distinguem democracia majoritária da consensual em 36 democracias, 1945-2010

Variável	Fator I	Fator II
Número efetivo de partidos parlamentares	−0,91	0,09
Gabinetes unipartidários minimamente vencedores	0,92	−0,09
Dominância do Executivo	0,84	0,08
Desproporcionalidade eleitoral	0,66	−0,03
Pluralismo do grupos de interesse	0,72	−0,10
Federalismo-descentralização	−0,19	0,98
Bicameralismo	0,03	0,72
Rigidez constitucional	0,10	0,60
Revisão judicial	0,28	0,53
Independência do Banco Central	−0,03	0,61

Obs.: A análise fatorial é a análise dos componentes principais com autovalores extraídos superiores a 1.

As cargas fatoriais são muito altas no interior de cada um dos grupos e muito mais baixas fora deles – menor que 0,1 em sete entre dez casos. A porcentagem de gabinetes unipartidários minimamente vencedores é novamente a variável mais forte da primeira dimensão: sua carga fatorial de 0,92 significa que por muito pouco ela não coincide com o fator. O número efetivo de partidos é um elemento quase tão forte, com carga fatorial de –0,91. E a variável federalismo é mais uma vez o elemento mais forte da segunda dimensão, com uma carga fatorial muito forte de 0,98. As demais cargas fatoriais de ambos os grupos são mais baixas, mas ainda continuam fortes: a mais baixa ainda é um impressionante 0,53.

O mapa conceitual da democracia

Os dois modelos bidimensionais formados pelas dez variáveis básicas nos permitem resumir onde se situam os 36 países entre a democracia majoritária e a democracia consensual. A média das suas características em cada um dos dois conjuntos de cinco variáveis pode ser calculada de modo a se chegar a apenas duas características resumidas, que podem ser usadas para situar as democracias no mapa bidimensional da Figura 14.1.[1] O eixo horizontal representa a dimensão executivos-partidos e o eixo vertical a dimensão federal-unitária. Cada unidade desses eixos representa um desvio-padrão: os valores altos indicam majoritarismo e os baixos, consenso. Na dimensão executivos-partidos todos os países estão a dois desvios padrões do meio; na dimensão federal-unitária,

---

1 Para obter a média das cinco variáveis em cada um dos dois grupos temos, primeiro, que padronizar as variáveis (para obter média 0 e desvio padrão 1) que originalmente são medidas em escalas muito diferentes. Além disso, os valores têm que ser ajustados para que os mais altos de cada variável representem ou majoritarismo ou consensual, e os baixos as características opostas; para construir o mapa conceitual, atribuí arbitrariamente valores altos ao majoritarismo (que implicou a inversão dos valores do número efetivo de partidos e de todas as cinco variáveis da dimensão federal-unitária). Depois de calcular a média dessas variáveis padronizadas, o último passo foi padronizar as médias para que cada unidade dos dois eixos representasse um desvio padrão.

Alemanha e Estados Unidos estão a uma distância maior de quase dois desvios padrões e meio abaixo do meio. Os resultados exatos das duas dimensões em cada um dos 36 países podem ser vistos no Apêndice.[2]

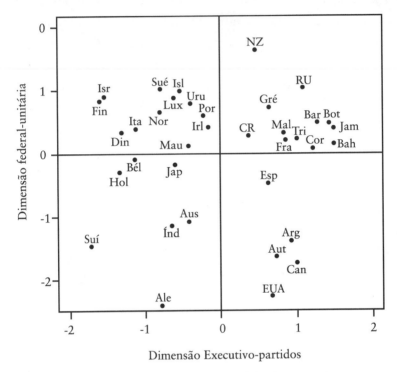

Figura 14.1 Mapa conceitual bidimensional da democracia.

A maioria dos casos prototípicos de democracia majoritária e consensual discutidos nos Capítulos 2 e 3 ocupam as posições esperadas no mapa. Reino Unido e Nova Zelândia estão no canto superior direito. O Reino Unido é bem mais majoritário na dimensão executivos-partidos, principalmente porque a Nova Zelândia, após um longo período mais ou menos igual a esse respeito, passou a ser bem menos majoritária após as eleições por RP em 1996. Mas a Nova Zelândia é muito mais

---

[2] Note, porém, que no Apêndice todos os valores das duas dimensões são expressos em termos dos graus da democracia consensual; mas podem ser facilmente convertidos em graus da democracia majoritária se alguns valores forem invertidos.

majoritária – ou seja, unitária – na dimensão federal-unitária. Até 1996, portanto, a posição da Nova Zelândia era mais extrema do que a do Reino Unido – de acordo com a proposta de ser o exemplo mais puro do modelo Westminster. O Capítulo 2 escolheu Barbados como modelo exemplar de democracia unitária, mas apenas na dimensão executivos-partidos, mas não tipicamente majoritário na dimensão federal-unitária: sua localização abaixo do Reino Unido e da Nova Zelândia, mas um pouco mais para a direita, corresponde perfeitamente a essa descrição. A Suíça está, como esperado, no canto inferior esquerdo, mas não tão embaixo como outras democracias federalistas, principalmente por sua única característica não consensual, a ausência de revisão judicial. Contudo, continua sendo o protótipo consensual mais claro porque está a mais de um desvio padrão e meio do centro em ambas as dimensões, enquanto a Alemanha, que por sugestão do mapa também poderia ser um protótipo, está localizada mais abaixo, mas a menos de um desvio padrão à esquerda do centro. A Bélgica é o único caso exemplar que não está em posição extrema, embora não fosse esperado porque ela só se tornou plenamente federalista em 1993; mas o país ocupa uma forte posição consensual na dimensão executivos-partidos.

O mapa bidimensional também revela protótipos de duas combinações das características consensual e majoritária. No canto esquerdo superior, Israel representa uma combinação de democracia consensual na dimensão executivos-partidos (em particular, frequentes gabinetes de coalizão superdimensionados, pluripartidarismo, eleições por RP altamente proporcionais e corporativismo dos grupos de interesse), mas um majoritarismo um pouco mais fraco na dimensão federal-unitária (Constituição não escrita e um Parlamento unicameral moderado, mas por características intermediárias relativas ao federalismo e à independência do Banco Central). No canto inferior direito, o Canadá é o mais forte candidato a ser o protótipo oposto do majoritarismo nas dimensões executivos-partidos e consensual na dimensão federal-unitária: por um lado, gabinetes unipartidários dominantes, um sistema de aproximadamente dois partidos e meio, eleições por maioria simples e pluralismo de grupos de interesse, e por outro, forte federalismo e revisão judicial, uma Constituição rígida e Banco Central independente, e bicameralismo, embora de força apenas mediana (Studlar e Christensen, 2006). Os Estados Unidos se localizam no mesmo lado e são mais fortes na dimensão federal-unitária – mas não excepcionalmente majoritários na dimensão executivos-partidos, devido, principalmente, ao seu baixo grau de dominância executiva em comparação ao Canadá.

Explicações

Existe um modelo geral revelado pela distribuição das 36 democracias no mapa? Existe, por exemplo, qualquer correspondência entre os mapas conceitual e geográfico? Parece haver essa relação no que diz respeito ao lado consensual da dimensão executivos-partidos: a maioria dos países continentais europeus está localizada do lado esquerdo do mapa, entre eles os cinco países nórdicos, as chamadas "democracias consensuais" com uma "cultura consensual tipicamente escandinava e [...] estruturas de conciliação e arbitragem" (Elder, Thomas e Arter, 1988, p. 221). Do lado direito, os quatro países caribenhos estão muito próximos entre si, mas os outros países estão geograficamente distantes uns dos outros. A característica comum aos países que estão à direita do mapa conceitual é que são ex-colônias britânicas. Realmente, é a presença ou a ausência da herança política britânica que parece explicar melhor que qualquer fator geográfico a distribuição à direita e à esquerda da dimensão executivos-partidos. Dag Anckar (2008) vê a mesma influência do modelo britânico em seu estudo comparativo dos "microestados" democráticos com populações abaixo de 1 milhão e que incluem cinco das nossas democracias com populações com mais de 250 mil pessoas, além de 24 países menores.

MAPA CONCEITUAL BIDIMENSIONAL DA DEMOCRACIA

Há várias exceções muito claras nesta dupla divisão baseada na influência de uma herança britânica. Duas democracias latino-americanas são exceções: Argentina e Costa Rica. Outras exceções notáveis são Grécia, Espanha, e, mais à direita, Coreia e França. A França é um caso excepcional bastante interessante: à vista do antagonismo que o presidente Charles De Gaulle nutria profundamente e expressava frequentemente contra *les anglo-saxons,* é irônico que a república por ele criada seja mais anglo-saxônica que qualquer outra democracia europeia. Há exceções também à esquerda dessa dimensão: Irlanda, Índia, Israel e Ilhas Maurício são todos países emergentes do domínio colonial britânico. A Irlanda está apenas um pouco mais à esquerda da linha divisória, e o que a liga aos outros três países é que todos são sociedades plurais – sugerindo que o grau de pluralismo é o que melhor explica por que razão os países são consensuais e não majoritários na dimensão executivos-partidos. Das 17 sociedades plurais e semiplurais listadas na Tabela 4.3, há 11 localizadas à esquerda do mapa.

A análise de regressão confirma não só que as duas explicações são importantes, mas que a herança política britânica é a influência mais forte. A correlação entre a herança britânica – uma variável artificial com valor 1 para a própria Grã-Bretanha e para os 14 países por ela colonizados, e 0 para os outros 21 países – e democracia majoritária na dimensão executivos-partidos tem um coeficiente de 0,5 (significante em nível de 1%); a correlação com o grau de sociedade plural – plural *versus* semiplural *versus* não plural – é de –0,3 (significante em nível de 5%). Quando ambas as variáveis independentes entram na equação de regressão, o coeficiente de correlação múltipla é 0,6 (significante nos mesmos níveis). Por fim, em uma análise de regressão progressiva, a herança britânica explica a variação de 23% na democracia majoritária, e o grau de pluralismo acrescenta mais 9% ao total de 32% da variação explicada (medida em termos de R2 ajustado).[3]

---

3 Poderíamos argumentar que outros três países, Áustria, Alemanha e Japão, deveriam ser codificados também com forte grau de influência britânica, ou melhor, anglo-americana, em seus sistemas políticos. A Constituição japonesa do pós-guerra foi redigida pela equipe do

MODELOS DE DEMOCRACIA

Até onde os países são sociedades plurais também parece explicar a localização das 36 democracias na dimensão federal-unitária. Dos 12 países situados abaixo do meio, nove são sociedades plurais e semiplurais. Outra explicação sugerida pelo mapa é o tamanho da população. Os quatro maiores países – Índia, Estados Unidos, Japão e Alemanha – estão localizados na parte inferior do mapa, e dos 16 países com populações superiores a 10 milhões, dez estão na parte de baixo. Essa explicação potencial é reforçada pela descoberta de Robert A. Dah e Edward R. Tufte (1973, p. 37) que o tamanho está relacionado com o federalismo e a descentralização, a variável-chave da dimensão federal-unitária: "quanto maior é o país, mais descentralizado é o governo, federal ou não".

Novamente, a análise de regressão confirma essas duas impressões. Os coeficientes de correlação são −0,53 para o tamanho da população (oficial) e −0,38 para o grau de pluralismo (significante em níveis de 1% e 5%, respectivamente). Na regressão múltipla, ambas as variáveis explicativas continuam significantes (embora pluralismo só em nível de 10%) com um coeficiente de múltipla correlação de 0,58. O tamanho da população por si só explica 26% da variância, e o pluralismo acrescenta outros 4% à variância total explicada de 30%. O grau de pluralismo é novamente a variável mais fraca, mas pode ser considerada a explicação geral mais forte, porque explica uma porção importante da variação na localização das 36 democracias em ambas as dimensões[4]. Embora os aspectos poder conjunto e poder dividido da democracia consensual sejam dimensões distintas, conceitual e empiricamente, eles representam

---

general Douglas MacArthur e inspirada em grande parte no modelo britânico. As autoridades de ocupação norte-americanas e britânicas participaram do reestabelecimento da democracia na Alemanha e Áustria, e tiveram uma participação especialmente forte e direta na formação do sistema democrático alemão do pós-guerra (Muravchik, 1991, p. 91-114). Entretanto, atribuir a esses três países o valor 1 para a variável herança britânica enfraqueceria todas as outras correlações; por exemplo, a variação explicada total cairia de 32% para 21%.

4 A herança política britânica não está relacionada à segunda dimensão. Nem o tamanho da população está relacionado à primeira dimensão – contradizendo o argumento de Dahl e Tufte (1973, p. 91) que "o sistema pequeno [...] sendo mais homogêneo, é [...] provavelmente mais conceitual [e que] o sistema maior, sendo mais heterogêneo, é [...] provavelmente mais conflitante."

MAPA CONCEITUAL BIDIMENSIONAL DA DEMOCRACIA

mecanismos constitucionais complementares para acomodar profundas divisões sociais. Essa conclusão reforça a recomendação de Sir Arthur Lewis, citada no Capítulo 3, que ambas as dimensões da democracia consensual são necessárias nas sociedades plurais – em particular, Lewis defende os governos de poder-compartilhado e o federalismo.

Alterações no mapa conceitual

As localizações das 36 democracias no mapa conceitual são as localizações *médias* em um período longo: mais de sessenta anos as vinte democracias mais antigas e pelo menos 22 anos as três mais novas (ver Tabela 4.1). As médias ocultam todas as alterações, grandes ou pequenas, que tenham ocorrido. Obviamente, os sistemas políticos podem mudar, e de fato mudam; por exemplo, em capítulos anteriores eu chamei a atenção para mudanças nos sistemas partidário, eleitoral e de grupos de interesse em 36 democracias, bem como em seus graus de descentralização, na estrutura cameral de seus legislativos e no ativismo de suas revisões judiciais. Até que ponto essas mudanças contribuíram para provocar alterações na direção de um majoritarismo ou um consenso maiores em cada uma das duas dimensões?

Para explorar essa questão, dividi o período 1945-2010 em partes mais ou menos iguais: um período de 1945 até o final de 1980 e outro período de 1981 até meados de 2010. Para os países em que o espaço de tempo é bastante longo no primeiro período, os resultados em ambas as dimensões foram calculados em cada período. Isso pôde ser feito em vinte países cobertos desde a metade ou o final da década de 1940, e em outros sete países: Barbados, Botsuana, Costa Rica, França, Jamaica, Malta e Trinidad.[5] As outras nove democracias não foram incluídas

---

5 Esses países foram cobertos a partir dos anos indicados na Tabela 4.1. Os seis países que se tornaram independentes e democráticos ou foram redemocratizados na década de 1970 não estão incluídos nesta análise porque o espaço de tempo do início da cobertura até 1980 era muito menor; os três países restantes foram redemocratizados após 1981 (ver Tabela 4.1).

MODELOS DE DEMOCRACIA

nesta parte da análise. A Figura 14.2 mostra mudanças que ocorreram nas 27 democracias mais longas, do período pré-1980 a pós-1981. As setas indicam as posições no último período. Lembremos que essas alterações são todas mudanças relativas – isto é, o que muda em cada país é relativo ao que muda em todos os outros países. Isso porque os resultados de cada dimensão em cada período são padronizados e maiores que 0; consequentemente, alterações da esquerda para a direita bem como para cima e para baixo também devem ser maiores que 0. Um bom exemplo é o dos Estados Unidos que apresentam uma ligeira alteração para cima na Figura 14.2, o que indica uma posição menos extrema na dimensão federal-unitária. Mas a posição absoluta dos Estados Unidos não mudou nada: suas pontuações em todas as cinco variáveis nesta dimensão são exatamente as mesmas antes de 1980 e após 1981. Portanto, a aparente alteração é causada pela soma total dos movimentos em outros 26 países para uma posição mais baixa na dimensão federal-unitária. Consequentemente, a Tabela 14.2 não responde à pergunta se houve alguma tendência geral a mais majoritarismo ou a mais consenso no período 1945-2010. Há, porém, outra maneira de responder a essa pergunta que veremos a seguir.

O panorama geral da Figura 14.2 é de grande estabilidade. Traz muitas alterações relativamente pequenas, mas nenhuma transformação radical: nenhum país mudou de uma democracia claramente majoritária para uma democracia claramente consensual, e vice-versa. Há mais alterações da esquerda para a direita, e vice-versa, do que de cima para baixo, e vice-versa – um padrão que reflete maior estabilidade das características institucionais, geralmente ancoradas em provisões constitucionais. Todavia, destacam-se quatro movimentos para baixo. O maior deles reflete a introdução da revisão judicial na Bélgica em 1984 e um federalismo pleno em 1993. A melhor explicação nos casos da França e da Itália é uma combinação de descentralização e revisão judicial mais forte no segundo período. A alteração para baixo um pouco menor, mas ainda pronunciada, da Costa Rica deve-se inteiramente à grande mudança de uma fraca revisão judicial para muito forte em 1989. Os movimentos para baixo ainda pequenos da Suíça e Israel se devem ao fortalecimento da independência de seus bancos centrais. Os ligeiros movimentos para cima de vários países não indicam mudanças importantes porque, como no caso mencionado dos Estados Unidos, eles "compensam" principalmente as grandes alterações para baixo da Bélgica, França, Itália e Costa Rica. Entretanto, a adoção do unicameralismo na Suécia, Dinamarca e Islândia representa uma mudança real e explica em parte suas alterações ainda relativamente pequenas para posições mais altas na Figura 14.2.

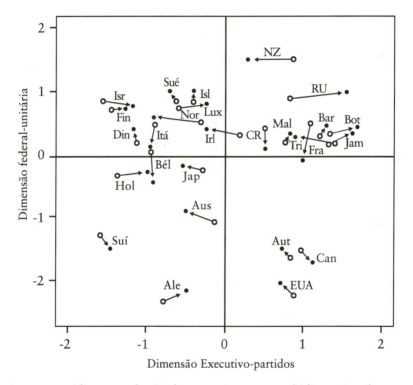

Figura 14.2 Alterações das 27 democracias no mapa bidimensional antes de 1981 e entre 1981 e 2010.

As duas grandes alterações que se destacam ao longo das linhas horizontais da Figura 14.2 são os nossos dois protótipos majoritários, Nova Zelândia e Reino Unido. A alteração da Nova Zelândia para

MODELOS DE DEMOCRACIA

uma posição menos majoritária se deveu à adoção da RP em 1996, que resultou em menos desproporcionalidade eleitoral, mais pluripartidarismo, um importante aumento dos gabinetes de coalizão e minoritários, e menor dominância executiva, como dissemos no Capítulo 2. A alteração para a esquerda seria muito mais pronunciada se a comparação fosse entre os períodos anterior e após 1996 e não antes e depois de 1981. O grande movimento para a direita do Reino Unido ocorreu apesar de um ligeiro aumento no número efetivo de partidos (de 2,1 para 2,27 partidos), que foi compensado, porém, por um grande aumento da desproporcionalidade (de 8,97% para 16%) e maior grau de dominância executiva. Essas mudanças demonstram que por volta de 2010 o Reino Unido substituiu definitivamente a Nova Zelândia como o país que mais se aproximava do modelo Westminster. As próximas duas alterações notáveis foram da Noruega e da Irlanda. A Noruega moveu-se para características mais consensuais em quatro das cinco variáveis na dimensão executivos-partidos e manteve o mesmo nível alto de corporativismo. A Irlanda atravessa do território majoritário para o consensual, apesar dos resultados eleitorais levemente desproporcionais, mas sobe em pluripartidarismo, gabinete de coalizão e corporativismo, e cai em dominância executiva (Bulsara e Kissane, 2009). Os outros movimentos da direita para a esquerda, e vice-versa, são todos pequenos e refletem várias mudanças nas cinco variáveis que subjazem à dimensão executivos-partidos, sem que nenhuma delas se destaque como mais influente.

Para saber se houve uma tendência geral para mais majoritarismo ou mais consenso nas duas dimensões, teremos que examinar as médias *não padronizadas* de cada uma das dez variáveis básicas. Essas médias estão na Tabela 14.3. A tabela também mostra as diferenças entre os resultados do segundo e primeiro períodos, e se as diferenças indicam mais majoritarismo ou mais consenso. Em oito variáveis, a tendência é por mais consenso, mas apenas três destes mostram diferenças consideráveis: mais pluripartidarismo (por volta de um terço a mais por partido), acima de 10% menos gabinetes unipartidários minima-

MAPA CONCEITUAL BIDIMENSIONAL DA DEMOCRACIA

mente vencedores e revisão judicial mais forte. Das duas variáveis que mostram a tendência oposta, só o aumento da desproporcionalidade eleitoral – mais de um ponto percentual – é uma mudança importante. A tendência geral é por mais democracia consensual, embora não seja uma tendência muito forte.

Tabela 14.3

Valores médios das dez variáveis que distinguem democracia majoritária de democracia consensual em 27 democracias, 1945-80 e 1981--2010, as diferenças entre segundo e primeiro períodos, e a direção majoritária (M) ou consensual (C) dessas diferenças

	1945-80	1981-2010	Diferença
Dimensão executivos-partidos			
Número efetivo de partidos parlamentares	3,06	3,44	+0,38 (C)
Gabinetes unipartidários minimamente vencedores	60,7	54,3	−6,4 (C)
Dominância do Executivo	4,99	4,95	−0,04 (C)
Desproporcionalidade eleitoral	6,88	7,96	+1,08 (M)
Pluralismo dos grupos de interesse	1,92	1,83	−0,09 (C)
Dimensão federal-unitária			
Federalismo-descentralização	2,28	2,39	+0,11(C)
Bicameralismo	2,29	2,19	−0,1 (C)
Rigidez constitucional	2,59	2,65	+0,06 (C)
Revisão judicial	1,90	2,13	+0,23 (C)
Independência do Banco Central	0,38	0,39	+0,01(C)

Os resultados do segundo período (1981-2010) nas duas dimensões serão retomados nos dois capítulos que seguem. Eles serão ligeiramente diferentes dos resultados das 27 democracias usadas para cobrir as

MODELOS DE DEMOCRACIA

alterações no mapa conceitual no final deste capítulo, porque estarão baseados em dez variáveis padronizadas e duas dimensões, tanto para estes 27 países quanto para os nove que não podem ser incluídos com esse fim. Os dois próximos capítulos analisam as consequências que o tipo de democracia tem na efetividade, no caráter democrático e na orientação política dos governos. Em geral, só existem dados confiáveis dessas variáveis para as últimas décadas; mas o foco em um período mais recente nos permite incluir na análise a maior parte das 36 democracias. Portanto, também faz sentido medir os graus de consenso e majoritarismo das 27 democracias mais duradouras em termos das suas características no segundo período.

15. Governo e processos decisórios efetivos: a democracia consensual faz diferença?

Neste capítulo e no próximo eu trato da pergunta "e daí?". A diferença entre democracia majoritária e consensual influi nas operações da democracia, principalmente no seu bom funcionamento? A sabedoria convencional – que geralmente se expressa em termos das vantagens relativas da RP *versus* eleições por maioria simples e por maioria absoluta, mas que pode se estender ao contraste maior entre democracia consensual e majoritária em toda a dimensão executivos-partidos – é que há situação conflitante entre a qualidade e a efetividade do governo democrático. Por um lado, a sabedoria convencional aceita que a RP e a democracia consensual oferecem uma representação mais acurada e, em particular, melhor representação minoritária, mais proteção aos interesses minoritários e maior participação no processo decisório. Por outro lado, também aceita que os governos majoritários unipartidários, tipicamente produzidos em eleições de maioria simples, são os que produzem decisões políticas mais eficazes. É um ponto de vista que se reflete na máxima "governo representativo não pode só representar, tem que governar" (Beer, 1998, p. 25) – a implicação é clara: a representatividade só acontece se o governo for efetivo.

Talvez essa crença predomine há tanto tempo sem o adequado exame empírico porque pareça tão lógica que não há necessidade de testá-la. Por exemplo, eu chamei a atenção (no Capítulo 5) para a afirmação de Lowell (1896), segundo a qual é um "axioma" autoevidente a necessidade dos gabinetes majoritários unipartidários de tomar decisões políticas eficazes. A primeira parte dessa crença e que se refere à qualidade democrática será discutida no próximo capítulo. Neste capítulo faço um exame crítico da segunda parte, em que é criado um vínculo entre democracia majoritária e processo decisório efetivo. Para tanto, uso três conjuntos de indicadores da performance dos governos. O primeiro e mais importante é formado pelos Indicadores de Governança Mundial, que se baseiam em avaliações especializadas das seis dimensões de boa governança em um grande número de países, entre eles as nossas 36 democracias, a partir de 1996. O segundo conjunto é formado pelas medidas tradicionais de controle macroeconômico, especialmente crescimento econômico, controle da inflação e controle do desemprego, que usarei como indicadores de um processo decisório efetivo. O meu terceiro conjunto é formado pelos indicadores de controle da violência. Meu foco é o efeito da dimensão executivos-partidos da democracia consensual na performance do governo, e a menos que eu diga o contrário, tudo o que for dito sobre democracia consensual no restante deste capítulo se referirá a esta primeira dimensão. No final do capítulo discutirei os efeitos da dimensão federalismo na democracia consensual; será uma discussão breve porque os efeitos são sempre mínimos e dispensam maiores detalhes.

Hipóteses e evidências preliminares

A base teórica do axioma de Lowell certamente não é absolutamente implausível: a concentração do poder político nas mãos de uma pequena maioria é capaz de promover lideranças decisivas e unificadas e, consequentemente, políticas públicas coerentes e decisões rápidas. Mas os contra-argumentos são vários. É bem possível que os governos majoritários tomem decisões mais rápidas que os governos consensuais, mas decisões rápidas não são necessariamente decisões

GOVERNO E PROCESSOS DECISÓRIOS EFETIVOS

sábias. O oposto talvez seja mais verdadeiro, e vários teóricos da política – notadamente os veneráveis autores dos *Federalist Papers* (Hamilton, Jay e Madison, 1788), questionam isso há muito tempo. A introdução na Grã-Bretanha na década de 1980 do chamado *poll tax* (imposto comunitário) é um claro exemplo de uma política pública, hoje reconhecida universalmente como desastrosa, que foi produto de uma decisão precipitada; é provável que o *poll tax* jamais teria sido introduzido se fosse debatido por mais tempo e em mais detalhes (Butler, Adonis e Travers, 1994).

Mais ainda, políticas públicas supostamente coerentes produzidas por governos majoritários podem ser eliminadas com a alternância de poder; a alternância da esquerda para a direita, e vice-versa, implica mudanças frequentes e abruptas na política econômica. Em particular, S. E. Finer (1975) insistiu vigorosamente que o controle macroeconômico bem-sucedido requer não só um pulso *forte,* mas *firme,* e que a representação proporcional e os governos de coalizão são propensos a oferecer políticas públicas mais centristas e consistentes. As políticas públicas apoiadas por amplo consenso têm mais chance de serem conduzidas com sucesso e de se manterem no rumo do que políticas públicas impostas por um governo "com grande poder de decisão", contrárias aos anseios de setores importantes da sociedade. Além disso, em contraste com a RP, espera-se que as eleições em distritos uninominais despertem um interesse maior em função da obtenção dos recursos governamentais destinados a cada distrito, "a custa do resto do país e de medidas protecionistas para as indústrias locais", do que políticas públicas que incentivem o crescimento econômico nacional (Knutsen, 2011, p. 84). Por fim, para manter a paz civil, a conciliação e o compromisso em sociedades divididas, políticas públicas que requerem a maior inclusão possível de grupos antagônicos nos processos decisórios são muito mais importantes do que as decisões precipitadas. Esses contra-argumentos são ao menos um pouco mais fortes que os argumentos em favor dos governos majoritários, que se baseiam estritamente na rapidez e na coerência do processo decisório.

MODELOS DE DEMOCRACIA

A evidência empírica é ambivalente. Peter Katzenstein (1985) e Ronald Rogowski (1987) demonstram que países pequenos adotam RP e práticas corporativistas para compensar as desvantagens de seu pequeno tamanho no comércio internacional; ou seja, esses elementos consensuais são elementos de força e não de fraqueza. Em seus clássicos estudos sobre os efeitos macroeconômicos nos sistemas eleitorais, Richard Rose (1992) e Francis G. Castles (1994) não encontraram diferenças significativas entre crescimento econômico, inflação e desemprego nos sistemas de RP e de não RP nas democracias industrializadas. Nouriel Roubini e Jeffrey D. Sachs (1989) encontraram, de um lado, uma forte conexão entre governos de coalizões multipartidárias e governos com mandato médio relativamente curto, típicos da democracia consensual e de outro lado grandes déficits orçamentários; os métodos que eles usaram e as conclusões a que chegaram foram questionados por Stephen A. Borrelli e Terry A. Royed (1995) e por Sung Deuk Hahm, Mark S. Kamlet, e David C. Mowery (1996). Em estudo posterior sobre os efeitos dos sistemas eleitorais em 85 democracias na década de 1990, Torsten Persson e Guido Tabellini (2003, pp. 270-76) concluíram que os sistemas de RP provocam déficits orçamentários maiores que os de não RP, mas registram resultados no mínimo ambíguos em efetividade governamental, crescimento econômico e corrupção.

Numa série de artigos, Markus M. L. Crepaz e seus colaboradores (Crepaz, 1996; Crepaz e Birchfield, 2000; Crepaz e Moser, 2004) afirmam que, nos países membros da Organização para a Cooperação e Desenvolvimento Econômico, as instituições consensuais têm conseguido efeitos muito positivos contra a inflação, o desemprego e a capacidade de lidar com as pressões da globalização econômica sobre as economias nacionais, mas efeitos neutros sobre o crescimento econômico. Na primeira edição deste livro (Lijphart, 1999, pp. 264-69) eu afirmei também que as democracias consensuais têm melhores registros contra a inflação e um pouco melhores contra o desemprego, mas efeitos ambíguos sobre o crescimento econômico. Edeltraud Roller (2005, pp. 233-37) encontra resultados positivos para as democracias consensuais, mas pequenos e estatisticamente insignificantes em três indicadores de desempenho econômico. Por fim, em contraposição a tudo o que já foi dito sobre os vários efeitos, inclusive os neutros, do crescimento econômico, o estudo em larga escala de Carl Henrik Knutsen (2011, p. 89), em mais de cem países a partir do século XIX, descobre que os sistemas de RP geram mais crescimento e portanto "mais prosperidade" que os de não RP; esse é um efeito bastante significante que Knutsen considera "espantosamente robusto".

Quanto ao controle da violência, G. Bingham Powell (1982) conclui que as democracias "representativas", similares ao que chamo de democracias consensuais, conseguem melhores resultados que os sistemas majoritários. Duas análises estatísticas em larga escala confirmam os efeitos positivos do controle da violência em instituições de poder compartilhado: a ambiciosa "visão global dos conflitos etnopolíticos" de Robert Gurr (1993) – para citar o subtítulo de seu livro –, e o estudo comparado de Wolf Linder e André Bächtiger (2005) sobre o sucesso relativo da democratização e prevenção de conflitos em 62 países africanos e asiáticos.

Todos esses ensaios se referem à administração macroeconômica e ao controle da violência. São indicadores de bom desempenho porque envolvem funções cruciais do governo e dispõem de dados quantitativos precisos, mas, como discutirei rapidamente, têm também inúmeras falhas e devem ser vistos com cuidado. As medidas mais altas são fornecidas pelos Indicadores de Governança Mundial e produzidas por três estudiosos da Brookins Institution e do Banco Mundial: Daniel Kaufmann, Aart Kraay e Massimo Mastruzzi (2010). Essas medidas – disponíveis para a maior parte dos países, inclusive as nossas 36 democracias – são avaliações agregadas especializadas do desempenho dos governos, realizadas por vários institutos de pesquisa, *think-tanks*, organizações internacionais e organizações não governamentais. E são muito mais abrangentes que os indicadores macroeconômicos convencionais por cobrirem seis dimensões de governança, cinco das quais possuem relevância para o tema da efetividade na formulação de políticas públicas tratadas neste capítulo: efetividade governamental; qualidade regulatória; Estado de Direito; controle da corrupção e estabilidade política; e ausência de violência; a sexta dimensão, que os autores chamam de "voz e prestação de contas", é uma excelente medida de qualidade democrática que trataremos no próximo capítulo. O projeto Indicadores de Governança Mundial foi iniciado em 1996 e os dados atualizados foram divulgados em 1998, 2000 e anualmente a partir de 2002.

Um problema das tradicionais medidas de macroeconomia e violência é que o sucesso econômico e a manutenção da paz civil não dependem unicamente de políticas governamentais. Em relação à política macroeconômica britânica, por exemplo, Rose (1992, p. 11) destaca que "muitas influências sobre a economia passam longe do controle do governo [...] Decisões tomadas independentemente do governo por investidores, industriais, consumidores e trabalhadores britânicos podem frustrar as intenções do governo do dia. Com uma economia internacional aberta, a Grã-Bretanha é cada vez mais influenciada por decisões tomadas no Japão, Washington, Nova York, Bruxelas ou Frankfurt". Rose exagera um pouco: o fato de os governos não terem controle de tudo não significa que não tenham controle de nada. Quando a economia vai bem, se o crescimento econômico é alto e a inflação, desemprego e déficits orçamentários são baixos, os governos rotineiramente ganham o crédito pelo feliz estado de coisas. E sabem que os eleitores recompensam os partidos governistas se a economia vai bem e os punem se a economia vai mal.

O argumento de Rose, porém, reforça a necessidade de se levar em conta o máximo possível de influências. Enquanto essas influências forem variáveis identificáveis e mensuráveis, elas devem ser controladas por análises estatísticas. O grau de desenvolvimento econômico é uma variável explicativa potencialmente importante. Mas para controlar a violência é preciso controlar o grau de divisão social, porque divisões

GOVERNO E PROCESSOS DECISÓRIOS EFETIVOS

profundas dificultam muito a manutenção da paz e da ordem pública. Uma terceira variável cuja influência merece atenção é o tamanho da população, no mínimo porque nossas democracias diferem enormemente a esse respeito. Também temos que aceitar a hipótese que os países grandes enfrentam problemas maiores de ordem pública que os pequenos. Quanto aos outros aspectos, não está claro se o tamanho da população é um fator favorável ou desfavorável. Os países grandes obviamente têm mais poder nas relações internacionais, que podem ser usadas, por exemplo, para obter benefícios econômicos para seus cidadãos. Além disso, maior influência internacional significa maior responsabilidade e, portanto, maiores gastos, especialmente para fins militares.

Eventos fortuitos também podem afetar o sucesso da economia, como a sorte que tiveram a Grã-Bretanha e a Noruega quando encontraram petróleo no Mar do Norte. Os efeitos desses eventos fortuitos bem como as influências externas que não se pode identificar e controlar com clareza podem ser minimizadas se o desempenho econômico for analisado por um período mais longo em muitos países. Esses dois desideratos entram em conflito com frequência: estender o período de análise geralmente significa que alguns países terão que ser excluídos. Por isso, na análise a seguir, apresento os resultados em diferentes períodos, em diferentes conjuntos de partidos e com diferentes tipos de dados, para que o teste de hipóteses seja o mais completo e robusto possível. Por fim, para testar a influência do tipo de democracia sobre as variáveis de desempenho econômico, eu limito o potencial de impacto perturbador das forças externas excluindo da análise as cinco democracias menores com populações abaixo de 500 mil pessoas – Bahamas, Barbados, Islândia, Luxemburgo e Malta –; por serem países muito pequenos, são extremamente vulneráveis às influências internacionais.

MODELOS DE DEMOCRACIA

Democracia consensual e processo decisório efetivo

Porque os argumentos teóricos e as evidências empíricas analisadas na seção anterior se misturam, com uma ligeira vantagem para a democracia consensual, minha hipótese de trabalho é que a democracia consensual é a que produz os melhores resultados, mas sem a expectativa de que as diferenças sejam fortes e importantes. Os quatro quadros deste capítulo e do Capítulo 16 apresentam análises multivariadas do efeito da democracia consensual em uma série de variáveis de desempenho com controles para os efeitos do nível de desenvolvimento econômico (medido pelo Índice de Desenvolvimento Humano, apresentado na Tabela 4.3) e o tamanho da população (que deve ser considerado em razão das diferenças extremas entre as nossas 36 democracias). Além disso, na Tabela 15.2, que traz os indicadores de violência, o grau de divisão social é mais uma variável de controle.

A Tabela 15.1 mostra o efeito da democracia consensual em quatro entre todos os Indicadores de Governança Mundial, mais uma medida adicional de corrupção e cinco grupos de variáveis macroeconômicas. A variável independente é o grau da democracia consensual na dimensão executivos-partidos: como todos os Indicadores de Governança Mundial e as variáveis macroeconômicas são da década de 1980 em diante, a variável consensual que é usada é o grau da democracia consensual no período 1981-2010. O coeficiente de regressão estimado é o aumento ou a diminuição da variável dependente para cada unidade a mais na variável independente – no nosso caso, cada aumento por um desvio padrão da democracia consensual. Porque a variação nos graus da democracia consensual é próxima de quatro desvios padrões (ver Figura 14.1), a distância entre a democracia consensual "média" e a democracia majoritária "média" gira em torno de dois desvios padrões. Portanto, a resposta à pergunta "Quanta diferença faz a democracia consensual?" é, aproximadamente, duas vezes o valor do coeficiente de regressão

GOVERNO E PROCESSOS DECISÓRIOS EFETIVOS

estimado. Por exemplo, com base na oitava fileira da Tabela 15.1, o efeito da democracia consensual sobre o índice de preços ao consumidor é aproximadamente duas vezes o coeficiente de regressão de −1,477%, ou quase 3% menos inflação que na democracia majoritária. A significância estatística das correlações depende dos valores estatísticos de teste de hipóteses (valor-t) absolutos mostrados na segunda coluna e dos números de casos mostrados na terceira coluna. Os asteriscos indicam se as correlações são importantes: são relatados três níveis de significância, inclusive o mínimo exigido de 10%.

Tabela 15.1
Análise de regressão multivariada do efeito da democracia consensual (dimensão executivos-partidos) em 17 variáveis de desempenho governamental que controlam os efeitos do nível de desenvolvimento econômico e o tamanho oficial da população, sem os extremos discrepantes

Variáveis de desempenho	Coeficiente de regressão estimado	Valor-t absoluto	Países (N)
Efetividade do governo (1996-2009)	0,123**	1,749	36
Qualidade regulatória (1996-2009)	0,066	1,074	36
Estado de Direito (1996-2009)	0,152**	1,972	36
Controle da corrupção (1996-2009)	0,182**	1,919	36
Índice de percepção da corrupção (2010)	0,477**	1,813	35
Crescimento do PIB *per capita* (1981--2009)	0,074	0,0461	28
Crescimento do PIB *per capita* (1991--2009)	−0,151	0,793	31

MODELOS DE DEMOCRACIA

Variáveis de desempenho	Coeficiente de regressão estimado	Valor-t absoluto	Países (N)
Índice de preço ao consumidor (1981--2009)	–1,477**	2,434	26
Deflator do PIB (1981-2009)	–1,497**	2,208	27
Índice de preço ao consumidor (1991--2009)	–1,483***	2,552	30
Deflator do PIB (1991-2009)	–1,401***	2,485	30
Desemprego (1981-2009)	–1,792**	1,931	20
Desemprego (1991-2009)	–0,802	1,216	29
Equilíbrio orçamentário (2000-2008)	0,351	0,608	22
Equilíbrio orçamentário (2003-2007)	0,477	0,954	28
Índice de liberdade Heritage Foundation (2009-10)	0,418	0,381	36
Índice de liberdade Fraser Institute (2008)	0,004	0,049	36

* Estatisticamente significante em nível de 10% (teste unilateral)
** Estatisticamente significante em nível de 5% (teste unilateral)
*** Estatisticamente significante em nível de 1% (teste unilateral)

Fonte: Baseado em dados de Kaufmann, Kraay e Mastruzzi, 2010; Transparência Internacional, 2010; Banco Mundial, 2011; Miller e Holmes, 2011, pp. 6-10; Gwartney, Hall e Lawson 2010, p. 7.

As quatro medidas dos Indicadores de Governança Mundial na parte superior da tabela estão numa escala que varia de –2,5 a +2,5. Os resultados do país são as médias dos resultados atribuídos a cada país nos 11 conjuntos de dados produzidos entre 1996 e 2009. Não surpreende que as nossas democracias mais antigas tenham principalmente pontuações positivas, embora com diferenças importantes

GOVERNO E PROCESSOS DECISÓRIOS EFETIVOS

entre uma e outra. A primeira variável de desempenho, efetividade governamental, é uma medida composta pela qualidade dos serviços públicos, pela qualidade dos serviços civis e de sua independência das pressões políticas, pela qualidade na formulação e implantação de políticas públicas, e pela credibilidade do governo e seu compromisso com essas políticas. A qualidade regulatória mede a habilidade do governo de formular e implantar sólidas políticas públicas e regulamentações que promovam o desenvolvimento do setor privado. O Estado de Direito é um termo autoexplicativo: inclui especificamente a qualidade dos direitos de propriedade, a polícia, as cortes judiciais e os riscos de crimes. O controle da corrupção envolve não só o uso do poder público para a obtenção de lucros privados, incluídas as pequenas e grandes formas de corrupção, mas também a "captura" do Estado pelas elites e pelos interesses privados (Kaufmann, Kraay e Mastruzzi, 2010). A democracia consensual tem efeito favorável sobre o desempenho do governo em todas as quatro áreas, e em três delas as correlações são fortes e estatisticamente significantes em nível de 5%. O vínculo com a qualidade regulatória é fraco e estatisticamente insignificante até em nível de 10%, embora se mantenha positivo. Para dar alguns exemplos dos resultados dos países no que concerne à efetividade governamental, o mais importante dos quatro indicadores extraídos dos Indicadores de Governança Mundial, apenas a Argentina (–0,08) e a Índia (–0,05) têm resultados negativos, embora pouco negativos; os resultados mais altos são da Dinamarca (2,1), Finlândia (2,07) e Suíça (1,97); os dois países mais próximos do valor médio de 1,5 são França (1,59) e Espanha (1,4). Com base no coeficiente de regressão estimado de 0,123, a média da democracia consensual é aproximadamente 0,25 pontos mais alta que a média da democracia majoritária, depois que o tamanho da população e o nível de desenvolvimento foram levados em conta.

O quinto item deste grupo de variáveis de desempenho é uma medida adicional de controle da corrupção: o índice de percepção da corrupção da Transparência Internacional (2010) é medido em uma escala de 10 pontos, em que 10 é a corrupção totalmente controlada

MODELOS DE DEMOCRACIA

e 0 é o sistema mais corrupto – e está disponível para todos os nossos países, exceto Bahamas. Das outras 35 democracias, os melhores desempenhos são da Dinamarca e Nova Zelândia, com resultados de 9,3; os piores são da Argentina (2,9), Índia e Jamaica (3,3) e Grécia (3,5). O vínculo com a democracia consensual é quase tão forte e com a mesma significância estatística que a medida pelos Indicadores de Governança Mundial no que tange ao controle da corrupção. O coeficiente de regressão 0,477 indica que a média da democracia consensual localiza-se quase um ponto acima da média do sistema majoritário em uma escala de 10 pontos. Uma hipótese plausível é que a corrupção é mais presente nas democracias consensuais do que nas majoritárias, aceitando o pressuposto que a tendência dos sistemas consensuais de comprometer-se e "fazer acordos" incentiva as práticas corruptas. Tanto os dados dos Indicadores de Governança Mundial quanto da Transparência Internacional comprovam que o oposto é verdadeiro.

A esta altura, é bom enfatizar novamente que os efeitos da democracia consensual nas variáveis de desempenho mostrados na Tabela 15.1 são os efeitos após a influência do nível de desenvolvimento econômico e do tamanho da população ter sido levada em conta. O impacto muito forte do nível de desenvolvimento sobre quatro conjuntos de variáveis de desempenho merece uma ênfase a mais. Quando a democracia consensual e as duas variáveis de controle são incluídas simultaneamente nas equações, o efeito do nível de desenvolvimento nos índices dos Indicadores de Governança Mundial (e também nos índices da Transparência Internacional), crescimento econômico, inflação e liberdade econômica, é uniformemente significante em nível de 1%: os países mais desenvolvidos têm uma pontuação muito mais alta nos índices dos Indicadores de Governança Mundial e registros muito melhores de inflação e desemprego, mas os países menos desenvolvidos têm índices bem mais altos de crescimento econômico. A influência do tamanho da população é bem menor e estatisticamente significante (em nível de 5%) apenas em relação à inflação, com os países menores experimentando índices de inflação mais altos. O efeito das duas variáveis de controle sobre o desemprego e os déficits orçamentários é pequeno e não estatisticamente significante. Essas conclusões, tomadas em conjunto, deixam muito clara a necessidade de usar as duas variáveis de controle, especialmente o nível de desenvolvimento econômico.

O restante da Tabela 15.1 descreve o efeito da democracia consensual em cinco conjuntos de variáveis de desempenho macroeconômico. Para crescimento econômico *per capita*, inflação e desemprego os resultados correspondem a dois períodos: o mais longo de 1981 a 2009, mas sem Argentina, Uruguai e Coreia, que passam a integrar o nosso conjunto de democracias somente na década de 1980; e o mais curto, de 1991 a 2009, já incluindo esses países. Exceto os índices de liberdade (na parte de baixo do quadro), todos os outros dados foram fornecidos pelo Banco Mundial (2011). Resolvi o problema da falta de dados e de anos em alguns países, incluindo todos os países com até dois anos de dados ausentes, mas excluindo os que tinham três ou mais anos de dados ausentes. Para a análise do efeito da democracia consensual no crescimento econômico todos os países puderam ser incluídos: 28 no período 1981-2009 (isto é, os 36 menos Argentina, Uruguai e Coreia e cinco miniestados que excluí deliberadamente, como já expliquei) e 31 no período 1991-2009. A tabela mostra que o efeito da democracia consensual sobre o crescimento econômico é fraco e estatisticamente insignificante nos dois períodos. O efeito negativo no segundo período é mais forte que o efeito positivo no primeiro período, mas o coeficiente de regressão de −0,151 implica um crescimento anual de não mais que 0,3% para as democracias majoritárias.

Os níveis de inflação anual média voltam as ser analisados em dois períodos distintos e em grupos de países um pouco diferentes, e também em termos de duas medidas: o deflator implícito do PIB e o índice de preços ao consumidor. Esse último índice é a medida mais usada, mas a mais abrangente é o deflator do PIB, porque mede a inflação em toda a economia e não só nos itens de consumo; entretanto, as duas medidas raramente estão separadas. No período de 1981 a 2009, Israel era um país extremamente discrepante em consequência de uma

MODELOS DE DEMOCRACIA

hiperinflação entre 1981 e 1985 – quase 400% em 1984! –; o mesmo aconteceu com o Uruguai, embora com uma inflação não tão alta, mas de 100%, em 1990-91. Quando esses dois valores discrepantes foram excluídos da análise, os efeitos favoráveis tornaram-se fortes e significantes (em níveis de 5% e 1%) para a democracia consensual em ambos os períodos, calculados pelas duas medidas de inflação.[1] Os quatro coeficientes de regressão estimada estão incrivelmente próximos. Eles indicam que a média das democracias consensuais tinha de 2,8 a 3 pontos percentuais menos inflação que a média das democracias majoritárias.

Os resultados do desemprego estão baseados em um número menor de países porque faltavam dados de muitos, especialmente no período 1981-2009. No período mais curto faltavam os dados somente de Botsuana e Índia (e dos cinco miniestados excluídos deliberadamente). As democracias consensuais têm os melhores resultados de controle de desemprego em ambos os períodos, mas apenas significativamente (em nível de 5%) no período mais longo. O problema dos dados insuficientes é ainda mais grave para o equilíbrio orçamentário, porque o controle do orçamento não é tão afetado por influências internacionais. Eu incluí cinco países pequenos nesta parte da análise. Mesmo assim, tive que limitar a análise a dois períodos pós-2000: um período mais longo (2000-2008) em 22 países, e um período mais curto (2003-2007) em 28 países. Em ambos os períodos, a Noruega foi o valor extremo discrepante e teve que ser removida: enquanto a tendência da maior parte dos países foi de déficits e superávits orçamentários modestos, a Noruega teve superávits elevados de mais de 14% nos dois períodos. As democracias consensuais têm melhor registro em administração de orçamentos, mas não a um grau estatisticamente significante.

Finalmente, a Tabela 15.1 mostra o efeito da democracia consensual em duas medidas de liberdade econômica – não porque a liberdade

---

1 A Alemanha não está incluída na análise do índice de Preço ao Consumidor em 1981-2009 porque faltam dados da década de 1980.

GOVERNO E PROCESSOS DECISÓRIOS EFETIVOS

econômica seja, em si, um indicador apropriado de desempenho macroeconômico, mas porque muitos economistas acreditam que o crescimento econômico no longo prazo dependa dela. Os dois índices foram desenvolvidos separadamente pelos especialistas da Heritage Foundation em Washington, DC, e pelo Fraser Institute de Vancouver, Canadá, e estão disponíveis para 2009-2010 e 2008, respectivamente, para todas as nossas 36 democracias (Miller e Holmes, 2011; Gwartney, Hall e Lawson, 2010). Uma hipótese plausível seria que as democracias majoritárias, por serem mais competitivas e adversárias em suas orientações do que as democracias consensuais, teriam resultados mais altos também em liberdade econômica. Essa hipótese não é confirmada pelos resultados da Tabela 15.1, embora o vínculo entre democracia consensual e liberdade econômica seja mínimo nos dois casos. O coeficiente de regressão calculado pelo índice do Fraser Institute é muito baixo, em parte por usar uma escala de 10 pontos (em vez da escala de 100 pontos da Heritage Foundation), mas mesmo assim seu efeito na democracia consensual, embora positivo, é minúsculo.

Os resultados desses testes do efeito das democracias consensuais sobre governos e processos decisórios estáveis podem ser resumidos assim: em 16 das 17 medidas a democracia consensuais apresentou os melhores resultados, e em 9 das 16 medidas os efeitos favoráveis são estatisticamente significantes; as democracias majoritárias apresentaram melhores resultados em apenas uma medida (o crescimento *per capita* em 1991-2009), mas não a um grau estatisticamente significante. O resultado final, portanto, é favorável às democracias consensuais – negando a sabedoria convencional segundo a qual os governos majoritários tomam as melhores decisões.

Democracia consensual e o controle da violência

As cinco variáveis de desempenho mostradas na Tabela 15.2 medem violência e controle da violência. As duas primeiras são avaliações

MODELOS DE DEMOCRACIA

especializadas da incidência e da probabilidade de várias formas de violência feitas pelos projetos dos Indicadores de Governança Mundial e pelo Guia Internacional de Risco País (International Country Risk Guide – ICRG). A estabilidade política e ausência de violência medidas pelos Indicadores de Governança Mundial captam percepções da probabilidade de o governo vir a ser desestabilizado por meios institucionais ou violentos, entre eles o terrorismo (Kaufmann, Kraay e Mastruzzi, 2010). Usa a mesma escala de –2,5 a +2,5 dos índices dos Indicadores de Governança Mundial discutidos na seção anterior. O índice do Guia Internacional de Risco País, disponível de 1990 até 2004, inclui três componentes: guerra civil e ameaça de golpe; terrorismo e violência política; e desordem civil. Cada componente vale 4 pontos, e o índice combinado vai de 12 – risco muito baixo – a 0 – risco muito alto. Índia e Israel têm valores discrepantes extremos nas duas medidas. Os dois países têm resultados muito negativos no índice dos Indicadores de Governança Mundial (–0,89 e –1,07, respectivamente), bem abaixo dos outros dois únicos resultados negativos, Argentina (–0,09) e Jamaica (–0,23). A variação empírica para esta variável é bastante estreita em relação aos melhores desempenhos, Luxemburgo (1,42) e Islândia (1,41), avaliados bem abaixo dos 2,5 pontos máximos. Índia e Israel recebem, respectivamente, 7,44 e 6,58 pontos na escala do Guia Internacional de Risco País, enquanto a maior parte dos outros países tem resultado superior a 9 (PRS Group, 2004).

As duas fileiras superiores da Tabela 15.2 mostram o efeito da democracia consensual nesses dois indicadores de controle da violência com os controles padrões para os efeitos do nível de desenvolvimento e do tamanho da população, e como terceiro controle o grau de divisão social. A divisão social é medida em uma escala de 3 pontos, com base na terceira classificação das nossas 36 democracias como sociedades plurais, semiplurais e não plurais (ver Tabela 4.3). O nível de desenvolvimento é novamente uma variável explicativa forte e positiva em nível de 1% de significância estatística. O tamanho da população tem uma influência quase tão forte: países menores têm menos probabili-

GOVERNO E PROCESSOS DECISÓRIOS EFETIVOS

dade de experimentar violência que os grandes. Para nossa surpresa, constatamos que o grau de divisão social não é uma variável influente. Índia e Israel foram retirados da análise porque são casos extremos e discrepantes. Outra razão para a exclusão de Israel é a dificuldade de separar violência doméstica de violência internacional.

Tabela 15.2

Análise de regressão multivariada do efeito da democracia consensual (dimensão executivos-partidos) sobre cinco indicadores de violência, com controle para os efeitos do nível de desenvolvimento econômico, tamanho oficial da população e grau de divisão social, e com os extremos discrepantes removidos

Variáveis de desempenho	Coeficiente de regressão estimado	Valor-t absoluto	Países (N)
Estabilidade política e ausência de violência (1996-2009)	0,189***	3,360	34
Risco de conflito interno (1990-2004)	0,346**	2,097	32
Índice ponderado de conflito doméstico (1981-2009)	–105*	1,611	30
Índice ponderado de conflito doméstico (1990-2009)	–119,7**	2,177	33
Mortes por terrorismo doméstico (1985-2010)	–2,357**	1,728	33

* Estatisticamente significante em nível de 10% (teste unilateral)
** Estatisticamente significante em nível de 5% (teste unilateral)
*** Estatisticamente significante em nível de 1% (teste unilateral)

Fonte: Baseado em dados de Kaufmann, Kraay e Mastruzzi, 2010; PRS Group, 2004; Banks, 2010; e GTD Team, 2010.

Com três controles colocados e dois extremos discrepantes removidos, a Tabela 15.2 mostra que nos outros 34 países – 32 na segunda fileira pois os dados do Guia Internacional de Risco País não cobrem Bahamas e Ilhas Maurício – a democracia consensual está fortemente ligada a um grau mais baixo de violência: 1% de significância nos índices dos Indicadores de Governança Mundial para estabilidade política e ausência de violência e 5% na medição do Guia Internacional de Risco País para risco de conflito interno. Com base nos coeficientes de regressão estimados, a posição da média da democracia consensual na escala dos Indicadores de Governança Mundial é quase 0,4 pontos acima da média da democracia majoritária, e aproximadamente mais 0,7 pontos na escala do Guia Internacional de Risco País.

As próximas duas variáveis de desempenho mostradas na Tabela 15.2 são índices do Cross-National Time-Series Data Archive de Arthur S. Banks (2010). O índice de conflito doméstico é uma medida ponderada de eventos de conflito como revoluções, guerrilhas, assassinatos e rebeliões, em que os eventos mais graves têm mais peso. Há dados disponíveis para todos os anos desde 1981, e a Tabela 15.1 mostra as médias de dois períodos: 1981-2009 sem Argentina, Uruguai e Coreia, e 1990-2009 com os três países incluídos. Porque o número de conflitos é provavelmente maior nos países grandes do que nos pequenos, talvez fizesse mais sentido usar conflitos por, digamos, 1 milhão de pessoas, em vez do número absoluto de conflitos. Usarei esse método no próximo capítulo para os índices de encarceramento: o total de prisioneiros por 100 mil habitantes em vez de o número absoluto de pessoas nas prisões. É a melhor forma de se contar eventos individuais, mas não funciona bem para os eventos coletivos e grupais como rebeliões e manifestações violentas. Por exemplo, a Índia teve conflitos com alto grau de violência, mas a média por milhão de pessoas em 1980-2009 foi apenas 4,26, a sexta pontuação mais baixa das 33 democracias; a pontuação similar por milhão de pessoas nos Estados Unidos (0,88) foi a segunda mais baixa; a pacífica Islândia (28,21) foi a mais alta, na nona posição! Por esses números serem muito enganadores, decidi usar os números de conflitos originais, excluir os extremos discrepantes da análise e, é claro, controlar os tamanhos oficiais das populações. Além da Índia e de Israel, o Reino Unido também é discrepante em relação a esses dados. Um excelente motivo para excluir o Reino Unido é que seus altos números são, em grande parte, resultados de problemas específicos na Irlanda do Norte. Também excluí esses mesmos três países da análise de mortes por ataques terroristas, cujos dados foram fornecidos pela equipe do Global Terrorism Database (GTD).

Os resultados são mostrados nas três fileiras inferiores da Tabela 15.2. A democracia consensual está associada a um grau estatisticamente significante com menos eventos violentos. Nos três casos, a única variável de controle muito influente (em nível de 1% de significância) é o tamanho da população: países maiores são mais propensos a conflitos que os menores. Devido a problemas inerentes ao tratamento dos dados relativos a conflitos de grupo, esses resultados devem ser tratados com cuidado. A evidência baseada nos dados dos Indicadores de Governança Mundial e do Guia Internacional de Risco País nas duas fileiras superiores do quadro, que também mostra um forte efeito da democracia consensual, deveria ter um peso maior.

Os efeitos da dimensão federalista da democracia consensual

Neste capítulo tenho me concentrado até agora nas consequências da dimensão executivos-partidos da democracia consensual. São os efeitos que a sabedoria convencional costuma avaliar como desfavoráveis. A sabedoria convencional não se interessa explicitamente pela dimensão federal-unitária, mas sua lógica também se aplica a esta segunda dimensão. Federalismo, segundas câmaras, constituições rígidas, revisão judicial forte e bancos centrais independentes, tudo isso é capaz de inibir a determinação, a velocidade, a coerência do processo decisório governamental central se comparado aos sistemas unitários, ao unicameralismo, às constituições flexíveis, à revisão judicial fraca e aos fracos bancos centrais. Por essa razão repeti as 22 análises de regressão apresentadas nas Tabelas 15.1 e 15.2, agora com a democracia consen-

MODELOS DE DEMOCRACIA

sual como variável independente na dimensão federal-unitária – e com os mesmos controles e as mesmas discrepâncias removidos da análise. Com uma única exceção, todas as relações são extremamente fracas e estatisticamente insignificantes. Realmente, a democracia consensual federalista tem uma pequena vantagem sobre o majoritarismo. Em particular, tem um efeito positivo em cinco das seis variáveis mais importantes, os índices dos Indicadores de Governança Mundial e do Guia Internacional de Risco País; seu único dado negativo é o índice da qualidade regulatória nos Indicadores de Governança Mundial. Além disso, o efeito positivo do risco de conflito interno é estatisticamente significante, mas só em nível de 10%. Quanto às demais variáveis, os resultados se confundem: a proporção de efeitos favoráveis e desfavoráveis é de nove para sete. Repetindo: os efeitos são tão fracos que não nos permitem tirar conclusões substantivas em favor de um ou outro tipo de democracia.

As descobertas deste capítulo nos levam a três conclusões. A primeira é que, no cômputo geral, as democracias consensuais – na dimensão executivos-partidos – têm melhores registros de bom desempenho do que as democracias majoritárias, especialmente quando medidas pelos cinco índices agregados de desempenho dos Indicadores de Governança Mundial, pela avaliação de risco de conflito doméstico do Guia Internacional de Risco País, e também pela inflação; as democracias majoritárias não têm nenhum registro que seja um pouco melhor em qualquer uma das variáveis de desempenho, a não ser em crescimento econômico. A segunda conclusão, então, é que os efeitos favoráveis sobre o desemprego, o equilíbrio orçamentário e a liberdade econômica são relativamente fracos. Consequentemente, é discutível se a evidência empírica nos permite chegar a uma conclusão definitiva se as democracias consensuais costumam tomar decisões melhores e formular políticas públicas melhores que os sistemas majoritários. Portanto, a terceira e a mais importante conclusão deste capítulo é negativa: as democracias majoritárias *não* são claramente superiores às democracias consensuais no que diz respeito à boa governança, ao

GOVERNO E PROCESSOS DECISÓRIOS EFETIVOS

controle da economia e à manutenção da paz civil. Isso quer dizer que a segunda parte da sabedoria convencional não precisa – ao menos não ainda – ser completamente *revertida:* nada prova de maneira conclusiva que as democracias consensuais sejam de fato melhores em todos os aspectos da governança. Mas prova, sem dúvida nenhuma, que a segunda parte da sabedoria convencional erra redondamente quando afirma que as democracias majoritárias têm governos melhores. A primeira parte da sabedoria convencional, que as democracias consensuais representam melhor, é assunto para o próximo capítulo.

16. A qualidade da democracia e uma democracia "mais gentil e branda": a democracia consensual faz diferença

A sabedoria convencional, citada no capítulo anterior, afirma – erroneamente, como vimos – que a democracia majoritária é melhor para governar, mas também admite que a democracia consensual é melhor para representar – em particular, representar grupos e interesses minoritários, representar a todos mais fielmente e representar pessoas e seus interesses de maneira mais inclusiva. Na primeira parte deste capítulo eu examino várias medidas de qualidade da democracia e de representação democrática e até onde as democracias consensuais são melhores que as democracias majoritárias, de acordo com essas medidas. Na segunda parte do capítulo eu discuto as diferenças entre os dois tipos de democracia com orientações políticas mais abrangentes. Aqui, mostro que a democracia consensual tende a ser uma democracia "mais gentil e branda". Empresto esses termos do discurso de aceitação do presidente George H. W. Bush na convenção republicana que o indicou como candidato à presidência em agosto de 1988, em que ele afirmou: "Quero uma nação mais gentil e branda" (*The New York Times*, 19 de agosto de 1988, A14). As democracias consensuais demonstram essas qualidades de gentileza e brandura das seguintes maneiras: elas são mais propensas a serem estados de bem-estar social; têm um registro melhor em relação à proteção do meio ambiente; condenam menos pessoas à

MODELOS DE DEMOCRACIA

prisão e aplicam menos a pena de morte; e as democracias consensuais do mundo desenvolvido são mais generosas em sua assistência econômica do que os países em desenvolvimento.

Democracia consensual e qualidade da democracia

A Tabela 16.1 apresenta os resultados da análise de regressão multivariada do efeito das democracias consensuais em seis conjuntos de indicadores de qualidade da democracia. A organização da tabela é similar à das Tabelas 15.1 e 15.2 do capítulo anterior. A variável independente é o grau da democracia consensual na dimensão executivos-partidos no período 1981-2010, e as variáveis de controle são o nível de desenvolvimento econômico e o tamanho da população registrado. O primeiro indicador é a medida global de qualidade democrática produzida pelo projeto Indicadores de Governança Mundial: "voz e prestação de contas", definido como até que ponto os cidadãos conseguem participar da escolha de seus governos, e ainda como liberdade de expressão, liberdade de associação e liberdade de imprensa (Kaufmann, Kraay e Mastruzzi, 2010). Assim como as cinco variáveis de desempenho dos Indicadores de Governança Mundial usados no capítulo anterior, a escala vai de –2.5 a +2.5, e os resultados são as médias dos 11 resultados alcançados por cada um dos nossos 36 países entre 1996 e 2009. Todas as nossas democracias tiveram pontuações positivas, e suas variações empíricas são muito mais estreitas do que a diferença teoricamente possível de 5 pontos: de baixos 0,28 a altos 1,58. Os desempenhos relativamente baixos são da Argentina (0,28) e da Índia (0,37) e os melhores são da Dinamarca (1,59) e Nova Zelândia (1,58). O coeficiente de regressão estimado é, portanto, modestos 0,086, embora estatisticamente significante em nível de 5%. A média da democracia consensual é aproximadamente um sexto mais alta (duas vezes o coeficiente de regressão) que a média da democracia majoritária. O nível de desenvolvimento e o tamanho da população também têm forte impacto (em níveis de 1% e 5%, respectivamente): países menores e mais desenvolvidos tendem a receber as pontuações mais altas.

A QUALIDADE DA DEMOCRACIA

Tabela 16.1

Análise de regressão multivariada do efeito da democracia consensual (dimensão executivos-partidos) em 19 indicadores de qualidade da democracia, com controles para os efeitos do nível de desenvolvimento econômico e tamanho oficial da população, e com os extremos discrepantes removidos

Variáveis de Países	Coeficiente de regressão estimado	Valor-t absoluto	Países (N)
Voz e prestação de contas (1996-2009)	0,086**	1,955	36
Índice de democracia EIU (2006-10)	0,262***	2,493	34
I. Processo eleitoral e pluralismo (2006-10)	0,100**	1,647	34
II. Funcionamento do governo (2006-10)	0,413***	2,450	34
III. Participação política (2006-10)	0,466***	2,627	34
IV. Cultura política (2006-10)	0,286*	2,134	34
V. Liberdades civis (2006-10)	0,222***	2,477	33
Representação parlamentar das mulheres (1990)			
Representação parlamentar das mulheres (1990)	4,764	3,422	36
Representação parlamentar das mulheres (2010)	4,459***	2,507	36
Representação das mulheres no gabinete (1995)	3,398**	1,698	36
Representação das mulheres no gabinete (2008)	4,062**	1,762	36
Índice de desigualdade de gênero (2008)	−0,038***	4,057	35
Proporção 10% mais ricos/ 10% mais pobres (ca.2000)	−2,598***	2,491	29

MODELOS DE DEMOCRACIA

Variáveis de Países	Coeficiente de regressão estimado	Valor-t absoluto	Países (N)
Proporção 20% mais ricos/ 20% mais pobres (ca. 2000)	−1,230***	2,548	29
Índice Gini de desigualdade (1981-2010)	−3,445***	3,320	30
Participação eleitoral (1981-2010)	3,185*	1,480	36
Participação eleitoral não obrigatória (1981-2010)	3,155*	1,404	31
Satisfação com a democracia (1995-96)	6,537*	1,524	17
Satisfação com a democracia (2005-7)	3,888*	1,363	19

* Estatisticamente significante em nível de 10% (teste unilateral)
** Estatisticamente significante em nível de 5% (teste unilateral)
*** Estatisticamente significante em nível de 1% (teste unilateral)

Fonte: Baseado nos dados de Kaufmann, Kraay e Mastruzzi, 2010; Economist Intelligence Unit 2006, pp. 3-5; Economist Intelligence Unit, 2008, pp. 4-8; Economist Intelligence Unit, 2010, pp. 3-8; Programa de Desenvolvimento das Nações Unidas, 2007, pp. 281-84, 343-46; Programa de Desenvolvimento das Nações Unidas, 2009, pp. 186-89; Programa de Desenvolvimento das Nações Unidas, 2010, pp. 156-60; Banks, Day e Muller, 1996; Inter-Parliamentary Union, 2010; International IDEA, 2010; Klingemann, 1999, p. 50; World Values Survey Association 2010.

Para não embaralhar a discussão com referências repetidas das duas variáveis de controle, porque, apesar de importantes, não são o nosso principal foco, farei um breve resumo do modelo geral de todas as variáveis de desempenho discutidas neste capítulo – que é muito similar à situação para "voz e prestação de contas" a que me referi no parágrafo anterior. O grau de desenvolvimento sempre tem um impacto maior, sempre em nível de 1% ou 5%, e geralmente uma influência favorável (por exemplo, mais voz e prestação de contas, melhor representação das mulheres e menos desigualdade). O impacto do tamanho da população não é tão forte; seu efeito, embora significante, costuma ficar entre 5% a 10%, e sua influência costuma ser favorável. A influência das duas variáveis é tão evidente que elas podem ser usadas como controles em todas as análises de regressão. Quando falo dos efeitos da democracia consensual sobre as variáveis de desempenho, neste capítulo e no anterior, refiro-me sempre aos efeitos depois de controlados o nível de desenvolvimento e o tamanho da população. Sem esses controles, as correlações bivariadas entre democracia consensual e todas as variáveis de desempenho seriam invariavelmente mais fortes – mas seria uma força ilusória e nada significante.

Medidas mais detalhadas que as do índice dos Indicadores de Governança Mundial de qualidade democrática foram criadas pela Economist Intelligence Unit (EIU) em 2006, 2008 e 2010. O índice geral de democracia da EIU é a média das pontuações das cinco categorias mostradas na Tabela 15.1. Cada categoria é composta pela média das 12 subcategorias. Os levantamentos feitos pela EIU cobrem a maior parte dos países do mundo, incluindo os nossos 36, com exceção apenas de Bahamas e Barbados. Seguem algumas perguntas que a EIU costuma fazer a cada país. Na primeira categoria, processo eleitoral e pluralismo: "As eleições para o Legislativo nacional e para o chefe de governo são livres [e justas]?"; "As eleições municipais são livres e justas?"; "As leis dão oportunidades iguais de campanha a todos?" e "Os partidos de oposição têm alguma perspectiva realista de ocupar o governo?". As perguntas da segunda categoria, o funcionamento do governo, incluem: "Os representantes eleitos podem decidir livremente as políticas governamentais?"; "Os grupos econômicos, religiosos e outros grupos domésticos fortes [...] exercem poder político significativo?"; "Existem mecanismos e instituições suficientes para garantir a prestação de contas do governo junto aos eleitores entre uma eleição e outra?" e "O funcionamento do governo é aberto e transparente, com acesso público suficiente à informação?". A terceira categoria, participação política, tem perguntas sobre interesse e participação

MODELOS DE DEMOCRACIA

em eleições, partidos políticos, outras organizações, demonstrações legítimas e representação legislativa das mulheres. A quarta categoria, cultura política, enfoca o grau em que os cidadãos expressam seu apoio e sua confiança na democracia. A quinta categoria, liberdades civis, são as tradicionais liberdades de expressão, de associação e religião, uma imprensa livre e robusta e outras mídias de comunicação, tratamento igual sob as leis e Judiciário independente (Economist Intelligence Unit, 2010, pp. 33-42).

A Tabela 16.1 mostra o efeito da democracia consensual nas cinco categorias de qualidade democrática e no índice geral de democracia do EIU (as médias foram calculadas em 2006, 2008 e 2010), que são medidas em uma escala de 10 pontos depois que os efeitos do nível de desenvolvimento e o tamanho da população são levados em conta. A democracia consensual tem efeitos muito fortes sobre quatro variáveis de desempenho (em nível de 1%) e um pouco mais fracos, mas ainda significantes, na primeira e na quarta categorias. Israel é um extremo discrepante das variáveis liberdades civis e por isso foi excluído da análise; sua pontuação 5,29 está muito abaixo de todos os outros países e com uma variação muito pequena, entre 8,04 e 10. As maiores pontuações do índice geral de democracia do EIU são da Suécia (9,75) e da Noruega (9,68) e as mais baixas, da Argentina (6,60) e de Trinidad (7,18). A média da democracia consensual está mais de 0,5 ponto acima da média da democracia majoritária.

Tanto o projeto Indicadores de Governança Mundial quanto a Economist Intelligence Unit usam a prestação de contas como um dos critérios de democracia de alta qualidade. É, de fato, um desiderato democrático crucial; um argumento muito frequente em favor da democracia majoritária é que seus típicos governos majoritários unipartidários têm responsabilidades mais cristalinas na formulação de políticas públicas e consequentemente melhor prestação de contas aos cidadãos – os cidadãos, por sua vez, usam as eleições para "renovar o mandato do governo vigente" ou "para mandar os safados embora" (Powell, 1989, p. 119). Essa afirmação é indubitavelmente válida

A QUALIDADE DA DEMOCRACIA

para os sistemas majoritários em que a competição partidária é pura ou quase pura, como em Barbados, o nosso protótipo discutido no capítulo 2. Entretanto, nos sistemas bipartidários com terceiros partidos relevantes, os "safados" podem ocupar os cargos repetidamente, mesmo que a maioria dos eleitores tenha votado no outro partido e, portanto, contra o governo vigente. Todos os gabinetes britânicos reeleitos desde 1945 se encaixam nessa descrição; nas eleições de 2005, os quase dois terços (64,8%) de votos negativos para o Partido Trabalhista não bastaram para desalojá-lo do poder. Mais ainda, é muito mais fácil mudar governos nas democracias consensuais do que nas democracias majoritárias, como se vê pela menor durabilidade dos gabinetes nos sistemas consensuais (ver a primeira coluna da Tabela 7.1). Evidentemente, as mudanças nas democracias consensuais tendem a ser parciais na composição de seus gabinetes, em contraste com a frequente rotatividade nas democracias majoritárias.

Representação das mulheres

As próximas cinco variáveis de desempenho da Tabela 16.1 medem a representação política das mulheres e a desigualdade entre mulheres e homens. A representação das mulheres nos parlamentos e nos gabinetes é, por si só, uma importante medida da qualidade da representação democrática e também uma aproximação indireta de quanto as minorias estão bem representadas. O fato de existirem muitos tipos de minorias étnicas e religiosas nos diferentes países dificulta muito as comparações, por isso faz sentido enfocar a "minoria" mulheres – minoria mais política do que numérica –, que está presente em toda parte e pode ser comparada sistematicamente entre os países. Rein Taagepera (1994, p. 244) afirma: "O que sabemos sobre a representação das mulheres deve [também] ser aplicado às minorias étnicas."

Eu escolhi os anos da década de 1990 e da primeira década do século XXI para calcular as porcentagens de mulheres eleitas para

MODELOS DE DEMOCRACIA

as casas baixas ou únicas casas do Parlamento e as porcentagens de participação feminina nos gabinetes. De acordo com vários estudos, a representação parlamentar das mulheres tem aumentado rapidamente (Sawer, Tremblay e Trimble, 2006; Tremblay, 2008); eu selecionei deliberadamente 1990 e 2010 para descobrir quanto exatamente as mulheres conseguiram aumentar a sua cota de participação nas nossas democracias de longo prazo nesses vinte anos.[1] Elas mais que dobraram sua representação: as porcentagens são 12 e 24,9, respectivamente. Não temos dados relativos a esse mesmo espaço de tempo da representação das mulheres nos gabinetes, mas de 1995 a 2008 a participação delas aumentou de 15,5% para 26,5%. Apesar desses progressos, ainda persistem grandes diferenças entre democracias consensuais e majoritárias. O efeito da democracia consensual na representação legislativa das mulheres nos dois anos selecionados é forte e bastante significante (em nível de 1%). Em 2010, as porcentagens mais altas foram as da Suécia (45%), da Islândia (42,9%) e da Holanda (40,7%). As mais baixas foram as de Botsuana (7,9%) e de Malta (8,7%). Nos dois anos, havia mais mulheres nas primeiras ou únicas câmaras (acima de 9 pontos percentuais) na média das democracias consensuais do que na média das majoritárias. Os resultados da representação das mulheres nos gabinetes são similares, embora um pouco mais fracos (em nível de significância de 5% em vez de 1%). As mulheres eram mais bem representadas (em torno de 8 pontos percentuais) na média das democracias consensuais do que na média das democracias majoritárias.

Os quadros também mostram o índice de desigualdade de gênero concebido pelo Programa de Desenvolvimento das Nações Unidas (2010, p. 219). Isso "reflete a desvantagem das mulheres em três dimensões – saúde reprodutiva, empoderamento e mercado de trabalho

---

1 A maior representação legislativa das mulheres se deve em parte à introdução das cotas de gênero nos partidos políticos e nos legislativos. O estudo comparativo de Mona Lena Krook (2009) sobre esse assunto traz tanto uma perspectiva geral quanto estudos de caso detalhados das cotas partidárias e legislativas em quatro das nossas democracias: Argentina, França, Suécia e Reino Unido.

A QUALIDADE DA DEMOCRACIA

– em tantos países quanto nos permitir uma qualidade razoável de dados". Essa é uma boa medida total do *status* das mulheres e está disponível para todas as nossas democracias, exceto Bahamas. Para os outros 35 países a escala varia de 0,174 (indicando baixa qualidade) a 0,748 (indicando alta qualidade). Os países mais desiguais são Índia (0,748), Botsuana (0,663) e Jamaica (0,638); e os menos desiguais são Holanda (0,174), Dinamarca (0,209) e Suécia (0,212). O efeito da democracia consensual sobre o índice de desigualdade de gênero é bastante negativo, mas ainda significante (em nível de 1%). A média da democracia consensual tem uma pontuação do índice que está ao redor de 0,075 abaixo da média do sistema majoritário.

Igualdade política

A igualdade política é uma meta básica da democracia; por isso o grau de igualdade política é um fator importante para a qualidade democrática. A igualdade política é difícil de ser medida diretamente, mas a igualdade econômica pode servir como um indicador válido, pois é grande a probabilidade de que a igualdade política predomine na ausência de grandes desigualdades econômicas: "Muitos recursos que fluem direta ou indiretamente da posição de alguém na ordem econômica podem ser convertidos em recursos políticos" (Dahl, 1996, p. 645). A Tabela 16.1 mostra três medidas de desigualdade de renda em anos próximos a 2000, fornecidas pelo Programa de Desenvolvimento das Nações Unidas (2007, pp. 281-84). A primeira medida compara a distribuição de renda entre os 10% mais ricos e os 10% mais pobres da população. A segunda é uma medida similar que compara os ricos aos 20% mais pobres. Estes dados estão disponíveis para todas as nossas democracias com exceção dos cinco países pequenos e as Ilhas Maurício. Botsuana é um discrepante cuja desigualdade é extremamente alta e foi tirado da análise. A proporção 10/10 varia de altos 31,8 da Argentina a baixos 4,5 do Japão; a proporção 20/20 varia de 16,3 a

MODELOS DE DEMOCRACIA

3,4, com Argentina e Japão novamente nos extremos opostos da escala. O efeito da democracia consensual nas duas variáveis é muito forte e significante (em nível de 1%). Uma medida de desigualdade ainda melhor e mais abrangente é o índice de Gini cuja variação teórica vai de 100, indicando desigualdade extrema (uma pessoa recebe toda a renda do país), a 0, indicando a igualdade total. Botsuana tem a mais alta desigualdade (60,5), mas não pode ser considerado um extremo discrepante e está, portanto, incluído nesta parte da análise. Depois de Botsuana, as maiores desigualdades, acima de 40, estão no hemisfério ocidental: Argentina (51,3), Costa Rica (49,8), Jamaica (45,5), Uruguai (44,9) e Estados Unidos (40,8). As menores desigualdades estão na Dinamarca (24,7), no Japão (24,9) e na Suécia (25). O efeito da democracia consensual sobre esta medida de desigualdade é ainda mais forte e significante que nas duas medidas proporcionais. A média da democracia consensual tem um índice de Gini que é por volta de 9 pontos mais baixo que a média da democracia majoritária.

Participação eleitoral

A participação eleitoral é um excelente indicador da qualidade democrática por duas razões. A primeira mostra até que ponto os cidadãos estão realmente interessados em ser representados. A segunda, mostra que a participação eleitoral está fortemente relacionada ao *status* socioeconômico e por isso também serve como indicador indireto de igualdade política: alta participação significa participação mais igualitária, consequentemente, maior igualdade política; baixa participação significa participação mais desigual, consequentemente, mais desigualdade (Lijphart, 1997). A Tabela 16.1 usa as porcentagens médias de participação em eleições legislativas nas democracias parlamentaristas e as porcentagens médias de participação nas eleições presidenciais e legislativas dos sistemas presidencialistas. A porcentagem de cada país é a participação média em todas as eleições de 1981 a 2010. A medida

A QUALIDADE DA DEMOCRACIA

básica é o número de eleitores como uma porcentagem da população com idade para votar.[2]

A média de participação dos eleitores varia muito de um país para o outro em nossas 36 democracias – de baixos 38,3% a altos 95%. Os países em que o comparecimento de eleitores é maior são Malta (95%), Uruguai (94,5%) e Luxemburgo (88,5%). No extremo inferior da escala estão Suíça (38,3%), Botsuana (46,5%), Jamaica (50,6%) e Estados Unidos (51,3%). A democracia consensual tem um efeito positivo importante na participação do eleitor, mas é relativamente fraco e significante só em nível de 10%. Uma possível explicação para essa fraca relação é que a participação também é afetada pela presença ou ausência do voto compulsório, que tende a aumentar a participação. Dos três países em que a participação é mais alta, Uruguai e Luxemburgo têm leis e sanções para o voto compulsório – em geral multas modestas – que são efetivamente aplicadas. Outros três países também têm essas leis: Argentina, Austrália e Bélgica (International IDEA, 2010, Birch, 2009). Para verificar se o voto compulsório muda o efeito da democracia consensual sobre a participação do eleitor, ele deve ser introduzido como uma variável de controle artificial (além dos dois controles-padrão, o nível de desenvolvimento e o tamanho da população) na análise de regressão multivariada. O resultado é um coeficiente de regressão estimado em 3,178 – quase idêntico a 3,185 sem o controle do voto compulsório – e um nível de significância que quase não muda. Uma segunda verificação possível é fazer a análise de regressão sem os cinco países que têm voto compulsório. A Tabela 16.1 mostra que nos 31 países em que o voto é voluntário os resul-

---

2 Esta é uma medida de participação mais acurada do que a de eleitores reais como uma porcentagem de eleitores registrados, porque os procedimentos de registro e a confiabilidade do eleitor diferem muito de um país para outro. O único problema da medida idade-para-votar é que ela inclui os não cidadãos e por isso tende a pressionar para baixo as porcentagens de participação eleitoral em países com grandes populações de não cidadãos. Como este problema assume proporções extremas em Luxemburgo por sua pequena população de cidadãos e uma população relativamente muito grande de não cidadãos, abri uma exceção neste caso e usei uma porcentagem de participação dos eleitores registrados.

tados são, novamente, quase os mesmos: os mesmos três coeficientes de regressão são muito próximos entre si, todos eles estatisticamente significantes apenas em nível de 10%.

Outra influência potencial perturbadora é sugerida pelo fato de que nos dois países em que a participação eleitoral é mais baixa, Suíça e Estados Unidos, ela é severamente pressionada para baixo pela alta frequência de eleições e a grande oferta de escolhas eleitorais. Quando a frequência de eleições bem como o voto compulsório e as duas variáveis de controle padrão são controlados, o efeito da democracia consensual sobre a participação total é muito mais forte e passa a ser significante em 5%. O efeito da participação não obrigatória quando a frequência de eleições é controlada é relativamente o mesmo. Os coeficientes de regressão estimados são 3,719 e 3,634, respectivamente, e ambos são significantes em nível de 5%. Os dois coeficientes mostram que a participação do eleitor na média das democracias consensuais é 7 pontos percentuais mais alto que o comparecimento na média das democracias majoritárias.

Satisfação com a democracia

O tipo de democracia influencia a satisfação do cidadão com a democracia? Hans-Dieter Klingemann (1999) relata a seguir as respostas à pergunta que foi feita em muitos países, entre eles 18 das nossas democracias, em 1995 e 1996: "De um modo geral, você está muito satisfeito, razoavelmente satisfeito, pouco satisfeito ou insatisfeito com o modo que a democracia funciona em (o país do entrevistado)?" Os dinamarqueses e noruegueses expressaram a mais alta porcentagem de satisfação com suas democracias: 83% e 82%, respectivamente, disseram que estavam muito ou razoavelmente satisfeitos. Os italianos e gregos estavam menos satisfeitos: apenas 19% e 28%, respectivamente, expressaram satisfação. A baixa porcentagem da pesquisa italiana conduzida em 1995 deve-se, ao menos em parte, à turbulência política

A QUALIDADE DA DEMOCRACIA

que se seguiu à primeira eleição após uma drástica reforma eleitoral. A Tabela 16.1 revela o efeito da democracia consensual na satisfação com a democracia depois que a Itália foi removida como discrepante. Há uma correlação, mas apenas em nível de 10%. Quando a Itália entra na análise, a significância estatística cai a menos de 10%, mas o efeito da democracia consensual é ainda claramente positivo.

Uma pergunta similar foi feita pela World Values Survey em um grande número de países, entre eles 19 das nossas democracias, em 2005-7: "Como o [seu] país é governado democraticamente hoje?... Em uma escala de 1 a 10, que é 'totalmente democrático', qual posição você escolheria?" Os entrevistados que responderam os números mais altos, 8 e 10, estavam satisfeitos com seus sistemas democráticos. A porcentagem mais alta é da Noruega, 74,1%, e a mais baixa é, novamente, da Itália, 24,5%. Entretanto, a Itália não é mais o único discrepante a esse respeito porque vários países apresentaram porcentagens de satisfação levemente mais altas: Coreia (29,5%), Holanda (30,1%), Trinidad (32,1%), Reino Unido (33,3%) e Estados Unidos (35,5%). Quando os 19 países são incluídos na análise multivariada, a democracia consensual tem um efeito positivo na satisfação com a democracia, mas apenas em nível de significância de 10%. Pippa Norris (2001, p. 214) relata um impacto positivo similar, embora pequeno, da representação proporcional.

Esses resultados devem ser tratados com cuidado porque se basearam em apenas 17 ou 19 países. Além disso, os resultados dos levantamentos em 1995-96 e 2005-7 não são estritamente comparáveis porque as perguntas sobre satisfação democrática eram diferentes e as pesquisas foram conduzidas em países diferentes: só 11 das nossas democracias foram incluídas nas duas pesquisas. A porcentagem média dos entrevistados que expressaram aprovação em 2005-7 é ainda mais baixa que em 1995-96: 44,3% *versus* 54,6% (incluindo a baixa porcentagem da Itália). Entretanto, essas diferenças também podem ser interpretadas como reforçadoras da conclusão em favor da democracia consensual: em duas pesquisas conduzidas com dez anos de diferença,

MODELOS DE DEMOCRACIA

em diferentes países, com diferentes perguntas e diferentes níveis gerais de aprovação, a democracia consensual ainda tem o mesmo efeito positivo estatisticamente significante na satisfação do cidadão com o desempenho de seu sistema democrático.

As conclusões finais são que as democracias consensual têm melhor registro que a democracia majoritária em todas as medidas de qualidade democrática da Tabela 16.1, que todos os efeitos favoráveis da democracia consensual são estatisticamente significantes e que mais da metade deles é significante no nível mais crítico de 1%. Essa conclusão refere-se ao efeito da democracia consensual na dimensão executivos-partidos. Para testar o efeito da democracia consensual na dimensão federal-unitária, repeti a análise de regressão 19 da Tabela 16.1 com a democracia consensual-federalista como variável independente – e os mesmos controles e mesmos discrepantes removidos da análise. Com algumas poucas exceções, as relações são extremamente fracas e estatisticamente insignificantes mesmo em nível de 10%. A democracia consensual federalista tem mais efeitos desfavoráveis do que favoráveis, mas isso é contrabalançado pelos efeitos positivos – embora longe de serem estatisticamente significantes – que ela apresenta no índice dos Indicadores de Governança Mundial de voz e prestação de contas e no índice geral de democracia do EIU, ambos indicadores mais amplos e abrangentes de qualidade democrática. Assim como no capítulo anterior, quero lembrar que esses efeitos são tão fracos que não nos permitem tirar nenhuma conclusão substantiva em favor de um ou outro tipo de democracia – e por isso não vale a pena descrevê-los em detalhes.

Democracia consensual e suas qualidades mais gentis e brandas

As qualidades democráticas discutidas até agora neste capítulo vão agradar a todos os democratas: é difícil encontrar falhas em melhor desempenho pelos critérios fundamentais de democracia do Indica-

A QUALIDADE DA DEMOCRACIA

dores de Governança Mundial e da Economist Intelligence Unit, ou melhores resultados em representação das mulheres, igualdade política e participação em eleições. Além disso, a democracia consensual (na dimensão executivos-partidos) está associada a outros atributos que os democratas, mas nem todos, acredito, admiram muito: forte orientação comunitária e consciência social – as qualidades mais brandas e gentis mencionadas no início do capítulo. Essas características também estão de acordo com as concepções feministas de democracia que enfatizam, nas palavras de Jane Mansbridge (1996, p. 123), "conectividade" e "mútua persuasão", em vez de políticas de poder e de interesse próprio: "Os processos de persuasão estão relacionados a um estilo mais consultivo, participativo, que parece mais característico das mulheres que dos homens." Mais adiante, Mansbridge relaciona essas diferenças com sua distinção de democracia "adversária" e "unitária", que se assemelha ao contraste majoritário-consensual. Logo, deve-se pensar a democracia consensual como um modelo de democracia mais feminino e a democracia majoritária, como um modelo mais masculino.

Há quatro áreas de atividades governamentais nas quais as qualidades mais gentis e brandas da democracia consensual têm mais probabilidade de se manifestar: bem-estar social, proteção do meio ambiente, justiça criminal e ajuda externa. A minha hipótese é que a democracia consensual está associada a políticas mais brandas, gentis e generosas. A Tabela 16.2 mostra os resultados das análises de regressão multivariadas dos efeitos da democracia consensual em oito indicadores de orientação política nessas quatro áreas. A variável independente em todos os casos é o grau de democracia consensual na dimensão executivos-partidos no período 1981-2010. As variáveis de controle são novamente o nível de desenvolvimento econômico e o tamanho da população registrada.

Determinar a que grau as democracias são estados de bem-estar social é uma tarefa muito difícil (Castles, Leibfried, Lewis, Obinger e Pierson, 2010). Em particular, não basta contabilizar o montante das despesas públicas diretas como uma porcentagem do produto interno bruto, porque esse montante é invariavelmente reduzido pelos impostos diretos e/ou indiretos pagos por quem recebe os benefícios sociais. Uma análise mais cuidadosa dos fundos que devem ser somados e subtraídos para se chegar ao custo líquido do bem-estar social é o estudo "How Expensive Is The Welfare State?" ("Quanto custa o Estado de bem-estar social?"), de Willem Adema e Maxime Ladaique (2009), para os países membros da Organização para Cooperação e Desenvolvimento Econômico (OCDE), entre eles 22 das nossas democracias no ano de 2005. As primeiras duas fileiras da Tabela 16.2 se baseiam nesses cálculos. As despesas sociais públicas líquidas consistem em todas as despesas sociais públicas diretas mais as "isenções fiscais com fins sociais que refletem os benefícios financeiros" e menos todos os impostos diretos e indiretos e as contribuições sociais pagas aos beneficiários. A segunda fileira do quadro, despesas sociais públicas autorizadas, soma as despesas sociais privadas que são autorizadas pelo Estado e delas subtrai novamente os impostos diretos e indiretos e as contribuições sociais.[3] Embora o segundo total seja ligeiramente superior ao primeiro na maioria dos países, vale a pena testar o efeito da democracia consensual nas duas porcentagens. Na França, as despesas sociais correspondem às mais altas porcentagens do PIB (30,4 e 30,7%), seguida pela Alemanha (28,1% e 28,8%) e Suécia (27,3% e 27,5%). A Coreia tem, de longe, as porcentagens mais baixas (8% e 8,8%), seguida em ordem crescente pelas porcentagens da Irlanda (duas vezes 17,2%), Nova Zelândia (duas vezes 18,4%), Estados Unidos (18,4% e 18,8%) e Islândia (18,1% e 19,3%). O efeito da democracia consensual nos dois totais de despesas sociais é fortemente positivo e estatisticamente significante em nível de 5%. As despesas sociais da média da democracia consensual são por volta de 4,75 pontos percentuais mais altas que as da democracia majoritária típica.

---

3 Adema e Ladaique (2009) apresentam um terceiro total que inclui também despesas sociais privadas *voluntárias* as quais, na minha opinião, estão em desacordo com o conceito básico de previdência social segundo o qual é o *Estado* que, direta ou indiretamente, deve oferecer proteção social.

A QUALIDADE DA DEMOCRACIA

O melhor indicador de como se comportam os países em relação à proteção do meio ambiente é o *Environmental Performance Index*, produzido por uma equipe de especialistas em meio ambiente das universidades de Yale e Columbia. É um índice amplo e abrangente que classifica o desempenho da maior parte dos países do mundo em 25 indicadores de dez áreas políticas, entre eles saúde ambiental, qualidade do ar, manejo de recursos hídricos, biodiversidade e habitat, silvicultura, pesca, agricultura e mudança climática (Yale Center for Environmental Law and Policy, 2010). O primeiro relatório teve como base um projeto piloto e foi publicado em 2006. Foram feitas atualizações em 2008 e 2010. Na Tabela 16.2 usei os resultados de 2010 porque incluem o maior número de países e 34 das nossas democracias, faltando apenas Bahamas e Barbados.

Tabela 16.2

Análise de regressão multivariada do efeito da democracia consensual (dimensão executivos-partidos) em oito indicadores de despesas com bem-estar social, atuação ambiental, justiça criminal e ajuda externa, com controles para os efeitos do nível de desenvolvimento econômico e tamanho da população registrada, e com os extremos discrepantes removidos

Variáveis de Países	Coeficiente de regressão estimado	Valor-t absoluto	Países (N)
Despesa social pública líquida (2005)	2,372**	2,092	22
Despesa social pública líquida autorizada (2005)	2,382**	2,110	22
Índice de atividade ambiental (2010)	3,147**	1,724	34
Encarceramento (2010)	−29,566***	2,463	35
Pena de morte (2010)	−0,231**	1,779	36

MODELOS DE DEMOCRACIA

Variáveis de Países	Coeficiente de regressão estimado	Valor-t absoluto	Países (N)
Ajuda externa (1990)	0,137**	1,874	21
Ajuda externa (2005)	0,085*	1,608	22
Ajuda vs defesa (2005)	8,328**	2,100	21

* Estatisticamente significante em nível de 10% (teste unilateral)
** Estatisticamente significante em nível de 5% (teste unilateral)
*** Estatisticamente significante em nível de 1% (teste unilateral)

Fonte: Baseado em dados de Adema e Ladaique, 2009, p. 48; Yale Center for Environmental Law and Policy, 2010; International Centre for Prison Studies, 2011; Amnesty International, 2011; United National Development Programme, 2007, pp. 289, 294.

Os países são classificados em uma escala de 100, indicando o melhor desempenho, a 0, indicando o pior desempenho, embora na prática nenhum país fique muito próximo de 0. Serra Leoa, classificado na 163ª posição, tem pontuação de 32,1. Entre as nossas 34 democracias, a Islândia recebe a maior pontuação (93,5), seguida pela Suíça (89,1), Costa Rica (86,4), Suécia (86), Noruega (81,1) e Ilhas Maurício (80,6). Os piores desempenhos são de Botsuana (41,3), Índia (48,3), Trinidad (54,2), Coreia (57), Jamaica (58) e Bélgica (58,1). A Tabela 16.2 mostra que as democracias consensuais têm um efeito positivo e estatisticamente significante (em nível de 5%) para atuação ambiental. Elas estão 6 pontos acima das democracias majoritárias. Como em todos os quadros dos Capítulos 15 e 16, os níveis de desenvolvimento e o tamanho da população são controlados para a atuação ambiental, bem como o tamanho da população, que também tem um efeito positivo importante sobre esta última. Entretanto, esses exemplos deixam claro que nem sempre os países mais desenvolvidos são os que recebem as maiores pontuações: Costa Rica e Ilhas Maurício estão entre os melhores, e Coreia e Bélgica estão entre os piores protetores do meio ambiente.

É de se esperar que as qualidades de gentileza e brandura das democracias consensuais apareçam nos sistemas em que a justiça criminal seja menos punitiva que nas democracias majoritárias, com menos pessoas nas prisões e pouca ou nenhuma aplicação de pena de morte. Para testar as hipóteses sobre os índices de encarceramento, usei os números coletados pelo International Centre for Prison Studies (2011), disponíveis para todas as nossas democracias. Esses dados representam o número de prisioneiros em populações de 100 mil habitantes. Os resultados mais altos e os mais baixos são dos Estados Unidos e da Índia: 743 e 32 internos a cada 100 mil habitantes, respectivamente. Os Estados Unidos são um discrepante extremo; seus 743 prisioneiros a cada 100 mil habitantes representam mais que o dobro dos 376 internos do próximo país mais punitivo, as Bahamas. Depois dos Estados Unidos e das Bahamas, os países mais punitivos são Barbados (326), Israel (325) e Trinidad (276). Os menos punitivos depois da Índia são Japão (59), Finlândia e Islândia (ambos com 60 internos a cada 100 mil habitantes). Quando os Estados Unidos são retirados da análise, o efeito da democracia consensual nos índices de encarceramento é fortemente negativo e significante em nível de 1%. As democracias consensuais prendem menos 60 pessoas a cada 100 mil habitantes do que as democracias majoritárias.

No final de 2010, de acordo com dados coletados pela Anistia Internacional, oito das nossas 36 democracias mantiveram e aplicaram a pena de morte: Bahamas, Barbados, Botsuana, Índia, Jamaica, Japão, Trinidad e Estados Unidos. As leis de 26 países não admitem pena de morte para nenhum tipo de crime. O dois países restantes, Israel e Coreia, entram na categoria intermediária daqueles que aplicam pena de morte só para crimes excepcionais, como os crimes que são cometidos sob lei militar, ou porque adotam uma política de não realizar execuções. Com base nessas diferenças, construí uma escala de 3 pontos, com pontuação 2 para o uso ativo de pena de morte, 0 para ausência de pena de morte e 1 para casos intermediários. O efeito da democracia consensual na aplicação da pena de morte é fortemente negativo e significante em nível de 5%.

No campo da política externa, é bastante plausível esperar que as características brandas e gentis da democracia consensual se manifestem

MODELOS DE DEMOCRACIA

através da generosidade em relação à ajuda exterior e da relutância em confiar no poder militar.[4] A Tabela 16.2 usa três indicadores em mais de vinte países da Organização para a Cooperação e Desenvolvimento Econômico: a ajuda exterior – ou seja, assistência ao desenvolvimento econômico, e não como ajuda militar – como porcentagem do produto interno bruto no final da Guerra Fria em 1990; ajuda exterior em 2005, 15 anos depois; e ajuda exterior em 2005 como uma porcentagem dos gastos com defesa. Em 1990, a ajuda exterior variou de altos 1,17% do PIB (Noruega) a baixos 0,11% (Áustria); em 2005, a porcentagem mais alta foi 0,98% (Suécia) e a mais baixa 0,19 (Japão e Estados Unidos). A maior porcentagem de ajuda externa para gastos com defesa é de 70%, da Irlanda, e a menor, de 5%, dos Estados Unidos.

Para a análise do efeito da democracia consensual nessas três variáveis de desempenho é especialmente importante usar os controles-padrão para nível de desenvolvimento e tamanho da população: países mais ricos têm mais condições de oferecer ajuda externa do que países mais pobres; países grandes tendem a assumir mais responsabilidades militares e consequentemente gastam mais com defesa – e limitam sua capacidade e disponibilidade para oferecer ajuda externa. Nas análises multivariadas, as democracias consensuais têm um efeito positivo sobre a oferta de ajuda externa e sobre a ajuda externa como um porcentual de gastos com despesas militares, que é estatisticamente significante em nível de 5% para as duas variáveis de desempenho, e em nível de 10% para a terceira. A democracia consensual destinou em média 0,27% a mais de seu produto interno bruto à ajuda externa em 1990 do que a média da democracia majoritária, e por volta de 0,17 a mais em 2005. A ajuda como um percentual de gastos com defesa foi superior a 16 pontos percentuais mais alta.

---

4 Essa hipótese deriva da literatura sobre "paz democrática" (Lijphart e Bowman, 1999). O fato de as democracias serem mais pacíficas, especialmente em suas relações mútuas, em vez de as não democracias, costuma ser atribuído às suas culturas políticas mais fortes voltadas para o compromisso e ao equilíbrio dos poderes institucionais. Se essa explicação estiver correta, faz sentido esperar que as democracias consensuais sejam ainda mais amantes da paz que democracias majoritárias.

A QUALIDADE DA DEMOCRACIA

Uma análise de regressão similar pode ser aplicada para testar os efeitos da outra dimensão (a federal-unitária) da democracia consensual nos oito indicadores citados, com os mesmos controles e com os Estados Unidos removidos da análise dos índices de encarceramento. Os resultados não são tão interessantes. A democracia consensual-federalista tem efeito favorável em cinco variáveis de desempenho e um efeito desfavorável em três – são todos efeitos pequenos e não significativos estatisticamente.

E quanto ao subtítulo deste capítulo: a democracia consensual faz diferença. Os resultados não poderiam ser mais claros: a democracia consensual – na dimensão executivos-partidos – faz uma diferença grande e altamente favorável em todos os indicadores de qualidade democrática e todas as qualidades mais gentis e brandas.

17. Conclusões e recomendações

Duas conclusões deste livro se destacam como as mais importantes. A primeira é que a enorme variedade de normas e instituições formais e informais que encontramos nas democracias pode ser reduzida a um claro modelo bidimensional baseado nos contrastes entre governo majoritário e governo consensual. A segunda conclusão é mais importante e tem a ver com o desempenho político dos governos democráticos: quanto à dimensão executivos-partidos, as democracias majoritárias não são melhores que as democracias consensuais em efetividade governamental e na formulação de políticas públicas efetivas – de fato, as democracias consensuais têm os melhores resultados; mas estas superam as democracias majoritárias em qualidade democrática e representação democrática, bem como ao que chamei de gentileza e brandura nas suas escolhas de políticas públicas. Na segunda dimensão, as instituições federalistas da democracia consensual têm pouco efeito sobre as variáveis de desempenho examinadas nos dois capítulos anteriores, mas vantagens evidentes em países grandes e com profundas divisões religiosas e étnicas.

Essas conclusões têm implicações práticas extremamente importantes: porque o desempenho das democracias consensuais em geral é claramente superior ao das democracias majoritárias, optar pelo consenso é mais atraente para os países que elaboram a sua primeira Constituição democrática ou que contemplam uma reforma democrá-

MODELOS DE DEMOCRACIA

tica. É uma recomendação particularmente pertinente, e até mesmo urgente, para as sociedades que possuem profundas clivagens culturais e étnicas, mas também é relevante para países mais homogêneos.

Boas notícias

Duas boas notícias e duas más notícias acompanham esta prática recomendação constitucional. A primeira boa notícia é que, ao contrário da sabedoria convencional, não há nenhuma correlação entre efetividade governamental e democracia de boa qualidade – por isso não há nenhuma decisão a ser tomada sobre priorizar um ou outro objetivo. A democracia consensual na dimensão executivos-partidos tem vantagens que não são neutralizadas por desvantagens compensatórias – bom demais para ser verdade, mas os resultados empíricos apresentados nos Capítulos 15 e 16 demonstraram que *é* verdade. As descobertas variadas e neutras sobre os efeitos da democracia consensual-federalista nas variáveis de desempenho significam que, se as instituições do tipo federalistas são preferíveis em razão do tamanho e das divisões internas de cada país, não há desvantagens importantes ligadas a esta escolha.

Outra boa notícia é que não é difícil redigir constituições e outras leis básicas de modo a introduzir a democracia consensual. As instituições com poder dividido – federalismo forte, bicameralismo forte, regras rígidas para fazer emendas, revisão judicial e bancos centrais independentes – podem ser prescritas por meio de provisões e estipulações constitucionais nos estatutos do Banco Central. Como funcionam essas provisões constitucionais dependerá, é claro, de como elas são interpretadas e configuradas na prática, mas a influência independente de regras claras e escritas não deve ser subestimada. Também é possível fortalecer essas instituições escolhendo um formato particular para elas; por exemplo, para estimular uma revisão judicial ativa e assertiva a melhor maneira é constituir uma corte constitucional especial (ver Capítulo 12). Um Banco Central será particularmente forte se sua

CONCLUSÕES E RECOMENDAÇÕES

independência estiver consagrada não só em seus estatutos, mas na Constituição – ou se o Banco Central tiver suas funções terceirizadas para um Banco Central supranacional mais forte como o Banco Central Europeu (ver Capítulo 13).

As instituições da democracia consensual na dimensão executivos--partidos não dependem tão diretamente das provisões constitucionais quanto das instituições de poder dividido. Mas dois elementos formais têm uma importância indireta crucial: a representação proporcional e o sistema de governo parlamentarista. Se forem usados em conjunto, e se o sistema de RP não for proporcional só no nome, mas razoavelmente proporcional na prática, ambos são fortes estímulos para uma democracia consensual. No mapa conceitual da democracia (ver Figura 14.1), todas as democracias que adotam os dois sistemas, parlamentarismo e RP, estão à esquerda, do lado consensual do mapa, e quase todas as democracias que adotam eleições por maioria simples ou por maioria absoluta ou sistemas presidencialistas de governo estão à direita, do lado majoritário do mapa.

Porque o sistema híbrido suíço é considerado mais parlamentarista do que presidencialista (ver Capítulo 7), e porque o sistema eleitoral japonês de voto único intransferível, que vigorou até 1966, está mais próximo da RP do que do sistema de maioria simples (ver Capítulo 8), entre as nossas 36 democracias existem apenas quatro exceções importantes e duas irrelevantes ao princípio segundo o qual a RP e o parlamentarismo produzem democracia consensual. Três sistemas parlamentaristas de RP estão do lado majoritário do mapa: Grécia, Malta e Espanha. Grécia e Espanha são dois países com sistemas de RP nitidamente impuros (ver Capítulo 8) e por isso não são exceções importantes. A única exceção importante é Malta, cujo sistema de voto único transferível não evitou o desenvolvimento e a permanência de um sistema bipartidário quase puro. As três exceções do outro lado são Índia, Ilhas Maurício e Uruguai – todas elas muito claras e significativas. O pluralismo étnico e religioso e a multiplicidade dos grupos étnicos e religiosos da Índia e das Ilhas Maurício têm produzido sistemas pluripartidários e gabinetes de coalizão ou minoritários, apesar das eleições por maioria simples. O Uruguai é o único sistema presidencialista que está do lado consensual no mapa por várias razões especiais: por seu sistema proporcional quase puro para as eleições legislativas, seu pluripartidarismo e faccionalismo, suas tendências corporativistas e uma presidência forte, mas não dominante. É preciso notar que as democracias excepcionais são apenas moderadamente excepcionais ao menos em um aspecto: elas não se situam em nenhum dos extremos do contínuo majoritário-consensual; na verdade, estão a um desvio padrão do centro. Um último caso que precisa ser esclarecido é o da Nova Zelândia, que já se tornou uma democracia parlamentarista por RP, mas ainda está do lado majoritário. Entretanto, como mostra a Figura 14.2, o país tem se movido bastante para o centro por força da sua reforma eleitoral nos anos 1990. Se a RP for mantida, acabará cruzando para o território consensual onde se localizam as democracias de RP.

Tanto o parlamentarismo quanto a RP podem ser adaptados às condições particulares de cada país e assim dissipar o temor de que uma combinação de RP com governo parlamentarista resulte em gabinetes fracos e instáveis e processos decisórios ineficazes – por mais exagerados que possam ser esses temores, como se viu na análise no Capítulo 15 deste livro. Um importante reforço para os governos parlamentaristas introduzido em vários países foi o construtivo voto alemão de desconfiança, que exige que o Parlamento destitua um gabinete e simultaneamente eleja um novo gabinete. O problema dessa regra é que um Parlamento que perde a confiança no gabinete, mas que está muito dividido internamente para eleger um substituto, pode minar a autoridade do gabinete rejeitando todas ou a maioria de suas propostas legislativas; esse cenário é similar ao da situação de governo dividido que costuma afligir as democracias presidencialistas. O problema pode ser resolvido com a aplicação da regra francesa que permite ao gabinete tornar suas propostas legislativas assuntos de confiança – ou seja, o Parlamento só poderá rejeitá-las pelo voto de desconfiança por

CONCLUSÕES E RECOMENDAÇÕES

maioria absoluta (ver Capítulo 6). As regras francesa e alemã combinadas conseguem evitar tanto a instabilidade do gabinete quanto o impasse Executivo-Legislativo, sem tirar do Parlamento o poder maior de instalar um gabinete em que tenha confiança.

De modo similar, os sistemas de RP são concebidos para controlar o grau de pluripartidarismo. A evidência não justifica o medo de que a RP, se muito proporcional, resultará inevitavelmente numa proliferação partidária. Entretanto, se, por exemplo, alguém quiser excluir os pequenos partidos com menos de 5% dos votos da representação legislativa, fará isso com facilidade se incluir uma cláusula de barreira na lei eleitoral e (diferentemente da lei eleitoral alemã) não permitindo exceções a essa regra. Um cuidado que é preciso tomar com relação a essas barreiras eleitorais, especialmente se forem tão altas quanto 5% ou ainda maiores, é que nos sistemas partidários não consolidados pode haver muitos partidos pequenos aos quais é negada a representação – resultando em uma grande super-representação dos partidos maiores e um grau extremamente alto de desproporcionalidade.

E as (aparentemente) más notícias

Infelizmente, temos algumas más notícias: tanto as tradições institucionais quanto as culturais podem oferecer forte resistência à democracia consensual. No que diz respeito aos quatro padrões institucionais definidos pelos contrastes representação proporcional-sistema de maioria simples e parlamentar-presidencial, existe uma congruência grosseira, porém notável, entre as quatro regiões geográficas do planeta, definidas como hemisférios ocidental, oriental, Norte e Sul (Powell, 1982, pp. 66-68). No hemisfério oriental, o "Norte" (Europa central e ocidental) é principalmente parlamentarista de representação proporcional, enquanto o "Sul" (especialmente as antigas colônias britânicas da África, Ásia e Australásia) se caracteriza por uma forma de governo parlamentarista de maioria simples. No hemisfério ocidental, o "Sul"

MODELOS DE DEMOCRACIA

(América Latina) tem um caráter principalmente presidencialista com representação proporcional, enquanto o "Norte" (Estados Unidos) é o principal exemplo de governo presidencialista por maioria simples.

A maior parte das democracias mais antigas, e algumas das mais novas (como República Tcheca, Hungria, Eslovênia e Estônia) agrupam-se entre as democracias parlamentaristas por representação proporcional, no "Nordeste". Grande parte das democracias mais recentes – tanto as analisadas neste livro quanto outras ainda mais novas – bem como a maioria dos países em fase de democratização, estão no "Sudeste" e no "Sudoeste". Essas duas regiões são caracterizadas por eleições por maioria simples ou pelo presidencialismo. As propensões majoritárias dessas instituições e a força do conservadorismo institucional são obstáculos para que a democracia consensual possa se instalar.

A segunda má notícia é que a democracia consensual talvez não consiga criar raízes e prosperar a menos que tenha em sua base uma cultura política consensual. Embora o enfoque deste livro seja as instituições e não a cultura, é evidente que uma cultura orientada para o consenso fornecerá a base e as conexões para as instituições de uma democracia consensual. Por exemplo, quatro dos cinco elementos da dimensão executivos-partidos estão estruturalmente conectados – RP leva ao pluripartidarismo, pluripartidarismo leva aos gabinetes de coalizão, e assim por diante –, mas não há nenhuma conexão estrutural entre esse quarto e um quinto elemento, que é o corporativismo dos grupos de interesse. A explicação mais plausível é cultural. A democracia consensual e a democracia majoritária são conjuntos alternativos de instituições políticas, mas são bem mais do que isso: elas representam o que G. Bingham Powell (2000) chama de duas "visões" de democracia.

De modo similar, quatro dos cinco elementos da segunda dimensão da democracia consensual estão estruturalmente e funcionalmente ligados à obrigatoriedade de operar um sistema federalista, como insistem há muito tempo os teóricos do federalismo (ver Capítulo 1). Mas não existe tal ligação com a independência do Banco Central. Pelo contrário, a conexão mais provável é a predisposição político-

CONCLUSÕES E RECOMENDAÇÕES

-cultural de se pensar em termos de divisão de poder entre instituições independentes. Meu último exemplo diz respeito à conexão que se encontra no Capítulo 16 entre democracia consensual e várias políticas públicas mais gentis e brandas. É mais plausível assumir que tanto a democracia consensual quanto essas políticas mais gentis e brandas emanam de uma cultura consensual e comunitária subjacente do que essas políticas serem resultado direto das instituições consensuais.

Razões para otimismo

As duas más notícias não significam necessariamente que a democracia consensual não tenha chance em países recém-democratizados ou em fase de democratização, porque há três contra-argumentos importantes. Um deles é a África do Sul, ex-colônia britânica localizada no "Sudeste", que adotou um sistema parlamentarista com RP quando se tornou democrática em 1994. A Constituição provisória que entrou em vigor em 1994 estabeleceu um sistema parlamentar padrão com um primeiro-ministro e um gabinete sujeitos à confiança parlamentar – embora o primeiro-ministro seja chamado formalmente de "presidente" e também seja chefe de Estado, como em Botsuana –, além de um dos sistemas de RP mais proporcionais para eleições parlamentares em qualquer lugar do mundo. Este sistema não foi mudado na Constituição permanente que entrou em vigor em 1999. A África do Sul tornou-se uma das democracias mais bem-sucedidas e estáveis do continente africano e por isso um modelo tão importante – bem mais que Botsuana, Namíbia e Ilhas Maurício, por ser muito maior – para outras democracias aspirantes na África.

O segundo contra-argumento é que tendemos a pensar em cultura e estrutura em termos de causa e efeito, respectivamente, mas, na verdade, existe uma grande interação entre elas; isso vale especialmente para a cultura e a estrutura políticas. Como afirmam Gabriel A. Almond e Sidney Verba em *The Civic Culture,* os fenômenos estruturais e culturais são variáveis em "um sistema de causalidade complexo e multidirecional" (1963, p. 35). Isso quer dizer que, embora uma cultura consensual possa propiciar a adoção de instituições consensuais essas instituições têm potencial para transformar uma cultura antes adversária em menos adversária e mais consensual. Democracias consensuais como Suíça e Áustria têm hoje culturas consensuais, mas não foram sempre assim: a Suíça teve cinco guerras civis do século XVI até meados do século XIX, e os austríacos tiveram uma guerra civil breve, porém sangrenta, recentemente, em 1934. Neste início do século XXI, Bélgica, Índia e Israel têm instituições consensuais – tão necessárias –, mas não têm cultura consensual. Os observadores da cena política belga costumam se perguntar se o país vai permanecer unido ou vai se desmantelar. E Israel e Índia só podem ser descritas como culturas altamente contenciosas e conflitantes.

O terceiro contra-argumento é que, embora as tradições institucionais do "Sudeste" e do "Sudoeste", onde está localizada a maior parte dos países recém-democratizados e em fase de democratização, não sejam favoráveis à democracia consensual – mas observe o exemplo da África do Sul – as políticas que prevalecem nessas regiões do planeta são muito mais consensuais do que majoritárias. Em seu clássico trabalho *From Empire to Nation,* Rupert Emerson (1960, p. 284) afirmou que o pressuposto segundo o qual a maioria tem "direito de anular uma minoria dissidente após um período de debate, violenta os princípios básicos dos povos não ocidentais". Embora ele aceite que existam diferenças importantes entre as tradições asiáticas e africanas, "a inclinação dos nativos é em geral por uma longa e morosa deliberação pelo consenso. O traço mais importante é a descoberta gradual das áreas de concordância, e não a habilidade de se chegar a soluções precipitadas para as questões apenas contando cabeças". Sir Arthur Lewis (1965, p. 86) natural de Sta. Lucia no Caribe e descendente de africanos, não só defendia veementemente a democracia consensual para os países da África Oriental (ver Capítulo 3) como enfatizava suas tradições fortemente orientadas para o consenso: "A tribo tomou suas

CONCLUSÕES E RECOMENDAÇÕES

decisões através da discussão, muito semelhante ao funcionamento das coalizões; esse tipo de procedimento democrático está no cerne das instituições originais dos povos."

A mesma questão é defendida repetidamente no livro *Will of the People: Original Democracy In Non-Western Societies* do estadista e intelectual filipino Raul S. Manglapus (1987, p. 69, 78, 82, 103, 107, 123, 129). Ele não só afirma que o não Ocidente tem fortes tradições democráticas, mas que suas tradições são muito mais consensuais do que majoritárias: "a característica comum [é] o elemento de consenso em oposição às decisões adversárias". E ao longo do livro ele descreve o processo democrático não ocidental como um "processo consensual" baseado em um forte "interesse pela harmonia". Meu exemplo final é a declaração de um intelectual nigeriano e ex-funcionário das Nações Unidas, Adebayo Adedeji (1994, p. 126): "Nós, os africanos somos os mestres do passado em consulta, consenso e consentimento. Nossas tradições condenam a exclusão. Consequentemente, não há oposição sancionada e institucionalizada em nossos sistema tradicional de governança. Tradicionalmente, a política para nós nunca foi um jogo de soma zero."

Suas afirmações são consideradas suspeitas porque têm sido mal utilizadas por líderes políticos não ocidentais para justificar os desvios da democracia (Bienen e Herbst, 1991, p. 214). Mas se algumas vezes foram usadas com propósitos ilegítimos não as torna menos válidas. Os autores aqui citados são democratas sinceros e observadores sensíveis e não têm quaisquer outras intenções não democráticas. Consequentemente, as culturas políticas do mundo não ocidental orientadas para o consenso podem ser vistas como poderosas forças contrárias ao seu conservadorismo institucional majoritário, e talvez sejam um solo fértil para a democracia consensuais.

Apêndice

Duas dimensões e dez variáveis básicas, 1945-2010 e 1981-2010

A lista a seguir apresenta os valores das dimensões executivos-partidos e federal-unitária, e as dez variáveis básicas nos períodos 1945-2010 e 1981-2010. Em ambas as dimensões, os valores altos indicam características consensuais/federalistas e os valores baixos, majoritários/unitários. Observe que os anos exatos que marcam do período 1945-2010 diferem de país para país e, de fato, variam entre 1945 e 1988 (ver Tabela 4.1). No período 1981-2010, os anos são os mesmos em todos os países, com exceção do primeiro ano na Argentina (1984), no Uruguai (1985) e na Coreia (1988). Os dois períodos de independência do Banco Central são 1945-94 e 1981-94, como explicado no Capítulo 12. As 36 democracias estão identificadas pelas primeiras três letras de seus nomes, menos Austrália (AUL), Áustria (AUT), Costa Rica (CR), Japão (JP), Nova Zelândia (NZ), Reino Unido (RU) e Estados Unidos (EU).

Os valores das variáveis "e daí?" analisadas nos Capítulos 14 e 15 não foram incluídas no Apêndice por uma questão de espaço, mas podem ser consultadas no website do Departamento de Ciências Políticas da Universidade da Califórnia, em San Diego, pelo nome do autor: https://polisci.ucsd.edu/about--our-people/faculty/faculty-directory/emeriti-faculty/lijphart-profile.html.

Dados desagregados das dez variáveis (por exemplo, o número efetivo de partidos parlamentares e a desproporcionalidade eleitoral em cada eleição, e não a média das várias eleições) podem ser encontrados em um segundo conjunto de dados no mesmo website.

	Primeira (dimensão executivos--partidos)		Segunda (dimensão federal--unitária)		Número efetivo de partidos parlamentares		Gabinetes unipartidários minimamente vencedores (%)	
	1945–2010	1981–2010	1945–2010	1981–2010	1945–2010	1981–2010	1945–2010	1981–2010
ARG	−0,93	−1,01	1,38	1,34	3,15	3,15	82,4	82,4
AUL	−0,73	−0,65	1,63	1,58	2,22	2,19	80,7	86,5
AUT	0,43	0,64	1,07	0,97	2,68	3,23	43,3	47,4
BAH	−1,50	−1,33	−0,15	−0,18	1,69	1,74	100,0	100,0
BAR	−1,28	−1,20	−0,49	−0,53	1,68	1,62	100,0	100,0
BEL	1,14	1,10	0,10	0,44	4,72	6,13	37,3	36,3
BOT	−1,43	−1,62	−0,48	−0,52	1,38	1,43	100,0	100,0
CAN	−1,00	−1,03	1,73	1,81	2,52	2,66	88,4	89,9
CR	−0,37	−0,38	−0,28	−0,12	2,67	2,81	85,8	85,2
DIN	1,31	1,35	−0,34	−0,42	4,57	4,95	23,6	5,7
FIN	1,58	1,48	−0,83	−0,83	5,04	5,05	10,0	1,4
FRA	−0,86	−0,89	−0,22	0,02	3,26	2,94	54,8	50,8
ALE	0,78	0,63	2,41	2,33	3,09	3,30	37,8	43,4

	Primeira (dimensão executivos--partidos)		Segunda (dimensão federal--unitária)		Número efetivo de partidos parlamentares		Gabinetes unipartidários minimamente vencedores (%)	
	1945–2010	1981–2010	1945–2010	1981–2010	1945–2010	1981–2010	1945–2010	1981–2010
GRÉ	−0,64	−0,55	−0,74	−0,77	2,27	2,32	98,1	97,7
ISL	0,53	0,55	−1,00	−1,09	3,72	4,01	46,3	47,8
ÍND	0,65	0,63	1,14	1,08	4,80	5,25	30,5	32,0
IRL	0,17	0,38	−0,42	−0,46	2,89	2,95	49,5	31,0
ISR	1,53	1,38	−0,90	−0,81	5,18	5,65	14,0	18,6
ITÁ	1,12	1,13	−0,39	−0,16	4,84	5,36	11,7	8,3
JAM	−1,49	−1,56	−0,40	−0,43	1,67	1,65	100,0	100,0
JAP	0,60	0,71	0,17	0,15	3,62	3,66	40,1	14,1
COR	−1,22	−1,29	−0,07	−0,10	2,85	2,85	86,0	86,0
LUX	0,61	0,38	−0,88	−0,89	3,48	3,78	45,4	50,0
MAL	−0,83	−0,75	−0,33	−0,36	1,99	2,00	100,0	100,0
MAU	0,42	0,42	−0,13	−0,17	2,85	2,90	15,3	10,6

MODELOS DE DEMOCRACIA

(conclusão)

	Primeira (dimensão executivos-partidos)		Segunda (dimensão federal-unitária)		Número efetivo de partidos parlamentares		Gabinetes unipartidários minimamente vencedores (%)	
	1945–2010	1981–2010	1945–2010	1981–2010	1945–2010	1981–2010	1945–2010	1981–2010
HOL	1,34	1,17	0,30	0,28	4,87	4,86	26,8	39,7
NOR	0,80	1,09	-0,66	-0,67	3,64	4,11	55,3	36,6
NZ	-0,47	-0,17	-1,67	-1,65	2,28	2,66	81,4	60,0
POR	0,22	0,04	-0,61	-0,63	3,13	2,85	53,4	55,4
ESP	-0,62	-0,63	0,47	0,42	2,66	2,61	69,3	71,6
SUÉ	0,79	0,87	-1,03	-1,09	3,47	3,82	48,1	42,6
SUÍ	1,72	1,67	1,46	1,59	5,20	5,50	4,0	1,7
TRI	-1,01	-0,79	-0,24	-0,34	1,87	1,88	94,3	90,7
RU	-1,09	-1,48	-1,06	-1,12	2,16	2,27	97,3	99,8
URU	0,39	0,31	-0,79	-0,84	4,40	4,40	80,3	80,3
EU	-0,67	-0,63	2,25	2,18	2,39	2,37	80,4	78,9

	Índice de dominância executiva		Índice de desproporcionali-dade (%)		Índice de pluralismo de grupo de interesse		Índice de federalismo	
	1945–2010	1981–2010	1945–2010	1981–2010	1945–2010	1981–2010	1945–2010	1981–2010
ARG	8,00	8,00	17,98	17,98	2,70	2,70	4,5	4,5
AUL	9,10	7,37	9,44	10,07	2,12	1,88	5,0	5,0
AUT	8,07	5,90	2,51	2,02	0,38	0,38	4,5	4,5
BAH	9,44	7,37	16,48	15,90	3,00	3,00	1,0	1,0
BAR	8,87	7,37	17,27	18,72	2,20	2,00	1,0	1,0
BEL	2,57	4,21	3,35	3,75	1,15	1,33	3,5	4,2
BOT	9,90	9,90	14,61	18,48	2,60	2,60	1,0	1,0
CAN	8,10	7,37	11,56	13,14	3,25	3,17	5,0	5,0
CR	3,00	3,00	14,38	14,77	2,20	2,20	1,0	1,0
DIN	3,23	3,69	1,71	1,60	0,78	0,88	2,0	2,0
FIN	1,55	2,68	2,96	3,34	0,85	0,67	2,0	2,0
FRA	8,00	8,00	20,88	19,56	2,90	2,75	1,3	1,5
ALE	3,80	4,92	2,67	2,55	0,88	0,88	5,0	5,0
GRÉ	4,45	3,69	7,88	6,64	3,12	3,12	1,0	1,0

MODELOS DE DEMOCRACIA

(continuação)

	Índice de dominância executiva		Índice de desproporcionalidade (%)		Índice de pluralismo de grupo de interesse		Índice de federalismo	
	1945–2010	1981–2010	1945–2010	1981–2010	1945–2010	1981–2010	1945–2010	1981–2010
ISL	3,20	3,28	3,85	2,48	2,20	2,17	1,0	1,0
ÍND	3,33	3,69	9,60	8,51	2,15	2,15	4,5	4,5
IRL	4,16	2,95	3,93	4,17	2,55	2,42	1,0	1,0
ISR	1,46	1,13	2,60	3,76	1,15	1,50	3,0	3,0
ITÁ	1,49	2,01	3,61	4,82	2,42	2,08	1,3	1,5
JAM	9,64	9,83	15,66	15,41	3,00	3,00	1,0	1,0
JAP	3,37	2,46	7,00	10,50	1,48	1,38	2,0	2,0
COR	8,00	8,00	21,97	21,97	2,90	2,90	1,5	1,5
LUX	5,87	7,37	3,43	4,14	0,88	0,88	1,0	1,0
MAL	8,85	7,37	2,07	1,65	3,00	3,00	1,0	1,0
MAU	2,39	2,11	15,61	16,57	1,30	1,30	1,0	1,0
HOL	2,91	2,68	1,21	1,08	0,98	1,00	3,0	3,0
NOR	4,04	2,95	4,53	3,79	0,38	0,38	2,0	2,0
NZ	4,54	3,28	9,25	9,11	2,68	2,71	1,0	1,0

	Índice de dominância executiva		Índice de desproporcionali-dade (%)		Índice de pluralismo de grupo de interesse		Índice de federalismo	
	1945–2010	1981–2010	1945–2010	1981–2010	1945–2010	1981–2010	1945–2010	1981–2010
POR	3,26	3,69	4,43	4,85	2,62	2,62	1,0	1,0
ESP	8,26	7,37	7,28	6,53	3,04	3,04	3,0	3,0
SUÉ	5,61	4,92	2,04	1,95	0,35	0,42	2,0	2,0
SUÍ	1,00	1,00	2,55	3,08	0,88	0,88	5,0	5,0
TRI	6,95	4,21	11,33	11,67	3,00	3,00	1,3	1,5
RU	8,12	9,83	11,70	16,00	3,02	3,08	1,2	1,4
URU	4,00	4,00	6,05	6,05	1,70	1,70	1,0	1,0
EU	4,00	4,00	14,28	13,35	3,02	2,88	5,0	5,0

MODELOS DE DEMOCRACIA

(continua)

	Índice de bicameralismo		Índice de rigidez constitucional		Índice de revisão judicial		Índice de independência do Banco Central	
	1945–2010	1981–2010	1945–2010	1981–2010	1945–2010	1981–2010	1945–2010	1981–2010
ARG	4,0	4,0	4,0	4,0	2,27	2,27	0,39	0,39
AUL	4,0	4,0	4,0	4,0	3,0	3,0	0,42	0,42
AUT	2,0	2,0	3,0	3,0	3,0	3,0	0,55	0,53
BAH	2,0	2,0	3,0	3,0	2,0	2,0	0,41	0,41
BAR	2,0	2,0	2,0	2,0	2,0	2,0	0,38	0,38
BEL	2,8	2,5	3,0	3,0	1,8	2,7	0,27	0,30
BOT	2,5	2,5	2,0	2,0	2,0	2,0	0,33	0,33
CAN	3,0	3,0	4,0	4,0	3,4	3,9	0,52	0,52
CR	1,0	1,0	3,0	3,0	2,7	3,4	0,37	0,37
DIN	1,2	1,0	2,0	2,0	2,0	2,0	0,46	0,46
FIN	1,0	1,0	3,0	3,0	1,0	1,0	0,28	0,28
FRA	3,0	3,0	1,7	2,0	2,4	3,0	0,35	0,35
ALE	4,0	4,0	3,5	3,5	4,0	4,0	0,69	0,69
GRÉ	1,0	1,0	2,0	2,0	2,0	2,0	0,38	0,38

APÊNDICE

(continuação)

	Índice de bicameralismo		Índice de rigidez constitucional		Índice de revisão judicial		Índice de independência do Banco Central	
	1945–2010	1981–2010	1945–2010	1981–2010	1945–2010	1981–2010	1945–2010	1981–2010
ISL	1,4	1,2	1,0	1,0	2,0	2,0	0,34	0,34
ÍND	3,0	3,0	3,0	3,0	4,0	4,0	0,34	0,34
IRL	2,0	2,0	2,0	2,0	2,0	2,0	0,41	0,41
ISR	1,0	1,0	1,0	1,0	1,0	1,0	0,41	0,46
ITÁ	3,0	3,0	2,0	2,0	2,1	2,5	0,28	0,33
JAM	2,0	2,0	3,0	3,0	2,0	2,0	0,30	0,30
JAP	3,0	3,0	4,0	4,0	3,0	3,0	0,25	0,25
COR	1,0	1,0	4,0	4,0	3,0	3,0	0,27	0,27
LUX	1,0	1,0	3,0	3,0	1,0	1,0	0,33	0,33
MAL	1,0	1,0	3,0	3,0	2,0	2,0	0,44	0,44
MAU	1,0	1,0	3,0	3,0	3,0	3,0	0,40	0,40
HOL	3,0	3,0	3,0	3,0	1,0	1,0	0,48	0,48
NOR	1,5	1,5	3,0	3,0	2,0	2,0	0,17	0,17
NZ	1,1	1,0	1,0	1,0	1,0	1,0	0,21	0,24

	Índice de bicameralismo		Índice de rigidez constitucional		Índice de revisão judicial		Índice de independência do Banco Central	
	1945–2010	1981–2010	1945–2010	1981–2010	1945–2010	1981–2010	1945–2010	1981–2010
POR	1,0	1,0	3,0	3,0	2,0	2,0	0,32	0,32
ESP	3,0	3,0	3,0	3,0	3,0	3,0	0,29	0,29
SUÉ	1,7	1,0	1,5	2,0	1,0	1,0	0,29	0,29
SUÍ	4,0	4,0	4,0	4,0	1,0	1,0	0,61	0,68
TRI	2,0	2,0	3,0	3,0	2,0	2,0	0,35	0,30
RU	2,5	2,5	1,0	1,0	1,0	1,0	0,31	0,28
URU	3,0	3,0	1,0	1,0	2,5	2,5	0,19	0,19
EU	4,0	4,0	4,0	4,0	4,0	4,0	0,56	0,56

Referências bibliográficas

Adedeji, Adebayo. "An Alternative for Africa." *Journal of Democracy* 5, n. 4, p. 119-32, out. 1994.

Adema, Willem; Ladaique, Maxime. "How Expensive Is the Welfare State? Gross and Net Indicators in the OECD Social Expenditure Database (SOCX)." *OECD Social, Employment and Migration Working Papers*, Paris, n. 92, 2009.

Agius, Carmel A.; Grosselfinger, Nancy A. "The Judiciary and Politics in Malta." In: C. Neal Tate e Torbjörn Vallinder (eds.). *The Global Expansion of Judicial Power*. Nova York: New York University Press, 1995, pp. 381-402.

Alen, Andre; Ergec, Rusen. *Federal Belgium After the Fourth State Reform of 1993*. Bruxelas: Ministério para Assuntos Estrangeiros, 1994.

Almond, Gabriel A. "Corporatism, Pluralism, and Professional Memory." *World Politics* 35, n. 2, pp. 245-60, jan. 1983.

Almond, Gabriel A.; Verba, Sidney. *The Civic Culture: Political Attitudes and Democracy in Five Nations*. Princeton, NJ: Princeton University Press.

Altman, David. "Collegiate Executives and Direct Democracy in Switzerland and Uruguay: Similar Institutions, Opposite Political Goals, Distinct Results." *Swiss Political Science Review* 14, n. 3, pp. 483-520, outono, 2008.

_____ . *Direct Democracy Worldwide*. Cambridge: Cambridge University Press, 2011.

Ambler, John S. *The Government and Politics of France*. Boston: Houghton Mifflin, 1971.

Amorim Neto, Octavio. "The Presidential Calculus: Executive Policy Making and Cabinet Formation in the Americas." *Comparative Political Studies* 39, n. 4, pp. 415-40, mai. 2006.

Amorim Neto, Octavio; Costa Lobo, Marina. "'Portugal's Semi-Presidentialism (Re)Considered: An Assessment of the 'President's Role in the Policy Process, 1976-2006." *European Journal of Political Research* 48, n. 2, pp. 234-55, mar. 2009.

Anckar, Dag. "Microstate Democracy: Majority or Consensus; Diffusion or Problem-Solving?" *Democratization* 15, n. 1, pp. 67-85, fev. 2008.

Anderson, Liam. "The Implications of Institutional Design for Macroeconomic Performance: Reassessing the Claims of Consensus Democracy." *Comparative Political Studies* 34, n. 4, pp. 429-52, mai. 2001.

Andeweg, Rudy B. "Institutional Reform in Dutch Politics: Elected Prime Minister, Personalized PR, and Popular Veto in Comparative Perspective." *Acta Politica* 32, n. 2, pp. 227-57, outono, 1997.

ANISTIA InternaCional. *Abolitionist and Retentionist Countries*. Londres: 2011. <http://www.amnesty.org/en/death-penalty>.

Armingeon, Klaus. "Swiss Corporatism in Comparative Perspective." *West European Politics* 20, n. 4, pp. 164-79, out. 1997.

_____. Interest Intermediation: The Cases of Consociational Democracy and Corporatism." In: Keman, Hans (ed.). *Comparative Democratic Politics: A Guide to Contemporary Theory and Research*. Londres: Sage, 2002. pp. 143-65.

Aron, Raymond. "Alternation in Government in the Industrialized Countries." *Government and Opposition* 17, n. 1, pp. 3-21, inverno, 1982.

Axelrod, Robert. *Conflict of Interest: A Theory of Divergent Goals with Applications to Politics*. Chicago: Markham, 1970.

Baar, Carl. "Judicial Activism in Canada." In: Holland, Kenneth M. (ed.). *Judicial Activism in Comparative Perspective*. Nova York: St. Martin's, 1991. pp. 53-69.

_____. "Social Action Litigation in India: The Operation and Limits of the World's Most Active Judiciary." In: Jackson, Donald W.; Tate, C. Neal (eds.). *Comparative Judicial Review and Public Policy*. Westport, CT: Greenwood, 1992. pp. 77-87.

Bale, Tim; Caramani, Daniele (eds.) "Political Data Yearbook 2009." *European Journal of Political Research* 49, n. 7-8, pp. 855-1212, dez. 2010.

Banaian, King; Laney, Leroy O.; Willett, Thomas D. "Central Bank Independence: An International Comparison." In: Toma, Eugenia Froedge; Toma, Mark (eds.). *Central Bankers, Bureaucratic Incentives, and Monetary Policy*. Dordrecht: Kluwer Academic, 1986. pp. 199-217.

Banco Mundial. *Indicators*. Washington, DC: 2011. <http://data.worldbank.org/indicator>.

Banks, Arthur S. *Cross-National Time-Series Data Archive*. Binghamton, NY: 2010. <http://databanksinternational.com>.

Banks, Arthur S.; Day, Alan J.; Müller, Thomas C. *Political Handbook of the World, 1995-1996*. Binghamton, NY: CSA, 1996.

Beer, Samuel. "The Roots of New Labour: Liberalism Rediscovered." *Economist*, fev. 7, pp. 23-25, 1998.

REFERÊNCIAS BIBLIOGRÁFICAS

Bienen, Henry; Herbst, Jeffrey. "Authoritarianism and Democracy in Africa." In: Rustow, Dankwart; Erickson, Kenneth Paul (eds.). *Comparative Political Dynamics: Global Research perspectives.* Nova York: HarperCollins, 1991. pp. 211-32.

Bienen, Henry; van de Walle, Nicolas. *Of Time and Power: Leadership Duration in the Modern World.* Stanford, CA: Stanford University Press, 1991.

Birch, Sarah. *Full Participation: A Comparative Study of Compulsory Voting.* Tóquio: United Nations University Press, 2009.

Blondel, Jean. "Party Systems and Patterns of Government in Western Democracies." *Canadian Journal of Political Science* 1, n. 2, pp. 180-203, jun. 1968.

Borrelli, Stephen A.; Royed, Terry A. "Government 'Strength' and Budget Deficits in Advanced Democracies." *European Journal of Political Research* 28, n. 2, pp. 225-60, set. 1995.

Boston, Jonathan; Levine, Stephen; McLeay, Elizabeth; Roberts, Nigel S. (eds.). *New Zealand Under MMP: A New Politics?* Auckland: Auckland University Press, 1996.

Bowman, Larry W. *Mauritius: Democracy and Development in the Indian Ocean.* Boulder, CO: Westview, 1991.

Brass, Paul R. *The Politics of India Since Independence.* Cambridge: Cambridge University Press, 1990.

Brautigam, Deborah. "Institutions, Economic: Reform, and Democratic Consolidation in Mauritius." *Comparative Politics* 30, n. 1, pp. 45-62, out. 1997.

Brewer-Carfas, Allan R. *Judicial Review in Comparative Law.* Cambridge: Cambridge University Press, 1989.

Brinks, Daniel M. *The Judicial Response to Police Killings in Latin America: Inequality and the Rule of Law.* Cambridge: Cambridge University Press, 2008.

Buchanan, Paul G. "Preauthoritarian Institutions and Postauthoritarian Outcomes: Labor Politics in Chile and Uruguay." *Latin American Politics and Society* 50, n. 1, pp.59-89, primavera, 2008.

Budge, Ian; Herman, Valentine. "Coalitions and Government Formation: An Empirically Relevant Theory." *British Journal of Political Science* 8, n. 4, pp. 459-77, out. 1978.

Bulsara, Hament; Kissane, Bill. "Arend Lijphart and the Transformation of Irish Democracy." *West European Politics* 32, n. 1, pp. 172-95, jan. 2009.

Busch, Andreas. "Central Bank Independence and the Westminster Model." *West European Politics* 17, n. 1, pp. 53-72, jan. 1994.

Butler, David. "Conclusion," In: David Butler, ed., *Coalitions in British Politics.* Nova York: St. Martin's, 1978. pp. 112-18.

Butler, David; Austin, Ranney. "Theory." In: Butler, David; Ranney, Austin (eds.). *Referendums: A Comparative Study of Practice and Theory,* 23-37. Washington, DC: American Enterprise Institute, 1978.

Butler, David; Adonis, Andrew; Travers, Tony. *Failure in British Government: The Politics of the Poll Tax*. Oxford: Oxford University Press, 1994.

Cappelletti, Mauro. *The Judicial Process in Comparative Perspective*. Oxford: Clarendon, 1989.

Carnota, Walter F. "Judicial Globalization: How the International Law of Human Rights Changed the Argentine Supreme Court." In: Jackson, Donald W.; Tolley, Michael C.; Volcansek, Mary L. (eds.). *Globalizing Justice: Critical Perspectives on Transnational Law and the Cross-Border Migration of Legal Norms*. Albany: State University of New York Press, 2010. pp. 255-66.

Cason, Jeffrey. "Electoral Reform, Institutional Change, and Party Adaptation in Uruguay." *Latin American Politics and Society* 44, n. 3, pp. 89-109, outono, 2002.

Castles, Francis G. "The Policy Consequences of Proportional Representation: A Sceptical Commentary." *Political Science* 46, n. 2, pp. 161-71, dez. 1994.

Castles, Francis G.; Leibfried, Stephan; Lewis, Jane; Obinger, Herbert; Pierson, Christopher (eds.). *The Oxford Handbook of the Welfare State*. Oxford: Oxford University Press, 2010.

Chubb, Basil. *The Government and Politics of Ireland*, 2ª ed. Stanford, CA: Stanford University Press, 1982.

Church, Clive H.; Vatter, Adrian. "Opposition in Consensual Switzerland: A Short but Significant Experiment." *Government and Opposition* 44, n. 4, pp. 412-37, out. 2009.

Codding, George Arthur, Jr. *The Federal Government of Switzerland*. Boston: Houghton Mifflin, 1961.

Colomer, Josep M. (ed.). *Handbook of Electoral System Choice*. Houndmills: Palgrave Macmillan, 2004.

_____. *Europe, Like America: The Challenges of Building a Continental Federation*. Barcelona: La Caixa, 2010.

_____. *The Science of Politics: An Introduction*. Nova York: Oxford University Press, 2011.

Committee on the Constitutional System. *A Bicentennial Analysis of the American Political Structure: Report and Recommendations*. Washington, DC: Committee on the Constitutional System, 1987.

Coombs, David. "British Government and the European Community." In: Dennis Kavanagh e Richard Rose (eds.). *New Trends in British Politics: Issues for Research*. Londres: Sage, 1977. pp. 83-103.

Coppedge, Michael; Gerring, John. "Conceptualizing and Measuring Democracy: A New Approach." *Perspectives on Politics* 9, n. 2, pp. 247-67, jun. 2011.

Crepaz, Markus M. L. "Consensus *Versus* Majoritarian Democracy: Political Institutions and Their Impact on Macroeconomic Performance and Industrial Disputes." *Comparative Political Studies* 29, n. 1, pp. 4-26, fev. 1996.

REFERÊNCIAS BIBLIOGRÁFICAS

Crepaz, Markus M. L.; Vicki, Birchfield. "Global Economics, Local Politics: Lijphart's Theory of Consensus Democracy and the Politics of Inclusion." In: Crepaz, Markus M. L.; Koelble, Thomas A.; Wilsford, David (eds.), *Democracy and Institutions: The Life Work of Arend Lijphart*. Ann Arbor: University of Michigan Press, 2000. pp. 197-224.

Crepaz, Markus M. L.; Moser, Ann W. "The Impact of Collective and Competitive Veto Points on Public Expenditures in the Global Age". *Comparative Political Studies* 37, n. 3, pp. 259-85, abr. 2004.

Crepaz, Markus M. L.; Steiner, Jürg. *European Democracies,* 7ª ed. Boston: Longman, 2011.

Croissant, Aurel; Schächter, Teresa."Institutional Patterns in the New Democracies of Asia: Forms, Origins and Consequences". *Japanese Journal of Political Science* 11, n. 2, pp. 173-97, ago. 2010.

Crowe, Christopher; Meade, Ellen E. "The Evolution of Central Bank Governance around the World". *Journal of Economic Perspectives* 21, n. 4, pp. 69-90, outono, 2007.

Crowe, Edward W. "Cross-Voting in the British House of Commons: 1945-74". *Journal of Politics* 42, n. 2, pp. 487-510, mai. 1980.

Cukierman, Alex; Webb, Steven B.; Neyapti, Bilin. *Measuring Central Bank Independence and Its Effect on Policy Outcomes*. San Francisco: ICS, 1994.

Dahl, Robert A. *A Preface to Democratic Theory*. Chicago: University of Chicago Press, 1956.

_____ . *Polyarchy: Participation and Opposition*. New Haven: Yale University Press, 1971.

_____ . "Equality *versus* Inequality". *PS: Political Science and Politics* 29, n. 4, pp. 639-48, dez. 1996.

Dahl, Robert A.; Tufte, Edward R. *Size and Democracy*. Stanford, CA: Stanford University Press, 1973.

Damgaard, Erik. "Cabinet Termination." In: Strøm, Kaare; Müller, Wolfgang C.; Bergman, Torbjörn (eds.). *Cabinets and Coalition Bargaining: The Democratic Life Cycle in Western Europe*. Oxford: Oxford University Press, 2008. pp. 301-26.

Deschouwer, Kris. *The Politics of Belgium: Governing a Divided Society*. Nova York: Palgrave Macmillan, 2009.

de Swaan, Abram. *Coalition Theories and Cabinet Formations: A Study of Formal Theories of Coalition Formation Applied to Nine European Parliaments After 1918*. Amsterdã: Elsevier, 1973.

De Winter, Lieven; Dumont, Patrick. "Do Belgian Parties Undermine the Democratic Chain of Delegation?" In: Brans, Marleen; De Winter, Lieven; Swenden, Wilfried (eds.). *The Politics of Belgium: Institutions and Policy Under Bipolar and Centrifugal Federalism*. Londres: Routledge, 2009. pp. 95-114.

De Winter, Marc Swyngedouw; Dumont, Patrick. "Party System(s) and Electoral Behaviour in Belgium: From Stability to Balkanisation". In: Brans, Marleen; De Winter, Lieven; Swenden, Wilfried (eds.). *The Politics of Belgium: Institutions and Policy Under Bipolar and Centrifugal Federalism.* Londres: Routledge, 2009. pp. 71-94.

Diamond, Larry. "Introduction: Persistence, Erosion, Breakdown, and Reversal". In: Diamond, Larry; Linz, Juan J.; Lipset, Seymour Martin (eds.). *Democracy in Developing Countries: Asia.* Boulder, CO: Lynne Rienner, 1989. pp. 1-52.

_____. "Economic Development and Democracy Reconsidered". In: Marks, Gary; Diamond, Larry (eds.). *Reexamining Democracy: Essays in Honor of Seymour Martin Lipset.* Newbury Park, CA: Sage, 1992. pp. 93-139.

Diamond, Larry; Plattner, Marc F. (eds.). *Electoral Systems and Democracy.* Baltimore: Johns Hopkins University Press, 2006.

Dicey, A. V. *Introduction to the Study of the Law of the Constitution,* 8ª ed. Londres: Macmillan, 1915.

Dixon, Robert G., Jr. *Democratic Representation: Reapportionment in Law and Politics.* Nova York: Oxford University Press, 1968.

Dodd, Lawrence C. *Coalitions in Parliamentary Government.* Princeton, NJ: Princeton University Press, 1976.

Dogan, Mattei. "Irremovable Leaders and Ministerial Instability in European Democracies." In: Dogan, Mattei (ed.), *Pathways to Power: Selecting Rulers in Pluralist Democracies,* 239-75. Boulder, CO: Westview, 1989.

_____. "Use and Misuse of Statistics in Comparative Research:Limits to Quantification in Comparative Politics". In: Dogan, Mattei; Kazancigil, Ali (eds.). *Comparing Nations: Concepts, Strategies, Substance.* Oxford: Blackwell, 1994. pp. 35-71.

Downes, Andrew S.; Nurse, Lawrence. "Macroeconomic Management and Building Social Consensus: An Evaluation of the Barbados Protocols." *Journal of Eastern Caribbean Studies* 29, n. 4, pp. 1-41, dez. 2004.

Druckman, James N. "Party Factionalism and Cabinet Durability." *Party Politics* 2, n. 3, pp. 397-407, jul. 1996.

Duchacek, Ivo. *Comparative Federalism: The Territorial Dimension of Politics.* Nova York: Holt, Rinehart and Winston, 1970.

Duncan, Neville. "Barbados: Democracy at the Crossroads." In: Edie, Carlene J. (ed.). *Democracy in the Caribbean: Myths and Realities.* Westport, CT: Praeger, 1994. pp. 75-91.

Dunleavy, Patrick; Boucek, Frangoise. "Constructing the Number of Parties". *Party Politics* 9, n. 3, pp. 291-315, mai. 2003.

Duverger, Maurice. *Political Parties: Their Organization and Activity in the Modern State,* 3ª ed. Londres: Methuen, 1964.

REFERÊNCIAS BIBLIOGRÁFICAS

————. "A New Political System Model: Semi-Presidential Government". *European Journal of Political Research* 8, n. 2, pp. 165-87, jun. 1980.

————. "Duverger's Law: Forty Years Later". In: Grofman, Bernard; Lijphart, Arend (eds.). *Electoral Laws and Their Political Consequences*. Nova York: Agathon, 1986. pp. 69-84.

Economist Intelligence Unit. *Index of Democracy*. Londres: *The Economist*, 2006.

————. *Index of Democracy, 2008*. Londres: *The Economist*, 2008.

————. *Democracy Index, 2010,* Londres: *The Economist*, 2010.

Edinger, Lewis J. *West German Politics*. Nova York: Columbia University Press, 1986.

Elazar, Daniel J. "Federalism". In: Sills, David L. (ed.). *International Encyclopedia of the Social Sciences,* vol. 5. Nova York: Macmillan and Free Press, 1968. pp. 353-67.

————. *Exploring Federalism*. Tuscaloosa: University of Alabama Press, 1987.

————. "Contrasting Unitary and Federal Systems". *International Political Science Review* 18, n. 3, pp. 237-51, jul. 1997.

Elder, Neil; Thomas, Alastair H.; Arter, David. *The Consensual Democracies? The Government and Politics of the Scandinavian States,* ed. rev. Oxford: Basil Blackwell, 1988.

Elster, Jon. "Constitutional Courts and Central Banks: Suicide Prevention or Suicide Pact?" *East European Constitutional Review* 3, n. 3-4, pp. 66-71, verão-outono, 1994.

Emerson, Rupert. *From Empire to Nation: The Rise to Self-Assertion of Asian and African Peoples*. Cambridge, MA: Harvard University Press, 1960.

Emmanuel, Patrick A. M. *Elections and Party Systems in the Commonwealth Caribbean, 1944-1991*. St. Michael, Barbados: Caribbean Development Research Services, 1992.

Erk, Jan; Koning, Edward. "New Structuralism and Institutional Change: Federalism Between Centralization and Decentralization". *Comparative Political Studies* 43, n. 3, pp. 353-78, mar. 2010.

Etchemendy, Sebastián; Collier, Ruth Berins. "Down but Not Out: Union Resurgence and Segmented Neocorporatism in Argentina (2003-2007)." *Politics and Society* 35, n. 3, pp. 363-401, set. 2007.

Falkner, Gerda. "Collective Participation in the European Union: The 'Euro Corporatism' Debate". In: Crouch, Colin; Streeck, Wolfgang (eds.), *The Diversity of Democracy: Corporatism, Social Order and Political Conflict*. Cheltenham: Edward Elgar, 2006. pp. 223-42.

Farrell, David M. *Electoral Systems: A Comparative Introduction*, 2ª ed. Houndmills: Palgrave Macmillan, 2011.

Feldstein, Martin. "EMU and International Conflict". *Foreign Affairs* 76, n. 6, pp. 60-73, nov-dez. 1997.

Fenno, Richard F., Jr. *The President's Cabinet: An Analysis in the Period from Wilson to Eisenhower.* Cambridge, MA: Harvard University Press, 1959.

Finer, S. E. (ed.). *Adversary Politics and Electoral Reform.* Londres: Anthony Wigram, 1975.

Fish, M. Steven; Kroenig, Matthew. *The Handbook of National Legislatures: A Global Survey.* Cambridge: Cambridge University Press, 2009.

Fitzmaurice, John. *The Politics of Belgium: A Unique Federalism.* Boulder, CO: Westview, 1996.

Flinders, Matthew. *Democratic Drift: Majoritarian Modification and Democratic Anomie in the United Kingdom.* Oxford: Oxford University Press, 2010.

Franck, Matthew J. *Against the Imperial Judiciary: The Supreme Court* vs. *the Sovereignty of the People.* Lawrence: University Press of Kansas, 1996.

Freedom House. *Freedom in the World 2011.* Lanham, MD: Row-man and Littlefield, 2011.

Friedrich, Carl J. *Constitutional Government and Democracy,* ed. rev. Boston: Ginn, 1950.

Gallagher, Michael. "Proportionality, Disproportionality and Electoral Systems." *Electoral Studies* 10, n. 1, pp. 33-51, mar. 1991.

_____. "Conclusion" In: Gallagher, Michael; Uleri, Pier Vincenzo (eds.). *The Referendum Experience in Europe.* Londres: Macmillan, 1995. pp. 226-52.

Gallagher, Michael; Mitchell, Paul (eds.). *The Politics of Electoral Systems.* Oxford: Oxford University Press, 2005.

Gallagher, Michael; Laver, Michael; Mair, Peter. *Representative Government in Modern Europe,* 5ª ed. Maidenhead: McGraw-Hill, 2011.

Ganesh, Janan. "Over to You", *The Economist: The World in 2011,* p. 108, dez. 2010.

García Montero, Mercedes. *Presidentes y parlamentos: Quién controla la actividad legislativa en América Latina?* Madri: Centro de Investigaciones Sociológicas, 2009.

Gastil, Raymond D. *Freedom in the World: Political Rights and Civil Liberties, 1988-1989.* Nova York: Freedom House, 1989.

_____. "The Comparative Survey of Freedom: Experiences and Suggestions". In: Inkeles, Alex (ed.) *On Measuring Democracy: Its Consequences and Concomitants.* New Brunswick, NJ: Transaction, 1991, pp. 21-46.

Gerlich, Peter. "A Farewell to Corporatism". *West European Politics* 15, n. 1, pp. 132-46, jan. 1992.

Gerring, John; Thacker, Strom C. *A Centripetal Theory of Democratic Governance.* Cambridge: Cambridge University Press, 2008.

Gobeyn, Mark James. "Explaining the Decline of Macro-Corporatist Political Bargaining Structures in Advanced Capitalist Societies". *Governance* 6, n. 1, pp. 3-22, jan. 1993.

REFERÊNCIAS BIBLIOGRÁFICAS

Goldey, David; Williams, Philip. "France". In: Bogdanor, Vernon; Butler, David (eds.). *Democracy and Elections: Electoral Systems and Their Political Consequences*. Cambridge: Cambridge University Press, 1983. pp. 62-83.

Goodin, Robert E. "Institutionalizing the Public Interest: The Defense of Deadlock and Beyond". *American Political Science Review* 90, n. 2, pp. 331-43, jun. 1996.

Goodman, John B. "The Politics of Central Bank Independence". *Comparative Politics* 23, n. 3, pp. 329-49, abr. 1991.

Gorges, Michael J. *Euro-Corporatism? Interest Intermediation in the European Community*. Lanham, MD: University Press of America, 1996.

Grau i Creus, Mireia. "Spain: Incomplete Federalism". In: Wachendorfer-Schmidt, Ute (ed.). *Federalism and Political Performance*. Londres: Routledge, 2000. pp. 58-77.

Grilli, Vittorio; Masciandaro, Donato; Tabellini, Guido. "Political and Monetary Institutions and Public Financial Policies in the Industrial Countries". *Economic Policy: A European Forum* 6, n. 2, pp. 342-92, out. 1991.

Grosser, Alfred. "The Evolution of European Parliaments". In: Graubard, Stephen R. (ed.). *A New Europe?* Boston: Houghton Mifflin, 1964. pp. 219-44.

GTD Team. *Global Terrorism Database*. College Park, MD: 2010. <http:// www. start.umd.edu/gtd>.

Gurr, Ted Robert. *Minorities at Risk: A Global View of Ethnopolitical Conflicts*. Washington, DC: United States Institute of Peace Press, 1993.

Gutmann, Emanuel. "Israel: Democracy Without a Constitution". In: Bogdanor, Vernon (ed.). *Constitutions in Democratic Politics, 290-308*. Aldershot: Gower, 1988.

Gwartney, James; Hall, Joshua; Lawson, Robert. *Economic Freedom of the World: 2010 Annual Report*. Vancouver: Fraser Institute, 2010.

Haggard, Stephan; Kaufman, Robert R. *The Political Economy of Democratic Transitions*. Princeton, NJ: Princeton University Press, 1995.

Hahm, Sung Deuk; Kamlet, Mark S.; Mowery, David C. "The Political Economy of Deficit Spending in Nine Industrialized Parliamentary Democracies: The Role of Fiscal Institutions". *Comparative Political Studies* 29, n. 1, pp.52-77, fev. 1996.

Hailsham, Lorde. *The Dilemma of Democracy: Diagnosis and Prescription*. Londres: Collins, 1978.

Hall, Peter A. "Central Bank Independence and Coordinated Wage Bargaining: Their Interaction in Germany and Europe." *German Politics and Society* 31, pp. 1-23, primavera, 1994.

Hamilton, Alexander; Jay, John; Madison, James. *The Federalist*. Nova York: McLean, 1788.

Hattenhauer, Hans; Kaltefleiter, Werner (eds.). *Mehrheitsprinzip, Konsens and Verfassung*. Heidelberg: C. F. Muller Juristischer Verlag, 1986.

Hazan, Reuven Y. "Executive-Legislative Relations in an Era of Accelerated Reform: Reshaping Government in Israel". *Legislative Studies Quarterly* 22, n. 3, pp. 329-50, ago. 1997.

Helmke, Gretchen. "Enduring Uncertainty: Court-Executive Relations in Argentina During the 1990s and Beyond". In: Levitsky, Steven; Murillo, Maria Victoria (eds.). *Argentine Democracy: The Politics of Institutional Weakness*. University Park: Pennsylvania State University Press, 2005. pp. 139-62.

Hendriks, Frank. *Vital Democracy: A Theory of Democracy in Action*. Oxford: Oxford University Press, 2010.

Hix, Simon. "The Study of the European Community". *West European Politics* 17, n. 1, pp. 1-30, jan. 1994.

_____. *The Political System of the European Union*, 2ª ed. Nova York: Palgrave Macmillan, 2005.

Holm, John D; "Elections and Democracy in Botswana". In: Holm, John D.; Molutsi, Patrick (eds.). *Democracy in Botswana: The Proceedings of a Symposium Held in Gabarone, 1-5 August 1988*. Gabarone: Macmillan Botswana, 1989. pp. 189-202.

Holm, John D. Patrick P. Molutsi; Somolekae, Gloria. "The Development of Civil Society in a Democratic State: The Botswana Model". *African Studies Review* 39, n. 2, pp. 43-69, set. 1996.

Horwill, George. *Proportional Representation: Its Dangers and Defects*. Londres: Allen and Unwin, 1925.

Huber, John D. *Rationalizing Parliament: Legislative Institutions and Party Politics in France*. Cambridge: Cambridge University Press, 1996.

Hueglin, Thomas O.; Fenna, Alan. *Comparative Federalism: A Systematic Inquiry*. Peterborough, ON: Broadview, 2006.

Huntington, Samuel P. *The Third Wave: Democratization in the Late Twentieth Century*. Norman: University of Oklahoma Press, 1991.

Inglehart, Ronald. *The Silent Revolution: Changing Values and Political Styles Among Western Publics*. Princeton, NJ: Princeton University Press, 1977.

Inglehart, Ronald; Welzel, Christian. *Modernization, Cultural Change, and Democracy: The Human Development Sequence*. Cambridge: Cambridge University Press, 2005.

International Centre for Prison Studies. *World Prison Brief*. Londres: 2011. <http://www.prisonstudies.org>.

International IDEA. *Voter Turnout*. Estocolmo: 2010. http://www.idea.int/vt

Inter-Parliamentary Union. *Women in National Parliaments*. Genebra: 2010. <http://www.ipu.org>.

Jackson, Keith; McRobie, Alan. *New Zealand Adopts Proportional Representation: Accident? Design? Evolution?* Aldershot: Ashgate, 1998.

REFERÊNCIAS BIBLIOGRÁFICAS

Jain, M. P. "The Supreme Court and Fundamental Rights". In: S. K. Verma; Kusum (eds.) *Fifty Years of the Supreme Court of India: Its Grasp and Reach*. Nova Delhi: Oxford University Press, 2000. pp. 1-100.

Johnson, Nevil. "The Judicial Dimension in British Politics." *West European Politics* 21, n. 1, pp. 148-66, jan. 1998.

Jones, Charles O. *The Presidency in a Separated System*. Washington, DC: Brookings Institution, 1994.

Jones, Mark P. *Electoral Laws and the Survival of Presidential Democracies*. Notre Dame, Ind.: University of Notre Dame Press, 1995.

Kaiser, Andre. "Types of Democracy: From Classical to New Institutionalism". *Journal of Theoretical Politics* 9, n. 4, pp. 419-44, out. 1997.

Kasenally, Roukaya. "Mauritius: Paradise Reconsidered". *Journal of Democracy* 22, n. 2, pp. 160-69, abr. 2011.

Katzenstein, Peter J. *Small States in World Markets: Industrial Policy in Europe*. Ithaca, NY: Cornell University Press, 1985.

Kaufmann, Daniel; Kraay, Aart; Mastruzzi, Massimo. *Worldwide Governance Indicators*. Washington, DC: 2010. <http://govindicators.org>.

Kavanagh, Dennis. "An American Science of British Politics." *Political Studies* 22, n° 3, pp. 251-70, set. 1974.

Keeler, John T. S.; Schain, Martin. "Institutions, Political Poker, and Regime Evolution in France." In: von Mettenheim, Kurt (ed.), *Presidential Institutions and Democratic Politics: Comparing Regional and National Contexts*. Baltimore: John Hopkins University Press, 1997. pp. 84-105.

Kenworthy, Lane. "Quantitative Indicators of Corporatism." *International Journal of Sociology* 33, n. 3, pp. 10-44, outono, 2003.

Kim, Taekyoon. "Variants of Corporatist Governance: Differences in the Korean and Japanese Approaches in Dealing with Labor." *Yale Journal of International Affairs* 3, n. 1, pp. 78-94, inverno, 2008.

King, Anthony. "Modes of Executive-Legislative Relations: Great Britain, France e West Germany." *Legislative Studies Quarterly* 1, n. 1, pp. 11-36, fev. 1976.

Kirchner, Emil J. "The European Community: A Transnational Democracy?" In: Budge, Ian; McKay, David (eds.). *Developing Democracy: Comparative Research in Honour of J. E P. Blondel,*. Londres: Sage, 1994. pp. 253-66.

Klingemann, Hans-Dieter. "Mapping Political Support in the 1990s: A Global Analysis". In: Norris, Pippa (ed.). *Critical Citizens: Global Support for Democratic Government*. Oxford: Oxford University Press, 1999. pp. 31-56.

Klingemann, Hans-Dieter (ed.). *The Comparative Study of Electoral Systems*. Oxford: Oxford University Press, 2009.

Knutsen, Carl Henrik. "Which Democracies Prosper? Electoral Rules, Form of Government and Economic Growth". *Electoral Studies* 30, n. 1, pp. 83-90, mar. 2011.

Kothari, Rajni. *Politics in India.* Boston: Little, Brown, 1970.

Krauss, Ellis S. "Conflict in the Diet: Toward Conflict Management in Parliamentary Politics". In: Krauss, Ellis S.; Rohlen, Thomas P.; Steinhoff, Patricia G. (eds.). *Conflict in Japan.* Honolulu: University of Hawaii Press, 1984. pp. 243-93.

Krauss, Ellis S.; Pekkanen, Robert. "Explaining Party Adaptation to Electoral Reform: The Discreet Charm of the LDP?" *Journal of Japanese Studies* 30, n. 1, pp. 1-34, inverno, 2004.

Krook, Mona Lena. *Quotas for Women in Politics: Gender and Candidate Selection Reform Worldwide.* Oxford: Oxford University Press, 2009.

Laakso, Markku; Taagepera, Rein. "'Effective' Number of Parties: A Measure with Application to West Europe". *Comparative Political Studies* 12, n. 1, pp. 3-27, abr. 1979.

Lane, Jan-Erik; Ersson, Svante. *Comparative Politics: An Introduction and New Approach.* Cambridge: Polity, 1994.

LaPalombara, Joseph. *Democracy, Italian Style.* New Haven: Yale University Press, 1987.

Laver, Michael; Schofield, Norman. *Multiparty Government: The Politics of Coalition in Europe.* Oxford: Oxford University Press, 1990.

Laver, Michael; Shepsle, Kenneth A. *Making and Breaking Governments: Cabinets and Legislatures in Parliamentary Democracies.* Cambridge: Cambridge University Press, 1996.

Lawson, Stephanie. "Conceptual Issues in the Comparative Study of Regime Change and Democratization". *Comparative Politics* 25, nº 2, pp. 183-205, jan. 1993.

Lehmbruch, Gerhard. "Consociational Democracy and Corporatism in Switzerland". *Publius* 23, n. 2, pp. 43-60, primavera, 1993.

Lehner, Franz. "Consociational Democracy in Switzerland: A Political-Economic Explanation and Some Empirical Evidence." *European Journal of Political Research* 12, n. 1, pp. 25-42, mar. 1984.

Leiserson, Michael. "Coalition Government in Japan". In: Groennings, Sven; Kelley, E. W.; Leiserson, Michael (eds.). *The Study of Coalition Behavior: Theoretical Perspectives and Cases from Four Continents.* Nova York: Holt, Rinehart, and Winston, 1970. pp. 80-102.

Levine, Stephen. *The New Zealand Political System: Politics in a Small Society.* Sydney: George Allen and Unwin, 1979.

Lewin, Leif. "The Rise and Decline of Corporatism: The Case of Sweden". *European Journal of Political Research* 26, n. 1, pp. 59-79, jul. 1994.

Lewis, W. Arthur. *Politics in West Africa.* Londres: George Allen and Unwin, 1965.

Lijphart, Arend. *Democracy in Plural Societies: A Comparative Exploration.* New Haven: Yale University Press, 1977.

_____. *Government in Twenty-One Countries.* New Haven: Yale University Press, 1984.

REFERÊNCIAS BIBLIOGRÁFICAS

_____. *Electoral Systems and Party Systems: A Study of Twenty-Seven Democracies, 1945-1990*. Oxford: Oxford University Press, 1994.

_____. "Unequal Participation: Democracy's Unresolved Dilemma". *American Political Science Review* 91, n. 1, pp. 1-14, mar. 1997.

_____. *Patterns of Democracy: Government Forms and Performance in Thirty-Six Countries*. New Haven: Yale University Press, 1999.

Lijphart, Arend; Bowman, Peter J. "Types of Democracy and Generosity with Foreign Aid: An Indirect Test of the Democratic Peace Proposition". In: Beukel, Erik; Klausen, Kurt Klaudi; Mouritzen, Poul Erik (eds.). *Elites, Parties, and Democracy: Festschrift for Professor Mogens N. Pedersen*. Odense: Odense University Press, 1999. pp. 193-206.

Lijphart, Arend; Crepaz, Markus M. L. "Corporatism and Consensus Democracy in Eighteen Countries: Conceptual and Empirical Linkages". *British Journal of Political Science* 21, n. 2, pp. 235-46, abr. 1991.

Lim, Jibong. "The Korean Constitutional Court, Judicial Activism, and Social Change". In: Ginsburg, Tom (ed.). *Legal Reform in Korea*. Londres: RoutledgeCurzon, 2004. pp. 19-35.

Linder, Wolf. *Swiss Democracy: Possible Solutions to Conflict in Multicultural Societies*, 3ª ed. Nova York: Palgrave Macmillan, 2010.

Linder, Wolf; Bächtiger, André. "What Drives Democratisation in Asia and Africa?" *European Journal of Political Research* 44, n. 6, pp. 861-80, out. 2005.

Linz, Juan J.; Valenzuela, Arturo (eds.). *The Failure of Presidential Democracy*. Baltimore: Johns Hopkins University Press, 1994.

Longley, Lawrence D.; Olson, David M. (eds.). *Two into One: The Politics and Processes of National Legislative Cameral Change*. Boulder, CO: Westview, 1991.

Loosemore, John; Hanby, Victor J. "The Theoretical Limits of Maximum Distortion: Some Analytical Expressions for Electoral Systems". *British Journal of Political Science* 1, n. 4, pp. 467-77, out. 1971.

Lorenz, Astrid. "How to Measure Constitutional Rigidity: Four Concepts and Two Alternatives". *Journal of Theoretical Politics* 17, n. 3, pp. 339-61, jul. 2005.

Loughlin, John; Mazey, Sonia (eds.). *The End of the French Unitary State? Ten Years of Regionalization in France (1982-1992)*. Londres: Frank Cass, 1995.

Lowell, A. Lawrence. *Governments and Parties in Continental Europe*. Boston: Houghton Mifflin, 1896.

Lundell, Krister. *The Origin of Electoral Systems in the Post-War Era: A Worldwide Approach*. Londres: Routledge, 2010.

_____. "Accountability and Patterns of Alternation in Pluralitarian, Majoritarian and Consensus Democracies." *Government and Opposition*, 46, n. 2, pp. 145-67, abr. 2011.

Lutz, Donald S. *Principles of Constitutional Design*. Cambridge: Cambridge University Press, 2006.

MacDonald, Scott B. *Trinidad and Tobago: Democracy and Development in the Caribbean*. Nova York: Praeger, 1986.

Mackie, Thomas T.; Rose, Richard. *The International Almanac of Electoral History*, 3ª ed. Londres: Macmillan, 1991.

Maddex, Robert L. *Constitutions of the World*, 3ª ed. Washington, DC: CQ Press, 2008.

Mahler, Gregory S. "The 'Westminster Model' Away from Westminster: Is It Always the Most Appropriate Model?" In: Baaklini, Abdo I.; Desfosses, Helen (eds.). *Designs for Democratic Stability: Studies in Viable Constitutionalism*. Armonk, NY: M. E. Sharpe, 1997. pp. 35-51.

Manglapus, Raul S. *Will of the People: Original Democracy in Non-Western Societies*. Nova York: Greenwood, 1987.

Mansbridge, Jane. *Beyond Adversary. Democracy*. Nova York: Basic Books, 1980.

———. "Reconstructing Democracy". In: Hirschmann, Nancy J.; Di Stefano, Christine (eds.). *Revisioning the Political: Feminist Reconstructions of Traditional Concepts in Western Political Themy*. Boulder, CO: Westview, 1996. pp. 117-38.

Mathur, Hansraj. *Parliament in Mauritius*. Stanley, Rose-Hill, Mauritius: Editions de l'Oaan Indien, 1991.

———. "Party Cooperation and the Electoral System in Mauritius". In: Lal, Brij V.; Larmour, Peter (eds.). *Electoral Systems in Divided Societies: The Fiji Constitution Review*. Canberra: National Centre for Development Studies, Australian National University, 1997. pp. 135-46.

Maxfield, Sylvia. *Gatekeepers of Growth: The International Political Economy of Central Banking in Developing Countries*. Princeton, NJ: Princeton University Press, 1997.

May, Clifford D. "Political Speechmaking: Biden and the Annals of Raised Eyebrows." *The New York Times* (Set. 21): B8. 1987.

Maundeni, Zibani. *Civil Sociely, Politics and the State in Botswana*. Gabarone: Medi, 2004.

McRae, Kenneth D. *Conflict and Compromise in Multilingual Societies: Switzerland*. Waterloo, ON: Wilfrid Laurier University Press, 1983.

———. "Contrasting Styles of Democratic Decision-Making: Adversarial versus Consensual Politics". *International Political Science Review* 18, n. 3, pp. 279--95, jul. 1997.

Meyer, Peter J. *Uruguay: Political and Economic Conditions and U.S. Relations*. Washington, DC: Congressional Research Service, 2010.

Miller, Terry; Holmes, Kim R. *2011 Index of Economic Freedom: Promoting Economic Opportunity and Prosperity*. DC: Heritage Foundation, 2011.

REFERÊNCIAS BIBLIOGRÁFICAS

Mitchell, Paul; Nyblade, Benjamin. "Government Formation and Cabinet Type". In: Strøm, Kaare; Müller, Wolfgang C.; Bergman, Torbjörn (eds.). *Cabinets and Coalition Bargaining: The Democratic Life Cycle in Western Europe*. Oxford: Oxford University Press, 2008. pp. 201-35.

Moreno, Luís. "Ethnoterritorial Concurrence and Imperfect Federalism in Spain". In: Villiers, Bertus de (ed.). *Evaluating Federal Systems*. Dordrecht: Martinus Nijhoff, 1994. pp. 162-93.

Muller, Thomas C.; Overstreet, William R.; Isacoff, Judith F.; Lansford, Tom. *Political Handbook of the World, 2011*. Washington, DC: CQ Press, 2011.

Müller, Wolfgang C., Bergman, Torbjörn; Strøm, Kaare. "Coalition Theory and Cabinet Governance: An Introduction". In: Strøm, Kaare; Müller, Wolfgang C.; Bergman, Torbjörn (eds.). *Cabinets and Coalition Bargaining: The Democratic Life Cycle in Western Europe*. Oxford: Oxford University Press, 2008. pp. 1-50.

Munroe, Trevor. "Caribbean Democracy: Decay or Renewal?" In: Dominguez, Jorge I.; Lowenthal, Abraham F. (eds.), *Constructing Democratic Governance: Mexico, Central America, and the Caribbean in the 1990s*. Baltimore: Johns Hopkins University Press, 1996. pp. 104-17.

Muravchik, Joshua. *Exporting Democracy: Fulfilling America's Destiny*. Washington, DC: AEI, 1991.

Murillo, M. Victoria; Schrank, Andrew. "Labor Organizations and Their Role in the Era of Political and Economic Reform". In: Scartascini, Carlos; Stein, Ernesto; Tommasi, Mariano (eds.). *How Democracy Works: Political Institutions, Actors, and Arenas in Latin American Policymaking*. Washington, DC: Inter-American Development Bank, 2010. pp. 247-68.

Nohlen, Dieter. "Changes and Choices in Electoral Systems". In: Lijphart, Arend; Grofman, Bernard (eds.). *Choosing an Electoral System: Issues and Alternatives*. Nova York: Praeger, 1984. pp. 217-24.

Nohlen, Dieter (ed.). *Elections in the Americas: A Data Handbook*, 2 vols. Oxford: Oxford University Press, 2005.

Nohlen, Dieter; Stover, Philip (eds.). *Elections in Europe: A Data Handbook*. Baden-Baden: Nomos, 2010.

Nohlen, Dieter; Grotz, Florian; Hartmann, Christof (eds.). *Elections in Asia and the Pacific: A Data Handbook*, 2 vols. Oxford: Oxford University Press, 2001.

Nohlen, Dieter; Krennerich, Michael; Thibaut, Bernhard (eds.) *Elections in Africa: A Data Handbook*. Oxford: Oxford University Press, 1999.

Norris, Pippa. *Electoral Engineering: Voting Rules and Political Behavior*. Cambridge: Cambridge University Press, 2004.

_____. *Democratic Deficit: Critical Citizens Revisited*. Cambridge: Cambridge l University Press, 2011.

O'Donnell, Guillermo. "Delegative Democracy". *Journal of Democracy 5*, n. 1, pp. 55-69, jan. 1994.

Pauwels, Teun. "Explaining the Strange Decline of the Populist Radical Right Vlaams Belling in Belgium: The Impact of Permanent Opposition." *Acta Politica* 46, n. 1, pp. 60-82, jan. 2011.

Payne, Anthony. "Westminster Adapted: The Political Order of the Commonwealth Caribbean". In: Dominguez, Jorge I.; Pastor, Robert A.; Worrell, R. DeLisle (eds.). *Democracy in the Caribbean: Political, Economic, and Social Perspectives.* Baltimore: Johns Hopkins University Press, 1993. pp. 57-73.

Pekkarinen, Jukka; Pohjola, Matty; Rowthorn, Bob (eds.). *Social Corporatism: A Superior Economic System?* Oxford: Clarendon, 1992.

Pempel, T. J. "Japanese Democracy and Political Culture: A Comparative Perspective." *PS: Political Science and Politics* 25, n. 1, pp. 5-12, mar. 1992.

Persson, Torsten; Tabellini, Guido. *The Economic Effects of Constitutions.* Cambridge, MA: MIT Press, 2003.

Peters, B. Guy. "The Separation of Powers in Parliamentary Systems". In: von Mettenheim, Kurt (ed.) *Presidential Institutions and Democratic Politics: Comparing Regional and National Contexts.* Baltimore: Johns Hopkins University Press, 1997. pp. 67-83.

Polillo, Simone; Guillén, Mauro F. "Globalization Pressures and the State: The Global Spread of Central Bank Independence." *American Journal of Sociology* 110, n. 6, mai. 2005, 1764-1802.

Powell, G. Bingham, Jr. *Contemporary Democracies: Participation, Stability, and Violence.* Cambridge, MA: Harvard University Press, 1982.

_____. "Constitutional Design and Citizen Electoral Control." *Journal of Theoretical Politics* 1, n. 2, pp. 107-30, abr. 1989.

_____. *Elections as Instruments of Democracy: Majoritarian and Proportional Visions.* New Haven: Yale University Press, 2000.

Premdas, Ralph. *Trinidad and Tobago: Ethnic Conflict, Inequality, and Public Sector Governance.* Houndmills: Palgrave Macmillan, 2007.

PRS Group. *International Country Risk Guide.* East Syracuse, NY: 2004. <http://www.prsgroup.com>.

Qvortrup, Matt. "Voting on Electoral Reform: A Comparative Perspective on the AV Referendum in the United Kingdom". *Political Quarterly* 83, n. 1, pp. 62-74, jan-mar. 2012.

Rae, Douglas W. *The Political Consequences of Electoral Laws.* New Haven: Yale University Press, 1967.

Rae, Douglas W.; Taylor, Michael. *The Analysis of Political Cleavages.* New Haven: Yale University Press, 1970.

Reed, Steven R.; Bolland, John M. "The Fragmentation Effect of SNTV in Japan". In: Grofman, Bernard; Lee, Sung-Chull; Winckler, Edwin; Woodall, Brian (eds.). *Elections in Japan, Korea, and Taiwan Under the Single Non-Transferable Vote:*

REFERÊNCIAS BIBLIOGRÁFICAS

The Comparative Study of an Embedded Institution. Ann Arbor: University of Michigan Press, 1999. pp. 211-26.

Reich, Robert B. *Locked in the Cabinet*. Nova York: Alfred A. Knopf, 1997. Reynolds, Andrew; Reilly, Ben; Ellis, Andrew. *Electoral System Design: The New International IDEA Handbook*. Estocolmo: International Institute for Democracy and Electoral Assistance, 2005. Riker, William H. *The Theory of Political Coalitions*. New Haven: Yale University Press, 1962.

_____. "Federalism". In: Greenstein, Fred I.; W.Polsby, Nelson (eds.). *Handbook of Political Science 5: Governmental Institutions and Processes*. Reading, MA: Addison-Wesley, 1975. pp. 93-172.

_____. *Liberalism Against Populism: A Confrontation Between the Theory of Democracy and the Theory of Social Choice*. San Francisco: Freeman, 1982.

Rodden, Jonathan. "Comparative Federalism and Decentralization: On Meaning and Measurement". *Comparative Politics* 36, n. 4, pp. 481-500, jul. 2004.

Rogowski, Ronald. "Trade and the Variety of Democratic Institutions". *International Organization* 41, n. 2, pp. 203-23, primavera 1987.

Roller, Edeltraud. *The Performance of Democracies: Political Institutions and Public Policies*. Oxford: Oxford University Press, 2005.

ROSE, Richard. "A Model Democracy?" In: Rose, Richard (ed.). *Lessons from America: An Exploration*. Nova York: Wiley, 1974. pp. 131-61.

_____. *What Are the Economic Consequences of PR?* Londres: Electoral Reform Society, 1992.

Rose, Richard; Kavanagh, Dennis. "The Monarchy in Contemporary Political Culture." *Comparative Politics* 8, n. 4, pp. 548-76, jul. 1976.

Roubini, Nouriel; Sachs, Jeffrey D. "Political and Economic Determinants of Budget Deficits in the Industrial Democracies". *European Economic Review* 33, n° 5, pp. 903-38, mai. 1989.

Sadeh, Tal. *Sustaining European Monetary Union: Confronting the Cost of Diversity*. Boulder, CO: Lynne Rienner, 2006.

Saiegh, Sebastián M. *Ruling by Statute: How Uncertainty and Vote Buying Shape Lawmaking*. Cambridge: Cambridge University Press, 2011.

Samuels, David; Snyder, Richard. "The Value of a Vote: Malapportionment in Comparative Perspective". *British Journal of Political Science* 31, n. 4, pp. 651-71, out. 2001.

Sandiford, Sir Lloyd Erskine. "Reflections on the Barbados Protocols". *Journal of Eastern Caribbean Studies* 29, n. 4, pp. 86-94, dez. 2004.

Sartori, Giovanni. *Parties and Party Systems: A Framework for Analysis*. Cambridge: Cambridge University Press, 1976.

_____. "Neither Presidentialism nor Parliamentarism". In: Linz, Juan J.; Valenzuela, Arturo (eds.). *The Failure of Presidential Democracy*. Baltimore: Johns Hopkins University Press, 1994. pp. 106-18.

Sawer, Marian; Tremblay, Manon; Trimble, Linda (eds.). *Representing Women in Parliament: A Comparative Study*. Londres: Routledge, 2006.

Schmidt, Manfred G. "Germany: The Grand Coalition State". In: Colomer, Josep M. (ed.), *Political Institutions in Europe*. Londres: Routledge, 1996. pp. 62-98.

Schmidt, Vivian A. *Democracy in Europe: The EU and National Polities*. Oxford: Oxford University Press, 2006.

Schmitter, Philipp C. "Reflections on Where the Theory of NeoCorporatism Has Gone and Where the Praxis of Neo-Corporatism May Be Going". In: Lehmbruch, Gerhard; Schmitter, Philippe C. (eds.). *Patterns of Corporatist Policy-Making*. Londres: Sage, 1982. pp. 259-79.

_____. "Corporatism Is Dead! Long Live Corporatism!" *Government and Opposition* 24, n. 1, pp. 54-73, inverno 1989.

_____. "The Changing Politics of Organised Interests". *West European Politics* 31, n. 1-2, pp. 195-210, jan-mar. 2008.

Scott, K. J. *The New Zealand Constitution*. Oxford: Clarendon, 1962.

Seligson, Mitchell A.; Franzoni, Juliana Martinez. "Limits to Costa Rican Heterodoxy: What Has Changed in 'Paradise'?" In: Mainwaring, Scott; Scully, Timothy R. (eds.). *Democratic Governance in Latin America*, 307-37. Stanford, CA: Stanford University Press, 2010.

Sen, Amartya. "Introduction". In: United Nations Development Programme, *Human Development Report 2010*, vi-vii. Nova York: Palgrave Macmillan, 2010.

Shugart, Matthew Soberg; Carey, John M. *Presidents and Assemblies: Constitutional Design and Electoral Dynamics*. Cambridge: Cambridge University Press, 1992.

Shugart, Matthew Soberg; Haggard, Stephan. "Institutions and Public Policy in Presidential Systems". In: Haggard, Stephan; McCubbins, Mathew D. (eds.). *Presidents, Parliaments, and Policy*. Cambridge: Cambridge University Press, 2001. pp. 64-102.

Shugart, Matthew Soberg; Mainwaring, Scott. "Presidentialism and Democracy in Latin America: Rethinking the Terms of the Debate". In: Mainwaring, Scott; Shugart, Matthew Soberg (eds.). *Presidentialism and Democracy in Latin America*. Cambridge: Cambridge University Press, 1997. pp. 12-54.

Siaroff, Alan. "Corporatism in 24 Industrial Democracies: Meaning and Measurement." *European Journal of Political Research* 36, n. 2, pp. 175-205, out. 1999.

_____. "Two-and-a-Half-Party Systems and the Comparative Role of the 'Half.'" *Party Politics* 9, n. 3, pp. 267-90, mai. 2003a.

_____. "Comparative Presidencies: The Inadequacy of the Presidential, Semi-Presidential and Parliamentary Distinction". *European Journal of Political Research* 42, n. 3, pp. 287-312, mai. 2003b.

_____. *Comparing Political Regimes: A Thematic Introduction to Comparative Politics*, 2ª ed. Toronto: University of Toronto Press, 2009.

REFERÊNCIAS BIBLIOGRÁFICAS

Siegfried, André. "Stable Instability in France." *Foreign Affairs* 34, n. 3, pp. 394--404, abr. 1956.

Spiller, Pablo T.; Tommasi, Mariano. "Political Institutions, Policymaking Processes, and Policy Outcomes in Argentina". In: Stein, Ernesto; Tommasi, Mariano (eds.). *Policymaking in Latin America: How Politics Shapes Policy.* Washington, DC: Inter-American Development Bank, 2008. pp. 69-110.

Steiner, Jürg. "The Principles of Majority and Proportionality". *British Journal of Political Science* 1, n. 1, pp. 63-70, jan. 1971.

_____ . *Amicable Agreement Versus Majority Rule: Conflict Resolution in Switzerland.* Chapel Hill: University of North Carolina Press, 1974.

Stepan, Alfred. *Arguing Comparative Politics.* Oxford: Oxford University Press, 2001.

Stone, Alec. *The Birth of judicial Politics in France: The Constitutional Council in Comparative Perspective.* Nova York: Oxford University Press, 1992.

Stone Sweet, Alec. *The Judicial Construction of Europe.* Oxford: Oxford University Press, 2004.

Strøm, Kaare. *Minority Government and Majority Rule.* Cambridge: Cambridge University Press, 1990.

_____ . "Democracy, Accountability, and Coalition Bargaining." *European Journal of Political Research* 31, n. 1-2, pp. 47-62, fev. 1997.

Strøm, Kaare; Budge, Ian; Laver, Michael J. "Constraints on Cabinet Formation in Parliamentary Democracies". *American Journal of Political Science* 38, n. 2, pp. 303-35, mai. 1994.

Strøm, Kaare; Müller, Wolfgang C.; Bergman, Torbjörn (eds.). *Cabinets and Coalition Bargaining: The Democratic Life Cycle in Western Europe.* Oxford: Oxford University Press, 2008.

Studlar, Donley S.; Christensen, Kyle. "Is Canada a Westminster or Consensus Democracy? A Brief Analysis". *PS: Political Science and Politics* 39, n. 4, pp. 837-41, out. 2006.

Swenden, Wilfried; Brans, Marleen; De Winter, Lieven. "The Politics of Belgium: Institutions and Policy Under Bipolar and Centrifugal Federalism". In: Brans, Marleen; De Winter, Lieven; Swenden, Wilfried (eds.). *The Politics of Belgium: Institutions and Policy Under Bipolar and Centrifugal Federalism.* Londres: Routledge, 2009. pp. 1-11.

Taagepera, Rein. "Beating the Law of Minority Attrition". In: Rule, Wilma; Zimmerman, Joseph F.(eds.). *Electoral Systems in Comparative Perspective: Their Impact on Women and Minorities.* Westport, CT: Greenwood, 1994. pp. 236-45.

_____ . "Arend Lijphart's Dimensions of Democracy: Logical Connections and Institutional Design." *Political Studies* 51, n. 1, pp. 1-19, mar. 2003.

_____. *Predicting Party Sizes: The Logic of Simple Electoral Systems*. Oxford: Oxford University Press, 2007.

Taagepera, Rein; Grofman, Bernard. "Rethinking Duverger's Law: Predicting the Effective Number of Parties in Plurality and PR Systems-Parties Minus Issues Equals One". *European Journal of Political Research* 13, n. 4, pp. 341-52, dez. 1985.

Taagepera, Rein; Shugart, Matthew Soberg. *Seas and Votes: The Effects and Determinants of Electoral Systems*. New Haven: Yale University Press, 1989.

Tarlton, Charles D. "Symmetry and Asymmetry as Elements of Federalism: A Theoretical Speculation". *Journal of Politics* 27, n. 4, pp. 861-74, nov. 1965.

Tate, C. Neal; Vallinder, Torbjörn (eds.). *The Global Expansion of Judicial Power*. Nova York: New York University Press, 1995.

Taylor, Michael; Herman, Valentine M. "Party Systems and Government Stability." *American Political Science Review* 65, n. 1, pp. 28-37, mar. 1971.

Therborn, Göran. "The Rule of Capital and the Rise of Democracy." *New Left Review* 103, pp. 3-41, mai-jun. 1977.

Thorndike, Tony. "Revolution, Democracy, and Regional Integration in the Eastern Caribbean". In: Payne, Anthony; Sutton, Paul (eds.). *Modern Caribbean Politics*. Baltimore: Johns Hopkins University Press, 1993. pp. 147-75.

Transparência InternaCional. *Corruption Perceptions Index, 2010*. Berlim: 2010. <http://www.transparency.org>.

Tremblay, Manon (ed.). *Women and Legislative Representation: Electoral Systems, Political Parties, and Sex Quotas*. Nova York: Pal-grave Macmillan, 2008.

Trench, Alan, (ed.). *Devolution and Power in the United Kingdom*. Cambridge: Cambridge University Press, 2007.

Tschaeni, Hanspeter. "Constitutional Change in Swiss Cantons: An Assessment of a Recent Phenomenon." *Publius* 12, n. 1, pp. 113-30, inverno 1982.

Tsebelis, George. *Veto Players: How Political Institutions Work*. Nova York: Russell Sage Foundation, 2002.

Tsebelis, George; Money, Jeannette. *Bicameralism*. Cambridge: Cambridge University Press, 1997.

Tummala, Krishna K. "The Indian Union and Emergency Powers." *International Political Science Review* 17, n. 4, pp. 373-84, out. 1996.

Tuozzo, Maria F. "World Bank Influence and Institutional Reform in Argentina." *Development and Change* 40, n. 3, pp. 467-85, mai. 2009.

Uleri, Pier Vincenzo. "On Referendum Voting in Italy: YES, NO or Non-Vote: How Italian Parties Learned to Control Referendums." *European Journal of Political Research* 41, n. 6, pp. 863-83, out. 2002.

United Nations Development Programme. *Human Development Report, 2007/2008*. Nova York: Palgrave Macmillan, 2007.

REFERÊNCIAS BIBLIOGRÁFICAS

_____ . *Human Development Report, 2009.* Nova York: Palgrave Macmillan, 2009.

_____ . *Human Development Report, 2010.* Nova York: Palgrave Macmillan, 2010.

Vanberg, Georg. *The Politics of Constitutional Review in Germany.* Cambridge: Cambridge University Press, 2005.

Vanhanen, Tatu. *Prospects of Democracy: A Study of 172 Countries.* Londres: Routledge, 1997.

Varshney, Ashutosh. *Democracy, Development, and the Countryside: Urban-Rural Struggles in India.* Cambridge: Cambridge University Press, 1995.

Vatter, Adrian. "Consensus and Direct Democracy: Conceptual and Empirical Linkages." *European Journal of Political Research* 38, n. 2, pp. 171-92, out. 2000.

_____ . "Swiss Consensus Democracy in Transition: A Re-Analysis of 'Lijphart's Concept of Democracy for Switzerland from 1997 to 2007." *World Political Science Review* 4, n. 2, pp. 1-38, jul. 2008.

_____ . "Lijphart Expanded:Three Dimensions of Democracy in Advanced OECD Countries?" *European Political Science Review 1,* n. 1, pp. 125-54, mar. 2009.

Vatter, Adrian; Muleteer, Julien. "The Missing Dimension of Democracy: Institutional Patterns in 25 EU Member States Between 1 1997 e 2006". *European Union Politics* 10, n. 3, pp. 335-50, set. 2009.

_____ . *Consensus Democracy Indicators in 35 Advanced Democracies: Political Data Set, 1997-2006.* Berna: Institute of Political Science, University of Berna; Konstanz: Department of Politics and Management, University of Konstanz, 2010.

Verba, Sidney. "Some Dilemmas in Comparative Research." *World Politics* 20, n. 1, pp. 111-27, out. 1967.

Verney, Douglas V. *The Analysis of Political Systems.* Londres: Routledge and Kegan Paul, 1959.

Verzichelli, Luca. "Portfolio Allocation". In: Strøm, Kaare; Müller, Wolfgang C.; Bergman, Torbjörn (eds.). *Cabinets and Coalition Bargaining: The Democratic Life Cycle in Western Europe.* Oxford: Oxford University Press, 2008. pp. 237-67.

Volcansek, Mary L. "Political Power and Judicial Review in Italy", *Comparative Political Studies* 26, n. 4, pp. 492-509, jan. 1994.

_____ . *Constitutional Politics in Italy: The Constitutional Court.* Nova York: St. Martin's Press, 2000.

von Beyme, Klaus. *Political Parties in Western Democracies.* Nova York: St. Martin's, 1985.

von Mettenheim, Kurt. "Introduction: Presidential Institutions and Democratic Politics". In: von Mettenheim, Kurt (ed.), *Presidential Institutions and Democratic Politics: Comparing Regional and National Contexts.* Baltimore: Johns Hopkins University Press, 1997. pp. 1-15.

Vowles, Jack; Aimer, Peter; Banducci, Susan; Karp, Jeffrey (eds.). *Voters' Victory? New Zealand's First Election Under Proportional Representation*. Auckland: Auckland University Press, 1998.

Wada, Junichiro. *The Japanese Election System: Three Analytical Perspectives*. Londres: Routledge, 1996.

Warwick, Paul V. *Government Survival in Parliamentary Democracies*. Cambridge: Cambridge University Press, 1994.

Watts, Ronald L. *Comparing Federal Systems*, 3ª ed. Montreal: McGill-Queen's University Press, 2008.

Wheare, K. C. *Federal Government*. Londres: Oxford University Press, 1946.

_____. *Federal Government*, 4ª ed. Oxford: Oxford University Press, 1964.

Whitehead, Lawrence. "Europe's Democratization: Three 'Clusters' Compared." *Taiwan Journal of Democracy* 5, n. 2, pp. 1-19, dez. 2009.

Wiarda, Howard J. *Corporatism and Comparative Politics: The Other Great "Ism."* Armonk, NY: M. E. Sharpe, 1997.

_____. "Conclusion: New Directions in Research, Theory, and Policy". In: Wiarda, Howard J. (ed.). *Authoritarianism and Corporatism in Latin America—Revisited*, 282-304. Gainesville: University Press of Florida, 2004.

Wilson, Bruce M. "Institutional Reform and Rights Revolutions in Latin America: The Cases of Costa Rica and Colombia." *Journal of Politics in Latin America* 1, n. 2, pp. 59-85, 2009.

Wilson, Graham. *Interest Groups*. Oxford: Basil Blackwell, 1990.

_____. "The Westminster Model in Comparative Perspective". In: Budge, Ian; McKay, David (eds.), *Developing Democracy: Comparative Research in Honour of J. F. P. Blondel*. Londres: Sage, 1994. pp. 189-201.

_____. "British Democracy and Its Discontents". In: Kazancigil, Metin Ali; Rockman, Bert A. (eds.), *Institutions and Democratic Statecraft*. Boulder, CO: Westview, 1997. pp. 59-76.

Wilson, Woodrow. "Committee or Cabinet Government?" *Overland Monthly*, 2° ser., pp. 17-33, 3 jan. 1884.

_____. *Congressional Government: A Study in American Politics*. Boston: Houghton Mifflin, 1885.

Woldendorp, Jaap. "Corporatism in Small North-West European Countries: Business as Usual, Decline, or a New Phenomenon?" *Working Paper Series*, n. 30. Amsterdã: Department of Political Science, Free University, 2011. <http://www.fsw.vu.nl/en/departments/political-science/working-papers/index.asp>.

Woldendorp, Jaap; Keman, Hans; Budge, Ian. *Party Government in 48 Democracies (1945-1998): Composition-Duration-Personnel*. Dordrecht: Kluwer, 2000.

_____. *Party Government in 40 Democracies (1945-2008): Composition-Duration-Personnel* (dados disponibilizados pelos autores). 2010.

REFERÊNCIAS BIBLIOGRÁFICAS

World Values Survey Association. *World Values Survey, 2005-2007.* Estocolmo: 2010. <http://worldvalues.org>.

Yale Center for Enviromnental Law and Policy. *Environmental Performance Index, 2010.* New Haven: 2010. <http://epi.yale.edu>.

Yoon, Dae-Kyu. *Law and Democracy in South Korea: Democratic Development Since 1987.*Seul: Kyungnam University Press, 2010.

Índice remissivo

Adedeji, Adebayo, 343

Adema, Willem, 328

África do Sul, 78-79, 145, 341-42

ajuda externa, 314, 327, 329-330, 332

Alemanha, 29, 68, 76-77, 80-81, 83, 328; Banco Central da, 42, 66, 268-69, 270-73; RP na, 48, 165, 166, 172, 175, 183, 185, 188, 219, 339; Sistema partidário da, 92, 94-98, 101, 115, 132, 189, 205; Executivo na, 119, 125n6, 128, 132-33, 135-39, 144, 150, 156, 158, 204, 338-39; Parlamento da, 119, 136-38, 144, 150, 224-30, 234, 236, 338-39; grupos de interesse na, 199, 204-205; federalismo na, 209, 211-12, 219, 228-29, 236, 271-72; Constituição da, 243, 246, 248-49, 254-55, 259; tipo de democracia na, 279-82, 283n3, 284, 287

Alfonsin, Raúl, 251

Almond, Gabriel A., 341

Altman, David, 257

Amato, Giuliano, 117n4

Anckar, Dag, 282

Anderson, Liam, 206

apparentement, 176

Argentina, 75-76, 80-82, 280, 283, 323; sistema partidário da, 102, 131, 188, 205; presidencialismo na, 123, 132, 138, 150, 152, 155; governos na, 124-125, 128, 131, 157, 205; legislatura da, 138, 151, 226-231, 234, 236; sistemas eleitorais da, 163-64, 166n4, 174, 180, 184, 188-189, 220, 320n1; grupos de interesse na, 199, 201, 204-05; federalismo na, 209, 211-213, 236, 272; Constituição da, 243, 246, 249-252, 256; Banco Central da, 267-269, 270-273; desempenho do governo na, 300-303, 306, 308, 314, 318-322

Armingeon, Klaus, 62

Aron, Raymond, 141

Austrália, 32, 76-77, 133, 156-157, 251, 287, 323; sistema partidário da, 94-97, 102-03, 131, 188; Executivo na, 95-96, 127n8, 128, 132, 138, 152, 155-157, 204; sistemas eleitorais da, 96n5, 165-166, 167, 170, 174-75, 180, 182, 188; Parlamento da, 138, 219, 225, 227-230, 234, 236; grupos de interesse na, 194, 198, 204-205; federalismo na, 209, 211-212, 236, 272; Constituição da, 243, 246, 250, 255; Banco Central da, 269, 273

MODELOS DE DEMOCRACIA

Áustria, 83-85, 124, 129, 131n9, 133, 140, 156, 159, 163, 188, 193, 251, 283n3, 332, 342; Sistema partidário da, 101, 132, 187-88, 205; Executivo na, 124, 128, 132, 138, 140, 150, 156-57, 159, 204; Parlamento da, 138, 226, 229, 234, 236; Sistema eleitoral da, 163-64, 182, 187-88, 219; grupos de interesse na, 193, 198, 203-205; federalismo

Baar, Carl, 249

Bachtiger, Andre, 295

Bahamas, 78, 80, 83, 133, 267, 297, 302, 308; sistema partidário das, 102, 132, 189, 205; Executivo nas, 130, 132, 133, 138, 150, 152, 156-57, 204; Parlamento das, 138, 150, 172-73, 234, 236; sistema eleitoral das, 165, 170, 183, 187-88, 243; grupos de interesse nas, 199, 204-205; governo unitário nas, 211, 236, 272; Constituição das, 243-44, 250, 256; Banco Central das, 267, 269, 272. Ver também democracias caribenhas

Balladur, Édouard, 141

Banco Central Europeu, 66, 70, 262, 266, 267, 337

Bancos centrais, 42, 46, 52, 65, 69, 261-271, 289; e dimensões da democracia, 27, 254, 275-279, 340; e federalismo, 27, 271-273; e inflação, 263, 266, 271

Banks, Arthur S., 308

Barbados, 49, 50, 76n3, 80, 83, 86, 90, 267, 281, 317, 319; como protótipo majoritário, 29, 32, 49-52, 281, 285, 287; Executivo em, 50, 60, 130, 132, 138, 145, 152, 156-57; Sistema partidário de, 51-52, 56, 90, 100, 101-104, 132, 188, 205, 318-19; sistema eleitoral de, 51, 165, 169, 182, 188; grupos de interesse em, 52, 198, 200, 203-205; Parlamento de, 52, 138, 145, 151-52, 173-74, 221, 234, 236; governo unitário em, 52, 211, 236, 272; Constituição de, 52, 244, 247n3, 250, 256; Banco Central de, 52, 267, 269, 272. Ver também democracias caribenhas

Batte, Jorge, 125

Bélgica, 76-77, 82, 83, 323, 330, 342; como protótipo de consenso, 29, 58-65, 281, 287; Executivo na, 60, 119-121, 125, 128-133, 137-38, 146, 151, 154, 157; Parlamento da, 60, 63, 138, 221-222, 228-231, 234, 236; Sistema partidário da, 60-61, 95-98, 101-105, 132, 189, 205; RP na, 61, 165, 166n4, 181-82, 189, 219, 231; grupos de interesse na, 62, 198, 203-205; federalismo na, 62-63, 209, 211-214, 216, 218, 236, 271-72, 286; Constituição da, 63-65, 243, 248, 250, 252, 255; Banco Central da, 65, 270-271, 272, 286

Belize, 78n4, 247n3

Benin, 79

Bernauer, Julian, 197n1, 258n5

bicameralismo ver parlamentos

Bienen, Henry, 154n4

Blair, Tony, 37

Blocher, Christoph, 59

Blondel, Jean, 92, 95

Borrelli, Stephen A., 294

Botsuana, 76, 78, 80, 83, 84-85, 280, 285, 287, 341; sistema partidário de, 100n7, 103, 132, 187-89, 205; Executivo em, 130, 131, 133, 136-38, 144, 149-53, 156-58, 204;

ÍNDICE REMISSIVO

Parlamento de, 138, 144, 151-52, 172-74, 224, 234, 236; sistema eleitoral de, 165, 182, 188-89; grupos de interesse em, 198, 200, 204-205; governo unitário em, 212, 236, 272; Constituição de, 204, 250, 256; Banco Central de, 269, 272; desempenho do governo em, 320-24, 330-31

Brass, Paul R., 98

Brautigam, Deborah, 199

Budge, Ian, 116, 119, 133, 233n6

Bulgária, 79

Busch, Andreas, 47

Bush, George H. W., 313

Bush, George W., 147

Butler, David, 33, 256

Cabo Verde, 79

Callaghan, James, 33

Cameron, David, 34, 37

Canadá, 32, 76, 81, 280-82, 287; sistema partidário do, 92, 101, 130, 131, 188, 205; Executivo no, 131, 138, 151-52, 156-57, 204; Parlamento do, 138, 152-53, 225, 227-230, 234, 236; Sistema eleitoral do, 165, 169, 182, 187-88, 219; grupos de interesse no, 199, 202, 204-205; federalismo no, 209, 211-212, 216-217, 236, 272; Constituição do, 243, 246, 249-252, 256; Banco Central do, 269, 272

Castles, Francis C., 294

chefes de Estado, 136-37, 157-59

Chile, 79

Chipre, 78n3

Chirac, Jacques, 141

Churchill, Winston, 109, 119

Clegg, Nick, 34

Clinton, Bill, 77, 126, 162, 261

Cohen, William S., 126

Collier, Ruth Berins, 202

Colomer, Josep M., 81n6

comitê para o sistema constitucional, 138, 142

Connally, John B., 126

Constituições não escritas, 41, 46, 239-53. Ver também constituições Uruguai, 75n1, 76, 80, 81, 257, 280, 323, 337; sistema partidário do, 98, 102, 131-32, 189, 205; presidencialismo no, 123, 138, 150-51, 155, 257n4; gabinetes de governo no, 124-26, 129, 131, 157, 204; legislatura do, 138, 226, 234, 236; sistemas eleitorais do, 163, 166n4, 174, 179-84, 189; grupos de interesse no, 198, 201, 204, 205; governo unitário no, 212, 237, 272; Constituição do, 244, 246, 250, 252-53, 256; Banco Central do, 268, 270-72; desempenho do governo no, 303-304, 308, 322

constituições, 40, 46-47, 52, 63-64, 69, 239-246, 289; e federalismo, 26, 209-210, 254; e dimensões da democracia, 26, 275-280; e referendos, 46-47, 65, 242, 244-246, 254-259; e revisão judicial, 247-255

Coreia do Sul. Ver Coreia

Coreia, 73, 75n1, 76, 78n3, 82, 84, 280, 283; sistema partidário da, 101, 131, 189, 205; presidencialismo na, 123, 138, 151-53, 156; gabinetes na, 126, 129, 131, 157, 204; legislatura da, 138, 223, 231n4, 235, 236; sistemas eleitorais da, 163-64, 167-68, 180-81, 184-85, 189; grupos de interesse na, 198, 204-205; governo unitário na, 212, 213, 236, 272;

MODELOS DE DEMOCRACIA

Constituição da, 243, 246, 248, 250-252, 255; Banco Central da, 270, 272; desempenho do governo na, 303, 308, 325, 328, 330-331

corporativismo. Ver grupos de interesse

corrupção, 294, 296, 298-302

Costa Rica, 75n1, 76, 82, 280, 282, 285-87; sistemas partidários da, 101, 131, 155, 188, 205; presidencialismo na, 124, 138, 151-52; governos na, 129, 131-32, 155-57; legislatura da, 151-52, 173, 223, 233, 236; Sistema eleitorais da, 164-65, 166n4, 174, 180, 182, 188; grupos de interesse na, 198, 201, 204-205; governo unitário na, 212, 236, 272; Constituição da, 244, 248-253, 255; Banco Central da, 269, 271; desempenho do governo na, 322, 330

Crepaz, Markus M. L., 194, 294

crescimento econômico, 193, 263, 292, 294-96, 299, 302-303, 305, 310

Croácia, 79

Crowe, Christopher, 70, 262, 266

Cukierman índice, 47, 52, 65, 70, 267, 270

Cukierman, Alex, 42, 262

Dahl, Robert A., 20, 73-75, 86, 213, 321

de Gaulle, 245, 255, 283

democracia consensual, 23-30, 55-71; dimensões da, 24-27, 275-290; efeitos da, 147-48, 291-336

democracia majoritária, 23-53, 275-290; efeitos da, 148, 291-336; má distribuição distrital, 175

democracia: definida, 23-24, 55-56, 73-74; mapa conceitual da, 29, 279-290; funcionamento da, 29-30, 291-311, 326-333; modelos de, 31-71; qualidade da, 29-30, 313-326, 335; incidência da, 73-80

Democracias caribenhas, 29, 32, 52, 200, 227-247, 282. Ver também Bahamas; Barbados; Jamaica; Trinidad e Tobago

desemprego, 193, 263, 271, 292, 294, 300, 302-304, 310

desenvolvimento econômico, nível de, 80-83, 84-86, 296, 299, 306-307, 314-18, 323, 327-28

desigualdade, 315-16, 319-22, 326

desproporcionalidade, índice de, 177-79

Diamond, Larry, 75

Dicey, A. V., 41

Dillon, C. Douglas, 126

dimensão executivos-partidos, 23-25, 52, 87-88, 104-105, 153, 191, 275-90, 340; e desempenho de governo, 291-335

dimensão federal-unitária, 25-27, 52, 206, 207, 221, 237, 239, 255, 258, 261-63, 268n2, 273, 276, 279, 281, 309, 326; e desempenho do governo, 326, 333, 345

Dinamarca, 76, 81, 280, 287; sistema partidário da, 102-103, 132, 188, 205; Executivo na, 129, 132-33, 138, 150, 155, 157, 204; Parlamento da, 138, 150, 155, 223, 226, 233-34, 236; RP na, 165, 171, 182, 188; grupos de interesse na, 199, 204-205; descentralização na, 211, 236, 272; Constituição da, 244, 250, 252, 255; Banco Central da, 269, 271-72; desempenho do governo na, 300-302, 314, 322

divisão de poder, 25-27, 39-40, 46, 52, 62-63, 69, 74, 207-220, 289; e dimensões da democracia, 25,

382

ÍNDICE REMISSIVO

207-208, 275-79; e bicameralismo, 26-27, 233-37; e bancos centrais, 27, 267-273; e tamanho da população, 45, 52, 86, 216, 236-37

divisão social, 296, 298, 306-307. Ver também sociedades plurais

Dixon, Robert G., Jr., 27

Dodd, Lawrence C., 149

Dogan, Mattei, 148

Druckman, James N., 98

Duchacek, Ivo, 26, 210

Duhalde, Eduardo, 125

Duverger, Maurice, 140, 141, 174, 186, 231

Economist Intelligence Unit, 11, 316-318, 327

eficiência do governo, 29-30, 89, 147-48, 291-310

El Salvador, 79

Elazar, Daniel J., 26, 209, 210, 214

Emerson, Rupert, 342

encarceramento, 308, 331, 333

equilíbrio orçamentário, 248, 300, 304, 310

Erk, Jan, 214

Eslováquia, 79

Eslovênia, 79, 340

Espanha, 76, 82, 83, 280, 283, 301, 337; sistema partidário da, 101, 132, 189, 205; executiva na, 117n4, 119, 128-29, 132, 138, 152, 156, 159, 205; Parlamento da, 152, 156-58, 225, 229-30, 231n4, 234, 236; RP na in, 165, 166n4, 172, 175, 181-82, 184, 187-89; grupos de interesse na, 196, 199, 204-205; semifederalismo na, 210, 214, 237, 271; Constituição da, 244, 248, 250, 255; Banco Central da, 268, 271

Estados Unidos, 31-32, 76-77, 82, 268n2, 280, 284, 286-87; presidencialismo nos, 35n1, 123, 139, 142, 146, 151-53, 154-55, 340; Banco Central dos, 66, 267-69, 270-73; grupos de interesse nos, 68, 195, 197, 204-205; sistema partidário dos, 97-98, 131, 189, 205; governos nos, 124-25, 128, 131-32, 154-57, 204; legislaturas dos, 138, 157, 226-31, 234, 236; sistemas eleitorais dos, 164n3, 165, 170, 175, 178, 180, 184, 189, 340; federalismo nos, 208, 211-12, 216, 219, 236, 272; Constituição dos, 243, 246-50, 256, 260; desempenho do governo nos, 308, 323, 325, 328, 331-32

Estônia, 79, 340

Etchemendy, Sebastián, 202

facções. Ver sistemas partidários

Falkner, Gerda, 69

federalismo. Ver divisão de poder

Federalist Papers, 293

Feldstein, Martin, 70

Fenna, Alan, 214

Fenno, Richard F., 126

Fernandez de Kirchner, Cristina, 126

Finer, S. E., 28, 293

Finlândia, 29, 76, 82, 83, 280, 287, 301, 331; sistema partidário da, 92, 101, 132, 189, 205; Executivo na, 121, 129, 131, 139, 140-41, 150, 156, 158, 204; Parlamento da, 138, 151, 223, 233-36; sistemas eleitorais da, 163-65, 166n4, 183, 189; grupos de interesse na, 194, 199, 201-205; descentralização na, 211, 235-36, 272; Constituição da, 243, 250, 254-55; Banco Central da, 266, 270, 272

MODELOS DE DEMOCRACIA

Fish, M. Steven, 153n6, 252
Flinders, Matthew, 12, 43
França, 76-78, 82-83, 280, 283, 285-87; presidencialismo na, 35n1, 124, 138, 140-47, 152, 156, 174, 180; sistema partidário da, 90-91, 101, 131, 174, 185, 189, 205; gabinetes de governo, 116, 120, 125, 128, 132, 138, 147-48, 151, 156, 204, 338; Parlamento da, 120, 145, 151, 154-55, 222, 226, 231, 234, 236, 338; sistemas eleitorais da, 163-166, 168-69, 174-76, 178, 180-81, 184-85, 189; grupos de interesse na, 199, 205; governo unitário na, 211, 213, 236, 272; Constituição da, 241, 243, 245, 248-50, 256; Banco Central da, 266, 267-69, 271; desempenho do governo na, 301, 320n1, 328
Fraser Institute, 300, 305
Freedom House, 74, 75, 78n4
Freedom índice, 362, 363, 368. Ver também Freedom House
Friedrich, Carl J., 26
Fundo Monetário Internacional, 268

Gallagher, Michael, 12, 163, 177
Gana, 79
Gandhi, Indira, 242
Gastil, Raymond D., 97
Gates, Robert M., 126
Gerlich, Peter, 193
Gerring, John, 206, 216, 233n6
Global Terrorism Database, 309
Gonzalez, Felipe, 117n4
Goodin, Robert E., 27
Goodman, John B., 271
Gorges, Michael J., 68
governo parlamentarista, 34-35, 59-60, 75n1; definido, 122-24, 136-43; outros aspectos do, 143-45, 337-39

governo presidencialista, 35n1, 59, 75, 130, 132-33, 219, 337; definido, 122-23, 136-43; outros aspectos do, 143-47, 159, 174, 178-80
governos de coalizão, 91n3, 293. Ver também governos
Governos de maioria mínima, 32-34, 43, 50, 154. Ver também governos vencedores mínimos
governos minoritários, 107, 114-122, 155. Ver também governos
governos monopartidários. Ver governos
governos sobrecarregados. Ver governos
governos vencedores mínimos, 99n6, 107-114, 153-56, 289. Ver também governos
governos, 32-34, 43, 50, 58-59, 66, 107-131, 289; e dimensões da democracia, 25, 87, 107, 275-279; classificação dos, 87-88, 99, 107-108, 116, 121-24; durabilidade dos, 89, 98, 147-57, 318-19; e sistemas partidários, 89, 131; e primeiros-ministros, 131-34; e grupos de interesse, 203-204. Ver também relações Executivo-Legislativo
Grécia, 76, 78, 80, 81, 280, 282, 302, 324, 337; sistema partidário da, 103, 131, 156, 189, 205; Executivo na, 130-32, 139, 150, 155-56, 204; Parlamento da, 138, 151, 223-24, 233, 236; RP na, 165, 181-82, 188-89, 337; grupos de interesse na, 196, 199, 205; governo unitário na, 211, 236, 272; Constituição da, 243, 247, 249, 256; Banco Central da, 269, 272
Greenspan, Alan, 261
Grilli, Vittorio, 262, 265
Grofman, Bernard, 104
Grosser, Alfred, 195

ÍNDICE REMISSIVO

grupos de interesse, 38, 44-45, 51-52, 61-62, 68, 191-203, 289; e dimensões da democracia, 25, 191, 275-79, 340; e governos, 203-204; e sistemas partidários, 204-206

Guiana, 247n3

Guillén, Mauro F., 262, 267, 268, 270

Guinier, Lani, 162

Gurr, Ted Robert, 295

Haggard, Stephan, 152, 197

Hahm, Sung Deuk, 294

Hailsham, Lorde, 35, 50

Hall, Peter A., 271

Hattenhauer, Hans, 28

Helmke, Gretchen, 251

Heritage Foundation, 300

Herman, Valentine, 119, 148n5

Herzog, Isaac, 259n6

Holanda, 29, 76-77, 82-84, 280, 287; sistema partidário da, 91n3, 92, 101, 103, 131, 189, 205; Executivo na, 119, 128, 132, 139, 143, 146, 150, 157, 204; Parlamento da, 119, 138, 143, 146, 150, 222n1, 227-34, 236; RP na, 165, 166n4, 170-71, 175-76, 182-83, 185, 187, 188, 231; grupos de interesse na, 204-205; semifederalismo na, 211, 213, 236, 272; Constituição da, 243, 248, 251, 254-55; Banco Central na, 269, 272; desempenho do governo na, 320, 325

Holm, John D., 200

Horwill, George, 169

Hueglin, Thomas O., 214

Hungria, 79, 340

Huntington, Samuel P., 28, 79-80

Ilhas Maurício, 76, 78, 81, 84, 96, 269, 280, 283, 341; sistema partidário das, 96, 101, 131, 189, 205, 337; Executivo na, 128, 131, 138, 150, 153, 157-58, 204; Sistema eleitoral das, 131, 165, 170, 184, 189, 243, 337; Parlamento das, 138, 150, 153, 173-74, 223, 235, 236; grupos de interesse nas, 198-99, 204-205; governo unitário nas, 212, 236, 272; Constituição das, 243, 247n3, 250, 256; Banco Central das, 266-67, 269, 272

Índia, 75-76, 78, 82, 83, 85; Sistema partidário da, 96-98, 101-105, 131, 189, 205; Executivo na, 127n8, 129, 131-33, 138, 150, 153, 156, 158; Parlamento da, 138, 150, 153, 226-29, 234, 236; sistema eleitoral da, 165, 170-71, 180, 183, 189, 219, 337-38; grupos de interesse na, 199, 201, 204-205; federalismo na, 209, 211-12, 216-18, 236, 272; Constituição da, 242-45, 249-61, 255-56, 259; Banco Central da, 269, 272; tipo de democracia na, 280, 283-84, 342; desempenho do governo na, 301, 306, 308, 315, 321, 330-31

Índice de Desenvolvimento Humano, 81-82, 85, 298. Ver também nível de desenvolvimento econômico

inflação, 42, 193, 263, 270, 292, 294, 298-99, 302-304, 310

International Country Risk Guide, 306

Irlanda do Norte, 35, 37, 39, 57, 83, 309

Irlanda, 39, 76, 81, 280, 283, 287-88, 328, 332; sistema partidário da, 92, 102, 132, 189, 205; Executivo na, 120, 128, 131, 136-38, 141, 150, 157, 158; Parlamento da, 120, 137-38, 150, 227, 232-33, 236; sistemas eleitorais da, 165, 167, 171, 175,

183, 189; grupos de interesse na, 197-98, 204-205; governo unitário na, 211, 236, 272; Constituição da, 243, 250, 255; Banco Central da, 269, 271

Islândia, 76, 83, 287, 297; sistema partidário da, 101, 131, 189, 205; Executivo na, 128-29, 131, 139, 140, 150, 156, 158, 204; Parlamento da, 138, 151, 173, 222-23, 231n4, 234-236, 287; sistemas eleitorais da, 164-65, 175, 183, 189, 231n4; grupos de interesse na, 199, 204-205; governo unitário na, 211, 246, 272; Constituição da, 243, 245, 250, 256; Banco Central da, 269, 272; desempenho do governo na, 298, 306, 308, 320, 328, 330-31

Israel, 77, 80-81, 83-84, 280-81, 283, 287, 342; sistema partidário de, 101, 131, 189, 205; Executivo em, 124n5, 128, 131, 137-38, 141-45, 150, 157, 204; Parlamento de 137-38, 141-45, 150, 223, 235-36; sistemas eleitorais, 163-65, 166n4, 171, 174-75, 180-83, 185, 188; grupos de interesse em, 194, 198, 204-205; semifederalismo em, 211, 213, 236, 272; Constituição de, 240-41, 243, 250, 256; Banco Central de, 269, 271-72; desempenho do governo em, 304, 306-308, 318, 330-32

Itália, 77, 80-82, 83, 257, 280, 287, 324-35; sistema partidário da, 90-92, 96-98, 101-102, 132, 189, 205; Executivo na, 117n4, 128-29, 132-33, 137-38, 150, 157, 204; Parlamento da, 138, 150, 226, 231, 234, 236; RP na, 165, 166, 169, 183, 185, 189, 231; grupos de interesse na, 194,

197-99, 204-206; governo unitário na, 211, 213, 235, 272; Constituição da, 236, 243, 248, 250, 252-53, 255; Banco Central da, 267, 270-72

Jamaica, 76, 78n3, 81, 85, 280, 285, 287; sistema partidário da, 99n7, 101, 132, 188, 205; Executivo na, 130, 132-33, 138, 149, 152, 157; Parlamento da, 138, 149, 152, 173-74, 235, 236; Sistema eleitoral da, 165, 178n9, 184, 188; grupos de interesse na, 199, 204-205; governo unitário na, 211, 237, 272; Constituição da, 243-44, 250, 255; Banco Central da, 266, 269, 272; desempenho do governo na, 302, 306, 321-24, 331. Ver também democracias caribenhas

Japão, 76-77, 80-82, 280, 283n3, 284, 287; sistema partidário do, 97-98, 100n7, 101-102, 104, 132, 189, 205; Executivo no, 124, 127, 129, 132, 137-39, 150, 157, 204; Parlamento do, 137-38, 150, 225, 227, 231-34, 236; sistemas eleitorais do, 165, 168, 174, 178n9, 181-82, 186, 188, 231-232, 337; grupos de interesse no, 197-98, 204-205; descentralização no, 211, 213, 236, 272; Constituição do, 243, 246, 250, 255; Banco Central do, 270, 272; desempenho do governo no, 321-22, 331-32

Johnson, Lyndon B., 147

Jospin, Lionel, 141

Kaltefleiter, Werner, 28

Kamlet, Mark S., 294

Katzenstein, Peter J., 62, 192, 194-95, 206, 294

Kaufman, Robert R., 197

ÍNDICE REMISSIVO

Kaufmann, Daniel, 306, 314
Kavanagh, Dennis, 158
Keeler, John T. S., 147
Kekkonen, Urho, 141
Kelsen, Hans, 248
Keman, Hans, 12, 20, 116, 130, 133, 152n6, 216, 233n6
Kennedy, John F., 126
Kilbradon, Lorde, 39
Kim, Dae Jung, 125, 197
Kim, Taekyoon, 12, 197
King, Anthony, 146
Kirchner, Nestor, 202
Klingemann, Hans-Dieter, 324
Knutsen, Carl Henrik, 295
Koning, Edward, 214
Kothari, Rajni, 218
Kraay, Aart, 295
Kroenig, 153n6, 252
Krook, Mona Lena, 320n1

Laakso, Markku, 93
Lacalle, Luis Alberto, 179
Ladaique, Maxime, 328
LaPalombara, Joseph, 205
Laver, Michael, 20, 97, 113-15, 117n3
Lawson, Stephanie, 28
legislaturas. Ver parlamentos
Lehmbruch, Gerhard, 62
Lehner, Franz, 257
Leiserson, Michael, 111
Leopoldo III, rei, 158
Levine, Stephen, 44
Lewis, Arthur, 55, 57, 285, 327, 342
Lincoln, Abraham, 23, 74
Linder, Wolf, 295
Lituânia, 79
Lituânia, 79
Loosemore-Hanby índice de, 177n7, 231n4

Lorenz, Astrid, 246n2
Lowell, A. Lawrence, 88-90, 292
Lutz, Donald S., 246n2
Luxemburgo, 29, 76, 82, 84, 280, 287, 297, 323; sistema partidário de, 92, 101, 132, 189, 205; Executivo em, 125n6, 128-29, 132, 138, 143, 150, 157-58, 205; Parlamento de, 138, 143, 150, 173, 223, 235, 236; RP em, 165, 183, 189; grupos de interesse em, 198, 204-205; governo unitário em, 211, 236, 272; Constituição de, 244, 251, 254; Banco Central de, 269, 272; desempenho do governo em, 297, 306, 323n2

MacArthur, Douglas, 284n3
magnitude distrital, 169, 171-172
Mainwaring, Scott, 143n3
maiorias manufaturadas, 36, 45, 125n6, 187, 243
Mair, Peter, 39
Mali, 79
Malta, 68, 76, 78n3, 80, 83, 280, 287, 337; sistema partidário de, 100-103, 132, 189, 205; Executivo em, 130, 138, 152, 157-58, 204; Parlamento de, 138, 152, 173, 223, 235, 236; RP em, 165, 167, 176, 183, 188; grupos de interesse em, 199, 204-205; governo unitário em, 212, 236, 272; Constituição de, 243, 250, 253, 256; Banco Central, desempenho de governo em, 297, 320, 323
Mandela, Nelson, 145
Manglapus, Raul S., 343
Mansbridge, Jane, 20, 28, 327
maori, 44-45, 47-49, 74, 170
Marbury v. Madison, 247
Marshall, John, 247

Masciandaro, Donato, 262, 265
Mastruzzi, Massimo, 295
Mathur, Hansraj, 199
Maundeni, Zibani, 200
May, Clifford D., lnl, 23n1
McNamara, Robert S., 126
Meade, Ellen E., 70, 262, 266
Menen, Carlos, 251
México, 78-79
Mitchell, Paul, 115, 117n3
Mitterrand, François, 120, 141, 213
Molusti, Patrick P., 200
monarcas, 136, 157-59
Money, Jeannette, 67, 223, 233
Mongólia, 79
Mowery, David C., 294
Mujica, José, 179
Munroe, Trevor, 50

Nações Unidas, Programa de Desenvolvimento das, 85, 320, 321
Namíbia, 79, 341
Neyapti, Bilin, 262, 264-66, 270
Nixon, Richard M., 126, 147, 264
Norris, Pippa, 325
Noruega, 76, 82, 280, 287-288; sistema partidário da, 101, 132, 189, 205; Executivo na, 128, 132-133, 138, 143, 150, 157-58, 203; Parlamento da, 139, 143n3, 144, 150, 221-23, 235-36; RP na, 165, 171, 174, 182, 184, 189; grupos de interesse na, 199, 204-205; descentralização na, 211, 236, 272; Constituição da, 244, 250, 252, 255; Banco Central da, 270, 272; desempenho do governo na, 297, 304, 318, 325, 330, 332
Nova Zelândia, 74, 76, 81, 84; como protótipo majoritário, 29, 32, 43-50, 51, 281, 287-88, 338; Executivo na, 44, 50-51, 60, 128-133, 138, 146, 150, 152-53, 155-57, 204; sistemas eleitorais da, 44-45, 47-48, 165, 166, 168, 170-71, 180, 183, 185, 189; sistema partidário da, 44, 49, 56, 90, 92, 100-104, 132, 189, 205; Parlamento da, 44-45, 138, 145, 150, 152-53, 221, 223, 225n2, 234-37; grupos de interesse na, 44-45, 203-205; governo unitário na, 45, 212, 236, 272; Constituição da, 45-46, 240, 244, 250, 256; Banco Central da, 47, 270, 272; desempenho do governo da na, 302, 314, 328
número efetivo de partidos, 81n6, 89, 93-94, 99-101, 289. Ver também sistemas eleitorais; sistemas partidários
Nyblade, Benjamin, 115, 117n3, 119

O'Donnell, Guillermo, 35n1
Obama, Barack, 126

Panamá, 79
parlamentos, 40, 46, 52, 64, 69-70, 195, 221-36, 289; e dimensões da democracia, 25, 236-37, 275-79; e federalismo, 26-27, 209-210, 236-37; tamanhos dos, 173-74, 189. Ver também relações Executivo-Legislativo
Payne, Anthony, 52
paz democrática, 332n4
Pempel, T. J., 127
Pena de morte, 314, 330-31
Persson, Torsten, 152, 294
pluralismo. Ver grupos de interesse
Polillo, Simone, 262, 266-68
política ambiental, 313-15, 327-31
Polônia, 78-79

ÍNDICE REMISSIVO

Portugal, 76, 80, 81, 280; sistema partidário, 96, 101-102, 132, 189, 205; Executivo em, 129, 132, 138, 141, 150, 157, 159, 205; Parlamento de, 138, 141, 150, 223, 235, 236; sistemas eleitorais de, 163-65, 183, 189; grupos de interesse em, 196, 198, 205; governo unitário em, 212, 236, 272; Constituição de, 244, 248, 250, 252, 255; Banco Central de, 269, 272

Powell, G. Bingham, Jr., 20-21, 28, 142n2, 295, 318, 339-40

princípio do tamanho, 109-11, 117-18

Rae, Douglas W., 36, 93n4, 186

Ranney, Austin, 256

referendos, 17, 37-39, 46, 158, 240, 242, 244-46, 255-58

regra da maioria simples. Ver sistemas eleitorais

Reich, Robert B., 261

Reino Unido, 76-77, 82, 84; como protótipo majoritário, 29, 31-43, 47, 49, 51, 280, 282-284, 287; Executivo no, 32, 35, 109, 119, 127n8, 130, 132-33, 137-38, 143-47, 152-53, 157, 204; Parlamento no, 34-35, 39-40, 137-38, 143, 146, 152, 172, 221, 224-27, 234; sistema partidário do, 35-36, 56, 90, 92, 100, 103-105, 132, 189, 205; sistema eleitoral do, 37, 68, 163-65, 169, 184, 186-89, 203; grupos de interesse no, 37-38, 204-205; governo unitário no, 38-39, 212, 213, 236, 272; Constituição do, 40-41, 240, 244, 251, 253, 255; Banco Central do, 43, 269, 272, 280-81, 287; desempenho do governo no, 293, 297, 309, 319, 320n1, 325

relações Executivo-Legislativo, 34-35, 43, 50, 60-61, 66, 120, 135-153, 289; e dimensões da democracia, 25, 275-79; e gabinetes de governo, 153-57. Ver também governos; parlamentos

República Dominicana, 79

República Tcheca, 79, 340

responsabilidade, 297, 318

revisão judicial, 40-41, 47, 52, 65, 70, 247-56, 289; e federalismo, 26, 208, 210, 254; e dimensões da democracia, 275-279

Riker, William H., 28, 109, 118, 208-209, 213

Rodden, Jonathan, 215

Rogowski, Ronald, 294

Roller, Edeltraud, 294

Romênia, 79

Rose, Richard, 31, 47, 158, 294, 296

Roubini, Nouriel, 294

Royed, Terry A., 294

Sachs, Jeffrey D., 294

Saiegh, Sebastián M., 12, 152

Samuels, David, 230-31

Sandiford, Lloyd Erskine, 200

Sanguinetti, Julio María, 125

Sartori, Giovanni, 90-91, 132-33

satisfação com a democracia, 316, 324-25

Schain, Martin A., 147

Schmidt, Manfred G., 95

Schmidt, Vivien A., 68

Schmitter, Philippe C., 191-92, 194-95

Schofield, 97, 117n3

Sen, Amartya, 85

Shepsle, Kenneth A., 114

Shugart, Matthew S., 143n3, 152, 169

Siaroff, Alan, 167, 193, 196-97, 214, 233n6, 246n2

Siegfried, Andre, 148-49

sistema proporcional de membros mistos, 48, 165, 166, 168, 170-71, 177, 183, 186, 231

sistemas bipartidários. Ver sistemas partidários

sistemas eleitorais, 37-38, 45, 46-49, 51, 61, 67, 161-187, 289; e dimensões da democracia, 25, 275-79, 337-39; e sistemas partidários, 89, 186-189; e constituições, 242-43

sistemas multipartidários. Ver sistemas partidários

· Sistemas partidários, 35-36, 43-44, 49-51, 60-61, 66-67, 87-105, 289; e dimensões da democracia, 25, 87-88, 275-79; e gabinetes, 87-89, 131-32; e sistemas eleitorais, 89, 186-89; e partidos aliados e fragmentados, 94-99, 178n9; e grupos de interesse, 203-206

Snyder, Richard, 230

sociedades plurais, 61, 80-84, 103, 118, 131, 189, 306; e tipo de democracia, 56-57, 69-71, 86, 216-18, 283-84, 335

Somolekae, Gloria, 200

Steiner, Jürg, 28, 60, 194

Stepan, Alfred, 214

Stone Sweet, Alec, 70

Strøm, Kaare, 118, 120

Suécia, 76, 81, 280, 287; sistema partidário da, 101, 132, 189, 205; Executivo na, 128-29, 132-33, 138, 151, 157-59, 204; Parlamento da, 138, 151, 159, 148n5, 223, 225n2, 226, 234, 236; RP na, 165, 171-72, 175, 183, 189; grupos de interesse na, 193, 197-98, 203-206; descentralização na, 211, 236, 270; Constituição da, 243, 245, 250, 252, 255; Banco Central da, 269, 271; desempenho do, 318, 320-22, 328, 330, 332

Suíça, 76, 82, 83, 257-58; como protótipo de consenso, 29, 57-66, 279, 288, 335, 342; Banco Central da, 42, 269-70, 271-73; Executivo na, 58-59, 108, 129-30, 132-33, 138, 157-59, 204; separação de poderes na, 59-60, 116, 123, 138, 146, 150-51, 152-53, 219; sistema partidário da, 60-61, 92, 100-101, 103-104, 132, 189, 205; RP na, 61, 165, 176, 181-82, 189, 219; grupos de interesse na, 61-62, 203-205; federalismo na, 62, 68, 209, 211-212, 216, 217, 236, 271-72; legislatura na, 64, 67, 221, 225-231, 234, 236; Constituição da, 64-65, 243, 246, 250, 254-55; desempenho do governo na, 301, 323, 330

Suriname, 79

Taagepera, Rein, 93, 104, 169, 206, 319

Tabellini, Guido, 152, 262, 265, 294

Taiwan, 79

tamanho da população, 73, 77, 80-82, 85-86, 172-74, 217, 236-37, 282, 284; e desempenho do governo, 296-302, 306-309, 314-15, 317-18, 323, 327-33

Tarlton, Charles D., 217

Tate, C. Neal, 253

Taylor, Michael, 93n4, 148n5

teorias das coalizões, 108-121

Thacker, Strom, 206, 216, 233n6

Thatcher, Margaret, 34, 39

Therborn, Göran, 74

Thorndike, Tony, 51

ÍNDICE REMISSIVO

Trinidad e Tobago, 75-76, 213, 247; sistema partidário de, 99, 103, 132, 189, 205; Executivo em, 130, 132, 138, 150, 197, 204; Parlamento de, 138, 150, 173-74, 225, 234, 236; Sistema eleitoral de, 165, 169, 178n9, 183, 189, 244; grupos de interesse em, 199-200, 204-205; governo unitário em, 212, 213, 236, 272; Constituição de, 244, 247, 250, 256; Banco Central da, 267, 269, 272; desempenho do governo na, 318, 325, 330, 331. Ver também democracias caribenhas

Tsebelis, George, 27n2, 67, 223, 233

Tufte, Edward R., 284

União Europeia, 18, 29, 104, 268n2; como protótipo de consenso, 18, 53, 58, 65, 66

unicameralismo. Ver governo parlamentar unitário. Ver divisão de poder

Vallinder, Torbjörn, 253

voto alternativo, 37, 96n5, 165, 167, 170, 177, 183, 219

voto compulsório, 323

voto único não transferível, 165, 167-70, 182, 231, 337

voto único transferível, 165, 167, 176-77, 182, 220, 230, 337

*O texto deste livro foi composto em Sabon,
desenho tipográfico de Jan Tschichold de 1964
baseado nos estudos de Claude Garamond e
Jacques Sabon no século XVI, em corpo 11/16.
Para títulos e destaques, foi utilizada a tipografia
Frutiger, desenhada por Adrian Frutiger em 1975.*

*A impressão se deu sobre papel off-white
pelo Sistema Digital Instant Duplex
da Divisão Gráfica da Distribuidora Record.*